21世纪 经济管理精品教材

世纪 公共基础课系列

金融学术论文写作指导

陶启智 ◎编著

清华大学出版社

北京

内 容 简 介

本书基于作者教授公司金融、兼并与收购等课程成果,多年来指导本科生、硕士生和博士生论文的实际经验以及作者在进行金融学术研究和论文写作中的心得。一方面针对拟进行金融学术论文写作的在校师生,特别是研究型的硕士研究生与博士研究生,为其提供金融学术论文写作指导;另一方面拟为学位论文评审以及期刊论文发表过程中的论文写作提供评价指南。本书覆盖全面、讲解细致、案例丰富、内容新颖,旨在帮助金融研究人员进行学术论文写作,通过搭建写作思路、提供写作方法、指点写作技巧以及建议发表要点,有效帮助读者提高金融学术论文写作能力与水平。

图书在版编目(CIP)数据

金融学术论文写作指导/陶启智编著. —北京:清华大学出版社,2018(2022.7重印)
(21 世纪经济管理精品教材·公共基础课系列)
ISBN 978-7-302-49479-9

Ⅰ.①金… Ⅱ.①陶… Ⅲ.①金融学-论文-写作-高等学校-教学参考资料
Ⅳ.①H152.3

中国版本图书馆 CIP 数据核字(2018)第 019538 号

责任编辑:陆浥晨
封面设计:李召霞
责任校对:宋玉莲
责任印制:曹婉颖

出版发行:清华大学出版社
　　　　网　　　址:http://www.tup.com.cn,http://www.wqbook.com
　　　　地　　　址:北京清华大学学研大厦 A 座　　　　邮　　编:100084
　　　　社 总 机:010-83470000　　　　　　　　　　　邮　　购:010-62786544
　　　　投稿与读者服务:010-62776969,c-service@tup.tsinghua.edu.cn
　　　　质量反馈:010-62772015,zhiliang@tup.tsinghua.edu.cn
印 装 者:北京国马印刷厂
经　　销:全国新华书店
开　　本:185mm×260mm　　　印　张:17.75　　　字　数:409 千字
版　　次:2018 年 4 月第 1 版　　　　　　　　　印　次:2022 年 7 月第 6 次印刷
定　　价:49.00 元

产品编号:070897-01

前言

  金融学术论文是金融研究的重要表现形式。凡是从事金融研究的工作人员,包括教师与学生,通过撰写金融学术论文,不仅能够将已有的研究成果书面化,增强同行学者或对该专业领域感兴趣的读者对研究成果的理解,同时也在学术论文写作过程中将自身的研究思路跃然纸上,通过整理并记录相关研究成果,为以后的金融学术研究奠定坚实的基础。

  本人的主要研究领域为公司并购与资本结构,并且以第一作者的身份在 *Information Systems Frontiers*、*North American Journal of Economics and Finance*、*International Review of Economics and Finance*、*Emerging Markets Finance and Trade* 和与他人合作在 *Energy Policy*、*Economic Modelling*、*International Review of Economics and Finance* 等国际 SCI、SSCI 期刊上发表数十篇论文。除此之外,本人还在诸如《金融研究》《财经科学》《社会科学研究》《金融论坛》等国内核心期刊中发表多篇论文。金融学术论文在金融研究中占据举足轻重的地位,金融学术论文写作能力则成为每位金融研究人员必备的学术研究素质之一。因此,如何进行金融学术论文写作是金融研究者在其研究过程中拟解决的关键问题。

  根据本人多年来指导金融学本科生、硕士生、博士生写作学术论文的经验,发现学生多有以下不足:①论文选题缺乏针对性,很难做到综合考虑个人能力、学术贡献、研究可行性和创新性等多方面因素来选择合适的题目;②学术论文写作不规范,在文章结构、遣词用句、图表制作、文献引用等方面会出现大量基础性的错误;③相关文献搜索和阅读不充分,导致文章的文献基础薄弱;④对优秀学术论文的评判标准不明确,在学术研究和论文写作过程中缺乏方向,导致工作量不足或者过量。以上问题让导师和学生都徒增不必要的工作量,浪费科研精力和资源,相信一本兼具专业性和实用性的论文写作指南会让师生甘之如饴。可惜的是,目前并未有针对金融学研究的学术论文写作指导的专业书籍,本书成书基于本人教授公司金融、兼并与收购等课程成果,多年来指导本科生、硕士生和博士生论文和实际经验以及本人在进行金融学术研究和论文写作中的心得,希望能填补此空缺。

  本书旨在帮助金融研究人员进行学术论文写作,通过搭建写作思路、提供写作方法、指点写作技巧以及建议发表要点,有效帮助读者提高金融学术论文写作能力与水平。具体而言,本书一方面针对拟进行金融学术论文写作的在校师生,特别是研究型的硕士研究生与博士研究生,为其提供金融学术论文写作指导,更有对其学位论文答辩、期刊论文发表等环节的中肯建议,最终帮助该类读者提高金融学术论文写作能力与水平,解决其在论文写作以及论文答辩或发表过程中的难点。另一方面本书拟从学位论文评审以及金融研究人员在期刊论文发表过程中的论文写作提供评价指南,不仅帮助论文写作者从研究思路、研究方法、论文写作规范等方面了解优秀学术论文的标准,同时也为论文写作者在论文发表过程中存在的问题提供解决思路与应对技巧。针对金融研究人员论文发表给予帮助和指导。

本书特色有以下几点:

(1) 覆盖全面。书中涵盖金融经济类学术论文写作的基本要求,兼顾学位论文以及期刊论文的准备、写作及发表全阶段,适用面广。

(2) 讲解细致。本书覆盖金融学术论文写作的基本内容和框架结构,引入金融学术论文写作的基本方法,详述金融学术论文写作的细节规范,有助于提高读者的论文设计能力、研究分析能力以及论文写作基础,让读者一学就会。

(3) 案例丰富。本书提供国内外顶级核心期刊的论文样板作为可借鉴的参考示例,学生论文中经常出现的错误作为警示案例,以及数据分析软件代码等作为实践操作指导,有助于学生将本书列示的金融学术论文写作方法、技巧及注意事项运用于实务当中。

(4) 内容新颖。书中案例均来源于近几年国内外的顶级核心期刊或教学比赛,更具真实性与权威性,为读者提供最新的金融学术论文写作指导。

本书适用于金融、经济、工商管理类的本科教学,也适用于金融学硕士(包括研究型与专业型)、博士教学,除此之外,亦可为有金融经济类期刊论文发表需求的人员提供理论与实务方面的写作指导。在教学过程中,教师可以根据学生的专业学术要求不同进行相应的重点教学安排,并且建议配合 *The Journal of Finance*、*The Journal of Financial Economics* 等英文期刊,《金融研究》《经济研究》等中文期刊,国泰安、万德、WRDS、Thomson One Banker、Bloomberg 等数据库资源进行教学,对学生的金融学术论文写作进行辅导与实践。

本书的主要内容包括:第1章导论,主要针对金融学术论文进行概述,希望读者能对金融学术论文及其写作原因、方法及规范等方面有整体性的认识。第2章论文选题与写作方针,包括学位论文选题、期刊论文选题,以及金融学术论文的总体写作方针。第3章学术论文结构,包括针对题目、摘要与关键词、引言、文献综述、研究设计、数据分析、结论以及参考文献等部分的写作指导。第4章事件研究法,主要包括事件研究法的理论概述、运用规范以及案例说明,旨在为读者提供有关实证分析、毕业设计、论文写作等方面研究方法的指导。第5章财务指标法,通过介绍财务指标法的基本定义、使用规范以及实际案例运用,指导读者如何使用财务指标法对财务数据进行有效分析。第6章问卷调查,针对问卷调查的一般程序和方法进行详述,并通过实战讲解如何运用问卷调查为读者毕业设计或撰写学术论文提供指导方法与借鉴思路。第7章案例分析,通过详细阐述案例分析的特点、步骤、技巧及优缺点等,帮助读者了解并运用该研究方法。第 8 章数据库及软件,介绍了金融学术论文写作过程中可能涉及的数据库及软件,包括文献资源库和数据资源库的介绍及使用方法、如何管理文献、常用数据分析软件及其编程特点等,以便为读者写作金融学术论文打下坚实的基础。第 9 章从开题到答辩:重点专题,论述了金融学术论文写作过程中的重点专题,尤其针对学位论文的开题、写作以及答辩三个阶段,利用实际案例详细阐述金融学术论文写作需要具备的能力以及相关技巧。第 10 章如何发表高水平英文学术论文,为读者在准备、写作、投稿、提交等一系列英文学术论文发表过程中提供技术或技巧指导。

本书在编写过程中,参考了诸多国内外顶级核心期刊论文、国内外知名学者与编辑的讲座课件、学生论文写作大赛提交的论文、图书资料等,特别是从这些资料中引用总结了大量的写作范例,甚至在软件编程、文献管理等方面提供示例及方法,旨在帮助广大读者对金融学术论文写作形成生动具体的认知,在理解、实践过程中提高学术论文写作水平,对上述资料和范例的作者,我们表示衷心的感谢!

西南财经大学陶启智承担了本书编写的主要工作。参与本书的编写人员还包括孙文佳、冯青琛、张明明、向雪漫、李浩宇、沈菲、刘铭。

感谢清华大学出版社为本书出版所做的工作。

由于作者水平有限,书中疏漏之处在所难免,恳请广大专家和读者给予批评指正,以便在本书再版时加以补充与完善。

陶启智

2017 年 9 月

第 1 章

导　论

金融学术论文写作是从事金融研究的重要环节。本章作为导论对金融学术论文写作相关内容进行概括性介绍,希望通过对本章的阅读,读者能够对金融学术论文及其写作原因、写作方法、写作规范有整体性的认识。

本章内容分为五个小节:第一节介绍金融学术论文定义及其特征;第二节对金融学术论文写作目的、原因及方法进行分析;第三节介绍金融学术论文的剽窃及避免方法;第四节是本章小结,总结本章的内容;第五节是本章附录,为读者提供学术论文剽窃的相关自测。

1.1　金融学术论文简述

金融学术论文是用来阐述金融学相关问题,通过理论分析或者实证研究解释经济或金融中存在的现象或者规律,向外界展示金融学相关问题内容研究成果的学术性论文。金融学术论文是经济学家、金融学家从事相关金融研究工作的一种成果展现,也是金融学术界对相关现象及问题进行沟通的一种交流方法。

1.1.1　金融学术论文定义

对于金融学术论文的定义,简而言之,金融学术论文是进行金融研究并描述金融研究成果的学术论文。该定义可以从以下三方面来理解。

首先,"进行金融学术研究"。金融学术论文是伴随金融研究而生,二者是相辅相成的。如果没有金融领域的研究,就不存在金融学术论文;然而金融研究也离不开相关文章的写作。写作是研究内容的书面形式的展现,书面化的写作过程能够使研究更加系统和深入。

其次,"描述金融研究成果"。金融学术论文是金融研究成果的书面展示,系统并完整地记录与表述金融研究成果。金融学术论文这一性质使其成为学者之间对相关金融现象、问题进行沟通的一种手段。金融学术论文是金融研究成果沟通交流的载体,服务于金融研究工作。同时,金融学术论文因为其书面记录形式,也成为对相关金融研究问题认定的依据之一。

最后,"学术论文"。学术论文要区别于一般的文章,学术论文的知识内容更为系统和专业。学术论文的写作者具有相关专业素养,学术论文写作的目的是为相关专业服务。金融学术论文的写作者有扎实的金融、经济知识背景,金融学术论文服务于金融专业。

1.1.2 金融学术论文特征

金融学术论文是论文的一种,因而其具有学术论文的所有特征,即金融学术论文需要具有科学性、创造性、实用性及学术性特征。

1. 科学性

金融学术论文的科学性是指其写作内容客观真实,实事求是地揭示客观金融现象、描述金融研究结论。

金融学术论文的科学性主要表现在两个方面:首先,金融学术论文的立论具有客观性。金融学术论文的论点从实际金融现象出发,符合经济规律;而不是脱离金融实际的主观臆想,想当然的内容。其次,金融学术论文论据能够直接证明论点,即论点和论据之间存在必然联系。金融学术论文的论据能够对论点进行直接说明,论据具有验证性,科学性要求学术论文的论据充分且确凿有力。此外,学术论文的论证需要经过周密的思考,学术论文的论证过程要精确、严密。

一般论文的论点可以是作者提出的主观见解,只要能够自圆其说、言之有理即可;但金融学术论文的科学性使其论点不仅需要"言之有理",其论点不能存在带有作者个人观点的好恶和偏见;金融学术论文的论点要遵循客观事实,违背金融规律,脱离金融实际现象的论点不能成立。

2. 创造性

金融学术论文的创造性是指作者写作的内容是对金融相关研究领域的新发现或者独到的见解。金融学术论文写作不能复制他人已有的观点或重复他人的研究内容。

金融学术论文的创造性表现在金融研究是推动金融、经济发展的原动力。可以说,创造性是所有科学研究的不竭动力,也是金融研究、金融学术论文的生命力。金融学术论文的创造性来源于作者对于金融现象系统、深入的研究,对真实金融规律的深刻认识;进而对相关现象有独到的见解,形成学术论文。

金融学术论文的创造性具体表现在以下几个方面。

第一,对于之前学者已经建立理论体系的相关金融现象、问题的研究,可以在此基础上提出新的观点作为补充,对研究内容进行深层次的丰富。例如,公司金融领域著名学者 Modigliani 和 Miller 所建立的资本结构模型(MM 理论),最初的资本结构模型不考虑税收因素的影响,得到在其他条件相同时,公司资本结构不影响公司市场价值这一结论;此后,Modigliani 和 Miller 在 1963 年的学术论文中对这一理论进行补充,即考虑税收因素的资本结构模型——公司资本结构影响企业价值,因为负债的利息支出免税,企业的财务杠杆能够降低企业的资金成本。

第二,创新性可以是对于以往传统观点的批判和纠正,这往往能够推动新的研究发现;这也要求学术论文写作者的思维不能存在局限。例如,工松奇所著的《中国货币需求问题研究四议》就马克思的货币必要变量公式在中国的具体体现做以纠正;文章对于货币发行尺度——每增加 8 元零售商品供应即可增发 1 元人民币,即 $\dfrac{\text{当年新增零售商品价格总额}}{\text{当年新发行现金总额}}=8$ 进行修正;提出新公式 $M=Y+P$,其中 M 为货币发行增长率，Y 是经济增长率，P 是预期（计划）物价上涨率；新公式纠正了中国货币需求研究的方向，这是学术研究思维的创新与深化，使研究符合中国实际发展情况。

第三，创新性可以体现在使用新的论据材料对已有观点、金融现象、经济规律进行进一步的论证和巩固，用不同的论据对观点进行支撑，进一步体现已有观点的价值。例如，对于公司金融领域的权衡理论（trade-off theory），即在平衡债务利息的抵税收益与财务困境成本的基础上，实现企业价值最大化时的最佳资本结构；这一理论可以使用中国并购市场的论据对其进行验证，验证结果与美国市场一致，支持权衡理论；这种新的论据的验证使理论支持论证更加充分，能够对理论进行巩固。

第四，可以从新的角度对金融现象、问题进行思考分析，不同的观察角度所得到的结论虽然可能殊途同归，但分析的过程同样有重要意义。例如，对于宏观经济研究领域的物价稳定问题，学者的学术论文可以从物价稳定的角度出发分析其影响因素，其他学者的学术论文则从粮食价格的稳定是物价稳定的重要部分的角度进行分析如何保证物价稳定；从不同的角度对同一问题进行分析，在体现创新思维的同时使问题思考得更加全面。

第五，崭新的发现是对学术论文创新性最好的体现，即在学术论文中揭示新的金融现象或金融规律，开拓新的研究领域。虽然这是最有价值的金融学术创新，但往往很难完成。

3. 实用性

金融研究的目的是发现并解释金融现象和规律，对实际金融问题进行探讨，发现其内在规律，进而找到解决问题的方法，从而服务于实际金融市场。金融学术论文作为金融研究及其结论的书面载体，具有突出的实用性。

金融学术论文的实用性可体现在以下三个方面：首先，金融研究所针对的主要对象就是金融市场，其立论均依据客观金融现象；因而其研究结论可以直接对实际金融市场的相关现象进行解释说明，解释分析经济现象背后的客观规律，相关人士可在实际金融市场操作中进行参考。其次，部分金融学术论文会在对金融问题分析说明、解释原因之后，给出针对性的政策建议；这些政策建议都是从金融市场的实际运行情况出发，对金融市场调控机构具有重要参考意义；在实际金融工作中可以起到指导性的作用，对于金融市场的建设和发展有重要意义和影响。最后，金融学术界的沟通交流能够激发出更多思维的火花，创新思维很多来源于沟通交流；学术界在经济建设、金融市场完善的过程中可以起到思想先锋的作用，学术研究是从金融实际现象问题出发，学术交流能够为金融市场实际存在的问题提供新的解决思路。因而，作为学术交流手段之一的学术论文具有突出的实用性。

4. 学术性（学科性）

学术论文的学术性即学科性是指其研究对象是某一学科领域中的专业性问题，研究探讨的内容具有专门性和系统性。金融学术论文的学术性是指其研究对象是金融领域的相关专业性问题。当然，金融学术论文也不是只能涉及金融这一单一学科领域，各个学科之间都有相通之处，有时金融现象、问题的研究也会涉及数学、社会科学等领域的相关内容；金融学术论文的写作可能涉及多个学科之间的沟通交流。

金融学术论文的学科性可以从写作内容和语言表达两方面来体现。首先，从写作内容上看，金融学术论文是对于金融领域的专业性研究；作者需要运用系统的金融专业知识来论证或解决相关学术问题,这要求写作者在掌握金融专业知识的基础上,对金融研究领域、研究方法、理论体系等问题有充分的了解,甚至要求作者对金融研究中可能涉及的其他学科内容也要有所了解。其次,从语言表达上来看,金融学术论文可以大量使用金融专业术语和专业性图表、符号、公式进行相关问题的阐释说明,金融学术论文的写作重点在于将学术研究内容表达得简洁、清楚、规范;因为金融学术论文的受众多是具有金融背景的读者,所以大量的专业词汇并不会造成理解上的困难。

1.2　金融学术论文写作分析

1.2.1　金融学术论文写作目的

　　学术论文写作的目的就是要表述科学研究成果,进行学术交流。学术论文写作是为了系统性地把一个问题说清楚,学术论文的写作需要具有科学性、实用性以及学科性。金融学术论文写作就是要将金融研究及其成果进行展示,进行学术交流,这是金融学术论文写作的目的。学术论文需要以理服人,需要通过严谨的科学论证已得到某项结论或者对某些现有的科学现象进行透彻分析,学术论文逻辑结构严谨且所使用的语言缜密规范,针对所取得的研究成果进行议论和说理。我们身边总有一些我们感兴趣想要探究的问题,比如,为何中国的酒店退房都要查房而外国的酒店退房没有查房一说? 为什么美国的餐馆用餐需要给小费? 为什么共享单车在中国发展很快但在发达国家水土不服? 以近期的热门话题共享单车为例,共享单车是指企业在校园、地铁站点、公交站点、居民区、商业区、公共服务区等提供自行车单车共享服务,是共享经济的一种新形态。共享单车之所以在发达国家水土不服,是因为其本身存在许多弊端: 车辆本身违章停放问题,共享单车的二维码有假,共享单车的押金何去何从,共享单车余额难退,骑车遇意外事故难赔偿,等等。但不能否认这种共享经济形态以及低碳出行理念无论在中国还是在其他发达国家都是十分值得提倡的。对于这些问题探索的过程和答案,就是我们写作的目的,学术论文只是对于更具有专业性的相关问题的探索。简而言之,学术论文与小学议论文类似,但是要突出"学术性"。

　　进一步探究学术论文写作的深层次目的,金融学术论文写作是出于人类的本性——不断探索世界,在这一过程中发现现象、对现象做出解释,用以说服他人。学术论文是人类探索世界的外在表现形式,在这一层次的理解中,学术论文与音乐绘画等艺术的表现形式殊途同归。

1.2.2　金融学术论文写作原因

　　金融学术论文写作的过程就是金融研究不断深入的过程。金融学术论文写作主要有两个原因:第一,对金融现象进行研究、揭示金融现象背后的规律以及作为金融问题探讨与解决的工具;第二,金融学术论文是金融科研成果的载体,需要进行书面形式的写作。

　　首先,所有的科学研究(不仅限于金融学的研究)都是一个十分复杂的思维活动的过程。学者在进行相关科学研究之时,需要将所有的设计和想法通过文字进行记录与表达。

就金融学而言,学者对金融学相关现象和问题的分析过程、对问题提出的假设需要用文字进行记录,以便进一步研究与验证。文字记录能够方便学者对科研过程进行反复推敲、琢磨,将所有的内容进行整理,使之形成缜密的结构,并在科学研究的进程中不断对其进行完善。在科学研究的过程中,学者的不断思考和研究可能会进一步丰富、发展并完善最初的假设;也可能会推翻原有假设,用正确的或是更合理的假设进行替代。学者思维完善的过程会通过金融学术论文的一稿、二稿、三稿等直至最终定稿来表现。作为学者科学研究的工具,金融学术论文的反复修改以及完善就是学者对金融现象、问题研究不断深入的过程,最终将金融现象进行透彻分析,解释其背后规律,对金融问题的原因进行分析,并提出解决办法,使科学研究得到满意的结果。这是金融学术论文的写作原因之一。

其次,学者对金融现象、问题研究的结论和成果需要通过学术论文这一载体进行总结和表达,以便研究成果能够在金融市场的实际工作中发挥其应有的作用,或者为其他学者对相关现象、问题进一步的研究打下基础、提供参考资料。如果没有金融学术论文这一科学研究成果的载体,各个学者的科学研究及其成果只能停留在学者自身的思维过程中,无法进行沟通交流,更不可能对实际金融市场以及相关金融工作产生影响,所以就无法证明科学研究取得了成功,无法说明相关金融现象研究的意义。作为金融学相关科学研究成果的载体,是学者写作金融学术论文的另一个原因。

1.2.3　金融学术论文写作方法

金融学术论文与其他论文写作内容要求一致,需要具有鲜明的论点、真实可靠的论据等,但是金融学术论文写作也有自身独特的写作要求。金融学术论文需要对某一金融现象或问题进行研究,将研究过程及结论通过学术论文的方式进行展现。金融学术论文的写作应当做到论点鲜明、论据充分、结构完整。论点鲜明狭义而言是对于金融学术论文题目的选择,广义而言则是金融研究所涉猎的领域、科研方向的选择;论据充分则主要是指资料的收集;结构完整是对于金融学术论文整体行文的要求,也是研究过程完整的体现。此外,学术论文写作还应加强艺术性。

1. 课题选择

课题的选择狭义而言是对于金融学术论文题目的选择,广义而言则是金融研究所涉猎的领域、科研方向的选择。

就金融学术论文而言,写作要坚持"问题导向"。首先,课题选择首先要量力而行。选择课题时,要考虑主观条件与客观条件,从实际出发,量力而行。研究课题的选择要从个人兴趣与爱好、知识水平和研究能力等方面统筹考虑,切不可好高骛远,学术论文写作要从自身研究体会出发。其次,课题的选择要有客观意义,即研究课题要有理论价值和实际价值。对于金融领域创新性的探究,是每个经济金融工作者努力追求的目标。研究课题的理论价值和现实意义体现在揭示规律、探求真理、有益于金融事业发展上。因此,对于凡是有理论价值和现实意义的课题都应在选择之列,尤其是要选择处于金融学科前沿领域和金融体制改革中亟须解决的重大课题。金融学术论文选题的可行性取决于理论价值和现实意义与作者个人对选题的创新性研究成果之间的均衡(见图1-1)。

针对论文题目的选择,本书第2章会分别进行本科生学位论文的选题、硕士研究生学

图 1-1　学术论文选题可行性范围

位论文的选题、博士研究生学位论文的选题以及期刊学术论文选题的详细介绍。

2. 学术论文结构

学术论文写作要以问题为导向,因而,学术论文的结构模式一般是:提出问题—分析问题—解决问题。

学术论文的写作要符合人们的思维模式,开篇要提出问题,选题的意义背景即是问题的提出,同时要回答为什么选择这一问题,即选题的理论价值和现实意义是什么。文献综述部分要澄清所研究问题"从哪里来,到哪里去",这部分主要是梳理前人的观点和逻辑并进行评述;这部分写作可以遵循"5W"原则,即什么人(who)、什么时候(when)、在什么地方(where)、为什么(why)、提出了什么学术观点(what)。理论模型部分是在继承前人成果基础上所作的自己的理论创新;实证过程是应用材料对理论模型的论证和支撑,即通过过去已有研究的实证材料、图表、数据来证明自己的理论模型的合理性,这部分要求材料丰富且数据真实确凿,要有足够的材料支持理论模型,要"靠得住"。研究结论是建立在对金融现象、问题研究透彻的基础上的,根据行文情况和内容需要,要么对前文论证的部分加以概括和总结、指出意义或前景,要么针对性地提出对策或建议,从而使研究的价值有了归宿,文章也显得更加完整和圆满,论文完成得好,则结论部分的写作是顺理成章的事。参考文献亦是论文的重要组成部分,参考文献在论文写作中非常重要,读者沿着参考文献一路读下去,可以便捷地追溯论题的线索以至源头,参考文献的重要性是由学术研究的继承性所决定的。

学术论文写作各个部分的性质,即其在写作中的地位和著作权归属见表 1-1。

表 1-1　论文结构的性质

	摘要、关键词	文献综述	理论模型与实证	结论	参考文献
写作地位	窗口、眼睛	前提、基础	主体	特色	基础、前提
著作权归属	自己	他人(总结、评价)	自己	自己	他人

关于金融学术论文结构的各部分,包括题目、摘要以及关键词、假设、数据与方法的选择、数据分析、论文结论以及参考文献的具体内容写作,在本书第 3 章会分别进行详细的介绍。

3. 金融学术论文的艺术性

金融学术论文写作的艺术性是指学术论文要自然顺畅、具有磅礴的气势、色彩丰富,能够引人入胜,吸引读者进行阅读研究。学术论文写作的艺术性能够使其不仅能够做到以理服人——以严密的论证以及科学研究成果征服读者,同时能够通过阅读的美感赢得读者的赞誉。

自然顺畅是学术论文艺术性的第一个要求。自然顺畅的文章前后内容一脉贯通,句子之间结构紧密,意思表达清晰明了,让读者读起来顺口,能够给人以阅读的享受与美感。自然顺畅的文章之所以能够让读者感受到美的享受,是因为文章写作内容浑然天成、内容连贯,使读者全文阅读无障碍,阅读过程轻松愉悦,在深入了解金融现象、问题的同时得到阅读的心灵的满足感。为使写作的文章自然顺畅,作者需要对所要研究、论述的金融现象、问题有全面深刻的认识,在分析理解金融现象、问题内在规律的同时也要了解其所涉及的其他学科知识,理解其内在关联;只有做到对写作内容充分的了解,才能够使写作一气呵成,对文章进行全局规划、有条不紊地进行论述。此外,逻辑线索是使文章自然顺畅的必要条件。作者在写作过程中要做到逻辑清晰,围绕研究问题的核心展开,进行层层深入的论述。同时,我们在进行议论之时要做到心平气和,对其他文献的评判要使文字显得亲切,这样才能以理服人,生硬的语气会造成读者阅读时的反感。

气势磅礴是学术论文艺术性的另一个重要体现。文章的气势是作者思维、精神气势的外在表现。作者意气风发,则文章气势磅礴,文章的气势与写作的内容、形式、文字息息相关。我国古代文人墨客对气势磅礴之作的赞美多是"洋洋洒洒""疾如奔马""一泻千里";这即是说文章气势如同奔流的河水、飞驰的骏马,浩浩荡荡,动人心弦。古代文人极其讲究文章气势,晚清学者张裕钊说:"文以意为主,而辞欲能副其意,气欲能举起辞,譬之车然,意之为御,辞为之载,而气则所以行也。""意"是文章的内容,即文章主帅;"辞"是文章的语言,表达文章具体内容;"气"是文章的气势,推动语言载意。"气则所以行也"是说,有内容、有语言,并不一定能写出鲜活的文章,如果有文气运行于文章的字里行间,文章就有了气势,就活灵活现了。学术论文同样应该承载我国古代文人骚客的写作之风,有了气势,才能显示其生命力,才能产生美感和征服力。如何使文章做到气势磅礴呢?"理直气壮"——学术论文气势的前提在于理,真理在握自然成竹在胸;论文的论点、论据有"理",写作才能气势磅礴。此外,通过语言形式也能表现文章气势。排比句读起来气势局促,称为"张句";散化句则指每句话表达一个意思,读起来较为缓慢,称为"弛句",文章张弛有度,方能气势磅礴。

色彩丰富则是指学术论文的色彩,当然这里的色彩并不是说红、黄、蓝之类的颜色,而是指学术论文的理论色彩和语言色彩。古人云:"若非华羽,曷别凤凰?"凤凰如果没有华丽的羽毛,无法区别于其他家禽,称不上鸟中之王。学术论文的写作亦然,有价值的文章内容需要好的表现形式。首先,学术论文的理论色彩取决于作者写作的理论高度,从一定的高度出发才能够使论文闪烁理论的光辉,使文章更具有说服力。其次,精美的语言也能够赋予文章生动的色彩。语言是写作的工具,通过语言将深邃的思想、丰富的内容进行表达。但文章的语言色彩并不是无意义的单纯地将华丽的辞藻进行堆砌,这只能导致文章华而不实,反而会使文章肤浅而庸俗;语言色彩可以通过运用比喻等修辞方式,在深入浅出地阐明事理的同时使文章的语言生动起来;学术论文的语言色彩还可以体现在笔墨之间所流露出的一定的主体色彩,以此来唤起读者的共鸣,学术论文虽要求客观地阐释现象和规律,但这与语言形式的僵直、冷漠完全是两回事。

1.2.4 "特别"的学术论文——学位论文

在这里,需要进行特别说明的是学位论文,其包括本科生学位论文、硕士生学位论文和博士生学位论文。学位论文是很"特殊"的学术论文,与一般学术论文虽有联系,但是更有本质上的区别。这种区别具体体现在写作目标、写作要求、读者对象和评价标准四个方面。

第一,写作目标。所有的学位论文写作的主要目的都是将自己的研究内容进行表达,使之能够通过论文答辩进而取得学位;而一般学术论文的写作最终是为了将研究成果在期刊上进行发表,二者有显著的区别。

第二,写作要求。各个阶段的学位论文的写作要求和标准都是双重的:首先,要体现作者在自己所学专业领域、所处学习阶段的学术背景和学术修养;其次,学位论文要反映作者的专业学术水平。当然,学术背景和学术修养都是通过论文的学术水平体现的。与之相比,一般学术论文的写作要求相对简单,仅需要体现论文的学术水平,一般学术论文的学术水平、内容达到期刊发表要求即可。

第三,读者对象。学位论文与一般学术论文的读者对象不同。学位论文的读者首先是论文评阅教授和论文答辩委员会的专家学者,其次是普通的读者。一般学术论文的读者是期刊编辑和普通读者。此外,目前不少学术期刊引入了双盲审稿程序,在此审稿原则下,论文的盲评专家也是一般学术论文的读者。

第四,评价标准。学位论文与一般学术论文的评价标准亦不相同。研究生学位论文的评价标准是通过评"文"进而评"人",即通过学位论文的答辩过程评价学位论文的作者是否具备相关学位取得所要求的学术水平和学术修养,是否应该被授予相应学位。一般学术论文的评价标准相对单一,仅是对学位论文"文"本身的考察,判断学术论文是否能够达到发表水平。

学位论文与学术论文的区别可以由表 1-2 简要概括。

表 1-2　学位论文与一般学术论文的区别

	学 位 论 文	一 般 学 术 论 文
写作目标	通过答辩,取得学位	期刊发表
写作要求	双重要求:既体现学术水平,又体现深厚的专业背景和学术修养	单一要求:体现学术水平
读者对象	论文评阅专家;答辩委员会专家学者;普通读者	期刊编辑部编辑;论文评阅专家;普通读者
评价标准	双重标准:通过评"文"进而评"人"	单一标准:评"文"

1.3 剽窃与如何避免剽窃

1.3.1 剽窃

1. 剽窃定义及表现形式

想要认识并避免学术论文剽窃(plagiarism),我们首先需要对剽窃进行定义:剽窃是学术不端的一种形式,是将他人的成果、思想或文字当作自己的来使用。剽窃也可以称为抄袭,其重点在于未经声明地复制他人公开或未公开发表的内容或文字。

学术剽窃是学术的欺诈,会形成不正当的学术竞争。剽窃是通过使用他人的观点和文字来为自己的文章吸引受众,抹杀了原作者的研究与对文章的贡献,窃取了他人原本应获得的赞美与荣誉,剽窃是对读者的欺骗行为。学术剽窃不仅涉及作者在学术研究方面的能力与素质,更是一个人在道德层面的展现,学术剽窃与盗窃无异,只是剽窃的对象是学术成果而非财产,均可以归类为一个人不诚信的表现,所有文章著作的写作者对剽窃行为都深恶痛绝,剽窃是对学术成果的不尊重;就法律层面而言,剽窃侵犯了他人的知识产权。因此,剽窃不仅会受到公众的谴责,甚至还可能会受到法律的制裁。

可以说学术剽窃的历史长度与学术论文是不相上下的,关于学术"剽窃"最早的文字记录是公元1世纪古罗马诗人马提雅尔的抱怨。现今时代,随着互联网的普及和发展,网络进一步为学术剽窃的产生提供了手段,高校学生的作业,甚至是本科生、硕士生以及博士生的学位论文,知名学者的著作都曾经被指控存在剽窃行为。在中国,近年来屡次发生有关学术论文剽窃的指控,一些著名学者的剽窃事件甚至引发媒体热议;与此同时,学术剽窃这一概念进一步走入社会公众的视野,引发社会各界而不只是学术界的关注,我国教育部等各个部门、高校和相关单位更加重视学术规范的要求。

早些时期,我国学生对于学术剽窃没有明确的认知,学生对于借鉴与剽窃之间的界定认识得不清晰,这是导致学术剽窃的原因之一。在学生的作业甚至学位论文中随意复制粘贴他人的文字或观点,变了质的"拿来主义"在学术界屡见不鲜,这是缺乏对于他人知识产权尊重的表现,甚至出现过"连环抄袭"事件,即甲所著的相关研究的文章被乙抄袭,丙又抄袭乙的文章,丁抄袭丙,戊抄袭了丙和丁并把甲的文章同时作为参考文献的现象。近年来存在于学术领域的抄袭之风越来越引发社会各界的关注,教育部、各个高校、各个期刊的编辑单位对于剽窃事件予以足够的重视,相继出台了《高等学校哲学社会科学研究学术规范(试行)》等规章制度,以此来净化我国的学术氛围,保护学者的知识产权,尊重学者的劳动成果,维护学术尊严。现阶段我国教育部和各个高校都以严肃的态度对待学术剽窃问题。学术论文剽窃的后果十分严重,对作者的名誉、前途都会产生非常恶劣的、不可磨灭的影响。因此,所有的学术论文的写作者都应当对这一问题给予足够的重视,在学术论文的写作过程中严格遵守写作规范,避免出现剽窃现象。

当然,剽窃现象在国际学术领域也并非个案。西方学术界虽然以自律著称,且对于学术论文的剽窃行为处罚严厉,但是依旧屡禁不止。美国阿拉巴马大学两位经济学教授在2004年所作的大规模调查中显示,在接受调查的1 200位大学教授中有40%的人的研究成果曾经遭到剽窃,这一比例足以说明剽窃现象大量存在。

为了避免学术剽窃,我们首先要正确认识学术剽窃,了解其具体表现形式。具体而言,学术剽窃可分为以下六种形式:

第一,将他人的工作成果转化为自己的。这一形式的剽窃包括剽窃他人学术文章整体思路、框架。他人写作的书籍或文献是他人的知识产权,是具有版权的,将他人的工作成果挪用为自己的是与盗窃无异的行为,是最严重的剽窃行为。作为学术论文的写作者,推己及人,我们应该尊重他人的劳动成果,尊重他人的知识产权。

第二,未经声明地使用他人的文字或观点。不经声明使用他人的文字或观点即是将其据为己有的行为,是对论文读者的欺骗。学术论文所有参考内容均需要进行声明,且具体的参考书籍或文献均需要在文章的"参考文献"部分给予体现,不能有所遗漏。引用的文字或观点不给出相应的完整参考文献的声明,即可视为剽窃。

第三,没有为引用文字添加引用符号及出处。在这种剽窃形式中,作者词句不添加引号,即可理解为暗示读者该段内容是作者自己的文字观点,却与文献中内容存在大量雷同,理所当然构成剽窃,这种剽窃形式也包括在文章中大量引用时只对极少数部分进行标示,这一行为会对读者造成严重的误导。该种剽窃形式也有可能是由于对学术论文写作规则的忽视,因而作为学术论文的撰写者首先要清晰学术论文写作的原则和要求,端正态度、认真对待编写的每一个章节、每一篇文章,以免出现不必要的失误。

第四,引用内容的文献来源信息错误。学术论文的参考文献来源需要完整准确,引用内容参考文献信息错误,与不声明地使用他人的文字和观点的行为一样,也是剽窃的一种形式。因而,作为学术论文的写作者,我们要认真对待论文的每个部分,包括"参考文献"的内容。

第五,未经声明替换句子的部分文字但保留其结构及意思不变。这种剽窃形式是为了改动而改动,主要是对原参考文献的内容文字的"裁剪",这一行为非但不能改变抄袭的本质,在一些情况下还会导致文章的句子内容不符合语法,逻辑奇怪。

第六,大量使用某一资源、文献的文字或思想。在这一剽窃形式中,无论在文章中是否对文献的来源进行说明,都可算作学术剽窃。在学术论文中如果直接引用内容过多,就会导致这一形式的剽窃。

2. 剽窃案例

1) 哈佛大学教授剽窃事件

1988 年哈佛大学(Harvard University)教授、著名暴力心理学家 Professor Shervert H. Frazier 涉嫌剽窃。这是一起震惊全美的学术论文剽窃事件。

弗拉兹尔教授是哈佛大学医学院著名的精神科教授,且担任哈佛大学医学院教学附属麦克莱恩医院(McLean Hospital)精神科主任,麦克莱恩医院拥有全美规模最大的神经科学与精神疾病的研究项目,能够成为该医院精神科主任,可见弗拉兹尔教授在自身研究领域的崇高地位。1988 年罗彻斯特大学(University of Rochester)一名研究生在查阅幻肢痛(phantom limb pain)相关影印文献时发现,弗拉兹尔教授在 1970 年发表于《科学美国人》(*Scientific American*)的一篇相关介绍性文章有抄袭嫌疑,在查找到原始文献后,该研究生向哈佛大学提出检举。收到相关检举内容之后,哈佛大学医学院院长在医学院成立相关调查小组,调查结果显示弗拉兹尔教授在 1966 年至 1975 年发表的 4 篇论文都曾不当使用他人文献的相关内容。由于弗拉兹尔教授受指责的剽窃论文多是回顾性内容,并没有十分重要的研究地位,因此关于这一剽窃事件应该受到怎样的处罚在当时引发了激烈的争辩,最终弗拉兹尔教授还是辞去了其哈佛大学医学院及麦克莱恩医院的全部职务。

无独有偶,2004 年,全美排名第一的哈佛大学法学院宪法学知名教授却伯(Laurence H. Tribe)身陷学术论文剽窃的丑闻。

却伯教授在美国宪法领域具有崇高地位,且在哈佛大学也十分受欢迎,曾经获得哈佛大学地位最尊崇的校级教授头衔,美国总统 Barack Obama 也曾是却伯教授的得意门生。然而这样一位地位尊崇的教授在 2004 年 10 月被美国《旗帜周刊》(*The Weekly Standard*)指控学术剽窃,其著作《上帝拯救这个尊崇的法院》(*God Save this Honorable Court*)中存在一句话的 19 个单词抄袭弗吉尼亚大学(University of Virginia)亚伯拉罕(Henry Abraham)教授的文章。《上帝拯救这个尊崇的法院》是却伯教授 1985 年出版的通俗著作,其中几处文字内容借用了政治学家 Henry Abraham 1974 年出版的著作的文字,虽然却伯教授在《上帝拯救这个尊崇的法院》的背景文献中提及了亚伯拉罕教授这部著作,但是并未注明出处,造成了剽窃之嫌。却伯教授在被指控的第二天公开向亚伯拉罕教授及学术界致歉,表示未能注明资料来源,个人愿意承担全部责任。哈佛大学成立调查委员会对该项剽窃的指控进行了为期 7 个月的调查,在 2005 年 4 月向外界发布新闻稿表明校方立场:"却伯教授之错虽非有意为之,却违反学术伦理。所幸只涉及个别措辞,而非核心观点,故不予以处罚。"虽然最终哈佛大学对此事件没做出处罚,但是却伯教授成为美国最高法院大法官的期盼从此化为泡影。

2) 王铭铭剽窃事件

2002 年 1 月 10 日《社会科学报》刊登的文章《北大博导剽窃,叫人如何不失望》揭露了北京大学著名青年学者、人类学家王铭铭的剽窃行为。

2002 年首都师范大学中文系博士在读生王晓生在《社会科学报》发文检举王铭铭在其 1998 年所著的《想象的异邦》一书的第二编"视野"中,剽窃自己翻译的哈维兰《当代人类学》中近 10 万字的内容;且王铭铭在书末"参考文献"中罗列了国内外 120 位学者的著作,唯独没有提到哈维兰的《当代人类学》一书。

王铭铭作为北大教授、博士生导师,国家"百千万工程"入选人、全国高校优秀青年教师,这一充满闪光头衔的青年学者的剽窃事件一度成为新闻媒体的热点话题,引发热议,严肃批评的人有之,鸣不平为其辩护的人亦有之。事件的最终结局是王铭铭本人公开检讨道歉,发布《我的检讨与致歉》一文;而北京大学也免除了王铭铭民俗学研究中心主任的职务,同时还免除了其社会学系博士生导师的资格,停止其在人类学领域的教学和科研项目。

3) 剽窃事件的启示

国内外轰动一时的剽窃事件不止以上事例,德国教育部长曾因学术剽窃事件引咎辞职,华东理工大学原教授胡黎明博士论文抄袭事件,等等。这些曾经发生过的学术剽窃事件所造成的严重后果应当给所有的学术论文写作者以警示,我们应该从中吸取经验教训,避免学术剽窃的嫌疑。从以上事件中我们应当认识到以下两点：

首先，所有的文章都需要严格遵守学术论文写作规则，不能因为文章或其中的某些章节不重要就"随意"进行写作。在某些剽窃案例中，作者剽窃的内容可能只是一些相关背景的介绍，人们在争论相关剽窃事件之时也会提出这一点，言下之意即这只是学术论文中很小的一部分，且在整篇文章中并不占重要地位，是否需要因此而严重惩罚作者。但是学术剽窃涉及的是一个人的道德品质，特别对于老师来说，为人师表，而诚信则是师道之本，教书育人首先要以身作则，否则怎么能够带领学生进行相关领域的学术研究？这也是近年来高校教师的剽窃事件屡屡引发热议的原因之一。此外，学术剽窃不仅仅是道德层面的问题，在一定程度上也涉及法律的相关内容。2002年颁布的《中华人民共和国著作权法实施条例》（以下简称《著作权法实施条例》）第二条规定："著作权法所称作品，是指文学、艺术和科学领域内具有独创性并能以某种有形形式复制的智力成果。"因而学术论文是受《著作权法实施条例》保护的文字作品，学术论文剽窃不仅会受到道德层面的谴责，还有可能承担相关法律责任。所以我们在学术论文写作之时，要认真对待每一篇文章，每一个章节，不可抱有侥幸心理。

其次，当文章被发表，其记录形式不能够被更改。其中"隐藏"的某些错误总有一天是会被发现的，无法掩盖，因此，对待学术论文写作中的每句话都需要谨慎，否则即使不是大量的对于某篇文章的非规范引用，哪怕是一句话都可能构成剽窃行为。对待想要发表的学术论文，所有的作者都应该端正态度，养成良好的写作习惯，不擅自使用他人观点和文字。尽可能地用自己的文字来表达自己的观点，借鉴之时也要严格遵守规则。学术论文写作要谨慎对待，否则很可能因此而付出惨痛的代价。

1.3.2 如何避免剽窃

所有的科学发展和理论研究都具有历史连续性，就如同现今文明是对古代文明的继承和发展一样，科学理论的研究也是不断深化发展的过程，学术领域的研究就是不断站在巨人的肩膀上前行，金融领域的研究、金融学术论文的写作都需要在前人观点的基础上进行发展或提出批判。因而对于金融研究，为了能够清楚相关理论知识、金融现象、规律的来龙去脉，在学术论文的写作过程中需要大量阅读并理解相关问题研究的书籍和文献，但不能复制其他作者的观点和文字，在学术论文中复制他人想法作为自己观点就会构成剽窃。

那么如何才能够避免学术论文中的剽窃呢？可以用一句话来概括避免学术剽窃的精髓，即归功于来源——在学术论文写作中使用他人的观点或文字，统计数据、图表信息等内容之时要归功于来源，通过脚注、尾注以及参考文献的形式承认相关引用文献在文章中所作的贡献，承认他人研究成果的贡献；这可以说与"饮水思源"是相同的道理。

避免剽窃的技巧主要有如下两种：首先，对于学术论文中需要间接引用的内容，避免剽窃的主要方法是改写，即用自己的文字来对该观点进行适当的表述、分析；其次，对于学术论文中需要直接引用的内容，避免剽窃则要遵循文献引用的规则。

1. 改写

关于间接引用。现今而言，在学术论文的写作过程中我们需要对相关理论知识的来龙去脉做以阐述,因而要求我们在学术论文写作过程中阅读大量的书籍和文献,以求能够充分理解掌握相关理论知识,包括其历史渊源和现有观点,对不同的观点进行适当的对比分析。这种阅读的积累可以当作我们学术论文写作参考的资源,但是我们仍然需要用自己的文字来提炼我们觉得重要的观点和信息,对理论进行阐述、对比和分析。因而,在学术论文需要依靠相关参考资料的写作部分中,改写是最合适的避免剽窃的写作技巧。改写即是通过大量书籍和文献的阅读积累素材,理解相关理论,并重新用自己的文字来表述并分析其中重要的观点,对比分析不同观点的优劣。

如何进行改写呢?具体而言,在学术论文写作过程中对于重要理论观点的表述,我们首先要对理论进行含义的解释说明。通过对大量文献的阅读,我们能够积累并比较不同作者的意见和看法,在此基础上,我们可以添加自己的看法和评论,对理论进行完整的阐释说明,并适当添加对不同学者观点的分析比较。通过上述写作方式,我们能够避免单纯对已阅读文献内容的复制。对阅读资料的重复只能表明我们曾经阅读并留下相关印象,添加相关阐释、比较和评论能够在避免剽窃的同时体现我们对相关理论的研究和认知,展现我们在学术论文写作中的思考,这也是学术论文写作能力所要求的内容。

总而言之,引经据典的最终目的都只是进一步支持和阐述我们自身的观点,所以改写是对于需要间接引用的内容的最好的表达方式,不仅能够避免学术论文中的剽窃,还能够展示自身的学术能力。

2. 直接引用

关于直接引用。在学术论文写作的某些部分,我们需要对现有观点或相关阐述进行直接引用,如参考文献的文字内容与我们想要表达的观点高度一致;参考文献有较为独特的表达方式,直接引用能够起到引经据典之效;参考文献的表述方式较为生动有趣;或者我们对相关内容的改写会导致表意上的缺失。在这些情况下,我们需要对参考文献的文字进行直接引用,直接引用需要注意段落引用、简短文字引用以及参考文献的写作规则。

第一,在学术论文的写作过程中应该尽量避免直接对某篇文章的部分内容,如一个段落,进行复制。如果必须进行相关复制,则要与文章的其他内容做以明显的区分,让他人一目了然该部分是直接的引用。

第二,在学术论文的写作中如有需要可以对相关文献中简短的内容进行复制,比如文献中某句话的一部分。但是,在这种直接引用中需要注意复制的内容需要直接展现给读者,不能随意更改句子的词语或者结构。

为避免剽窃嫌疑,在以上两种情况的直接引用过程中,我们需要对引用的开始和结尾做以明确的标注,给出参考文献的相关信息,同时标明引用内容在其原文献中出现的位置。

例如:

(1)直接对参考文献的部分段落进行引用,引用内容在两行以上应该进行缩进,以明确区分引用部分的内容与其他写作内容,需要将引用内容独立于段落之外,例如:

> 关于利率市场化的定义和相关内涵的表述,郭雯执给出了较为准确和详细的表述:
>
> 利率是资金使用的"价格",利率市场化是指一国政府放松对利率的管制,按照市场规律,由市场自主决定利率水平,包括利率决定、利率传导、利率结构和利率管理的市场化。内涵主要包括:金融交易主体享有利率决定权,利率的数量结构、期限结构和风险结构由市场自发选择,同业拆借利率或短期国债利率将成为基准利率,中央银行享有间接影响利率的权力。
>
> (郭雯执,2014,p.24)
>
> 1996 年我国同业拆借市场的利率的放开,表明我国的利率市场化进程正式启动。

(2) 对文献简短的引用可以直接出现在学术论文写作的正文段落中,但需要注明开始和结束,用引号将引用部分标注起来,简短的引用有两种方式,我们分别进行举例:

引用方式一:

> 对商业银行而言,利率市场化既有收益,但也面临着多种风险。黄金老提出:"根据风险持续时间,将利率市场化的风险分为阶段性风险和恒久性风险。"(2001)这种分类方式能够更准确清晰地分析商业银行在利率市场化进程中所面临的风险。

引用方式二:

> 对商业银行而言,利率市场化既有收益,但也面临着多种风险。"根据风险持续时间,将利率市场化的风险分为阶段性风险和恒久性风险。"(黄金老,2001)这种分类方式能够更准确清晰地分析商业银行在利率市场化进程中所面临的风险。

第三,学术论文写作中每一处引用都需要明确注明参考文献出处。所有的学术论文写作均需要有"参考文献"部分,在参考文献中不能遗漏任何参考书籍和文献,同时,要保证所有引用文献信息正确且完整。

参考文献的格式要求由于写作目的不尽相同,应根据学术论文写作及相关投稿期刊的具体要求选择参考文献格式,但是一篇文章的参考文献格式需要统一。正文中的参考文献说明主要有以下两种模式。

(1) 添加脚注或尾注:在学术论文正文中插入脚注(放置一个小数字),通过编号列出文献来源,在正文页面末尾或全文结尾处标明参考文献,需注意一篇文章脚注的数字要连续。

例:正文中内容:

> 李仲林使用双边随机前沿模型的实证方法定量研究利率市场化对商业银行经营风险的影响,得到我国商业银行在利率市场化改革进程中,总体经营情况较为稳定的结论。[1]
>
> 该页末尾或文章结尾处:
>
> [1] 李仲林,2015,《利率市场化与商业银行风险承担》,《财经科学》,第 1 期。

（2）在正文中对参考文献做以简要介绍：在学术论文的正文中通过给出作者的名字（英文文献给出作者的姓氏）及文献出版日期来声明文献来源，以便读者可以在文末的参考文献列表处查找文献的详细、完整信息。

无论在学术论文正文中使用哪种参考文献的说明方式，文章结尾都需要有"参考文献"部分，罗列出文章所有参考资料，并给出参考资料正确的、完整的信息，该部分对不同的文献类型，如期刊、书籍、合集中章节，有不同的注明要求，但所有的参考文献均需要包含如下信息：作者的姓名、出版日期、文章的标题、出版物信息。应注意，英文学术论文撰写需要引用中文参考文献时需要加 in Chinese 的特殊格式。

例：正文中内容：

> 李仲林（2015）使用双边随机前沿模型的实证方法定量研究利率市场化对商业银行经营风险的影响，得到我国商业银行在利率市场化改革进程中，总体经营情况较为稳定的结论。
>
> "参考文献"部分：
> 李仲林，2015，《利率市场化与商业银行风险承担》，《财经科学》，第 1 期。

参考文献的具体写作格式可以参考如下例子。

1）书籍参考文献格式

> Gardner D. and Miller L. 1999, *Establishing Self-Access：From theory to practice*，Cambridge：Cambridge University Press.

格式解释：Gardner D. and Miller L. 是作者的姓名；1999 是出版日期；Establishing Self-Access：From theory to practice 是文章的标题；Cambridge 是出版发行地址；Cambridge University Press 是出版机构。

2）期刊参考文献格式

> Gardner D. ，1996，"Self-assessment for self-access learning," TESOL Journal 5(3)：18-23.

格式解释：Gardner D. 是作者的姓名；1996 是出版日期；Self-assessment for self-access learning 是文章的标题；*TESOL Journal* 是期刊名称；5(3)是卷号（期号）；18-23 是文章的起止页码。

3）书籍中章节参考文献格式

> Farmer R. ，1994，"The limits of learner independence in Hong Kong，" in D. Gardner and L. Miller(eds.)，*Directions in Self-Access Language Learning*，Hong Kong：Hong Kong University Press.

格式解释：Farmer R. 是作者姓名；1994 是出版日期；The limits of learner independence in Hong Kong 是引用文献的章节名称；D. Gardner and L. Miller(eds.)是书籍的编辑；*Directions in Self-Access Language Learning* 是书籍的名称；Hong Kong 是出版地址；Hong Kong University Press 是出版机构。

4）中英文期刊实际参考格式举例

关于文末参考文献排序，中英文绝大部分期刊、学位论文均要求按照作者姓名首字母进行排序，A～Z 进行升序排列，中英文分别排列。为了使读者能更直观地了解参考文献格式及排列，下面分别以 *Journal of Finance* 和《金融研究》实际论文参考文献为例。

Journal of Finance 期刊已发表文章参考文献格式举例。

References

Altinkilic O. and R. S. Hansen, 2000, Are there economies of scale in underwriter fees? Evidence of rising external financing costs, *Review of Financial Studies* 13(1): 191-218

Altman E., 1968, "Financial ratios, discriminant analysis, and the prediction of corporate bankruptcy", *Journal of Finance* 23: 589-609

Baker M. and J. Wurgler, 2002, "Market timing and capital structure", *Journal of Finance* 57(1): 1-30

Bradley M. and M. R. Roberts, 2003, Are bond covenants priced? *Working Paper*, Duke University

Brav A., J. Graham C. Harvey and R. Michaely, 2003, "Payout policy in the 21st century," *Working Paper*, Duke University

Caballero R. and E. Engle, 1999, "Nonlinear aggregate investment dynamics: Theory and evidence," *Econometrica* 67(4): 783-826

《金融研究》期刊已发表文章参考文献格式举例：

参 考 文 献

[1] 陈辉、顾乃康和万小勇,2011,《股票流动性、股权分置改革与公司价值》,《管理科学》第 3 期,第 43 ~ 55 页。

[2] 陈一勤,2000,《从 NASDAQ 看中国做市商制度的建立》,《金融研究》第 2 期,第 80 ~ 84 页。

[3] 贺强、王汀汀和杜惠芬,2015,《新三板做市商制度比较研究》,《清华金融评论》第 6 期,第 1 ~ 3 页。

[4] 金永军、扬迁和刘斌,2010,《做市商制度最新的演变趋势及启示》,《证券市场导报》第 10 期,第 24 ~ 34 页。

[5] 马永波和郭牧炫,2016,《做市商制度、双边价差与市场稳定性——基于银行间债券市场做市行为的研究》,《金融研究》第 4 期,第 50 ~ 65 页。

[6] 苏冬蔚和麦元勋,2004,《流动性与资产定价：基于我国股市资产换手率与预期收益的实证研究》,《经济研究》第 2 期,第 95 ~ 105 页。

[7] 王雄元、张春强和何捷,2015,《宏观经济波动性与短期融资券风险溢价》,《金融研究》第 1 期,第 68 ~ 83 页。

[8] 杨之曙和王丽岩,2000,《NASDAQ 股票市场交易制度对我国建立二板市场的借鉴》,《金融研究》第 8 期,第 78 ~ 84 页。

关于学术论文中的直接引用,除了要注意以上三点引用规则之外,仍然需要注意整篇文章所使用的直接引用的比例,过度的直接引用会导致文章缺少个人观点；每个人的写作方式、语言风格均有差异,过多的直接引用会导致文章写作风格混乱,不符合学术论文的写作要求；更重要的是,过多的直接引用即使符合引用规则,还是会导致文章被归类为剽窃。

3. 论文重复率检测

论文重复率检测是判断论文是否存在剽窃行为的重要标准。较为经常使用的查重系统国内主要有中国知网学术不端文献检测系统、万方相似度论文检测系统、维普论文、Paperpass 等；国际主要有 Turnitin、Turnitin UK。

不同的查重系统适用于不同类型的学术论文重复率检测。例如，中国知网 VIP 的系统适用于硕博论文，PMLC 的系统适用于本科学位论文；知网期刊系统适用于投稿发表的学术论文；Paperpass 论文检测系统与 Paperrater 系统等可用于论文修改时期的检测；对于中国香港、中国内地部分高校、韩国、日本、美国等地的学生可使用 Turnitin 系统；英国留学生可以使用 Turnitin UK。不同的检测系统重复率认定标准不同，如中国知网按照段落检测，检测到 13 个相同的字即认为雷同。

虽然不同的系统重复率检测标准不同，但检测结果大同小异，所以下面以 Paperrater 系统（www. paperrater. net）为例，对论文重复率检测修改方法进行说明。

在重复率监测过后，监测系统会给出检测结果报告：一份全文标红报告；一份 PDF 报告。我们可以先查看全文标红报告，其中红字表示严重抄袭、橙字表示轻度抄袭、绿字表示引用、灰色表示不参与检测、黑色表示原创。Paperrater 检测系统是非常智能的，能清晰地找到抄袭部分来源以及可能遗漏的参考文献，我们只需要通过报告的提示进行合理的修改即可降低相似率。

在正确引用的同时对于过高的重复率，首先，如果文章允许，可以将重复内容的部分删除；其次，可以将重复的图表转换为图片格式；此外，文章中涉及一些专有名词，比如缩写、简写、引用等，如 ST、PT 等，下面文章也有出现，可以把它们换成中文的具体意思；在间接引用的改写时应注意句子主动被动表达方式、长短句替换以及句子核心词语的使用。对于论文重复率的检测，我们应当在尊重他人学术成果的基础上，使文章的重复率达到要求。

1.4　本 章 小 结

本章作为导论对金融学术论文进行概括性的说明，介绍金融学术论文写作的目的和原因，并对学术剽窃的相关概念及避免方式进行介绍。

人类的发展就是不断对世界、对未知内容的探索。科学家需要借助各种工具探索宇宙，金融学术论文是金融学家探索金融中暗藏的奥秘的工具。金融学术论文是进行金融研究并描述金融研究成果的学术论文。作为学术论文的一种，金融学术论文有科学性、创造性、实用性以及学术性的特征。金融学术论文是金融界学者对相关现象、问题沟通交流的必要工具之一，也是金融研究成果的载体，这就是写作金融学术论文的主要目的。对于金融学术论文的写作，首先要选择课题，其次要对资料进行收集整理，占有资料；文章写作要结构完整且严谨，语言具有艺术性，给读者阅读的美感。关于学术论文写作各个部分的具体内容及要求，在本书后面章节会依次进行详细介绍。

剽窃是学术行为不端的一种形式，学术剽窃是学术界不正当的竞争行为。在文章中使用他人的观点或文字而不对其来源进行注释说明是在掩盖他人的研究及文献所做贡献的行为;学术剽窃可谓是在使用他人的观点为自己吸引读者,盗窃他人所应得的荣誉使自己能够功成名就。就法律上而言,所有的文学作品都具有版权,受到法律保护;在这一概念上,学术剽窃与小偷偷盗他人财产的行为无异。学术剽窃是全球化的问题,国内外都曾有著名学者身陷剽窃丑闻。从曾经被指控的剽窃事件中我们应当吸取经验教训,并以此为戒,在学术论文写作过程中严格遵守规则,避免剽窃嫌疑。避免剽窃的方法主要有两种:一是针对必要的间接引用,对于需要间接引用的内容进行改写,用自己的思维和文字来表达观点;二是针对直接引用的内容,直接引用需要遵从学术论文的引用规范并对所使用的文献进行相关说明,总而言之,归功于来源。学术论文剽窃的后果十分严重,作为写作者应该尊重他人的研究成果,规范写作,杜绝剽窃,从我做起。

1.5　附　　录

本章对剽窃及其表现形式进行了定义,在此基础上介绍了避免剽窃的方法。那么你们通过本章节对剽窃认识了多少呢? 在本章的最后部分,我们可以自己进行一个小测试,来看看我们对于剽窃及其避免方法的掌握程度。注意,本测试完成之前不得“偷窥”答案,否则你无法判断你是不是有潜在的剽窃思想。

测试方法:

1. Text A 和 Text B 给出了学生写作所需的信息,请阅读 Text A 和 Text B 使所有信息在脑海中有一个构图。

2. 对于所有的学生写作文章分别进行:

(1) 阅读文章;

(2) 判断该文章是否存在剽窃行为;

(3) 指出文章写作的错误(或正确)之处;

(4) 思考如何对存在的剽窃问题进行纠正;

(5) 查看文章的评论(答案)。

Text A

Mickey Mouse is a well loved symbol of the greatness of America. He represents a long carefree era when everything in the world has gone well for the most prosperous nation on earth. He symbolizes the prosperity of Americans throughout a period when they have dominated the world both economically and politically.

It is significant that a creature often viewed in other countries as a pest to be eradicated can rise in the United States of America to become a movie star and a houschold name. This symbolises the American dream where everyone (including apparently rodents and quite possibly many other non-human personalities) can expect freedom of speech, freedom of actions and freedom to make an honest living. It is important to note in this context that the rise to fame and/or riches of an underdog has long been a popular theme in the folk lore of western countries in general but of America in particular.

Not content to make a hero out of one rodent, the American public has also idolised Mickey's partner Minnie. It is interesting to note that Mickey and Minnie frequently demonstrate behavior not unlike human courtship behavior. It is also interesting to note that this happily unmarried couple remain perpetually in this state of innocent bliss. This state seems to capture the innocence of childhood that children do not know they have and adults reminisce about incessantly.

In addition to their role as a platonic couple Mickey and Minnie demonstrate socially acceptable inter-personal behavior with their collection of animal friends. These characters have developed as vehicles for teaching young children the key elements of social behavior. Parents of today have grown up on the antics of Mickey Mouse and his friends and are happy for their children to do so.

It is quite likely that Mickey Mouse originated from a lucky idea by Walt Disney with no intention to create role models for the young(or the young at heart). However, he has developed into an important figure in American, and perhaps global, society. He has played and continues to play an essential part in the formation of well balanced members of society both through film and the now international Mickey Mouse Club.

Extracted from: *Symbols of America* by R. O. Dent, 1988, p. 53.

Text B

Mickey Mouse, the charming little mouse from Walt Disney, is known around the world. He is considered a playful character who often gets into trouble but inevitably comes out on top. His resourcefulness and wit are regarded as symbolising all that is best about America and the Americans(Dent, 1988). While it is true that Mickey Mouse symbolises America this should not be regarded as a positive but rather a negative feature of the small rodent's character.

The fame of Mickey Mouse has spread around the world in the same way that Coca Cola and MacDonalds have arrived in even the most obscure corners of the earth. It has been promoted by the American publicity machine. This is a form of insidious colonialism that is far more evil than the European colonialism of the past. In their era the Europeans were unstoppable just as Mickey Mouse and all that follows is unstoppable. The important difference is that European colonialism was immediately noticeable and, therefore, more possible to resist.

It is true that European colonialism was not easy to defeat in the short term simply because it had behind it what was at the time the world's strongest military powers. Mickey Mouse colonialism has an equal, if not greater, power supporting its advance. However, it is infinitely more difficult to defeat in the short or long term because it becomes part of the social fabric of its colonies in a way that earlier versions of colonialism never could.

For nine tenths of the world Mickey Mouse is not, in fact, the loveable underdog who manages to succeed in the land of plenty. He is not the role model who shows children how to interact socially with groups of friends and with individuals of the opposite sex. He is, by contrast, a dictator who moulds children to social behaviour patterns which are alien to their society. He fosters rampant consumerism among nations who are economically unready for it, thus, creating bankrupted dependent client states. He also contributes to linguistic colonisation.

Despite the claims from within the United States of America it is necessary to view the effect of Mickey Mouse, and all that followed after him, in a global sense. It is clear that his role has been as a forerunner for the American colonisation of much of the world. There are many parts of the world today where culture and society have suffered irreparably as a result of this colonisation.

Extracted from: *Insidious Icons of Our Times by* Michel Souris,1990,p. 109.

学生写作文章：

Text 1

Mickey Mouse is a well loved symbol of the greatness of America because he represents a long carefree era when everything in the world has gone well for the most prosperous nation on earth. The fame of Mickey Mouse has spread around the world in the same way that Coca Cola and MacDonalds have arrived in even the most obscure corners of the earth. He symbolises the prosperity of Americans throughout a period when they have dominated the world both economically and politically. Mickey Mouse has become a movie star and a household name. This symbolises the American dream where everyone(including apparently rodents and quite possibly many other non-human personalities)can expect freedom of speech, freedom of actions and freedom to make an honest living.

While it is true that Mickey Mouse symbolises America this should not be regarded as a positive but rather a negative feature of the small rodent's character. He has been promoted by the American publicity machine. This is a form of insidious colonialism that is far more evil than the European colonialism of the past. In their era the Europeans were unstoppable just as Mickey Mouse and all that follows is unstoppable. The important difference is that European colonialism was immediately noticeable and, therefore, more possible to resist.

Mickey and Minnie Mouse demonstrate socially acceptable inter-personal behavior with their collection of animal friends. These characters have developed as vehicles for teaching young children the key elements of social behavior. Parents of today have grown up on the antics of Mickey Mouse and his friends and are happy for their children to do so. However, some people think he is not the role model who shows children how to interact socially with groups of friends and with individuals of the opposite sex. But he is a dictator who moulds children to social behaviour patterns which are alien to their society. He fosters rampant consumerism among nations who are economically unready for it, thus, creating bankrupted dependent client states. He also contributes to linguistic colonisation.

该文章是否存在剽窃行为？如果存在剽窃，那么是出现了什么问题？如何对问题进行纠正？请给出你的评论。

Text 2

R. O. Dent says that Mickey Mouse is a well loved symbol of the greatness of America. He represents a long carefree era when everything in the world has gone well for the most prosperous nation on earth. He symbolises the prosperity of Americans throughout a period when they have dominated the world both economically and politically.

Michel Souris says Mickey Mouse, the charming little mouse from Walt Disney, is known around the world. He is considered a playful character who often gets into trouble but inevitably comes out on top. His resourcefulness and wit are regarded as symbolising all that is best about America and the Americans. While it is true that Mickey Mouse symbolises America this should not be regarded as a positive but rather a negative feature of the small rodent's character.

R. O. Dent also says that it is significant that a creature often viewed in other countries as a pest to be eradicated can rise in the United States of America to become a movie star and a household name. This symbolises the American dream where everyone (including apparently rodents and quite possibly many other non-human personalities) can expect freedom of speech, freedom of actions and freedom to make an honest living. It is important to note in this context that the rise to fame and or riches of an underdog has long been a popular theme in the folk lore of western countries in general but of America in particular.

Michel Souris also says that the fame of Mickey Mouse has spread around the world in the same way that Coca Cola and MacDonalds have arrived in even the most obscure corners of the earth. It has been promoted by the American publicity machine. This is a form of insidious colonialism that is far more evil than the European colonialism of the past. In their era the Europeans were unstoppable just as Mickey Mouse and all that follows is unstoppable. The important difference is that European colonialism was immediately noticeable and, therefore, more possible to resist.

He also says that for nine tenths of the world Mickey Mouse is not, in fact, the loveable underdog who manages to succeed in the land of plenty. He is not the role model who shows children how to interact socially with groups of friends and with individuals of the opposite sex. He is, by contrast, a dictator who moulds children to social behaviour patterns which are alien to their society. He fosters rampant consumerism among nations who are economically unready for it，thus，creating bankrupted dependent client states. He also contributes to linguistic colonisation.

该文章是否存在剽窃行为？如果存在剽窃，那么是出现了什么问题？如何对问题进行纠正？请给出你的评论。

Text 3

Dent(1988)has said that Mickey Mouse is "a well loved symbol of the greatness of America"(p. 53)who symbolises the best aspects of life from the American viewpoint. In defining this symbolism he refers to the prosperity and the power，both political and economic，of the United States of America and its people throughout the last fifty years. He also mentions the fact that the rise to fame and fortune of a cartoon character，particularly of such a weak figure as a mouse，is a phenomenon unique to American culture. He links this symbolism to the aspects of the way of life in America which offer its citizens the freedom to lead their lives as they please.

Souris(1990)is aware of earlier arguments(Dent，1988)regarding the symbolism of Mickey Mouse and also comments on this aspect of the cartoon character. He says that the power of this symbolism when released globally is "a form of insidious colonialism that is far more evil than the European colonialism of the past"(p. 109). It is also much more difficult to overcome because it integrates itself more fully into the society it invades. Souris (1990) says that，when taken outside the American context，Mickey Mouse is not a good role model for children but，in contrast，encourages behaviour which is unacceptable in their own societies. It is also opined that Mickey Mouse encourages consumerism and facilitates the establishment of English as a universal language to the detriment of local languages.

该文章是否存在剽窃行为？如果存在剽窃，那么是出现了什么问题？如何对问题进行纠正？请给出你的评论。

Text 4

Dent(1988)says that Mickey Mouse is "a well loved symbol of the greatness of America"(p. 53)who symbolises the best aspects of life from the American viewpoint. In defining this symbolism he refers to the prosperity and the power，both political and economic，of the United States of America and its people throughout the period of Mickey Mouse's existence (approximately the last fifty years). During this period America has increase its status as a world power through participation in wars and the space race as well as through generous overseas aid and maintenance of a strong dollar.

Souris(1990)agrees that Mickey Mouse is symbolic of certain features of American life，however，he takes a more negative view of this symbolism which he sees as "a form of insidious colonialism that is far more evil than the European colonialism of the past" (p. 109). He argues that the European colonialism of the nineteenth century was easier to combat whereas the insidious "Mickey Mouse colonialism" (p. 109) is much more difficult to overcome because it integrates itself more fully into the society it invades. It is important to note that while Dent (1988) refers only to the American context Souris (1990) extends his arguments to a global context.

Dent (1988) says that the rise to fame and fortune of a cartoon character, particularly of such a weak figure as a mouse, is a phenomenon unique to American culture. He links this symbolism to the aspects of the way of life in America which offer its citizens the freedom to lead their lives as they please. This freedom is guaranteed under the American constitution and is, therefore, an important feature of life in America. Souris(1990) does not dispute this argument but says that, when taken outside the American context, Mickey Mouse is not a good role model for children but, in contrast, encourages behaviour which is unacceptable in their own societies. Souris (1990) also says that Mickey Mouse encourages consumerism and facilitates the establishment of English as a universal language to the detriment of local languages.

该文章是否存在剽窃行为？如果存在剽窃,那么是出现了什么问题？如何对问题进行纠正？请给出你的评论。

Text 5

Dent(1988) claims with little evidence that Mickey Mouse is "a well loved symbol of the greatness of America" (p. 53) who symbolises the best aspects of life from the American viewpoint. In attempting to define this symbolism he refers to the prosperity and the power, both political and economic, of the United States of America and its people throughout the period of Mickey Mouse's existence (approximately the last fifty years). During this period America has increase its status as a world power through participation in wars and the space race as well as through generous overseas aid and maintenance of a strong dollar.

Souris(1990) agrees that Mickey Mouse is symbolic of certain features of American life, however, he takes a more negative view of this symbolism which he shows is "a form of insidious colonialism that is far more evil than the European colonialism of the past"(p. 109). He demonstrates that the European colonialism of the nineteenth century was easier to combat whereas the insidious "Mickey Mouse colonialism"(p. 109) is much more difficult to overcome because it clearly integrates itself more fully into the society it invades. It is important to note that while Dent(1988) refers only to the American context Souris(1990) shows that the arguments extend inevitably to a global context.

Dent(1988) suggests that the rise to fame and fortune of a cartoon character, particularly of such a weak figure as a mouse, is a phenomenon unique to American culture. He attempts to link this symbolism to the aspects of the way of life in America which appear to offer its citizens the freedom to lead their lives as they please. This freedom seems to be guaranteed under the American constitution and is, therefore, considered as an important feature of life in America. Souris(1990)does not dispute this argument but makes clear that when taken outside the American context, Mickey Mouse is not a good role model for children but, in contrast, encourages behaviour which is unacceptable in their own societies. Souris (1990) also shows that Mickey Mouse encourages consumerism and wider use of the English language. It seems likely that Mickey Mouse has contributed to the establishmentof English as a universal language to the detriment of other national languages.

该文章是否存在剽窃行为？如果存在剽窃，那么是出现了什么问题？如何对问题进行纠正？请给出你的评论。

答案：学生写作文章点评

Text 1

点评：This is the worst possible kind of plagiarism. It "steals" large chunks of text from both the source texts without any acknowledgement. In fact, very little of this text is written by the student writer. It is mostly copied from the sources although the order has sometimes been changed. In addition, some of the pieces of copied text are used in a way that does not make clear the original view of the author. For example, the second sentence(beginning "The fame of...")is taken from source text B where it is used to express a negative view of the spread of Mickey Mouse's fame. However, the way it has been incorporated here (i. e., out of context) it tends to reinforce the positive view expressed by source text A.

Text 2

点评：This text indicates the sources of information used. Also the text has been structured reasonably well so that the relevant points from each source appear together. However, there are two main faults. Firstly, it is not clear from the text how much of it is directly copied and how much is paraphrased. In fact, if we look carefully we see that virtually the entire text is copied from one or other of the sources. This is far too much direct copying. Secondly, the writer has added nothing. There are no explanations, comparisons, contrasts or opinions about what the sources say.

The writer has done a minimal job and is still guilty of plagiarism because there is no indication of direct copying(and there is too much copying anyway).

Text 3

点评：This text indicates its sources in a correct manner and we can see from studying the original texts that most of the time it is not copying directly but paraphrasing the information. On the two occasions when direct copying takes place it is done correctly. The paraphrasing has allowed the writer to show an understanding of the source texts, for example, we see that the writer has clearly understood the contrastive nature of the two sources.

Text 4

点评：This text acknowledges its sources correctly and clearly indicates which pieces are copied directly and which pieces are paraphrased. The second half of the final sentence of the piece appears to be a paraphrase, however, it tends to attribute more to Souris than he actually wrote. It is, rather, an interpretation and extrapolation of what Souris wrote.

The structuring of the text is good. Related views from different sources(either agreeing or disagreeing)are linked together. The links are indicated by "Souris(1990) agrees..., however..." and also by "Souris(1990)does not dispute this information but..."

In addition, some explanations are added where the writer feels the audience may need further clarification. Some examples of this are：

—the last sentence of paragraph one

—the use of "nineteenth century" to clarify "in the past" in paragraph two

—the third sentence in paragraph three

The only thing missing from this text is that the writer expresses no views about the points of information. In fact the second half of the final sentence might be an opinion which the student writer has(perhaps shyly and certainly wrongly)attributed to a published source.

Text 5

点评：This is a well written text. It acknowledges its sources and shows clearly which pieces have been copied directly. The final sentence reflects more clearly how much is attributable to Souris and how much is the student writer's own opinion. It explains points which may need further clarification and shows clearly contrasts between the different source authors' views.

Most importantly, it includes the views of the writer. These views are not expressed clumsily in terms of "My opinion is..." but rather in the subtleties of how the views of the different source authors are represented. For example, in the first sentence "Dent(1988)claims with little evidence.... " This shows that the writer is reporting what Dent has said but does not find it convincing. The best way of seeing how the writer's opinion has been included is to compare text 5 with text 4. The texts are identical except for the changes shown in table 1-3(and the final sentence). All of these changes reflect the writer's opinion about the information from his sources.

The changes in wording show that the writer is sympathetic to the views of Sourisbut not to the views of Dent. Nevertheless, the text still accurately represents what the two source authors said.

TABLE 1-3　Differences between Text 4 and Text 5

Paragraph /Sentence	Wording in Text 4	Wording in Text 5
1/1	says	claims with little evidence
1/2	defining	in attempting to define
2/1	sees as	shows is
2/2	argues	demonstrates
2/2	integrates	clearly integrates
2/3	extends his arguments	shows that the arguments extend inevitably
3/1	says	suggests
3/2	links	attempts to link
3/2	offer	appear to offer
3/3	is guaranteed	seems to be guaranteed
3/3	an important feature	considered as an important feature
3/4	says	makes clear

第 2 章

论文选题与写作方针

2.1 一般学术论文选题

2.1.1 正确选题很重要

爱因斯坦曾说:"在科学面前,提出问题往往比解决问题更重要。"提出一个好的问题是得出有意义的结果的前提。学术论文写作准备伊始,正确选题很重要。选对论题,犹如入对行、嫁对人,不仅考验作者的学术研究才能,也关系着论文的价值与成败。

1. 有关论文的价值与成败

正确选择一个有新意、有可研究价值的选题,不仅能在文献学术层面有所贡献,同时也会在实践过程中产生作用。相反,如果选择一个毫无意义的论题,即使研究过程全面、论文表达清晰,该篇文章也是没有价值的。这里的毫无意义可以体现为无创新或不可行,即选题已经烂大街或者根本没有数据或其他论点支撑,注定该论文将以失败告终。因此,正确选题关乎论文的价值与成败,它从一开始就为论文的结局埋下了伏笔。

2. 明确论文的目标

在学术论文写作过程中,其核心是从提出问题出发,运用各种研究方法解决问题。在写作准备阶段,对所要研究的问题认识得越清晰,解决问题的过程才越可靠。正确选题则是提出问题、认识问题的过程。

目标决定方向,方向决定成果。漫无目标的研究终将不会有一个好的结果,更谈不上论文的价值。因此,正确选题可以帮助作者对问题有更清晰的认识,归结并明确论文的研究目标,再通过各种研究方法使整个研究工作更具有目标导向性,从而提高学术研究的工作效率。

3. 体现研究者的才能

选题是学术论文写作准备过程中一个重要且耗时的工作,我们将在后文介绍学术论文选题的步骤与过程。在此期间,正确选题可以体现研究者的研究才能,也有利于快速提高其研究能力。一方面,通过选题,可以使研究者在相关学科领域的研究现状初步系统化;另一方面,通过选题,可以使研究者对论文拟解决的问题认识得更加清晰,对研究过程更有把握与信心。

研究者的研究才能并不等同于其专业知识,专业知识扎实,但忽视培养研究能力,仍然写不出一篇优秀的学术论文,犹如成绩好的学生并不一定就是一位好老师,可以教好他人。研究者的研究才能只能在实践中培养与提高,正确选题正是研究者研究才能的体现。

2.1.2　选题原则

学术论文选题过程中,应紧紧围绕客观性、主观性以及适度性三个原则,这不仅是正确选题的基础,也是决定论文选题价值与成败的关键。

1. 客观性

学术论文选题原则的客观性体现在实践价值与学术价值两个方面。

一方面,在实务层面,选题应展示研究者对亟待解决的实际问题的把握程度,即应选择在实际工作中迫切需要解决的问题。这种对所研究问题的宏观战略意识是研究者选题过程中必须具备的,这不仅体现了所研究问题的现实客观性,也决定了学术论文的现实价值。

另一方面,在学术层面,选题应避免重复别人的研究成果。文献研究是选题确立的学术依据,通过查找大量文献研究,在选题确定之前摸清是否已有学者做过相同研究、研究成果或研究结论如何、是否需要进一步补充与深入研究等问题,从已有文献研究中找到作者本人所需要解决的研究问题,从而确定选题。因此,在学术层面,选题应展示研究者对相关学科领域的前瞻意识,在全面了解已有研究的基础上客观地寻找合适的研究问题。

2. 主观性

学术论文选题要尽可能地发挥研究者本人的主观能动性,包括扬长避短以及独创意识。

扬长避短,即应根据自身专业知识结构与专业方向,结合自身兴趣,借助于自己较为熟悉的领域或课题进行选题。这样,不仅在研究过程中有热情,同时也进一步深化自己对学科的理解,使自己的专业才能得到最大限度的发挥。另外,借助自己较为熟悉的领域或课题以确定选题,在以后的研究过程中也较为省时省力。

除此之外,研究者应富有对学科领域的独创意识,在选题过程中体现创新性。创新是学术科研工作的灵魂与根本,没有创新点的学术论文等于没有研究价值。因此,要尽可能地发挥研究者的独创意识,通过对以往文献研究的详尽查阅整理,发现富有创新性的研究问题。

3. 适度性

学术论文选题的适度性涵盖范围的适度以及操作执行方面的适度。

第一,尽量明确界定所选题目的范围,缩小研究问题涵盖内容。过大的选题,一是不容易深入挖掘探究,使耗时过多且流于空泛;二是不容易向读者快速明确地阐述论文重点,因包含太多影响因素或研究子问题,容易造成研究目标不明晰。因此,学术论文选题应把握研究问题涵盖范围的适度性,尽量选择小题目,从某一角度进行深入探讨。

第二,尽量选择可操作或可行性高的论题。在选题过程中,应时刻提醒自己这个题目应如何研究、是否可以获得数据作为论据支撑、在研究方法上是否可以得出研究结论等问题,如果一个论题很新颖,却无法得到任何数据或其他论据以证实解决该问题,那么这样的论题也应该放弃。考虑学术论文选题在今后研究操作过程中的可行性,也是选题适度性的体现。

2.1.3　选题思路与选题来源

学术论文的选题思路与选题来源可以各式各样,我们将在本小节对常见的选题思路以及选题来源与渠道进行梳理和总结,以便读者根据自身情况进行实践练习。

1. 思路

学术论文选题的思路有多种,每种都有可能找到好的选题,以下将从三个选题思路进行对比阐述,但简而言之,无论从何种选题思路出发,都需要围绕以上选题原则以便找到好的论文选题。

首先,大题与小题的选择。虽然我们在选题原则中讲过,应当选择涉及领域狭窄的小题目,但不乏学者也选择大题,如《新常态——经济发展的逻辑与前景》。大题目涉及面广泛,不易细化深入研究,但可拓展的方面也有很多,因此较难把握。所以,如果没有足够的自信和底气,请选择小题目,细化研究领域,使研究问题更为具体。

其次,热门与冷门的选择。热门的选题往往与论文写作近期发生的时事有关,这类题目资料易收集,但有水平高质量的资料也有限,因此如果能够深入研究或别出心裁地换个角度进行研究,也许可以成为一个优秀的选题。相比之下,冷门选题的创新性较强,但同时也存在资料稀缺的难点,如果论证过程严谨合理,这类选题很容易受到评审老师的关注。

最后,选题与实践的选择。一种可供选择的情况是先确定选题,再寻找整理资料以论证拟解决的研究问题,这种方法具有一定的局限性,如果论证过程难以自圆其说,则选题失败。另一种可供选择的情况是,在已拥有研究资料或实践经验资料的基础上确定研究问题,如《中国P2P网络借贷平台信用认证机制研究——来自人人贷的经验证据》。

2. 来源

以上选题思路,其核心是无论选择哪种类型的论题,只要能坚持选题的三大原则,体现出明确的研究目标与论文的研究价值即可被视为好选题。

针对以上选题思路,尤其是热门选题,研究者可以从以下三个渠道筛选确定论题:

第一,从党的重大会议报告、高层领导的重要讲话、社会关注的热点问题中选题。这类渠道给出最新最热的研究方向,具有宏观战略性与前瞻性,不仅能够使学术论文更具实践价值,同时也能在实践中做出学术理论层面的科学回应,因此可以作为选题的重要来源。

第二,从相关学科的学术讨论热点、国家自然科学基金、国家社科基金等重点项目的年度课题指南中选题。这类渠道既代表了该学科领域亟待解决的重要问题,又代表了该年度学术前沿问题。参考这类学术讨论与课题指南,也能为寻找好论题指明方向。

第三,从研究者自身长期研究的某一领域中选题。这类选题的优势是有较为丰富的前期研究成果可以借鉴,省时省力,对论题也更容易进行细致深入的研究探讨。因此,也可作为重要的选题来源。

2.1.4　方法与途径

对于学术论文写作来说,了解到为何选题如此重要之后,问题的关键就在于如何选题。本小节将对学术论文选题的步骤方法与途径逐一进行梳理,目标是教各位读者如何选好题。

1. 选题步骤

通常,学术论文选题分为以下几个步骤。

第一,根据选题思路,参考选题来源,初步选定研究课题的主要方向。这一过程中,应充分发挥作者自身的主观能动性,依照上述选题思路与选题来源,选择自己熟悉的或是感兴趣的方向,初步选定研究课题。

第二,缩小研究课题的范围。通过大量查找阅读与研究课题有关的文献研究,进行文献整理。在此过程中,需要做的有两点:一是对已有的文献研究进行分类,包括论题、研究视角、研究方法、研究结论等内容,对文献进行归纳与区分;二是在文献整理归纳的过程中找到尚未涉及的创新点,可以是理论基础、研究视角、研究对象、研究方法等任何内容,以此从某一角度缩小研究课题的范围,让选题更客观具体。

第三,继续阅读相关细分文献,或与他人讨论,重复步骤一与步骤二。在此步骤中,需要确定前阶段所选研究课题的研究可行性。可以借鉴已有文献,也可以大胆地与老师、同学、学术大咖们交流讨论。如果确定了选题的客观性、创新性以及可行性,则可以进入最后一个步骤。

第四,形成概括性问题与具体问题。用文字对所选定的研究课题进行描述,包括总括性的概述以及提出具体问题。要知道,研究问题描述得越清晰、越没有歧义、越简单易懂,学术论文选题成功的可能性越大。当然,这一切都是建立在研究课题具备客观性、创新性以及可行性的基础上。

2. 选题方法

学术论文选题可以参考以下六种方法。

第一种,创新法。创新法一般适用于别人未曾涉足或刚刚开始涉足的前沿学科领域,要么是他人尚未发现的问题,要么是有人已经注意到问题却未对该问题进行深入系统研究。在这些尚未涉足的研究问题中,基础理论的创新、技术方法的创新等都可以称为创新。

第二种,演绎法。演绎法是指从偶然的案例或事件中,运用演绎推理的形式捕捉并发现选题。例如,张雪春、徐忠、秦朵(2013)在其论文《民间借贷利率与民间资本的出路:温州案例》中,以温州民间借贷利率 2003 年到 2011 年的变化及相关影响因素为研究案例对象,得出只有建立正规的民营银行才能有效服务中小企业这样的结论。作者通过温州案例,研究民间借贷利率与民间资本的出路,这种选题方法则是通过演绎法来完成的。

第三种,思辨法。思辨法是指对前人研究的不足与错误有所发现,进而形成作者自身的选题。思辨法需要作者有较强的批判态度与洞察力,从已有研究文献中寻找文献的相似性、特异性,在老题目中寻求突破。通常情况下,可以通过新视角、新技术、新方法开发已有的老题目,谋求选题的突破性。

第四种,移植法。移植法多发生于某些交叉学科的结合部分,即将其他学科的观点或方法应用到本学科领域的选题中。不同学科可以相互联系、相互影响、相互结合,由此引发跨学科的论文选题。例如,汪丁丁(1996)在其论文《产权博弈》中,将"产权"假设为经济学上的概念,而非传统法学意义上的概念。

第五种,热点法。热点法即关注学术焦点或者热门问题从而进行选题。采用这种选题方法应避免人云亦云、随波逐流,而是在热点尚温未热时就对选题进行前瞻性预见性的研究,从而能在学术论文发表的时候及时推出自己的研究成果。热点法要求选题必须具有时效性、准确性与客观性,因此作者本人也需要对相关学科领域具有丰富深厚的专业知识底蕴,也需要有强大的洞察力与判断力。

第六种,延伸法。延伸法即对已有的文献研究进行拓展与延续,包括作者自身前期所做的研究与他人所做的研究。延伸法并不是简单重复照搬以前的研究题目,而是在前期的研究成果上,通过不断地调查研究、综合分析,寻找延伸的亮点,使学术论文选题历久弥新,有意义、有价值。

2.1.5　学术论文选题注意事项

1. "小"比"大"好

虽然学术论文也有选择"大题目"的典范,但我们还是强调尽量选择范围具体的"小题目"为好,特别是涉及的基础理论范围越小越好,这样有利于作者抓住研究问题的重点,目标更加具体明晰,避免空洞宽泛,面面涉猎却只停留在浅论阶段,只会降低学术论文的研究价值。

2. 落到实处很重要

理论结合实际,并且学术研究最终也要落到实处,对实务问题有所帮助与指导,才是学术研究的实践意义所在。学术论文不能全篇是纯理论性的东西,不然就只能称为纸上谈兵。因此,在学术论文选题时,能让最终的研究结论落到实处很重要,切忌围绕学术理论天马行空。

3. "浅谈""浅论"不可取

既然是学术研究,那么"浅谈""浅论"在学术论文中不可取。也许你可能见过"浅谈""浅论"在学士学位论文中出现过,但在学术论文中,最好不要出现"浅谈""浅论"等字眼。一是让读者或评审老师觉得研究工作量不够,二是会让这些人觉得研究层面浅显不深入,仍有待继续挖掘。因此,在学术论文选题中,尽量不要出现"浅谈""浅论"等字眼。

4. 明晰易懂受欢迎

学术论文主要发表于学术期刊中,面向的读者多种多样,有同行、有评审、有老师、有学生,因此需要可读性很强。一个好的选题,是能够在短时间内向读者呈现并解释清楚的问题,科学严谨,但简练易懂。因此,在学术论文选题过程中,注重选择深入浅出、内容翔实、结构论证严谨的题目可以为学术论文写作奠定一个良好的基础。

2.2　学位论文选题

2.2.1　学位论文选题原则

1. 学士学位论文选题原则[①]

学士学位论文主要是为了激发本科学生的学术兴趣,并为学生之后的学术论文写作

---

① 本篇部分内容选自意大利著名学者艾柯(Umberto Eco)的 *How to Write a Thesis*,一本专门论述本科学生如何写毕业论文的书籍。另外,选题部分来源于 2017 年西南财经大学本科论文竞赛中的优秀论文。

提供基础。本科学位论文不要求达到发表水平,也不需要太多的页数,但要有完整的结构,并且要求学生对某一问题阐述清楚自己的观点。

本科生毕业论文最大的意义在于锻炼广大本科生的学术思维和写作能力。因此选题不是十分重要,只要我们以严谨的态度来写一个感兴趣的话题,就可以达到很好的学术训练效果。不过我们的本科毕业论文应该局限于某一个具体的话题,或者是从某一个具体的角度出发阐述对某一现象或者某一个问题的观点,而不是泛泛而谈一个很宽泛的话题。换句话说,我们本科毕业论文的题目应该是"从×××角度看×××问题"或者"×××实证研究,来自×××数据",而不是"我国上市公司的业绩研究""中国企业的兼并与收购"这种范围过于宽泛的题目,只有这样我们才能在一个有限的篇幅里由点及面地完成论文。

一些高校会给出选题参考范例,这些范例在网上很容易获得,且选题种类丰富。我们认为在本科生选题能力有限的情况下,这些选题参考范例是有很大借鉴价值的。尤其是各高校大多将参考选题结合高校所在地的金融问题(如某某省农村金融体制改革创新浅析、某某县农村信用社发展战略研究、某某中小乳制品企业融资及其风险控制研究、某某小额信贷公司发展现状、问题及研究),方便了学生进行实地调研,容易产生高质量的论文。我们建议本科生在选题时选择贴近日常财经生活的、先前有所了解的、与学校所在地或者家乡所在地联系紧密的、能调动起研究兴趣的话题,而不是鸿篇巨制的、脱离生活的、普适的选题。

中肯地讲,我们不建议本科生追求社会上新颖的金融热点问题,而是建议选择一些成熟的,可借鉴研究较多的选题。新颖的金融问题或者金融热点问题短时期内都会是学界和业界讨论的焦点,一些问题没有形成完善的研究体系,当论文展开来写后,写作者很可能面临缺乏资料、人云亦云,或者根本就无话可说的问题。

新颖度和创新度不是评审人关注本科生论文的焦点问题,评审人更关注论文在阐述时是否有逻辑,结构上是否完整,内容上是否体现了一定的工作量。总之,评审人愿意读到一篇务实而又能体现作者写作态度的论文。首先,为了保证有连贯的行文逻辑,在选题之初就要考虑这一选题能够细分为几个方面来写,或者能够以怎样的时间、空间顺序将内容钩稽起来。一些冷僻的选题由于缺乏相关研究最容易造成逻辑不清的问题,作者在行文时很难有条理地展开论述,往往只能就某一个点翻来覆去地讲,却又没有能力做深入的研究。其次,完整的本科生毕业论文要求论文封面、摘要、目录、正文、参考文献、附录、致谢等部分不能有缺失,并且需要按前后顺序排列。最后,要找一个好入手进行调研、访谈、数据收集的选题。这些工作的难易程度决定了后期的工作量,而论文的工作量越大,越容易得到评审人的认可。因此,如果在选题时能够贴近自身、同学、家人、所生活的社区村庄、父母家人的工作单位等,就有利于获取大量信息,让论文体现出深度。

2. 硕士学位论文选题原则①

金融学硕士学位论文的选题首先需要根据研究方向拟定。一般来讲,金融学学术型研究生的研究方向分为公司金融方向和金融工程方向。公司金融方向主要探讨公司的投

---

① 为保证与政策的一致性,本小节与专业硕士学位论文相关的内容参考了《金融硕士学位论文写作引》(全国金融专业学位研究生教育指导委员会 2012 年第二次会议通过)。

资与财务决策,包括兼并收购、股利政策、资本结构、破产重组等内容。金融工程方向是依靠投资学理论探讨金融资产定价的理论模型以及相关实证检验,包括固定收益证券、股票、期权与期货等内容。事实上,以上提到的公司金融和金融工程的任何一个方向都足以写成鸿篇巨制,因此不建议以诸如"中国上市公司股利政策研究""无套利定价方法研究"这样的课题作为硕士学位论文选题,可以将此作为研究方向,但还需要进一步地深入挖掘子课题。

在挖掘子课题的时候不必一开始就确定具体的研究内容,而是可以凭"兴趣"和"需要"进行先期探索验证课题的可操作性。选择既要讲"兴趣"也要讲"需要"。兴趣指的是研究生探索某个问题的本性,在兴趣的保证下可以避免惰性,保证研究热情。需要指出的是所探索的问题是实际存在的且具有一定的社会影响,提出的解决问题的方法是被人需要的。

在进行硕士学位论文选题时切莫哗众取宠或别出心裁地选择一些不具备可操作性也不具备实际意义的课题。一名硕士研究生不必为了追求创新而忌讳重复前人的研究课题,对前人研究的完善或从不同角度、用不同方法重复前人的课题是完全可取的。实际上,评审人并不期待硕士学位论文具有很高的创新性,更重要的是关注研究方法是否合理,分析过程是否严密,工作量是否足够。建议硕士研究生在确定选题前广泛阅读所感兴趣领域的高档次论文,从中挖掘选题的灵感。

无论是公司金融方向还是资产定价方向,实证类论文因其可操作性强,接受度高,是最为常见的学位论文形式。一般地,实证类硕士学位论文的框架是:①研究背景;②文献综述;③实证方法;④实证结果;⑤结论与建议。作者需在研究背景中通过对某种现状的分析引出所探讨的研究对象并明确研究的意义。不论是采用开门见山的方式直接交代研究对象,还是通过娓娓道来的方式引出研究对象,作者都需要用尽可能短的篇幅吸引读者,做到引人入胜。在文献综述部分,作者切不可简单地罗列前人所做的研究并不假思索地将其罗列进文献综述。否则文献综述显得生硬突兀,又无法体现作者的写作意图。良好的文献综述应该与文章所讲述的内容相辅相成,不同文献之间需具有较强的逻辑联系。另外,作者需在合适的地方对所述文献进行点评分析。在实证方法部分作者需要交代样本来源、研究方法、描述性统计等内容。许多学生在实证结果部分容易犯的错误是仅仅对实证结果表格中的数字进行机械的描述而不加以分析和对比。分析指的是需要结合研究背景和统计学意义阐述数字背后的意义。对比指的是与前人所做类似分析的结果进行对比,无论是结果相似还是有较大差别都需点明。存在较大差异时需做解释。通过最后一部分结论与建议的写作往往可以看出学生对待学位论文的态度。很多学生对这一部分不重视,敷衍应付,这在评审人眼中是一目了然的。实际上,结论与建议仍然可以是文章中出彩的部分。精练而到位的总结,富有新意而可行的建议能够给评审人留下深刻的印象。

《金融硕士学位论文写作指引》明确指出不提倡专业型硕士写过于学术化的论文,而是应选取与金融实践密切相关的题材。专业型硕士学位论文的形式也更加多样,并鼓励学生通过一手调研资料获取信息。因此,专业型硕士应该注重实习实践过程,力争在实习实践过程中发现、挖掘论文选题。

案例分析类学位论文的选题需要注意案例的分析价值,既要注意其中蕴含的理论价值也要注意其应用价值。在"绪论"部分作者需要交代研究背景和意义,阐明选择该案例的理由和案例的价值。在"案例介绍"部分需要客观地阐述案例的事实经过和事件蕴含的前因后果。需要注意的是学位论文中案例情景叙述部分不超过总字数的20%,而通过访谈、观察、参与等方式获得的一手资料占比不小于60%。"案例存在的问题和原因分析"作为论文的核心需要着重笔墨。在此部分学生不可简单地套用理论对现象进行解释,而是需要综合图表、数字,采用因果分析和对比分析的方式深刻挖掘案例背后的启示。

金融产品设计类的学位论文在选题时应注重金融市场的确切需要,针对"需要"量身定制产品。因此在选题之前需要学生对金融市场有详尽的了解,最好通过实习的途径发现还未满足的市场需求。该类选题需要将产品置于市场前沿,综合满足各方要求,对学生的观察和创新能力有较高的要求。1)"产品方案基本概念和设计理念"章节需要介绍市场空白与用户需求,产品的核心特征、功能。2)"设计方案"章节需要全面介绍产品的功能和参数,风险和收益分析等。3)"产品优势"章节需就成本收益、市场需求、竞争力等方面与国内外同类产品进行比较。4)"产品推广"章节需介绍新产品的推广方式以及相关成本。

金融实践问题解决方案是针对金融实践领域已经出现的或者可能出现的问题所提出的创新性解决方案。1)"问题描述"中对金融实践问题进行阐述。2)"分析问题"章节需交代金融实践问题的现实价值、国内外类似问题及解决方案。3)"问题解决方案设计"应作为论文的重点,作者需要就金融实践问题提出相应的解决办法、实施条件、实施风险等。4)"方案的合理性论证(检验)以及实施途径"章节对方案做可行性分析、成本收益分析,以及对方案的潜在风险和问题提出预案。

调研报告类学位论文是较为推崇的一类选题,原因在于调研报告的核心包括计划、实施、收集、整理等一系列过程,综合体现了专业型硕士的能力,也十分切合专业型硕士的培养要求。一篇完整的调研报告需包含调查、研究和对策三方面的内容。在开始撰写论文之前,作者需执行详尽的调研,充分挖掘调研对象,广泛收集实证需要的材料和数据。所选择的调研对象需具有一定的代表性,能够将分析对象的经验教训移植运用在其他对象上。在此基础上撰写的"调查"部分需交代调研对象、调研目的、时间、地点、人员、调研手段等信息。在"研究"部分作者应深度分析所收集的材料和数据,通过对比分析、因果分析等方式揭示相关问题。在"对策"部分作者应依据分析结果提出可行的方案并对可行性进行检验。

3. 博士学位论文选题原则

博士毕业论文选题是论文写作至关重要的一步,课题的选择直接影响整个论文的主题和研究方向,直接影响论文的成败甚至关乎能否顺利毕业。博士毕业论文选题不同于本科阶段和硕士阶段,它对各方面要求更高也更严格。南京大学李良玉教授指出,博士论文是一种专题性的著作,它不同于小型论文,博士论文一般要解决一个全局性、综合性的问题。我们下面就博士论文选题原则进行讨论。

1)兼具学术前沿性和现实意义

博士论文选题应该有新意,研究一些前沿性的还没被人研究过的,或者有研究但存在局限的课题。但也不能只追求标新立异而忽略了课题的实际意义。研究成果应具有价值,能解决社会生活中的实际问题。我们可以选一些本领域的重点、热点、难点、焦点问题去研究,比如科技金融(fintech)、互联网金融(ITFIN)、行为金融(behavior finance)、演化证券学(evolutionary analytics of security)等。

2) 兼具难度和可行性

清华大学刘建明教授指出,博士论文应该具有难度水平,一些并无多大价值的课题不应作为博士论文提出来研究。博士论文要体现自己博士阶段的学习成果,展现自己的学术功底和研究能力,所以我们应当选择一个具有一定难度和可行性的题目去写。

至于难度多大合适,这就需要量力而行了。选题不单指想好"写什么",还要在选题的同时思考"怎么写"的问题。不仅是选择自己感兴趣或者有价值的话题去写,还要考虑:以我目前的知识结构和研究能力能驾驭这个选题吗?研究方法具有可行性吗?能获取所需要的资料吗?对资料和数据的处理及分析是否超出我的能力范围?我的时间、精力、经费等各方面条件允许我完成这项研究吗?等等。不提前想好这些问题,选一个题目就盲目动笔的话,有可能写到一半了才发现进行不下去了,只好另起炉灶,重新选题,浪费了时间和精力。这里还有一点要提醒大家,即便是博士论文,也不宜选过大的课题去写,话题过大不容易抓住要害,进行面面俱到的全盘研究又难以驾驭,所以最后很容易写得泛泛而谈,流于表面,浮光掠影,难以写出真正有价值的论文。

3) 创新与突破

创新与突破是博士论文最困难也是最关键的部分,这里的创新指理论创新。在选题的时候要思考,这一课题能否站在前人的肩膀上有所突破?创新的灵感常常源自平常的积累和对大量文献的研读。至于如何创新其实也是有一定的规律可循的,大家可以参看中国科学院院士王梓坤的著作——《科学发现纵横谈》。

2.2.2 学位论文选题步骤

1. 确定选题方向

研究方向不等于研究主题,它是一个宏观上的大致方向,不需要拟出具体的题目。比如,你博士阶段学的专业是金融学,研究方向是公司金融,那么选题肯定要与公司金融相关,选题方向可以是资本结构、资本预算、公司治理、企业市场行为,等等。通常,博士论文所属领域或方向在报考和录取时就确定好了。

选题方向来自哪里呢?要文献和现实双管齐下。读书期间练好"内功":广泛涉猎文献,精读重点文献,了解研究范式,掌握数据处理方法,并打下扎实的理论基础。平常一点一滴的积累会在将来的研究中不知不觉地显露出来。文献为我们提供了某一研究领域的历史框架和脉络,帮助我们判断自己的选题是否已经被前人研究过了。我们也可以在网站上搜索所属研究领域最近几年的"综述"(review 或者 survey),这些综述性文献通常包含某个领域的研究情况,作者一般会列出大量参考性文献,并对这些文献的相对重要性以及不同研究者和不同时期的研究特点进行评论,帮助我们找出更多的参考文献,了解该领域的研究前沿。通过阅读这类综述性文献,我们可以从中选择一个自己感兴趣的方向进行研究。

选题方向也可以来自导师指导或者日常学习、生活的积累。建议大家每天花点时间浏览经济、金融或财经媒体,比如《金融时报》,碰到有意思的报道、案例、新闻等就及时保存下来,积累多了会有意想不到的收获。

这里要再次提醒大家,选题时不能只顾着选当前热门的话题,一定要结合自身兴趣,选一个自己喜欢的课题去研究,因为博士论文的写作并非易事,要反复求证修改,写作时间动辄一年半载,如果不感兴趣,实在是自己难为自己。

2. 如何有针对性地收集文献

心中有了感兴趣的方向之后,接下来需要了解"前沿阵地"的最新研究动态,围绕所选方向查找所有相关的文献资料,包括中英文的图书、报刊目录、索引、期刊论文、学术会议论文、统计资料,等等。通过收集资料以了解所选研究方向的研究历史和现状、研究程度、研究方法,弄清楚哪些问题已经解决了,哪些问题还有待解决。那些还未被人研究过的课题,或者已经有人研究但意犹未尽的课题,或者尚有争议的课题都值得我们重点关注。我们在本书第 8 章介绍了大量的文献收集网站和方法,此外,收集外文文献比较常用的网站除了谷歌学术以外,IDEAS(http://ideas. repec. org/),NBER(www. nber. org),IDEI(http://idei. fr/presentation. php)等网站也免费提供许多学术资源。

我们要收集的是本领域核心期刊的文献、高引用次数的文献以及本领域"牛人"或主要课题组的文献。怎样才能知道哪些是本领域的"牛人"(领军人物)呢?我们可以通过在 ISI 里检索本领域的文献,然后利用 refine(提炼)功能找出论文数量较多的作者或课题组。我们也可以通过了解本领域一些规模较大的国际会议,然后登录会议主办方的网站,找到关于会议的特邀发言人(invited speaker)的名字,他们通常都是该领域的领军人物。

3. 如何对下载好的文献进行分类整理

很多时候,我们下载文献都是很盲目的,抱着一种先下载下来再说的心态,往往下载了不少文献,但其中很多文献都只是空占着磁盘,当我们打算阅读的时候面对一堆杂乱无章的资料也不知从何开始。因此,我们要学会对大量未读文献进行归类整理。

我们先进行一个大的归类,比如可以建立不同的文件夹分别存放图书、期刊论文、学术会议论文、数据资料等。再根据需要按这些资料的重要程度或者其他逻辑对每类文献排序,比如可以按期刊等级将期刊论文归类。阅读的时候通常从最重要的、最经典的或者该领域"大牛"的文章开始阅读。按照这个顺序有助于我们发现同类研究的某些内在规律。

在大归类下,我们阅读文献的顺序通常是先看综述类文献(英文综述和中文综述),再看中、英文博士论文,然后是中、英文期刊文献,等等。在阅读每一个类别的文献时,建议大家先快速浏览所有文献,主要阅读每篇文章的摘要(通常会给出研究背景、目的、意义及主要结论等),引言的最后一部分(通常会给出研究方法及框架),以及研究结果总结部分(通常包含研究取得的成果及存在的不足)。每读完一篇文献,可用 50 字左右对文章进行归纳总结,包括研究方法、结论以及其他你认为对你的论文写作很重要的内容。同时,笔者习惯在阅读完一篇文献之后,按照文献的重要程度在文献的文件名前面标注类似 001、002、003 之类的编号,然后按名称排列图标,这样,重要的文献就排在最前面了。然后再根据需要对重要的文献进行精读,并注意追踪重要文献。当我们按照以上方法归类整理几十篇文献之后,对于所选研究方向也就有了大致了解。

这里还建议大家从研究一开始就使用文献管理软件,使自己的研究有序进行,否则最后所有文献一盘散沙,整理起来剪不断,理还乱。我们在本书第8章介绍了好几种文献管理软件,建议大家参看。

4. 阅读文献的几点建议

1) 多关注文章的最后一部分

文章的最后一部分通常能清楚地告诉我们哪些问题是已经解决了的,哪些问题是还没有解决的,一些文章还会在最后一部分阐明该研究的局限性,并指出未来值得深入研究的方向。比如例2-1和例2-2下划线画出的部分,作者列举了未来的研究方向,我们就可以从这部分找出一个自己感兴趣的话题作为切入点。

例 2-1

> #### 4.4. Implications for further research
>
> The hypothesis of path dependence suggested by this case invites further study. Path dependence can complement hypotheses about bad mergers that originate from managers themselves. This new hypothesis merely recognizes that decisions managers have made in the past may constrain their choices in the present. Of course, it may be that bad decisions in the past originated in hubris or bad judgment. The hypothesis of path dependence invites researchers to look farther back in time than the first announcement of a merger to build a deeper understanding of the origins of bad deals.
>
> As this study and other clinical studies (e.g., Lys and Vincent, 1995) suggest, scholars should work with *joint hypotheses* about wealth effects in mergers. This case also illustrates the slow-building chorus and wide variety of voice or jawboning in institutional activism. The nature of the chorus and variety invites further research.

资料来源:Bruner R. F. An analysis of value destruction and recovery in the alliance and proposed merger of Volvo and Renault[J]. Journal of Financial Economics,1990,51(1):125-166.

例 2-2

> 综上所述,我们的主要贡献在于从出售方的视角出发,在中国的背景下研究了外资企业并购中的出售方的动因和政府干预对其出售时机选择的影响。然而由于时间有限,访谈的资料庞杂,个别案例对当时情形的追溯有限,因此,出售动因和时机的探讨还可以更加深入。例如,企业在面对机会窗口时的反应过程以及这个过程中政府的影响,而将企业出售决策前的反应过程打开进行深入剖析将会是一个有意义的研究课题。另外,还可以进一步对历年来的出售企业进行大样本的分析,并对本文提出的初步观点进行验证。

资料来源:何云,李善民,王彩萍.外资并购中的企业出售动因及政府干预的影响:一项多案例研究[J].南方经济.2017(2):102-117.

2) 做好阅读笔记

在看文献的过程中,对于文章的亮点、重要结论、经典句子、精巧的研究方法等一定要做好标记,比如可以标亮或者改变字体颜色或背景颜色等。一旦想到什么,体会到什么,或者觉得哪一个点很重要一定要立即记录下来,哪怕只是一些零碎的想法、片段性的思索,这些都是灵感的来源。一定要马上记录是因为有些时候,这些想法是在看到文献上的某个点的时候产生的,往往是瞬时的,如果不及时记录下来,可能过会儿就忘记了。这个时候的记录不需要讲究格式、语法等,但最好用其他颜色的字体,提醒自己这些是还未经整理的想法。在记录这些想法的过程中,如果某个特定的想法或记录是源自某个文献的某个章节或者某一页,在记录的时候就在后面打个括号,写上文献名称、章节、页码,这样在整理这些初步灵感的时候才有迹可循,当我们开始扩写的时候才知道参考哪里。如果不能及时做好笔记和标注,文献看了也是白看,下次又得从头开始读,浪费时间。

3)集中时间看文献

看文献的时间越分散,浪费的时间越多。就笔者的阅读感受而言,不被打扰地连贯性地阅读文献更容易形成整体印象,也更容易产生灵感。因为思维中断之后,我们可能又得从头开始读,尤其是英文文献,如果读的过程中不停被打断,我们可能反反复复读上好几遍都不知道文章在讲什么。所以最好抽出一些整的时间阅读文献,避免中途被打断,在开始阅读之前可以给自己定规定,比如一定要把哪几篇读完了才能休息。

在阅读文献的过程中,我们也许会发现有些文献“没用”,感觉自己写作过程中应该不会用到,这时候不要急着删掉,可以建立一个文件夹,专门存放这些暂时用不到的文献。因为写作的过程是一个不断有新观点、新想法或者新问题出现的过程,在这个过程中,我们需要倒回去反复阅读和参考之前的文献,到那时也许就会发现某些文献还是“有用”的。

4)记得温习文献

文献不是读一遍之后就束之高阁不管了,我们每隔一段时间都要温习重要的文献,因为随着研究的进行,对该课题的了解更加深入。在重温一些文献时,我们或许能产生新的理解、灵感或者发现之前理解上的一些错误。

5)来一场“头脑风暴”

读完这些文献之后,先做一次“头脑风暴”(brainstorm),将自己的所有想法、思路、观点、体会全都写下来。接着整理这些零碎的记录,拟出几个想要深入研究的具体题目,再从前沿性、现实意义、难度、可操作性、创新性、个人兴趣等方面对这些题目进行对比,选出一个各方面综合起来最佳的题目。

6)与导师沟通

著名数学家华罗庚曾这样比喻导师和研究生的关系:导师负责给研究生指出兔子在哪里,并指导学生学会打兔子的本领;研究生则从导师那里了解兔子的位置、大小、肥瘦,并采用从导师那里学到的打兔子的本领擒获一只兔子。作为博士生,我们要学会的本领是打一只看不到的活兔子,它可能不在我们的视野里而是在树林里跑着,通过与导师沟通,可以帮助我们确认这只兔子是否存在,是否值得猎取,以及如何才能成功猎取。

当然,这里是用兔子比喻论文。与导师沟通是随时进行的,多听取导师的意见。我们可以将上一步拟出的题目跟导师讨论,导师作为这一领域的专家,对课题的意义、难度、研究方法、可行性等方面有更好的把握,会提出许多中肯的意见。自己反复斟酌加上与导师讨论之后,题目基本就能定下来。

7)调研

中国科学院朱静院士指出:“论文选题应建立在大范围调研的基础上。”作为博士生,要懂得通过调研获取资料,把握问题、发现问题。通过调研,许多问题或想法自然就产生了。

8) 构思写作框架

通过以上步骤,选题也就完成了,接下来就是拟写作提纲和完善开题报告。开题报告的实质是向导师汇报自己的论文准备情况和研究思路等,请导师给予评论和提出建议。开题报告不同于毕业答辩,这里我们应当以"咨询"而不是"辩论"的态度向导师请教,同时接受导师的建议。开题报告不必长篇累牍,只需以简练的文字写出初步的构思,包括要研究的问题、选题意义、理论和实践背景、研究方法、可能出现的问题和难点以及如何应对和解决这些难点等。开题报告要重点突出论文的亮点,即创新部分。

2.3　学位论文写作方针

写学位论文不是一蹴而就的事情,通常得花个一年半载甚至更长的时间,也许我们写一段时间之后会遇到困难或"瓶颈",甚至感觉自己无法完成学位论文,想自暴自弃,这个时候一定要静下心来迅速调整心态。或许很多人在写学位论文过程中都有这样的感觉,请一定要坚持下去,告诉自己熬过寒冬,就是春天。在此,我们给学位论文写作者提出几点中肯的写作方针。这些方针来源于笔者长期以来指导学生进行学位论文写作的亲身体验,对论文写作中的实际情况很有针对性,望读者采纳。

2.3.1　拒绝拖延

一般来讲,各高校对研究生学位论文要求了明确的开题、初稿、终稿日期,却没有规定一个明确的动笔日期。加之第一学年结束后课程负担剧减,学校又预留了充足的论文写作时间,很多学生容易产生懈怠情绪。也有很多学生在第一学年结束后奔波于实习和找工作,在就业压力和精力分散的情况下无法安排好学位论文和实习、工作的关系,导致学位论文迟迟不能下笔。一个普遍的现象是,很多同学没有一个明确的写作时间安排,前期的开题报告以致初稿仅应付了事,等到临近终稿截止日期时又慌忙应对,导致学位论文质量低下。尽管高校毕业生在最后一学年面临严峻的就业压力,但不能安排好学位论文写作的根本原因还是拖延症作祟。克服拖延症既要克服心理障碍也要讲究方法。

当想到一篇学位论文所包含的大量工作任务时,新手往往有一种抵触和畏惧心理,导致论文写作者"躲藏"在自己的舒适区域迟迟不肯直面困难,企图用拖延的方式欺骗和安慰自己。所以,在写学位论文之前一定要树立信心,敢于向前不断迈出步伐。

在方法上有几点技巧可供采纳。其一,尽早开始准备学位论文。很多学生认为学位论文应该等到最后一学年开始后再动笔。其实不然。建议所有学生在硕士阶段的课程开始后就思考选题,着手准备学位论文。专业型硕士的学生在入学 6 个月后,学术型硕士的学生在入学 1 年后就应开始进行数据分析并撰写学位论文。其二,在时间上要化整为零。很多学生认为学位论文需要在不被任何事情打扰的情况下才能潜心写作出来的。但实际上第一学年里学生的大部分时间都被课程、作业、课外活动占据,而第二、第三学年又面临奔波实习、找工作的压力,要想完整地找出几个月的空闲时间是不现实的。因此,学生需要将学位论文的工作分散到平日中去,利用各种琐碎的时间推进工作。平日中哪怕只有一刻钟的时间也要在键盘上敲打出一段字来。其三,充分利用研一的暑假。研一的暑假无论对于专业型硕士还是学术型硕士来讲都是可贵的,这段时间没有繁重的课程,又没有投入找工作中去,因此,建议学生在研一的暑假集中完成论文最重要的模型构建、数据分析工作。只要能在研一的暑假完成数据分析并得到满意的结果,后续的论文写作便水到渠成。

2.3.2 先分析后写作

目前硕士研究生的学位论文中采用最多的方法是实证分析,也有一些学生选择了案例分析或是调研报告的方法。无论采用以上提及的哪一种分析方法,数据分析都是整篇论文的核心。很多同学认为背景阐述和文献综述与研究结论无关并且易于动笔,于是在得到可靠数据结论之前先写这两部分。然而数据分析的结果不仅决定了论文的结论,也影响了如何阐述现状、背景、相关文献。一篇好的论文离不开引人入胜的“故事”,而数据分析的结果决定了文章的故事基调,现状介绍和文献综述实际上是依照故事基调补充“情节”。数据分析的结果有时和预先假设并不一致,导致论文故事需要重新安排,先前写的部分也就不可再用。因此,采用以上分析方法的论文都应该先完成数据分析,待得到可靠的结果并得到导师的认可后再进行论文写作。

2.3.3 先动笔后修改

好论文是改出来的!这句话虽然有些绝对,但主要是为了强调不要抱有一次性写好论文的完美主义想法。很多同学迟迟不肯下笔是因为无法在脑中组织好想要的语言,在卡壳的情况下不愿意下笔,导致文章进展缓慢。实际上在论文的初稿写作过程中,不用顾及语法是否正确,用词是否准确,甚至不用顾及别人是否能读懂论文。首先,在论文写作初期不必讲究写出完整的句子和段落,更多的是对灵感的记录,论文写作者可以随心所欲地记录下任何想法,以待后期整合、删减、完善。其次,论文各章节的写作顺序也可以随意发挥。参照上文所述的论文工作顺序,应该待实证部分的结果确定后再开始论文的写作。因此,建议论文写作者可以首先撰写“实证结果”这一章节。由于有现成的数据结果,作者只需对图表进行阐述,相当于“看图讲话”,不必担心无料可写。在完成这一章节的过程中逐渐找到写作的灵感。待这一章节完成后再按照由易到难的顺序撰写“现状分析”“文献分析”。最后,将前后章节的逻辑理清,讲述一个完整的“故事”。至于“摘要”和“题目”更是无须在初稿还未完成之时考虑,待文章已接近完善时再来拟定更为妥当。否则,随着论文写作的推进,“摘要”和“题目”往往需要经历不必要的反复变动。

对于数据分析也应该抱有同样的态度:不必寄希望第一次运行程序以进行实证分析时就得出完美的结果。一个必须接受的事实是:呈现在期刊中具有十足显著性的回归结果往往是经过了特定的数据加工、挖掘过程的。例如,可以调试的有截尾处理的范围,控制变量的增减等。当然,完全不调试数据和以追求显著度一味地调试数据都是不可取的,前者可能引发数据分析方法不缜密的怀疑,而后者容易引发道德怀疑。这两者之间的度如何把控没有统一的答案,需要数据分析者自己解决。

2.3.4　先搭框架再填内容

论文的框架是否完整、合理总是在学位论文评审中被首先关注的。由于学位论文具有较为固定的行文顺序和内容,评审人在审阅论文之前往往已经有一个预设的行文框架,一旦发现所审阅的论文框架与其设想不一致就会提高警惕。因此,建议毕业生遵循学位论文写作的一般框架,不必在这方面标新立异。

大多数学术型硕士会选择实证类论文,该类论文的框架一般为:①研究背景,②文献综述,③实证方法,④实证结果,⑤结论与建议。

根据全国金融专业学位研究生教育指导委员会 2012 年第二次会议通过的《金融硕士学位论文写作指引》,专业型硕士推荐的选题方向包括:案例分析、金融产品设计、金融实践问题解决方案、调研报告。

案例分析类的学位论文框架主要包含:①绪论,②案例介绍,③案例存在的问题和原因分析,④解决问题和改进建议。

金融产品设计类的学位论文框架主要包含:①产品方案基本概念和设计理念,②设计方案,③产品优势,④产品推广策略。

金融实践问题解决方案的学位论文框架是:①问题描述,②分析问题,③问题解决方案设计,④方案的合理性论证(检验)以及实施途径。

调研报告类学位论文的框架有三种。第一类适用于反映、解决问题的报告:①现状,②问题,③解决方案,④建议。第二类适用于总结经验的报告:①成果,②具体做法,③经验。第三类多用于揭示是非的报告:①事件过程,②事件性质结论,③处理意见。

2.3.5　与导师积极沟通

在大部分学生眼中,与导师保持和谐的关系并非称得上问题,但是近年来学生因与导师产生矛盾而在网上发帖求助的事件也屡见不鲜。如果与导师缺乏有效沟通以致心生不快无异于后院起火,是无法保证以积极的心态完成学位论文的。笔者在此针对如何与导师沟通为学生提出一些建议。

1. 确定导师之前先沟通

目前各高校都实行了导师和学生的双向选择机制。因此学生在选择导师之前需要与导师坦诚地交换想法。学生首先需要了解导师的学术要求,特别要了解导师对学位论文的动笔时间、完成时间的要求。同时,学生如果有关于实习、考证、学术论文、寒暑假的安排需详尽地告知导师。沟通基础上的双向选择能够最大限度地避免后期产生矛盾。

2. 和导师保持密切联系

在硕士学位论文的撰写过程中切不可疏离导师而想当然地撰写论文。无论是因为导师工作繁忙不常联系学生,还是因为学生自身原因不愿联系导师,都不能成为与导师疏离的原因。学生应该在与导师的联系中充当主动角色,至少在以下几个关键时间节点上与导师当面或书面交流。首先,开题时学生应将拟定的(或待选的)研究内容与导师沟通交流。一般的导师都能根据其经验判断选题的可行性。之后学生需在确认研究方法,尤其是实证所用的模型、数据时与导师交换意见。做好这一步可以避免后期出现实证存在根本性错误的情况。当学生获得研究结果后,在动笔之前还应让导师检查相关数据和图表,待得到导师认可后再动笔撰写论文。最后,学生应在初稿完成后交与导师验收。

3. 主动配合导师的监督

一篇学位论文在实证研究和论文撰写过程中必然需要反复尝试不同的研究方法,补充新的工作、返工、重做的情况时有发生,一些工作甚至需要在返工与重做间持续若干个月而迟迟得不到导师的认可。因此,学生需在一开始就做好心理准备,认识到这些是学术论文写作中必然经历的事情,切不可对导师的监督工作和修改意见产生逆反心理。当然,人人都会在这些枯燥而又迟迟无法取得进展的工作中感到不耐烦,研究生应该借此机会锻炼自己控制情绪、在困难中保持乐观心态的能力,切不可在私下积聚负能量。当情感无法疏导时应及时与导师沟通。事实上,每一位导师都有过相同的经历,他们一定能够体谅学生的负面情绪,与学生智慧地解决面临的困境。

2.3.6　建议写作时间表

本节附上笔者建议的学位论文写作时间表,写作者可以结合第 2.3.1 节的内容来合理安排写作进程。

1. 学士论文写作时间表

四年制本科:

学　期	月　份	内　　容
大三下学期	5—6	开始选题,与导师一起探索研究的可行性
大四上学期	7—8	完成开题报告,获得导师认可
大四上学期	1	查找资料,完成初稿
大四下学期	3	修改初稿,交给导师询问意见
大四下学期	4	按照导师意见继续修改论文
大四下学期	5	检查论文并提交
大四下学期	6	完成答辩(如果有的话)

考虑到近几年本科就业和考研形势十分严峻,我们编制本科毕业论文时间表时考虑到了保研生要在 9 月进行本校推免,出国读研的本科生要在 9 月左右开始申请,以及要就业的本科生要在 9 月之前找到实习工作的情况,另外对于考研生我们建议可以在 12 月考研笔试结束后,1 月再开始进行毕业论文写作。但需要注意的是,我们建议本科生应该对自己的学位毕业论文早做准备,最好在大三下学期就通过与导师商讨确定选题、完成开题报告。因为在大三下学期学校及学院应该已经为每位学生分配了毕业论文指导老师,学生应在确定导师之后立即准备毕业论文,以免后期就业及读研等事宜影响毕业论文的写作。本科生应当重视毕业论文,杜绝应付了事,另外我们建议已经保研和申请出国读研的同学应该利用好在校时间,将本科毕业论文的内容与今后可能的研究方向进行靠拢,完成一些前期的探索和尝试。

2. 硕士学位论文写作时间表

考虑到近几年高校毕业生的就业形势愈发严峻,我们在编制这份硕士毕业论文写作时间表时充分考虑了在研二(研三)上半学期时专业硕士(学术硕士)需要集中精力找工作的诉求,减轻了这一段时间的工作负担。但前提是学生需要按照此时间表在研一下学期(专业硕士)或研二上学期(学术硕士)就开始着手选题并完成后续工作。如果写作者能够在研二(专业硕士)或研三(学术硕士)开始之前的暑假期间完成所有数据统计、实证工作,那么研二(专业硕士)或研三(学术硕士)开始后就只剩下写作工作了,这对于论文的进度是十分有利的。学生在找工作期间一定不能忽视了论文的进度。尽管我们非常了解也亲身经历过找工作时焦急浮躁的心态,但建议写作者每周仍需要规划出 2 天左右的时间完成写作工作。

两年制专业硕士:

学　　期	月份	内　　容
研一下学期	2	开始选题,与导师一起探索研究的可行性
研一下学期	5	完成开题报告,获得导师对开题的认可
研一下学期	6	开始调研,实证工作
研二上学期	11	完成初稿,按导师的修改意见进行修改
研二下学期	2	完成终稿,确保能够通过查重
研二下学期	3	提交论文
研二下学期	5	毕业论文答辩

三年制学术硕士:

学　　期	月份	内　　容
研二上学期	11	开始选题,与导师一起探索研究的可行性
研二下学期	2	完成开题报告,获得导师对开题的认可
研二下学期	3	开始调研,实证工作
研二下学期	8	完成初稿,按导师的修改意见进行修改
研三上学期	11	完成终稿,确保能够通过查重
研三下学期	3	提交论文
研三下学期	5	毕业论文答辩

3. 博士学位论文写作时间表

目前,博士毕业论文有独立式和文集式两种,前者也称为"大部头"论文,由一系列相互关联的章节和综合全面的论证组成;而文集式论文则要求学生创作的文章篇幅较小,通常少于 6 万字,由具有较高研究水平的 4～5 篇论文组成,并且对连贯性要求较低(Dunleavy,2003)。如果采用文集式论文,那么从一入学就应开始写作,争取每学期至少有 1 篇论文发表,尤其是在顶级期刊上发表文章需要的周期较长,所以更应早做准备。对于独立式毕业论文的写作时间安排建议如下。

学　　期	月份	内　　容
博一上学期	9	广泛阅读,挖掘自己感兴趣的领域
博一下学期	2	确定两个到三个可能的研究课题,并与导师讨论

学　期	月份	内　　容
博二上学期	9	确定选题,制订论文研究计划,并进行初步试验研究,包括实地调研、数据收集、数据分析等
博二下学期	8	完成论文核心章节,并按导师意见进行修改
博三上学期	11	完成初稿,按照导师意见反复修改
博三下学期	6	查漏补缺、修改完善,完成终稿,并确保能够通过查重
博四上学期	9	申请预答辩
博四上学期	10	申请论文评阅,评阅通过后根据学校的时间安排申请答辩

不管采用哪种形式的论文写作,都建议大家早作准备,因为博士论文的写作宜早不宜迟。很多同学都认为四年的时间似乎显得特别长,或者认为写博士论文是博三甚至博四的事情,我们一定要提防这个错觉,因为博一的时候得上很多专业课并参加一些考试,博二的时候得撰写和发表小论文,博三得考虑实习,博四要为找工作分心,所以真正留下来写毕业论文的时间并不多,不要总想着后面的时间还多而把写毕业论文的事一拖再拖,当你在某天早晨醒来,发现时间不知不觉就到了博二而自己还什么都没做时,就着急了。早一点做准备,早一点写完,为后面可能遇到的困难(比如我们可能需要对早期的工作进行修正,可能遇到瓶颈甚至面临重新选题的问题)或突发情况或找工作等留下充足的时间。如果等到博三才开始写论文,那时候才意识到时间不够就为时已晚了,那个时候找工作的压力、写作论文的压力、能否顺利毕业的压力甚至成家的压力等全部堆到一起,可能根本没办法静下心来好好做研究,也很难写出真正有价值的论文,甚至可能会面临延期毕业的问题。

写博士论文不仅需要早作准备,还要做到动手要快,不要总觉得自己还没有准备好而迟迟不肯下笔,研究计划得到导师认可之后就应尽快开始核心章节的写作。写初稿的时候最好一气呵成,这样才是最高效的,初稿不必讲究语言的精细,写清楚论文的整体脉络和最重要的部分,然后再慢慢修改。当然,一气呵成并不是说中途完全不休息,可以在完成某个章节之后奖励自己休息一两天,但是不要三天打鱼两天晒网,比如写完某个章节后就搁置不管,等实习几个月回来后再开始写,这样进度很慢,每一次写都得重新汇集思路,写起来也没有信心。

2.3.7　根据评审要求修改论文

正如前文所说,好论文是改出来的。如果能够知晓评审人会从哪些方面审阅论文就能提前避免论文存在严重的漏洞。这里,我们将西南财经大学学位论文审稿系统的打分项和要求罗列出来,学位论文的写作者可以参考评审人的审阅视角来完善自己的论文。

根据西南财经大学的论文评审要求,评审人需对以下四项进行打分:选题与文献(20%)、论文成果的创新性及学术价值(40%)、基础知识和科研能力(30%)、论文规范性(10%)。

选题与文献的评审指标包括:选题的前沿性和开创性;研究的理论意义、现实意义;

综合分析了与选题有关的主要文献并加以合理评述。

论文成果的创新性及学术价值的评审指标包括：探索了有价值的现象及其规律，并提出了一些新的见解；纠正了前人在提法或结论上的错误，从而对该领域学科研究起到了一定的促进作用；论文成果具有实用价值或理论价值，对科技发展和社会进步有一定影响和贡献。

基础知识和科研能力的评审指标包括：论文体现出作者具有本学科及相关领域的理论基础与专门知识情况；论文研究手段比较先进；论文研究有一定的难度、工作量饱满；具有在导师指导下从事科学研究工作的能力。

论文规范性的评审指标包括：引文的规范性，学风的严谨性；论文结构的严谨性；论文语言表达准确、流畅、层次分明、推理严密、逻辑性强、学风严谨；善于总结提炼。

随后，评审人还需要写明：

（1）对学位论文的学术评语（请对论文的学术水平、创新性做出简要评述，包括选题意义、论文创新点、学科知识的掌握、写作规范性和逻辑性等）。

（2）论文的不足之处和建议（明确指出论文中存在的问题和不足之处，并请提出修改建议）。

（3）总体评价说明：给出百分制总评成绩（100～85 分为优秀；84～75 分为良好；74～60 分为一般；60 分以下为不合格）。

（4）结论选择：

① 达到硕士论文要求，但须对论文内容及文字进行适当修改。

② 基本达到硕士学位论文要求，但须对论文内容进行较大修改。

③ 论文未达到硕士学位水平。

（5）评阅结果：

① 同意答辩。

② 不同意答辩。

第 3 章

学术论文结构

学术论文结构是否完整与合理不仅体现了作者的写作水平,同时也体现了作者在论证过程中的逻辑思考能力。学术论文结构主要包括题目、摘要与关键词、引言、文献综述、研究设计、数据分析、结论以及参考文献等部分。本章将对学术论文结构中所涵盖的每一部分进行写作指导与解读,旨在帮助读者在论文写作时,形成一个内容完整、安排合理、逻辑连贯的论文结构。

本章共 9 节,前 8 节分别对学术论文题目、摘要与关键词、引言、文献综述、研究设计、数据分析、结论以及参考文献进行详细阐述,指出每一部分的写作意义及写作目标、应涵盖的内容、有何技巧或其他细节要求等。最后 1 节则对本章进行总结,给读者着重点明在学术论文结构中的写作技巧与方法。

3.1　题　　目

题目是一篇论文必不可少的组成部分,所有学术论文的题目均是最先呈现在读者眼前的,因此,学术论文题目的选择与拟定在论文写作中举足轻重。题目不仅是学术论文研究内容的高度概括,也是读者接触论文的"窗口",对整篇文章起画龙点睛的作用。本节基于学术论文题目的重要性,将从选题、题目的要素组成两个角度着手,帮助读者构建学术论文的题目。

如何进行学术论文选题我们已经在本书的第 2 章向读者详细阐述了,包括学术论文以及学位论文,在此不再赘述。切记在选题时要把握选题原则,注重选题的可操作性,避免到具体研究和写作时才发现无法自圆其说。

题目的拟定如同为整篇论文树立一面旗帜,好的题目不仅可以明确快速地告诉读者本文的核心论点,同时也在一定程度上体现出论文的神韵、精神以及水平。具体而言,学术论文题目的拟定可以参考以下组成要素。

3.1.1　要素内容

一般而言,学术论文的题目通常由主题、研究对象、研究方法或研究视角所组成。

主题描述了论文的核心论点或拟解决的关键问题,是论文题目中最重要的特定内容。主题应当突出当前的热点问题,或者用特定词汇表明论文主要的研究内容。这是论文题目中不可或缺的部分。

研究对象、研究方法或研究视角均可以呈现在学术论文题目中,也可以采用副标题的形式予以明确,一方面体现论文的性质,另一方面也使论文题目更加通顺流畅。这三者并不是每项都必须出现在学术论文题目中,应根据论文题目的主题以及学科特点而使用。

3.1.2 主题

题目的主题词汇需要反映当前论文的核心论点或拟解决的关键问题。一般而言,题目的主题应与论文的部分关键词一致匹配,以此反映出文章的核心研究内容。

例如,本书参考国内顶级学术期刊《金融研究》与《经济研究》中部分论文的题目及其关键词(表 3-1),发现描述论文主题的词汇与部分论文关键词相重合,以此说明学术论文题目的主题在其拟定过程中,可以选用论文的部分关键词作为题目的主题词汇,为读者直观简洁地展现出整篇论文的核心论点或核心研究内容。

表 3-1 学术论文的题目及关键词示例

期 刊	论文题目	论文关键词
《金融研究》	债券违约对涉事信用评级机构的影响——基于中国信用债市场违约事件的分析	债券违约事件;信用评级机构;信用评级
	创新能力对上市公司并购业绩的影响	并购业绩;专利;事件研究法
	中国稳健货币政策的实践经验与货币政策理论的国际前沿	全球金融危机;货币理论;货币政策;中国经验
《经济研究》	中国社会保障收入再分配效应研究——以社会保险为例	社会保障;收入再分配;调节效应;社会公平
	中国雾霾污染治理的经济政策选择——基于空间溢出效应的视角	雾霾污染;治霾政策;空间溢出效应;动态空间面板模型;夜间灯光数据
	中国式融资融券制度安排与股价崩盘风险的恶化	融资融券;股价崩盘风险;不对称性

3.1.3 副标题

通常,在学术论文写作中,可以通过引入副标题以表明文章的研究视角和切入点,或者表明文章的研究对象,使研究内容更加细化具体,对于缩小研究范围很是有效。

首先,可以通过增加副标题表明论文的研究视角。如表 3-2 所示,诸多论文在细化缩小其研究范围时,均在其论文题目的副标题中明确文章的研究视角。这不仅可以从某一领域明确论文主题、规定研究范围,同时让整个论文题目更加生动具体、一目了然。

其次,可以通过增加副标题表明论文的研究对象。部分论文在其副标题中明确了文章的研究对象,如表 3-2 所示。相较于研究视角而言,研究对象所包含的范围更广。但以研究对象作为副标题,其作用仍然是对论文主标题进行进一步的解释与细化,缩小研究范围。

总之,在学术论文题目拟定的过程中,论文题目一般情况下不超过 25 个字,最好不超过 20 个字,力求简洁明确,对研究内容高度浓缩。切记出现空泛抽象、冗长混乱、文题不符、含糊晦涩等问题,在形式或内容上力争突出亮点与创新点。

表 3-2　学术论文的副标题及其细化内容示例

细化内容	期　刊	论　文　题　目
研究视角	《金融研究》	我国融资融券助涨助跌了吗？——基于波动非对称性视角
		大宗商品价格影响与货币政策权衡——基于石油的金融属性视角
		金融发展、微观企业创新产出与经济增长——基于上市公司专利视角的实证分析
		询价制度改革与中国股市 IPO"三高"问题——基于网下机构投资者报价视角的研究
	《经济研究》	"乡音"能否降低公司代理成本？——基于方言视角的研究
		减税能否提振中国经济？——基于中国增值税改革的实证研究
		货币政策预期与通货膨胀管理——基于消息冲击的 DSGE 分析
研究对象	《金融研究》	新股定价基础：历史业绩还是技术创新？——基于中国创业板市场的研究
		利率与银行风险承担——基于中国上市银行的实证研究
	《经济研究》	政府扶持与新型产业发展——以新能源为例
		对外贸易是否有利于提高能源环境效率——以中国工业行业为例

3.2　摘要与关键词

在学术论文写作中，除论文题目作为整篇论文的高度概括以将本文的核心论点呈现给读者之外，摘要是全文的缩影，是论文的重要组成部分。好的摘要不仅能够简洁精准地囊括了论文的主要观点，为读者了解并阅读论文提供时间和感观上的便利，同时也是作者本人对论文全文的回顾与梳理，在内容与逻辑上与其他文献有所区别和创新，方便今后的文献检索。同样，关键词是学术论文内容中具有代表性、规范性、专指性以及可检索性的词汇，其作用与摘要一致，一方面有利于读者快速了解论文主题，另一方面为今后的文献检索提供便利。因此，本节将从学术论文摘要与关键词的写作目的、组成要素以及书写与选择要求三个方面，逐层阐述如何进行学术论文摘要与关键词的写作。

3.2.1　写作目的

作为学术论文全文的缩影与概括，摘要与关键词的主要功能有两个：一是为读者了解论文提供时间与感观上的便利，包括审稿老师快捷方便地评审论文；二是为今后的学术研究提供文献检索目标，方便网络计算机和其他学术论文作者检索。

基于摘要与关键词的这两个作用，在书写学术论文摘要与关键词时，应紧紧围绕这两个目的进行写作，即考虑读者在短时间内是否能明晰文章的主要内容及观点，以及今后的学术研究是否能快速通过摘要与关键词检索到本文。因此，在通常情况下，摘要与关键词的写作多放于正文写作结束后再进行撰写。

3.2.2　要素组成

由于摘要是对学术论文全文的高度概括,是读者和今后学术研究快速了解和检索本篇论文的窗口与工具,因此摘要应包括:研究目的或研究问题描述、研究方法或研究过程简述、主要研究结果及重要结论、成果理论意义或应用前景。

1. 研究目的或研究问题描述

学术论文摘要写作中,可将文章所要研究的主要问题或研究目的在摘要的第一句中进行简要描述。一是将文章的主要研究内容在第一时间呈现于读者,二是强调文章的主要论点以方便检索查阅。关于研究目的或研究问题在论文摘要中的描述,可包含研究背景,作者为解决什么问题、在何种条件下利用何种方法进行研究的。描述过程应简明扼要,避免冗长繁杂。

例如,褚剑、方军雄(2016)发表的论文中,其摘要的第一句便针对文章所要研究的问题进行阐述:"2010 年开始实施的融资融券制度是中国资本市场重要的制度创新,旨在引入卖空机制以提高资本市场运行效率,本文从股价崩盘风险的角度采用双重差分法系统检验了该项政策对资本市场的影响。"[①]在这篇论文中,文章所要研究的问题是"从股价崩盘风险的角度""系统检验了"融资融券制度"对资本市场的影响",用一句话既表明了研究问题,又表明了研究目的(融资融券制度"旨在引入卖空机制以提高资本市场运行效率")和研究方法(双重差分法),简明扼要地概括出全文的主要研究问题,同时又涵盖了学术论文摘要的诸多基本要素。

2. 研究方法或研究过程简述

研究方法是指在学术论文研究中所使用的资料和数据源、数据分析处理方法、研究手段、研究材料或设备等。通常,在学术论文摘要写作中,对研究方法的描述应尽量简洁明了、适可而止,只需说明文章使用了何种研究方法而非详细介绍该种研究方法。

例如,林莞娟、王辉、韩涛(2016)刊登于《金融研究》期刊的论文《股权分置改革对国有控股比例以及企业绩效影响的研究》,其摘要中包括对文章研究方法以及研究过程的简述:"本文基于上市公司 2002—2011 年的面板数据,利用双重差分方法考察了股权分置改革对于不同行业国有控股比例的影响;并进一步利用工具变量方法研究了国有控股比例与企业绩效的因果关系。"[②]不仅在摘要中清楚阐述了本文所使用的研究方法,同时也简要对研究过程进行了叙述,进一步明确文章的研究问题。

3. 主要研究结果及重要结论

学术论文的主要研究成果以及重要结论是论文摘要中必不可少的重要组成部分。研究结果可以包含调查结果、统计分析结果以及论证结果等,是根据论文的论证过程得到的直接研究结果。论文的重要结论则是根据论文研究结果而推导出其中蕴含的意义,与论文的研究目的或拟解决的关键问题有逻辑关联。在主要研究结果和重要结论中,通常论

---

①　褚剑,方军雄.中国式融资融券制度安排与股价崩盘风险的恶化[J].经济研究,2016(5):143-158.

②　林莞娟,王辉,韩涛.股权分置改革对国有控股比例以及企业绩效影响的研究[J].金融研究,2016(1):192-206.

文的创新点会集中于此,因此,也可以在摘要撰写过程中根据情况适当提及文章的创新见解,以区别于以往文献,彰显论文的学术价值。

例如,廖理、吉霖、张伟强(2015)在其论文摘要中用了较多篇幅对论文的研究结果和结论分别进行阐述:"从借款者违约结果方面,高学历借款者是否违约概率较低;从投资者投资决策方面,投资者是否更愿意借钱给高学历借款者。实证结果表明,高学历借款者如约还款概率更高,高等教育年限增强了借款人的自我约束能力,但是,投资者却并未青睐高学历借款人,在通过教育程度识别信用风险的行为上存在偏差。"[①]论文通过实证结果,说明了 P2P(对等网络)借贷市场与投资者学历之间的关系。

4. 成果理论意义或应用前景

成果理论意义或应用前景在学术论文摘要写作中,即为清楚阐述论文的研究意义,包括理论意义或实践意义。之所以将这一组成要素放在最后,是因为可以构成摘要逻辑关系上的层层递进,即研究问题的提出—研究方法与研究过程—研究结果与结论—研究意义。

例如,S. Betermier,L. E. Calvet and P. Sodini(2017)在其论文摘要的最后阐述了论文的研究结果符合投资组合价值溢价的风险理论:"While several behavioral biases seem evident in the data, the patterns we uncover are overall remarkably consistent with the portfolio implications of risk-based theories of the value premium."[②]因此,其论文结论佐证了论文的研究意义,即在学术理论层面有所深化与拓展。

3.2.3 书写与选择要求

摘要与关键词是学术论文全文的缩影与检索关键,能让读者在第一时间快速对论文的研究目的、研究问题、研究方法、研究结论以及研究意义有所定位与了解。因此,摘要与关键词的写作与选择十分重要,在撰写过程中应注意以下几点:

第一,根据学术论文类型的不同,摘要的字数要求不定。通常情况下,期刊类的学术论文摘要不超过 300 字,而毕业论文类的学术论文根据学校要求不同和申请学位不同也有所不同,但所占篇幅要比期刊类的学术论文更多,内容更为翔实。关键词的个数要求为3~5 个,最多不超过 8 个。

第二,摘要和关键词需使用标准术语,避免使用缩略语或简称代号等,用词统一规范,可检索性强。

第三,摘要应具备独立性,需客观、真实、精简地概括论文正文内容。因摘要阅读的受众范围比论文正文要广泛,即读者可不阅读论文正文而通过阅读论文摘要也能获取到论文正文中的重要信息,故论文摘要应具备独立性,对正文内容进行客观、真实、精简的高度概括而非重复照抄。

---

① 廖理,吉霖,张伟强.借贷市场能准确识别学历的价值吗?——来自 P2P 平台的经验证据[J].金融研究,2015 (3):146-159.

② S Betermier, L E Calvet and P Sodini, Who are the value and growth investors? [J]. The Journal of Finance, 2017(2), 5-44.

第四,摘要中应对学术论文的创新点或贡献性有所体现,但应注意文章创新性自我评价的客观性和真实性,避免夸大与随意编造。

第五,摘要一般不分段,要求结构严谨、表述简洁明了。

3.3 引 言

3.3.1 写作意义

引言是学术论文正文内容的开篇,主要向读者阐明论文所要研究的问题以及为什么研究该问题,以引出后文对研究问题的详细探讨。在全文中,引言所占篇幅较短,而且引言作为全文的起始部分,应该对研究问题的提出及其研究意义进行简要但明确的阐述,不必详细展开论述,以起到引出全文主题、展现文章研究内容的作用。

3.3.2 写作目的

由于引言的主要作用是提出论文所要研究的问题以及阐明为何研究该问题,因此,在引言部分,通过选题背景向读者交代清楚论文的研究问题以及阐明清楚研究意义十分重要,这两部分不仅能说明论文的创新点与贡献性所在,使研究问题能够立足,同时也体现了学术论文的价值,包括理论价值与实践价值。

在学术论文引言部分写作过程中,应做到以下三点。

第一,重点突出,简要明朗。一方面,在引言写作中紧紧围绕研究问题的提出以及为何研究该问题进行,即重点突出研究问题的提出以及研究意义,其余附属部分可简明扼要地进行概括,诸如已有文献、研究方法、框架结构等,但仍需要给读者一目了然的感观效果,而非长篇大论。另一方面,在除研究问题的提出以及研究意义两部分内容之外,也应做到重点突出。如在对已有文献研究情况进行概述时,应选取与本学术论文关系密切且具有代表性的文章,不必过全过细,文献回顾详细的内容应放至全文的下一章节"文献综述"。

第二,内涵深入,创新明显。在学术论文引言的写作过程中,首先应在有限的篇幅中强调研究深度,对众所周知的原理不必详细赘述。其次应在引言中体现研究的创新性,可以结合选题把握研究热点,也可以对已有研究进行深化及拓展。创新性可以体现在研究方法、研究对象、研究理论等方面,是本研究的立足点与价值量的体现。因此,应该在引言写作中使论文创新点显而易见。

第三,用词客观,评价审慎。在对已有文献进行评述时、介绍作者本人前期研究成果时以及阐述本研究的创新性与贡献性时,应客观用词、审慎评价,避免夸大或贬低,只需要如实向读者展示本文的研究问题、为何研究该问题以及客观描述本研究的创新与贡献即可。

3.3.3 涵盖内容

1. 选题背景及研究问题的提出

学术论文引言的主要作用即是阐明论文所要研究的问题以及为何研究该问题,因此,通过选题背景提出拟解决的关键问题,需要作者清晰地向读者阐述所要研究的问题"是什么"。

在选题背景介绍中,可以叙述论文研究问题的相关现实背景以及已有研究简况,通常情况下,在此部分对论文研究问题的现实情况背景介绍的居多。注意论述的背景情况需要与研究问题密切相关,避免空泛,可以用数据等形式进行现实情况描述。

例如,郭永济、张谊浩(2016)在其论文引言中,通过描述已有诸如天气晴雨变化、云层覆盖率等对股票收益有所影响的文献研究,将其迁移至是否我国空气质量也会影响股票市场(见图3-1)。这主要是将已有研究简况作为选题背景,并据此提出研究问题。

> 当前,国内居民物质文化生活水平日渐提高,人们对赖以生存的空气质量问题也日益关注及敏感,空气质量的好坏及其变化必将深入而全面地触发并影响人们的心理和行为(Lundberg,1996;Lepori,2009)。类似于空气质量,天气晴雨变化这种环境压力就可以通过作用于投资者情绪而影响股票市场。Saunders(1993)最早研究了天气与股票收益的关系,发现云层覆盖率与股票收益率呈显著的负相关关系,即阴雨天会给股票市场交易者带来抑郁消沉的情绪,影响了交易者的理性判断和选择,从而造成股票收益率下降。Hirshleifer and Shumway(2003)利用26个国家(地区)股票交易所的数据,检验了云层覆盖比率与股票收益之间的负向关系。Lepori(2009)基于心理层面研究了空气污染和股票收益率的关系。认为空气污染会引发人们情绪变化,影响股票交易者的选择偏好,最终导致空气污染与股票收益率呈现负相关关系。国内学者陆静(2011)运用日内股票数据和天气变量数据进行回归分析,发现天气指标对股票收益率没有显著影响,但对股市换手率和波动率等有显著影响。
>
> 正是基于空气质量与经济行为的这种密切相关性,加之受行为金融学所强调的基于微观个体心理特征及决策行为来研究资产定价效应并解释、研究和预测金融市场发展的启发,本文借鉴和发展Saunders(1993)和Hirshleifer and Shumway(2003)对天气变化影响股票市场的研究成果,利用上海地区的空气质量数据与上证沪企指数等相关数据进行计量分析,深入探讨空气质量能否通过影响股票市场参与者并最终影响股票市场这一关键问题。本文的特点主要在于:(1)基于与人们息息相关的空气质量这一独特视角来解释股票市场收益率、换手率和波动率的变动,国内外还少有文献涉足。(2)尝试提出思路新颖的空气质量影响股票市场的理论机理。(3)利用多元递进的实证方法探讨空气质量对股票市场的影响。首先利用Z检验方法验证空气质量是否可能会对股票市场产生影响;然后利用纳入季节性紊乱(SAD)变量的线性回归模型,考察空气质量如何通过投资者情绪渠道影响股票市场;最后运用Copula方法估计空气质量与股票市场的尾部相关性。(4)将空气质量作为投资者情绪代理变量的实证分析具有新意,可以视为本文对现有行为金融学研究的一个补充。

图3-1　学术论文引言中选题背景及研究问题的提出写作示例1

徐巍、陈冬华(2016)则是根据现实情况作为选题背景并提出研究问题(见图3-2),以研究诸如"新浪微博"这类自媒体的信息披露作用。

从上述两个示例中可以看出,选题背景可以是学术理论研究背景,也可以是现实情况背景。根据选题背景清晰明确地提出研究问题,是学术论文引言的首要任务。

2. 研究意义

学术论文应当在引言部分阐述清楚其研究意义,包括学术理论意义以及实务现实意义。根据论文选题的研究背景以及拟解决的关键问题,表明为什么要研究该问题,可以结现有研究对信息披露与资本市场之间的关系做了大量的工作，其焦点主要集中在披露内容、动机、后果等方面（见 Healy and Palepu，2001；Core，2001 的综述）。然而信息披露不是抽象的，无论是强制披露还是自愿披露，都必须经由一定的信息媒介完成。随着技术的进步，信息媒介呈现出多元化的趋势，从传统的报纸、电话到网页、讨论版、搜索引擎等都成为有效的信息媒介（Antweiler and Frank，2004；Dougal et al.，2012；Fang and Peress，2009；游家兴和吴静，2012）。近年来以新浪微博等为代表的自媒体在中国迅速发展，新浪年报显示截至2014年第三季度末，新浪微博月活跃用户数达到1.67 亿。而根据我们的统计截至 2013 年年末，527 家 A 股上市公司在新浪微博注册了官方微博，共发布微博 80 多万条，其中的 20% 包含公司经营、财务、研发、声誉等方面的信息。我们关心的是，这些信息的披露是否对资本市场带来影响？如果是，又表现出了哪些特点？

图 3-2　学术论文引言中选题背景及研究问题的提出写作示例 2

合已有研究情况阐述本研究对相关学科理论有何拓展或深化，也可结合研究背景阐明本研究在实务层面上对国计民生有何现实意义及操作建议等。将研究意义向读者表述清楚，不仅声明了该学术论文的研究目的，同时也可衍生出本学术论文的贡献性。

例如，权小锋、吴世农、尹洪英（2015）的部分论文引言如图 3-3 所示，标方框的部分为其阐明的研究意义。根据其前述的论文贡献性可以看出，其论文的研究意义主要集中于对股价崩盘风险的影响因素研究予以补充，同时也基于企业社会责任的视角提供实务层面的经验证据。

要回答以上的实践问题，理论研究中就需要切入独特的研究视角。本文切入股价崩盘风险的独特视角，从市场的非对称风险框架分析企业社会责任的经济后果，以 2008—2013 年我国 A 股上市公司为样本，通过实证检验系统分析了企业社会责任影响股价崩盘风险的客观表现与传导机理。本文的主要贡献体现在：第一，对企业社会责任的经济后果研究提供了新的视角。突破以往文献从收益框架研究企业社会责任经济后果的固有局限（如 Freeman，1997；Stankwick & Stankwick，1998；Simpson & Kohers，2002；Nelling & Webb，2009；Barnes & Rubin，2010；李正，2006；彭韶兵等，2013），本文切入非对称风险框架，从股价崩盘风险视角分析企业社会责任的经济后果，这种研究能够通过考察市场股价的非对称波动，进一步剖析和理解企业内部管理层的行为策略及其市场后果。第二，对股价崩盘风险的影响因素研究提供了新的文献补充。近年来，沿袭 Jin & Myers（2006）提出的管理层捂盘理论，相关学者从公司层面的财务信息透明度、税收规避、CEO\CFO 薪酬、会计稳健性和机构投资者等角度对股票崩盘风险的影响因素进行了分析和考察（Hutton et al.，2009；Cheng et al.，2015；Kim et al.，2011a；Kim et al.，2011b；Kim & Zhang，2015；许年行等，2013）。这些研究仅从企业的财务因素方面来考察股票崩盘风险的影响因素，并未考虑企业的非财务因素。企业社会责任建设是重要的非财务因素，特别近年我国政府监管层对其监管正处于重要的制度建设和规范时期，因此本文的研究不仅能够对股价崩盘风险的影响因素研究提供重要的文献补充，也能提供转制经济国家的经验证据。

图 3-3　学术论文引言中研究意义示例 1

再如，J. B. Cohn and M. I. Wardlaw（2016）在其论文 *Financing Constraints and Workplace Safety* 的引言中阐明了其研究意义及重要性（见图 3-4），作者在以前的文献研究基础上拓展了公司融资对员工福利的影响渠道，从实践上对公司价值与员工福利均有所借鉴参考意义。

可以看出，学术论文的研究意义通常与研究的创新性和贡献性相联系，可以从理论层

> Our paper also contributes to a small literature studying the effects of financing on employee welfare more generally. Gordon (1998) shows that higher firm debt levels are associated with reductions in employment that are not fully attributable to performance. Benmelech, Bergman, and Seru (2011) show that employment levels are sensitive to cash flow and that this sensitivity is greater for firms with higher leverage. Agrawal and Matsa (2013) present evidence that firms increase leverage in response to exogenous increases in unemployment benefits, suggesting that they internalize at least part of the cost of unemployment risk. Bronars and Deere (1991) and Matsa (2010) find that firms use financial leverage to gain bargaining power over their unions, suggesting that financing may impact employee wages. Ours is the first study we are aware of to provide evidence that financing impacts employee welfare through channels other than employment and compensation.[3]

图 3-4　学术论文引言中研究意义示例 2

面和实务层面同时进行阐述,也可以侧重其一进行阐述。

3. 已有研究情况概述

在引言写作中,对与论文密切相关且具有代表性的已有文献进行概述是十分必要的。这不仅能使本研究有理有据,同时也能说明本研究在前人所做研究的基础上有何拓展深化与贡献。

该部分的已有文献概述并不等同于文献综述,由于引言自身篇幅在论文中所占比例不大,同时由于引言的作用主要为向读者介绍研究问题的提出与为何研究该问题,因此,只应选取并列出有代表性并与本研究密切相关的文献,且对已有文献做简要评述。评述的内容不仅包括作者本人对已有文献的分类总结性评论,也包括将本研究与已有文献研究联系起来,指出在学术层面上本学术论文研究有何拓展及深化,对现有研究有何贡献等。

另外需要说明的是,在对已有研究情况进行概述时,通常较容易出现相关领域的冗长名词术语。这些名词术语在文中首次出现时须写出中文全名,后可加括号标明英文全称或英文缩写。在文中再次出现时,即可用英文缩写代替。

例如,谢红军、蒋殿春(2017)在期刊《金融研究》所发表的《竞争优势、资产价格与中国海外并购》中,在引言部分列举了与其研究密切相关的且十分重要的国际直接投资理论——投资发展周期理论、比较优势理论、特殊优势理论(见图 3-5)。在其引言后半部分中,通过阐述这些已有理论研究很难解释中国企业海外并购,据此提出"资产价格假说"。在这篇学术论文的引言部分中,对已有文献研究的概述较为翔实,且由以往文献研究并不能解释中国海外并购的一些特征事实提出作者本人的研究,与前人所做研究形成对比与拓展。

4. 研究方法

在引言部分中,可表明论文所使用的研究方法、样本期间等,但要避免"使用……软件进行数据整理与分析"之类的语句。

例如,边文龙、沈艳、沈明高(2017)在其引言中,简要阐明了其论文针对不同研究问题所使用的多种研究方法,同时也表明了论文的数据来源(见图 3-6)。在其引言中,不仅有对论文研究方法的阐明,同时也有对已有文献研究的阐明,包括文献评述以及其论文与以

> 　　传统国际直接投资理论强调投资母国的竞争优势条件。无论是宏观层面的投资发展周期理论（以下简称 IDP 理论）（Dunning, 1981），行业层面的比较优势理论（Neary, 2007）抑或企业层面的特殊优势理论（Caves, 2007），都强调对外直接投资与竞争优势的系统相关性。这些理论不仅在发达国家存在广泛的经验证据（Brakman, et al., 2013；Coeurdacier, et al., 2009），而且在韩国、印度及中国台湾省等新兴经济体范围内的实证检验中也得到了有力印证（陈涛涛等, 2012）。对中国企业海外投资热潮的主流解释基本上也沿袭了上述"竞争优势假说"。人们相信中国历经三十多年堪称奇迹的经济增长，企业实力显著提高，产业竞争优势明显增强，大规模跨国投资现象是企业优势累积、产业发展升级的必然结果。该观点主要来自对中国 OFDI（包括新建投资）的分析，较早可追溯至 Cai (1999)。他认为中国对外投资发展趋势与其他国家的经验相似，符合 IDP 理论的预测。其他持类似优势论的学者包括李辉（2007）、郭杰和黄保东（2010）、裴长洪和郑文（2011）等[1]。

图 3-5　《竞争优势、资产价格与中国海外并购》引言中部分已有研究概述

往文献研究的不同与拓展，以此提出论文的创新性与贡献性，将引言的各个要素自然融为一体，却也不失明朗清晰，让读者一目了然。

> 　　本文从资金供给者（银行）的角度探讨银行业竞争程度对中小企业贷款可得性的影响，旨在为缓解中小企业"融资难、融资贵"提供新的视角。本文在以下几个方面拓展了现有文献：第一，本文采用北京大学国家发展研究院课题组对 2005—2013 年中国 14 个省 90 个县所有银行业金融机构经营状况的调查，直接从资金供给者的角度（县级金融机构）探讨银行业竞争与中小企业融资的关系。结合当前的政策环境和激励制度，我们分别从放开市场准入、增加贷款利率弹性、加快不良贷款核销和深化银行内部激励制度改革四个方面为增加市场竞争程度和促进中小企业贷款提供了政策建议。第二，本文同时采用结构法和非结构法，从集中度（CR3 和赫芬达尔指数 HHI）、价差获取权（Lerner 指数）、反应弹性（Boone 指数）等多个角度来度量竞争。现有文献往往采用某项单一指标衡量银行竞争（如 Berger and Hanan (1998) 采用 HHI；Fungacova, et al. (2013) 采用 Lerner 指数；Yuan (2006) 采用 H 指数；Tabak, et al. (2012) 采用 Boone 指数），与之相比，本文为理解中国银行业信贷市场的竞争状况提供了更为全面的视角。第三，由于只能采用总行数据，现有的关于中国银行业竞争程度的实证研究往往只能度量竞争程度在全国范围内的变化。如果单采用总行数据来度量竞争程度，就不能反映出全国性银行和区域性银行在竞争方面的差异。我们的研究估计了县级金融市场的竞争水平，为理解不同类型的银行在县域竞争的差异提供了可能。

图 3-6　学术论文引言中研究方法阐述示例

5. 创新性与贡献性

　　创新性与贡献性是学术论文研究的立足点与落脚点，只有富有创新性与贡献性的学术论文才有研究价值，对今后的研究才能具有其参考意义。学术论文的创新性与贡献性通常情况下可以参考论文的研究意义，即从学术理论层面与实践经验层面挖掘论文的创新性与贡献性。因此，在论文引言写作中，论文的创新性与贡献性可以单独说明，也可以结合研究意义向读者阐述清楚。

　　学术论文的创新点是论文价值量的体现，因此，对文章的研究创新进行翔实阐述有助于让读者更快更准确地评估论文研究意义及论文质量。如图 3-7 所示，在引言写作中，可以将论文的创新点逐一列举出来，包括研究理论上的创新、研究方法上的创新以及研究对象上的创新，等等。

> 基于上述研究目标,论文以中国证券行业分析师发布研究报告的行为机制为主线,通过构建分析师研报质量的量化指标,从声誉模式和信息模式的角度对证券分析师发布研究报告对市场产生影响的机制展开研究,试图实现如下研究创新:其一,首次从分析师影响的市场路径出发,沿着"分析师—信息—投资者—市场反应"传导过程进行挖掘,厘清中国证券分析师通过声誉和基本面信息影响市场的传导路径。在理论上,声誉和信息存在较为复杂的关联,导致研究中很难分清声誉模式和信息模式的传导过程和作用路径。本文在实证中通过对信息和声誉中隐含的不同路径进行层层剥离论证了信息模式和声誉模式影响市场的机制。其二,论文对中国证券分析师影响市场过程的微观制约因素进行探索,从投资者行为和信息特质的角度深度挖掘了制约中国证券分析师影响市场过程的内在因素及其机制。其三,在总结既有研究的基础上,设计了基于盈余预测的分析师研究报告财务信息挖掘量指标,创新性地结合了分析师盈余预测中的精度绝对信息、精度矫正信息和方向矫正信息,力图更全面、准确地量化分析师研究报告的基本面信息含量。

图 3-7　学术论文引言中的创新性写作示例

学术论文的贡献性通常从研究意义中演化而来,如图 3-8 所示,孟庆斌、荣晨(2017)在其论文引言中,阐明的论文贡献性即是从学术研究领域和政策制定层面出发向读者阐述。因此,学术论文的贡献性可以与论文的研究意义相结合写作,使之融为一体,也可以单独分开写作,贡献性可将研究意义进行改写,但要避免照搬全抄。

> 统计检验方法虽然比较科学地度量了房价泡沫,但由于之前的工作依赖于线性模型,事先假定各变量及其相互之间的关系是线性的,而忽视了现实中资产价格时间序列普遍存在的非线性因素,这就势必使我们对模型结果的准确性产生质疑。实际上,我国对房地产价格泡沫的研究也基本在线性假设下展开。如邵新建和巫和懋(2012)对我国各省房地产价格与地价进行研究,用地价的不断攀升解释了我国城市房价中的"坚硬泡沫";吕炜和刘晨晖(2012)采用系统 GMM 方法分析财政因素对房地产投机泡沫的影响;王云清和朱启贵(2013)对货币政策对房价的冲击进行了研究;以及张浩(2015)检验了不同政策不确定性环境下宏观变量冲击对于房价波动的影响等。为了解决这一问题,本文将首先构造理论模型,利用间接度量模型刻画房价泡沫,并确定房地产价格的影响因素及其理论价格;然后,选用非线性计量模型——马氏域变模型(Markov Regime Switching Model)对我国房价泡沫进行检验和度量;最后,根据研究结果,提出相应政策建议。**本文的贡献在于**:在学术研究领域,目前国内对房价泡沫度量的研究基本采用线性计量模型,使得泡沫度量的准确性存在一定问题,本文利用马氏域变模型对该问题进行研究,通过捕捉房价中的非线性成分,对房价泡沫做出了更为精确的度量,补充了房价泡沫度量领域的文献。对政策制定部门来说,本文的研究有助于其准确掌握房价泡沫信息,从而能够有针对性地制定泡沫治理政策和解决方案。

图 3-8　学术论文引言中的贡献性示例

6. 框架结构

框架结构通常放在学术论文引言的最后一部分,不仅可以让读者对全文的章节安排大致了解,方便读者快速高效阅读,同时可以在论文结构上起到承上启下的过渡作用,使文章更为流畅通顺。

学术论文的框架结构安排主要是对论文的每一章节写作内容与结构进行简述。如图 3-9 所示,孟庆斌、荣晨(2017)在简述其论文的框架结构时,除引言之外,应对论文其余章节及其主要研究内容与安排进行简要阐述。

本文剩余部分的结构安排如下:第二部分分别从购房者、房地产商与中央银行的角度出发,建立理论模型,推导出房价的决定方程;第三部分运用马氏域变模型对房价泡沫进行实证分析,并对其产生背景进行解释;第四部分总结全文并提出相应的政策建议。

图 3-9   引言中框架结构示例

3.4 文 献 综 述

继引言之后,文献综述或理论基础是学术论文的必要元素之一。需要注意的是,如果论文较短或是需要缩短篇幅,可以将文献综述放至引言部分中,与引言中的"已有研究情况概述"相结合。否则,需要将引言与文献综述分为两个章节进行阐述,文献综述部分需要更加翔实。本节将从文献综述的写作意义、写作目的、写作内容及分类以及写作技巧与方法四个部分阐述学术论文的文献综述部分应如何写作。

3.4.1 写作意义

在学术论文写作的实际操作过程中,文献综述应在选题确定之前就开展进行。文献综述的第一个作用是通过对学科相关主题领域的梳理归纳,帮助作者本人确定选题。文献综述的主要作用是通过研究已有的研究现状,找出现有研究的不足与问题,以此构成选题的切入点和创新点,即从学术意义层面为研究问题提供理论支撑。文献综述的第二个作用是通过回顾在选题相关领域的已有文献,了解其研究方法与研究过程,以便将其迁移应用至作者本人的研究或在研究方法上有所突破,即"站在巨人的肩膀上"有所创新和突破。

一方面,文献综述是学术论文研究问题的切入点与支撑依据;另一方面,文献综述也是当前所做学术论文的参考与创新。通过对以往文献研究进行整理评述,避免了该研究领域的重复劳动,以体现本学术论文的研究意义与研究价值。

3.4.2 写作目的

学术论文文献综述写作的主要目的有以下两个。

第一,针对作者本人而言,一方面为选题提供突破点与切入点,使拟要研究的问题在学术层面上具有理论意义;另一方面为作者本人的研究提供参考与帮助,例如在研究方法或数据模型上为当前研究提供支持。

第二,一方面为读者人或评审人清楚地展示论文的研究现状和理论基础;另一方面向其展示作者本人对与研究主题相关领域的研究了如指掌,这会使作者本人在读者或评审人眼中更加可靠,体现了作者本人的学术研究能力。

为此,学术论文的文献综述部分应完成以下三部分的内容:对高度相关的文献进行分类整理;对已有文献研究进行评述;发现已有文献研究的不足或问题,并再次重申本研究的创新点或理论意义。

3.4.3 写作内容及分类

为达成文献综述的写作目的,学术论文的文献综述部分不仅需要对已有研究情况进行梳理分类归纳,同时也需要对其进行总结评论,进一步指出已有研究存在哪些不足和问题。在对已有文献进行梳理分类时,可从以下两种渠道着手。

1. 按照研究相关概念分类

在学术论文文献综述撰写时,可以根据论文题目或关键词中与研究问题密切相关的相关概念进行分类叙述。

例如,韩立岩、蔡立新、尹力博(2017)在其论文的文献综述中,将已有文献研究分为"绿色激励"和"因素模型"两个部分独立阐述,并在文献综述结尾处对国内外现有相关文献进行评述,最后说明国内针对绿色经济对证券市场影响的文献很少,特别是量化实证研究更为缺乏,以此提出其研究的理论意义。

再如,在学位论文文献综述的撰写中,也可以将研究主题拆分成几个概念,对每个概念逐一进行文献研究回顾。如李梦然(2014)在其博士学位论文中,其文献综述的构成如图 3-10 所示。其论文研究的是"P2P 网络借贷投资者的信息识别与行为偏差",关键词为"互联网金融""P2P 网络借贷""信息不对称"以及"信息识别"。根据其论文题目与论文关键词可见,李梦然将其文献综述拆分为"P2P 网络借贷"以及"信息识别"两部分,对每一部分已有的相关文献研究进行梳理和评述。

图 3-10　学术论文文献综述示例 1——按研究相关概念分类

2. 按照研究子论题分类

除了上述按照研究相关概念进行文献研究分类评述之外,学术论文的文献综述还可以按照研究子论题进行分类。这种分类情况多出现在硕士、博士学位论文的写作中,特别是博士学位论文,在一个研究主题下需要对多个研究子论题进行深入研究。

例如,王宇哲(2014)在其博士学位论文中,为研究当代国际货币体系的稳定性与可持续性,对国际货币体系危机的发展过程及特征事实进行梳理与总结,包括如图 3-11 所示的文献综述三个部分,并在文献综述最后对国际货币体系文献研究进行评述。

当然,在期刊类论文中,也有对文献综述按照研究子论题进行分类的学术论文。例如,邵新建、薛熠、江萍等(2013)为研究投资者情绪、承销商定价与 IPO(首次公开募股)新股回报率三者之间的关系,一方面对关于 IPO 体制主要特征的文献研究进行整理总结,

图 3-11　学术论文文献综述示例 2——按研究子论题分类

另一方面梳理评述关于承销商对 IPO 定价影响的研究,其中还基于承销商的分配股票权对 IPO 定价的不同影响进行分类概括,以此作为论文的文献综述部分。

无论是按照研究相关概念进行分类,还是按照多个研究子论题进行分类,在进行文献综述写作时,应将已有文献研究清晰明了地展现给读者,一方面为作者自己的学术研究奠定基础,使研究意义或学术方面的创新贡献有理有据;另一方面向读者展示作者本人的文献研究能力,使读者对相关的文献研究有全面清楚的了解。

3.4.4　写作技巧与方法

在学术论文文献综述的写作过程中,可以使用以下方法和技巧。

首先,在选题之初,参看国外顶级期刊相关学科领域的文献研究,可以通过阅读其题目、摘要及关键词寻找本学科专业感兴趣的论题。最好选取最新年度的文献研究,原因是这类研究在国内可能还鲜有文献研究以供参考,因此很容易形成本学术论文学术理论层面的创新点。初步确定论题后,再进行国外国内文献的整理与分类,在确定具有理论创新性的基础上撰写文献综述部分,并对已有文献加以评述,提及本论文的研究意义。

其次,对国内文献进行整理总结时,可根据选题关键词在数据库中进行搜索,通常情况下,锁定文献来源为国内核心期刊,以此提高国内参考文献的质量。

再次,文献综述部分的引用最好为间接引用,即用自己的理解转述已有文献研究的核心结论,这样做不仅可以尊重以往学者的研究观点与研究价值,同时也可以快速降低论文重复率。国内目前的查重系统在判断是否抄袭时,即便在论文中用双引号引用且用脚注或参考文献标明出处,主流查重系统仍将引用部分定义为抄袭,因此,避免直接引用可以解决该问题,并且这是对以往研究的尊重。实在需要借鉴并直接引用某一研究观点的情况下,可以在脚注里进行阐述与说明。

最后,由于学术论文的写作过程较长,论文初稿与终稿之间有间隔期限,因此在终稿确定之前需要确保参考文献已经更新,并简单修改文献综述部分。

3.5　研　究　设　计

学术论文的研究设计是指在选题确定的情况下,根据已有文献针对研究问题提出研究假设,并叙述论文的研究过程以达到验证研究假设的目的。由于学术论文的论文类型不同,研究设计的结构并不一样,因此,本节将对学术论文进行分类,并针对不同类型的学术论文说明不同的研究设计构成要素与写作方法,包括实证论文、案例分析以及问卷调查。

3.5.1　实证论文

在学术论文分类中,实证研究十分普遍。这类论文为验证研究假设,用数理统计的形式确定与分析所研究问题中各个因素的数量关系及作用方式。在实证论文的研究设计中,主要包含研究假设、模型与变量、数据描述三个部分。

1. 研究假设

研究假设指明了所研究问题中变量的相关性与作用程度。撰写研究假设时,根据学术论文的文献综述部分以及所研究问题的现实情况,以佐证并解释自己的结论。由于研究假设建立在以往文献研究的基础上,所以研究假设有科学依据;但又由于研究假设是作者自身的主观推断,所以研究假设也有一定的推测猜想性质。

在撰写研究假设时,应注意以下几点要求:

第一,研究假设的个数一般为两个或两个以上,以此对所研究的问题进行解释并论证。

第二,关于变量之间的相关性与作用程度,在研究假设的书写说明中应采用陈述句。

第三,研究假设应该用一句话简单明了地予以说明,并且能通过数理统计进行检验。

例如,在黄小琳、朱松、陈关亭(2015)的论文中,其研究假设如图 3-12 所示。其研究共有四个研究假设,均采用一句话陈述相关变量之间的相关性与作用程度,且都在后文中可以检验。除此之外,每条研究假设提出之前,作者都会说明该研究假设的依据。

> 假设1:持股金融机构与企业负债率正相关。
> 假设2:持股金融机构与企业短期债务融资比重正相关。
> 假设3:持股金融机构与企业长期债务融资增加负相关。
> 假设4:持股金融机构与负债融资之间的联系在民营企业中更明显。

图 3-12　学术论文研究假设示例

提出研究假设时,可以通过演绎、归纳与类比的方法对所依据的文献研究进行假设,同时要综合作者自身的学科知识,大胆合理地提出研究假设,最后形成明确严谨的假设表述。

2. 模型与变量

学术实证论文在研究设计的写作中,在研究假设之后通常为模型与变量的论述。以下将分别针对研究模型和变量定义两部分的写作及其注意事项进行叙述。

针对研究模型而言,需要对所使用的模型方法进行阐明并解释。如果采用与以往文献研究相似的模型方法进行论述,则需要列出主要参考文献,并说明为何要参考这些文献、该模型方法为何适用于本研究,切记如果该模型方法较为普遍,则对此部分简要说明即可,避免重复性的工作。如果采用的是新颖的模型方法,则需要对该模型方法进行详细阐述解释,并说明该方法如何帮助完成论文研究目标。除上述情形之外,如果有多种模型方法可供选择,则需要在研究设计中解释清楚为何选择其中一种模型方法而非其他。

例如,黄小琳、朱松、陈关亭(2015)在其论文研究模型中,不仅列出相关主要参考文献,同时解释了为何采用该模型进行研究(见图 3-13)。再如,在张德荣、郑晓婷(2013)关于限购是否是抑制房价上涨的工具的研究中,他们改进已有的研究方法从而估计限购的政策效应。

企业持股金融机构可能是由于企业存在融资约束问题,而这种融资约束又影响其负债水平以及债务结构,即可能存在较强的样本自选择。因此,本文采用 Heckman 两步法构建实证模型。第一阶段采用 Probit 模型,估计模型(1)用于计算企业持股金融机构的概率,然后根据预测结果分别计算持股与不持股两者的逆米尔斯系数(IMR);并在后续检验模型中加入逆米尔斯系数作为回归模型内生性问题的控制变量,克服样本自选择和内生性问题(陈栋和陈运森,2012),具体如模型(1)所示:

$$DumFinhold = a_0 + a_1 STATE + a_2 PreCash + a_3 PreFCF + a_4 PreROE + a_5 PreLEV +$$
$$a_6 PreSIZE + a_7 Market + \sum a_i Inds + \sum a_j Years + e \qquad (1)$$

图 3-13 学术论文研究模型写作示例

针对变量定义而言,应对研究模型中所涉及的变量进行定义与赋值,包括变量、变量名称、变量定义以及参数预期符号等。在详细明确地表述完毕之后,为方便读者快速阅读,可考虑使用表格的形式进行总结。例如,杨靖(2010)在其博士学位论文中,对文章变量的描述如图 3-14 所示。变量包括研究变量与控制变量。

表 6.1 变量说明

变量名称	变量符号	定义
研究变量		
控股股东认购	CTR	虚拟变量,控股股东认购股份为 1,否则为 0
认购比例	CTRR	控股股东认购股份数量/发行股份数量
折价率 DISCOUNT	DISCOUNT1	(定价基准价格-发行价格)/定价基准价格
	DISCOUNT2	(公告日前 1 日收盘股价-发行价格)/公告日前 1 日收盘股价
市场反应 CAR	CAR(-1, +1)	(-1,+1)窗口期累计超额回报率
	CAR(-3, +3)	(-3,+3)窗口期累计超额回报率
	CAR(-5, +5)	(-5,+5)窗口期累计超额回报率
控制权比例	LSH	定向增发预案公告日前控股股东及其一致行动人持股比例之和,同表 5.1
控制变量		
发行规模	PPR1	发行股份数/增发前公司股本
公司价值	TOBINQ	公司市值与账面价值比=(股权市值+负债账面价值)/资产账面价值
现金持有	CASH	上市公司现金持有比率,发行年度上年末货币资金与平均资产总额之比

图 3-14 学术论文变量定义写作示例

3. 数据描述

实证类型的学术论文中,所属研究设计部分的数据描述必不可少,包括数据来源和样本选择。首先,应该将本研究的数据来源说明清楚,做到有据可查,具体包括数据期间、数据来源渠道以及为何选取这些数据。获得初始样本后,将样本筛选条件逐一列出,删去不符合条件的样本并标明样本数,最后得到本研究的最终观测样本。

例如,王会娟、廖理(2014)对其学术论文中数据来源与样本选择的阐述如图 3-15 所示。数据期限、数据来源、初始样本、筛选条件以及最终观测样本等要素均具备,并且分类列出了样本的分布情况,使其研究表述更为直观简洁。

> **1. 数据与样本**
>
> 本文采用 2012 年 3 月 1 日—2013 年 9 月 1 日"人人贷"网站上发布的全部借款作为初始样本,之所以选择这个研究区间,是因为"人人贷"公司成立于 2010 年 5 月,网站正式上线是当年的 10 月 15 日,最初的交易记录较少,随着"人人贷"影响力的提升,交易记录在 2012 年有了较大幅度的提升。同时,"人人贷"的信用认证机制也在不断完善。另外,"人人贷"在 2013 年 10 月对网站进行改版,为了保持数据的统一性我们选取改版之前的观测作为研究样本。初始样本为 64831 个观测,本文对样本做了如下处理:①剔除信息不全的 5305 个观测;②剔除借款人的年龄小于 22 岁的 2643 个观测;③剔除机构担保的 3230 个观测。最终样本观测为 53653 个,其中 15372 个成功的借款,38281 个失败的借款。
>
> 表 1 报告了样本的分布情况,总样本的借款成功率为 28.6508%。Panel A 是按信用评级划分的借款分布情况,信用评级为 HR 的借款观测最多,为 39100 个,其次是信用评级为 A 的借款,有 13762 个。其他信用评级的借款个数都较少。从借款成功率来看,信用评级为 A 的借款其成功率最高,达到 99.9927%,而信用评级为 HR 的借款成功率最低,只有 2.3427%。其中,信用评级为 AA 的借款其成功借款率为 92.0455%,低于信用评级为 A 的借款成功率,这主要是因为信用评级为 AA 的借款其利率较低,对出借人的吸引力较低,故成功率较低。Panel B 是按信用认证方式划分的借款分布情况,其中,实地认证标有 13763 个观测,借款成功率为 99.9927%;非实地认证标有 39890 个观测,借款成功率为 4.0361%,初步说明线上和线下相结合的认证方式能够提高借款成功率。

图 3-15   学术论文研究设计中数据描述示例

3.5.2   案例分析

在学术论文中,案例分析类论文也是一种常见的类型。案例分析主要通过单案例或者多案例,通常适用于解释"怎么样""为什么"类的研究问题。事实上,案例分析是对当前正在进行的现象进行研究,案例事件的前后联系与研究主题或研究对象之间高度相关,但由于在现实生活中,现象与背景较难区分,因此需要对案例分析进行技术层面的明确与界定。

在案例分析的研究设计中,主要存在基础理论建立、案例选择与数据收集三个步骤,本小节将对此一一展开叙述。

1. 基础理论建立

在案例分析中,不论是解释验证现有理论还是提出新设理论,在论文写作中基础理论的建立是十分重要的。这为论文的顺利进行提供了一个有目标性、规划性以及指导性的框架,通过对已有文献研究的整理总结,使所提出的研究问题更有理有据,这也是论文后续写作的学术依据。

根据论文建立好的基础理论,通常情况下,作者应在案例分析中提出自己的主张,即研究假设,以引导研究继续进行。

例如,在张雪春、徐忠、秦朵(2013)的《民间借贷利率与民间资本的出路:温州案例》研究中,案例研究理论的阐述与研究假说的提出是论文研究设计中不可或缺的一部分(图3-16)。该论文在提出研究假说之前,对抽样调查数据进行了翔实的描述性分析,主要包括借贷样本类型、借贷市场以及借贷利率等案例情况的阐述。

> 分析温州的民间借贷风波,我们提出以下假说:第一,温州的民间借贷不是传统意义的民间借贷;第二,温州的民间借贷超出一定范围,类似影子银行,即温州的借贷利率和借贷量不但跟当地的经济变量相关,还与全国性的经济变量相关(货币政策的工具、资产价格变化等)。

图 3-16　案例分析中基础理论建立示例

2. 案例选择

案例的选择对能否阐述清楚研究问题至关重要。在案例分析类的学术论文写作中,可以选择单案例进行分析,也可以选择多案例进行分析。如果选择单案例,则应该运用已建立的理论基础指导研究该案例,以说明某方面的问题;如果选择多案例,则应该通过重复、复制的方法进行多案例研究,使研究结果更加全面、更有说服力,提高案例分析的外在效度。

例如,王正位、朱武祥、赵冬青等(2013)以福记食品可转债融资作为案例,研究管理层经营乐观与可转债融资的关系。该论文则是选择福记食品可转债融资作为单个案例,在提出基本假设和融资方式分析后,对该案例进行详细分析。

对于选择多案例进行研究的学术论文,也有诸多例子。如图3-17所示,Shleifer and Vishny(1997)在其论文中针对债权、股权、杠杆收购、合作社以及国家所有这几种公司治理方式,分别运用案例对其进行分析。

> In section 7, we turn to several specific examples of widely used corporate governance mechanisms, which illustrate the roles of legal protection and concentrated ownership in corporate governance. We begin by discussing debt governance and equity governance as alternative approaches to addressing the agency problem. We then turn to a brief discussion of a hybrid form— the leveraged buyout,— which reveals both the benefits and the costs of concentrated ownership. Finally, we look at state enterprises as a manifestation of a radical failure of corporate governance.

图 3-17　多案例选择的案例分析示例

3. 数据收集

在案例的数据资料收集过程中,主要包含对案例资料和证据的收集以及文章、报告或著作的报告资料的收集。在金融类学术论文写作中,可能更多的是对包含数据的案例资料和证据进行收集。

无论收集何种类型的数据资料,在收集过程中,应遵循以下三条原则。

第一,使用多种来源的资料。

第二,建立案例数据库。

第三,数据资料应与所研究问题构成逻辑性联系。

总之,在写案例分析类的学术论文时,不应就事论事,通过案例论述案例背后的理论或相关学科知识,并且兼容并蓄地运用多种研究方法是案例分析类论文应注意的要点。

3.5.3 问卷调查

问卷调查其实是一种研究方法,在问卷调查类的学术论文中,其研究设计也遵循一定规律,无论是在金融领域的学术论文还是在社会学领域的学术论文中,核心期刊发表的论文或是学位优秀论文均在研究设计中呈现出一定共性。

跟实证类学术论文的研究设计类似,问卷调查类学术论文的研究设计也包括研究假设、数据、模型与变量这些要素。不同的是,问卷调查类的学术论文所使用的数据来源一定为调查所得,且更注重解决论述"什么人、什么事、在哪里、有多少"这种类型的研究问题。问卷调查类的学术论文在其研究过程中,问卷设计的质量是影响论文结论的关键因素,关于如何进行问卷设计我们将会在本书第 6 章着重阐述讲解。

由于问卷调查类的学术论文在研究设计安排时与实证类学术论文的研究设计类似,在此我们不再重复赘述。但针对金融学领域和社会学领域的问卷调查类学术论文,本书依然继续给出参考示例,以供读者模仿练习。

在金融学领域的问卷调查类学术论文中,宗庆庆、刘冲、周亚虹(2015)在研究我国社会养老保险与居民家庭风险金融资产投资的关系及影响时,利用中国家庭金融调查的数据,在研究设计安排时,先给出论文所用的数据、变量,再给出论文的实证模型,及文章的第三部分(图 3-18)。例如,Joel Hasbrouck(1984)在研究股票收益率、通货膨胀以及经济活动三者之间的关系时,其研究设计也是如此,即研究模型、数据统计描述以及变量定义,详见论文的第 I、II 部分(图 3-19)。

> 本文其余部分安排如下:第二部分回顾现有文献;第三部分讨论计量模型设定,详细介绍本文所用的中国家庭金融调查数据及统计描述;第四部分进行实证分析;最后一部分总结全文并给出政策建议。

图 3-18   金融学领域的问卷调查类学术论文研究设计示例 1

> The remainder of the paper is organized as follows. Section I examines in a general fashion the use of expectations proxies in the estimation of structural models and proposes simple validity tests. Section II describes in detail the data and construction of the expectations series used. Discussion and estimation of stock return specifications using the expectations data are presented in Section III. The relationship between expected inflation and expected economic activity is discussed in Section IV, and a brief summary in Section V concludes the paper.

图 3-19   金融学领域的问卷调查类学术论文研究设计示例 2

在社会学领域的问卷调查类学术论文中,许琪、邱泽奇、李建新(2015)在研究中国夫妻的离婚模式及其变迁趋势时,先提出论文的研究问题与研究假设,即离婚周期模式是否为倒 U 形,是否存在"七年之痒",随后在其研究设计中阐明了论文所使用的数据、变量划分以及研究模型(总体分割模型)。

由此可以看出,无论是金融类的问卷调查学术论文,还是社会学类的问卷调查学术论文,在研究设计上与实证类的学术论文相类似,一般包括提出研究假设、计量模型以及数据与变量描述。区别在于数据来源不一致,且锚定的研究问题类型不一样。因此,在论文撰写中,研究方法依赖于研究问题的类型,研究问题的侧重点不一样,论文所使用的研究方法也不一样,但优秀学术论文的研究设计过程与要素基本类似。

3.6　数　据　分　析

在学术论文研究设计之后,论文的数据分析部分则是整篇论文最核心、最重要的部分。这部分不仅是论文前述所有章节的逻辑顺承,同时也是验证研究假设以及引出论文结论的重要依据。因此,本节将从研究结果分析、对比分析、数据分析涵盖内容以及分析工具四个部分对学术论文数据分析模块进行阐述。

3.6.1　研究结果分析

承接前一节所述的论文研究设计,本书将对实证类论文、案例分析类论文以及问卷调查类论文如何进行研究结果分析进行阐述与讲解,对其中的共性与差异分类归集并予以总结。

1. 实证分析

实证类学术论文的数据分析部分,通常包括以下三个要素:描述性统计、回归分析以及稳健性检验。

描述性统计是对所设立变量的一般性统计,包括变量的均值、最小值、中位数、最大值、标准差、观测值(样本量)。通常情况下,先要用文字对变量的描述性统计情况做一叙述,表明变量在统计结果中的明显特征,再用表格形式将变量的描述性统计结果做出列示。例如,李焰、高戈君、李珍妮等(2014)在实证分析中先对 P2P 平台借款人的描述性信息的明显特征做出概述,再用表格形式将论文主要变量的描述性统计结果做一展示(见图 3-20)。

回归分析是实证分析中最主要的部分,其目标是验证论文的研究假设。一般情况下,变量数据的实证结果可以验证并支持论文前面所提出的研究假设,如若不能支持假设,也需要作者对此实证数据结果进行解释说明,阐明不能验证研究假设的可能原因。

最后,在实证分析中,稳健性检验必不可少。稳健性检验是评价研究方法和变量解释能力的稳定性,即改变其中一些参数时,依然能得到一个较为稳定和一致的解释。稳健性检验可以通过替换变量、改变计量方法以及调整数据分类标准三种途径进行,一般在期刊论文中只需要简要概述即可,但在学位论文中需要进行翔实的阐述,通常验证一个研究假设就需要进行一次稳健性检验。例如,黄小琳、朱松、陈关亭(2015)在其研究的稳健性检验中,采用按照不同标准调整数据的方法对实证结果进行稳健性检验,在有的标准条件下,研究假设的结果不显著,作者也对此给出了可能原因予以解释(见图 3-21)。

（一）描述性统计结果

本文首先对研究样本的主要变量进行了描述性统计分析。从表5可以看出，描述性信息所包含的特征数量均值为1.6，总体看来各借款标的包含的特征数量较少。此外，借款人主要集中在26—31岁（年龄的均值为2.06），且以男性居多（性别的均值为0.71）。

表5　　　　　　　　　　　　　　　　描述性统计

变量	观测值	均值	最小值	最大值	标准差
full	2331	0.6589	0	1	0.4741
minute	2331	30.9926	0	334.67	68.0017
lnamount	2331	8.1098	4.6051	12.6115	0.9076
months	2331	5.8236	1	12	3.1114
interest	2331	0.201	0.03	0.2624	0.0424
bgrade	2331	1.9601	1	6	0.9994
success	2331	1.4959	0	77	4.5651
failure	2331	0.921	0	21	4.5651
idnumber	2331	1.9069	1	3	0.8598
age	2331	2.0587	1	4	0.9372
gender	2331	0.7117	0	1	0.453
words	2331	12.1033	0	29	4.791
sum	2331	1.6006	0	7	0.9155

图3-20　实证分析中变量的描述性统计示例

（三）稳健性检验

1. 持股金融机构的股权比例超过5%的配对分析

鉴于部分上市公司持有非上市金融机构股权比重相对较小，可能不足以影响企业从关联金融机构获得资金。为此，本文采用持有非上市金融机构股权比例超过5%的投资数据重新进行汇总[⑦]，按照"同一年度""同一行业""资产规模最相近"的原则进行匹配，最终样本为229对，即458个样本。按照之前的模型重新回归（篇幅原因未报告）。Finhold 和 Finhold × NSTATE 的系数仅在短期有息债务占总有息债务比重的回归中显著，且与预期一致，即假设2和假设4得到验证。在其他回归中虽然符号与预期一致，但不显著。可能的原因在于：如果企业持股金融机构股权比例较高，那么关联交易导致的信息披露有可能使得企业在融资方面有所顾虑，反而不像持股较低时那么方便。

2. 剔除2007年样本

由于2007年和之后年度在宏观政策上存在明显差异，可能对企业持股金融机构的意愿以及持股水平产生影响（Lu et al.，2012），因此本文剔除2007年样本重新回归，Finhold 和 Finhold × NSTATE 的系数与之前一致，支持了本文的假设1至假设4（篇幅原因未报告）。

图3-21　实证分析的稳健性检验示例

2. 案例分析

案例分析类的学术论文，在数据分析部分的写作过程中，需要紧密结合案例与研究问题展开。例如，针对单案例的案例分析，由于数据的样本量规模有限，因此只能根据案例本身对论文论点或研究问题进行分析，通常情况下用单个案例反驳一个已有理论，这样举一反三能够准确快速地说明问题。再如，对于能够收集到一定规模数据的系列案例，也可以根据前述实证分析中的要素进行数据论证分析，如张雪春、徐忠、秦朵（2013）在研究以温州为例的民间借贷利率与民间资本出路时，由于数据来源较为广泛并且数据充足，因此可以对此进行实证分析。

3. 调研分析

问卷调查的数据分析部分与前述实证分析基本类似,由于数据具有一定规模,因此多会做变量的描述性统计、回归分析以检验研究假设,少数论文会进行稳健性检验,特别是在社会学领域的问卷调查论文写作中,变量的描述性统计不仅范围广,且根据分类标准多样也会产生多种描述性统计结果。

3.6.2 对比分析

在数据分析写作中,除了要对论文的分析结果进行描述,如变量的描述性统计情况、多元回归分析结果、稳健性检验等,还需要针对每一个数据分析结果与论文的研究假设以及以往的理论文献研究进行对比分析。这样做的目的在于,一方面用数据分析结果佐证研究假设或论点,使全文前后具有逻辑性的顺承关系,也使全文围绕论点论述得有理有据;另一方面将论文置于相关学科领域已有的文献研究中,使研究更具宏观视野,通过对比研究容易使读者清楚论文的创新性与贡献性。

1. 与研究假设对比

在数据分析过程中,首先需要将数据结果与所研究问题或者是研究设计中所提出的假设进行联系对比。因为数据结果作为论据,其作用就是佐证作者的研究假设是否正确,即在统计学上数据结果是否显著,进而对论文拟解决的关键问题解释说明。如果不能将数据结果与研究假设或所研究问题联系对比,则属于文不对题,论据不充足。

因此,在数据分析中,首要任务是将数据结果与研究假设或研究问题联系起来,通过对比发现研究假设是否成立,以此说明研究问题,与前文形成具有逻辑关联的论点与论据。

2. 与以往文献对比

在学术论文的数据分析部分,还需要将数据分析的结果与已有文献研究的结果进行对比。通过对比,向读者阐述清楚对比以往的文献研究,本文是否有新发现?数据分析结果是否与以往文献研究相一致?如果不一致,造成这种结果的可能原因有哪些?

例如,徐巍、陈冬华(2016)在研究以"新浪微博"为例的自媒体披露的信息作用时,在其实证检验的多元回归分析中,作者阐述了其论文数据分析结果与以往文献研究结果相一致的情况(见图3-22)。再如,俞庆进、张兵(2012)在以百度指数作为关注度以研究投资者有限关注与股票收益的关系时,不但指出其数据的实证分析结果与以往文献研究的不同,同时也给出解释说明(见图3-23)。

3.6.3 数据分析涵盖内容

经过研究设计,学术论文的数据分析部分是得出分析结果以验证论文研究假设或解决论文拟研究关键问题的重要章节。在写作数据分析部分时,应包含以下四部分内容。

第一,对数据的描述与探讨。首先,解释论文所用的是何种类型的数据,当数据来源较多时,可列表展现。其次,阐明数据频率或样本期间。再次,说明对原始数据做过何种修改与处理。最后,如果数据较为繁杂,可以考虑划分标准以对数据进行分类并且以表格微博披露对已公告信息的扩散作用检验结果如表5所示。可以看到对公告内容进行微博披露（wb_spd）对公告期间超额累计回报有正的影响，且统计显著。对 CAR 的影响系数分别为 0.011（t 值 $=3.32$）、0.0136（t 值 $=2.66$）、0.0106（t 值 $=1.90$）。说明相对于公告之后没有对公告进行微博披露的情况，公告后进行微博披露能够带来更大的股票回报变动。对公告窗口内超额累计交易量的检验与之类似。这一结果和 Blankespoor et al. (2014) 对于推特的研究结果一致，说明在我国微博披露也起到了信息扩散作用。有趣的是，表5的结果显示，微博的信息扩散作用随着时间而不断减弱。无论是对超额累计交易量还是超额累计回报其显著性明显降低。这说明随着时间的推移，公告的信息已经被市场逐步释放，越晚的微博披露其信息扩散作用就越弱。

图 3-22　数据分析结果与以往文献对比示例 1

学者通过对美国股票市场的研究发现关注度产生的价格反转的长期效应，如 Da 等 (2011) 发现，谷歌趋势衡量的关注度与美国股票两周内收益率是正相关关系，第四周关注度的影响才显著为负。而本文研究发现国内股票市场这种反转在短期内就能实现，除了研究方法不同，数据频率有差别外，这更可能是和中国个体投资者投资习惯有关。国内个体投资者多数倾向短线操作，交易频率远超于美国，存在显著的过度交易倾向（李心丹等，2002）。另外由于国内信息披露等机制不完善，金融市场上"羊群效应"也较国外更为明显，这使得国内股票市场上股票的关注度溢价远大于国外市场，因而由投资有限关注导致的溢价消失的也更快，其价格的反转效应也在更短的时间内就能显现出来。

图 3-23　数据分析结果与以往文献对比示例 2

形式展示。

第二，描述性统计。描述性统计已在上一节进行过阐述，故在此不再赘述。值得注意的是，描述性统计中的变量应使用已经过处理的估计值，而不是原始数据值。例如，对于股票而言，应使用股票收益率作为变量，而非股价作为变量。

第三，撰写数据分析结果。数据分析可以直接从数据中得出统计性结果，例如某个变量在哪种置信水平下显著，但我们不仅需要将此数据的直观结果展示出来，同时也需要将由数据直观结果所反映的论据呈现出来，以佐证研究假设或解决研究问题。

第四，对比分析。怎样进行对比分析写作详见上一节中所述的内容及步骤，主要包括与研究假设进行对比分析以及与以往文献研究进行对比分析两部分。

3.6.4　分析工具

在论文的本章节中，由于所需呈现的数据较多，因此可以运用表格、曲线、图解等工具进行展示与分析。

表格是数据分析中最常见的展示工具，变量的描述性统计以及回归分析结果都需要用表格在论文中展示出来，根据表格所列示的数据结果再进行文字性叙述，并最终给出论文的数据分析结果以验证研究假设。需要注意的是，表格不能直接将统计软件中的结果复制或截图粘贴于论文中，需要根据期刊要求或论文写作要求进行整理并重新编辑。一般情况下，学术论文对表格形式的要求有以下三点：第一，表格无左右边框；第二，表格中的数据要求小数点对齐；第三，在回归分析的表格中，需要标明变量数据的显著水平。

曲线与图解也经常作为展示工具出现在学术论文的数据分析部分中,特别在案例分析以及问卷调查中较为多见。需要注意的是,无论是期刊论文还是学位论文,由于最终需要黑白打印,因此在利用曲线与图解做数据分析时,不要以颜色区分变量,而是以曲线的形状来区分,如虚线、实线等不同形式。

在运用图表展示数据分析结果时,应注意以下两点:首先,图表均可以自解释,即看到图或表即可进行相关解释说明,以便读者能快速明确地看懂;其次,不要提及与数据无关或者不能被数据证明的结论,这点很容易被评审人挑拣出来以作为拒稿的理由。

3.7 结 论

古人云:"结句当如撞钟,清音有余。"结论是学术论文正文中的最后一部分,是整篇论文的总结与归宿,起画龙点睛的作用。因此,结论是学术论文中重要的一部分,一个好的结论也是学术论文正文的一个圆满句点。本节将围绕如何进行学术论文结论的写作展开,包括结论写作的目的、结论涵盖内容以及结论写作要求等。

3.7.1 写作目的

结论的作用是简明扼要地对全文进行总结,同时让读者能够快速准确地把握全文的主要发现,与引言、研究设计、数据分析形成逻辑联系,与引言前后呼应,方便读者浏览阅读。

综观整篇论文,在理论与已有文献研究分析的基础上,通过严密的逻辑推理(包含研究设计与数据分析),最终得出富有创造性、贡献性的结论,以客观地反映论文成果的研究价值。因此,结论是整篇论文的结局,而非某一研究子问题或某一部分的总结,抑或是全文各段的简单重复性概括。

学术论文结论写作拟达成的效果包括以下两个方面:一方面,对论文本身或作者自己而言,结论与前文是逻辑性顺承关系,结论需要简明流畅地总结,正所谓"有始有终";另一方面,针对评审人而言,结论是其快速了解论文的有效途径,特别是学术论文的创新性和贡献性,使评审人能够在短时间内明确本论文的研究问题、研究方法和过程以及研究结论。

3.7.2 涵盖内容

1. 研究结论

结果不等于结论,在数据分析部分得出的分析结果不能直接复制于论文结论中,原因在于结果是所选取的数据运用到相应的模型或研究方法中得出的最后状态,而结论是从前提推导出来的判断,结果是结论的前提与基础,结论是结果的归宿与发展,因此两者不能混淆为同一概念。

在学术论文中,结论是根据已有文献研究与理论基础,通过研究设计与数据分析作为论据,由此进行综合分析与逻辑推导出来的对研究问题的总判断与总评价。因此,论文的研究结论可以包含研究目的、研究过程以及研究发现,最重要的是阐明论文的主要关键结论。研究目的、研究过程以及研究发现可以简明扼要地写出，甚至用一两句话精简浓缩，而论文的主要结论则需要用"第一……第二……"的形式阐述，这样做的好处不仅在于使文章逻辑清晰，同时也让读者更容易抓住重点。需要注意的是，在这一部分不要引用任何参考文献，只需要简明扼要地将论文结论阐述清楚即可。

例如，谢红军、蒋殿春(2017)研究竞争优势与资产价格在中国海外并购中所扮演的角色时，其结论如图 3-24 所示。在其结论中，作者用"第一……第二……"的形式简明扼要地将论文的主要研究结论向读者阐明，并且用一句话概括本文的研究问题、研究目的与研究过程。

中国产业资本加速向世界其他国家/地区配置成为当下经济的一个新特征，而背后的驱动因素逐渐成为学术界关注的一个热点问题。本文抓住中国海外并购这一突出现象，利用1995年至2011年的面板数据，着重探究了行业竞争优势和资产价格因素在此过程中所扮演的重要角色。研究发现：第一，中国海外并购行为带有一定的"逆竞争优势"特征，即相对劣势的行业往往成为海外并购频率更高的行业，尤其体现在服务行业。这种特征在收入水平较高的东道国表现相对较弱，但仍与成熟经济体的海外并购经验截然不同。第二，东道国资产价格下跌对海外并购具有较显著的拉动作用，并且在资本项目管制较严格的东道国更为突出。第三，本国资产价格上升会对海外并购发挥较为积极的促进效应。在考虑了其他估计方法后，上述结论依然比较稳健。第四，融资渠道检验表明，本国资产价格可能通过缓解行业的外部融资约束提高了中国制造业企业的并购能力，实现对企业海外并购的正面促进作用。有迹象表明，价格因素可能主要通过增加海外并购的规模（集约边际）发挥影响。

图 3-24　学术论文研究结论示例

2. 贡献与不足

在撰写论文结论时，要向读者阐明结论的深层含义与贡献性，即在写作过程中，多问问自己"我的研究结论是否支持某一现有理论""我的研究结论是否解决了某一有争议的问题""我的研究结论是否帮助管理者或者政策制定者做出更好的决策或设计一种新策略"等问题。带着这些问题，可以回到引言中说明的论文研究意义，即从理论层面与实践层面说明结论有何研究意义与贡献，使引言与结论前后呼应，同时再一次强调论文的研究意义与贡献性。当然，在阐述论文结论的贡献性时，切勿夸大其词。除非有足够的证据表明自己的研究是"首次""领先""填补空白"的，否则应避免使用这些或类似词语。论文的研究结论以及深层含义必须来源于论文的研究设计与研究过程，通过数据分析所呈现的结果推导而得。论文的结论与深层含义需在文中做到有据可依。

同时，也可以根据实际研究条件阐明本论文尚存在的不足之处或遗留的未予解决的问题。但如果要写出该部分，则应向读者简要阐述解决这些问题可能的方向与关键点。这一部分不是必须要求，作者可根据自身的实际情况进行撰写。

例如，Jonathan B. Cohn and Malcolm I. Wardlaw(2016)在研究融资约束与工作环境安全的关系时，在其研究结论中阐述了论文结论的贡献性(见图 3-25)。

在学术论文写作中，论文的学术贡献性一定要在引言与结论中反复提及，这不仅体现了论文的价值，同时也能让读者快速掌握论文的亮点在哪里。论文的学术贡献性即是与

In summary, this paper provides new evidence that injury rates increase with leverage and decrease with operating cash flow. We contribute to the literature studying the effect of financing on employee welfare by uncovering evidence of a novel and important channel through which financing can affect the well-being of employees. Our results also have implications for optimal financial policy, as firm value appears to decline with injury rates. Further research in this area should yield additional insights into how firms internalize these costs and how the organizational form of the firm affects worker welfare.

图 3-25　学术论文研究结论的贡献与不足示例

相关的以往文献相比，本论文在哪方面站在巨人的肩膀上前进了一小步，本论文的原创性在哪里。如图 3-26 所示，该学生论文在其结论部分就没有涉及该论文的学术贡献性，只阐述了该论文有何研究发现，在论文结构写作上不是很规范。

4. 结论

"市盈率效应"作为市场异象的一种表现，是指在证券市场上，对上市公司所进行的投资组合的投资绩效与其市盈率具有较为明显的关联性。Basu (1977)通过实证分析发现低市盈率组合比高市盈率组合具有更高的利润，即使根据资产组合的β值调整收益后，这种市盈率效应仍然起作用，我们立足于他的结论，验证在中国股市确实存在相同的现象，表明有效市场假说逐渐不能被人信服。因为市盈率是根据历史及当前会计数据计算出来的，并不能评估一只股票的真实价值。下一步 Basu（1983）研究发现市盈率可以预测未来的股票投资收益，投资市盈率低的股票可以产生较高的收益，这也是我们需要跟进的地方。

图 3-26　结论中缺少学术贡献性的论文示例

3. 建议与展望

如果可能的话，可以将研究结论更广泛的深层含义予以说明，诸如对政府部门、投资者甚至社会等对象。论文的建议与展望通常情况下针对实务层面而言，但同样需要注意的是所提出的这些建议与展望也是依据论文前述章节的研究设计、研究过程与数据分析，切勿夸夸其谈。

例如，潘慧峰、班乘炜(2013)在研究复杂衍生品定价问题时，其结论部分给出两条实务层面的政策建议(见图 3-27)。这两条建议一条针对企业投资者，另一条针对监管者，均是根据论文的研究结论从实践层面给出相关的政策建议与展望。

本文的政策建议为：(1)对于企业而言，其为了解决特定的风险管理问题，往往愿意在 OTC 市场上与投行签订量身定制的复杂衍生品合约，在这种情况下，企业往往容易高估衍生品的价值而忽略其隐含的风险，企业要高度警惕专业投资者复杂衍生品的不公平定价陷阱，在解决个性化的风险管理问题时，应尽量选择简单的衍生品；(2)对于监管者而言，要正确理解金融创新产品的两面性，金融创新产品在试图解决企业风险管理问题的同时，其产品的复杂性也加大了买卖双方的信息不对称，监管者要防范专业投资者可能利用其专业信息优势对非专业投资者进行掠夺，只要存在信息不对称并且监管缺失，专业投资者对非专业投资者的误导甚至是欺诈就是不可避免的，因此需要进行顶层的监管机制设计，保护非专业投资者的利益。本文建议在 OTC 衍生产品市场发展的初期，应该首先发展简单基础衍生品，要求产品设计方加强对复杂衍生品的信息披露力度，根据衍生品复杂程度进行准入监管，禁止向不具有风险分辨能力的非专业投资者销售复杂衍生品。

图 3-27　学术论文研究结论部分建议与展望示例

3.8　参 考 文 献

在学术论文中,虽然整篇论文的主体正文部分已经完成,但参考文献的写作与规范要求也十分重要。这不仅是论文知识产权的体现,即引用或转述其他学者的研究观点需要标明出处来源,同时也是论文学术态度严谨以及参考引文质量的体现。在评审人快速浏览论文时,一个好的参考文献写作可以增添评审人对论文的印象分。因此,本节将对如何写作参考文献进行举例说明,并且总结参考文献相关普遍性要求。

3.8.1　常见的排序要求

参考文献位于学术论文正文之后,通常以"[1]……""[2]……"的形式列示。在诸多参考文献中,需要对参考文献进行排序。常见的排序方式有以下两种。

1. 按照作者姓名排序

参考文献按照作者姓名升序排序,中文文献按照作者姓名从 A 到 Z 升序排序,外文文献也按照作者姓名从 A 到 Z 升序排序。在这种排序方法中,可以借助使用 Excel 软件的升序功能,将所有参考文献的作者姓名按中英文分类输入工作表中,再将已调整好的参考文献顺序在论文中编辑。

例如,在潘慧峰、班乘炜(2013)的论文中,其参考文献排序即按照作者姓名升序排序,且中英文分类排序,中文在前,英文在后(图 3-28)。

[1] 胡东辉,2008,《深南电三输:输钱输信输人》,12 月 7 日,http://finance.sina.com.cn/stock/t/20081207/17055601536.shtml。

[2] 娄近勇和潘冠中,2011,《金融计量学》,中国财政经济出版社。

[3] 李秉成和朱慧颖,2009,《深南电合约困境及启示》,《财务与会计》第 12 期,第 41~43 页。

[4] 李伟,2010,《中央企业金融衍生产品业务管理问题及风险防范》,《复印报刊资料》第 1 期,第 4~6 页。

[5] 刘淑莲,2009,《衍生产品使用的目的:套期保值或套期获利?》,《会计研究》第 11 期,第 30~35 页。

[6] 潘慧峰、张艾颖和刘芳君,2012,《衍生品定价中的模型风险研究的回顾与展望》,《科学决策》第 3 期,第 74~94 页。

[7] 孙兆学,2009,《一种创新型黄金衍生产品的定价研究》,《金融研究》第 3 期,第 171~177 页。

[8] 王录琦、潘慧峰和刘曦彤,2013,《我国黄金期货流动性与基差的动态关系研究》,《科学决策》第 1 期,第 19~44 页。

[9] 谢平和邹传伟,2010,《金融危机后有关金融监管改革的理论综述》,《金融研究》第 2 期,第 1~17 页。

[10] 张晓东,2011,《起诉高盛》,中国经济出版社。

[11] 郑振龙和刘杨树,2010,《衍生品定价:模型风险及其影响》,《金融研究》第 2 期,第 112~131 页。

[12] Askari H. and N. Krichene, 2008, "Oil Price Dynamics(2002—2006)", *Energy Economics*, 30, 2134 - 2153.

[13] Bessembinder H., J. F. Coughenour, P. J. Seguin and M. M. Smoller, 1995, "Mean Reversion in Equilibrium Asset Prices: Evidence from the Futures Term Structure", *Journal of Finance*, 50, 361 - 375.

[14] Carlin B., 2009, "Strategic Price Complexity in Retail Financial Markets", *Journal of Finance Economics*, 91, 278 - 287.

图 3-28　参考文献排序按照作者姓名排序示例

2. 按照在正文中出现的次序排序

还有一类常见的参考文献排序方式是按照正文中引用的文献出现的先后顺序进行排

序。在此方式下,在正文中参考文献也有标明要求。首先,需要在正文中以"[1]""[2]"并且以上标形式放在句子的末尾。其次,同一处引用多篇参考文献时,可以"[1,2,5-6]"的形式将参考文献的序号全部在方括号中列出,连续序号可用"-"连接首尾页,不连续序号可用逗号间隔。最后,如果同一文献在论文中被引用多次,则只需要编一个序号,引文页码放在方括号之外,即以"[4]15"的形式上标于作者之后或者句子末尾,参考文献中也不再重复文献页码,仅书写一条参考文献即可。这些正文中参考文献的标明要求也视情况而定,并不是一定如此要求。

例如,胡金焱、张博(2013)在其论文中,参考文献就是按照引文在正文中出现的先后顺序进行排序(见图 3-29)。但在其正文中,并没有按照上述的上标形式将参考文献标出,而是采用"作者(年份)"的形式标出参考文献。在参考文献中,作者也将文献进行中英文分类,且英文在前,中文在后。

[22]Windmeijer F. A Finite Sample Correction for the Variance of Linear Efficient Two-step GMM Estimators[J]. Journal of Econometrics,2005,126(1).

[23]Roodman D. How to Do Xtabond2: An Introduction to Difference and System GMM in Stata [J]. The Stata Journal,2009,9(1).

[24]Roodman D. A Note on the Theme of Too Many Instruments [J]. Oxford Bulletin of Economics and Statistics, 2009,71(1).

[25]Wooldridge J. M. Econometric Analysis Cross Section Panel[M]. MIT Press,2002.

[26]Liang Q, Teng J. Z. Financial Development and Economic Growth: Evidence from China [J]. China Economic Review,2006,17(4).

[27]林毅夫,孙希芳. 信息、非正规金融与中小企业融资[J]. 经济研究,2005 (7).

[28]罗丹阳,殷兴山. 民营中小企业非正规融资研究[J]. 金融研究,2006 (4).

[29]潘士远,罗德明. 民间金融与经济发展[J]. 金融研究,2006 (4).

[30]田秀娟. 我国农村中小企业融资渠道选择的实证研究[J]. 金融研究,2009 (7).

[31]林毅夫,李永军. 中小金融机构发展与中小企业融资[J]. 经济研究,2001(1).

[32]郭斌,刘曼路. 民间金融与中小企业发展:对温州的实证分析[J]. 经济研究,2002(11).

[33]虞群娥,李爱喜. 民间金融与中小企业共生性的实证分析——杭州案例[J]. 金融研究,2007 (12).

[34]姚耀军. 非正规金融发展的区域差异及其经济增长效应[J]. 财经研究,2009 (12).

[35]钱水土,翁磊. 社会资本、非正规金融与产业集群发展[J]. 金融研究,2009 (11).

[36]陈志武. 反思高利贷与民间金融. 新财富,2005 (8).

[37]陆铭,陈钊,万广华. 因患寡,而患不均——中国的收入差距、投资、教育和增长的相互影响[J]. 经济研究,2005. (12).

[38]叶志强,陈习定,张顺明. 金融发展能减少城乡收入差距吗? ——来自中国的证据[J]. 金融研究,2011(2).

[39]罗党论,黄有松,聂超颖. 非正规金融发展、信任与中小企业互助融资机制——基于温州苍南新渡村互助融资的实地调查[J]. 南方经济,2011 (5).

图 3-29 参考文献排序按照在正文中出现的先后次序排序示例

另外,参考文献的排序需要将中文参考文献与外文参考文献分类进行排序,根据期刊或者学校学位论文的要求不同,决定是中文文献在前还是外文文献在前。

3.8.2 格式要求

参考文献通常包括以下项目:主要责任者、题名项(题名、其他题名信息、文献类型标识)、其他责任者(任选)、版本项、出版项或出处项(出版地、出版者、出版年、引文页码、更新或修改日期、引用日期或者连续出版物题名、年卷期标识与页码、引用日期)、获取和访问路径(电子资源必备)、数字对象唯一标识符(电子资源必备)。根据学术论文所投稿期刊或是学位论文学校的要求不同,参考文献无确定标准格式。但在参考文献写作中,以 *The Journal of Finance*,《金融研究》以及清华大学对研究生学位论文写作要求为例,本书总结出以下几方面的参考文献格式要求。

1. 正文中的参考文献

在正文中,特别是文献综述部分经常出现学术论文所引用的参考文献。这类参考文献的格式通常有两种形式。

第一种,顺序编码制。这类参考文献是根据正文中所引用出现的先后顺序进行连续编码,用"[1]""[2]"的格式并以上标形式放于句子末尾。通常,采用这种类型参考文献的论文,其正文后参考文献表的排序方式也是按照正文中引文出现的先后顺序,其具体数字形式已在上一节中详细阐述,故在此不再赘述。

第二种,著者-出版年制。这种类型也很常见,通常格式为"作者(出版年份)"。对于多作者而言,一般情况下,当作者数量大于等于四人时,会省略除前三作者以外的其他作者或只保留第一作者信息。例如,按照"*The Journal of Finance*"和《金融研究》的写作格式要求,外文文献中,格式为"第一作者,et al.";中文文献中,格式为"第一作者 等"。

这两种参考文献的格式均可用在正文引用中,但在同一篇论文中格式要统一。

2. 参考文献表中的格式要求

在正文之后,需要将全文引用的参考文献全部列示出来,形成参考文献表。在参考文献表中,针对其格式有以下几方面的基础要求。

第一,中文参考文献的标点符号采用全角,英文参考文献的标点符号采用半角。

第二,参考文献所引用的文献类型为期刊或论文集时需要注明参考文献的起止页码。

第三,尽量将每条文献内容放在同一页,若很难实现,则可通过"留白"或微调本页行距的方式放于同一页。

第四,在参考文献表中,对于同一作者在同一年份出版的多篇文献而言,应在出版年份后用小写字母 a,b,c 的方式进行区别。

3. 文献类型和文献载体标识编码汇总

参考文献分类多样,因此需要在学术论文中明确标注参考文献的类型。故此,本文根据国标 GB/T 7714—2015《信息与文献 参考文献著录规则》,给出学术论文中可能用到的所有文献类型和文献载体标识代码汇总情况(表3-3、表3-4)。其中,会议录指座谈会、研讨会、学术年会等会议的文集;汇编 G 指多著者或个人著者的论文集;标准 S 包括政策、法律、法规等文件。

表 3-3　文献类型和标识代码

参考文献类型	文献类型标识代码	参考文献类型	文献类型标识代码
普通图书	M	学位论文	D
会议录	C	报告	R
汇编	G	标准	S
报纸	N	专利	P
期刊	J	数据库	DB
计算机程序	CP	电子公告	EB
档案	A	舆图	CM
数据集	DS	其他	Z

表 3-4　电子资源载体和标识代码

电子资源的载体类型	载体类型标识代码
磁带	MT
磁盘	DK
光盘	CD
联机网络	OL

3.8.3　文献要求

虽然参考文献在不同期刊、不同学校的格式标准要求不一,但其作为学术论文的一部分也存在很多共性。这些要求作为参考文献的最基本要求,是撰写学术论文的一部分。

1. 参考文献与脚注的区别

参考文献是学术论文写作时作者所参考的文献,一般情况下,除正文中引用时提及,均在文末集中列示。相比之下,脚注是学术论文中对某一特定内容所做的进一步解释或补充说明,一般列于该特定内容所在页的页脚,多用阿拉伯数字加圆圈标注。为降低论文重复率,很少在正文中出现直接引用,但如遇到必须直接引用的情况,可以选择将其放置于论文的脚注中,这样一方面可以论述得更清楚,另一方面也不会增加论文的重复率。因此,参考文献与脚注有所区别,在论文写作时不应完全复制照搬。

2. 与正文一一对应

参考文献列示中有一条很重要的原则就是参考文献一定要与正文中出现的引文一一对应,即正文中所出现的引文(包括直接引用和间接引用)都必须出现在文末的参考文献表中,参考文献表中出现的文献也必须在正文中有所提及。因此,参考文献的每一条文献必须与正文中的引用文献一一对应,做到有据可依。

3. 参考文献的等级及来源

一般情况下,为提高学术论文的质量,可以增加参考文献的质量与数量。具体而言,为提高参考文献的质量,可以选择有影响力的学术核心类期刊中的相关文献作为论文的参考文献。这些文献的专业性、创新性以及论文质量均在一定程度上有所保障,这些文献作为论文的参考文献,不仅说明作者的文献研究工作严谨深入,也能说明作者本人学术论文的参考质量。因此,多引用核心期刊或专著的参考文献,有利于提高学术论文的研究质量。

4. 文献数量要求

根据学术论文的公开渠道不同,其文献数量的要求也不一样。对于要投稿于期刊的学术论文而言,由于其论文的篇幅限制,参考文献也应有所挑选。一般而言,期刊论文应选择与自身论文关系紧密且对论文研究有较强参考意义的参考文献,数量多为 20～50 项。对于学位论文而言,博士研究生的学位论文,其参考文献数量要求最多(多见于不少于 100 项),且外文文献比例要求最大。硕士研究生的学位论文的参考文献数量多见于不少于 40 项,对外文文献所占比例也会根据学校的不同而有不同的要求。

5. 英文文献格式

在撰写英文参考文献时,需要注意以下几点:第一,参考文献不要写标号,需要将文献标识代码删除；第二，作者的姓名应将其姓氏全拼，名字缩写，不需要把中间名写进去；第三，所有期刊都要写卷数(volume number)；第四，在参考文献中需要统一的是每个单词首字母均大写还是第一个单词首字母大写，除此之外，还需统一参考文献期刊名称是否斜体；第五，如果一条参考文献跨行，应该采用悬挂缩进的格式。具体例子参照图 3-30。

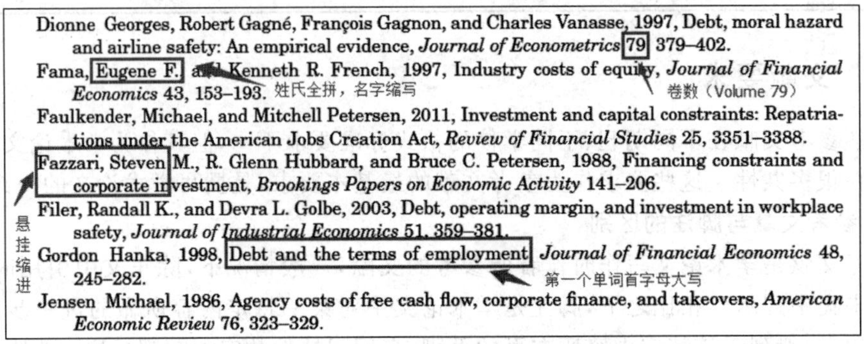
Dionne Georges, Robert Gagné, François Gagnon, and Charles Vanasse, 1997, Debt, moral hazard and airline safety: An empirical evidence, *Journal of Econometrics* 79, 379–402.

Fama, Eugene F. and Kenneth R. French, 1997, Industry costs of equity, *Journal of Financial Economics* 43, 153–193.

Faulkender, Michael, and Mitchell Petersen, 2011, Investment and capital constraints: Repatriations under the American Jobs Creation Act, *Review of Financial Studies* 25, 3351–3388.

Fazzari, Steven M., R. Glenn Hubbard, and Bruce C. Petersen, 1988, Financing constraints and corporate investment, *Brookings Papers on Economic Activity* 141–206.

Filer, Randall K., and Devra L. Golbe, 2003, Debt, operating margin, and investment in workplace safety, *Journal of Industrial Economics* 51, 359–381.

Gordon Hanka, 1998, Debt and the terms of employment, *Journal of Financial Economics* 48, 245–282.

Jensen Michael, 1986, Agency costs of free cash flow, corporate finance, and takeovers, *American Economic Review* 76, 323–329.

图 3-30 Journal of Finance 参考文献格式示例

总体而言，参考文献在学术论文中不仅仅是列示的一部分，它也表明该论文参考了哪些有关文献资料，从而作为评价该论文的依据之一，在学术论文中具有重要作用。参考文献的数量、质量、撰写要求等细节，将会影响读者对文章质量的评判，同时也是作者学术态度的体现。

3.9 本章小结

本章节阐述了学术论文写作时，论文结构该如何安排，以帮助论文写作者在写作过程中建立论文框架，除了知晓一些学术论文写作的小技巧外，还告知论文写作者如何避免犯一些常见错误。本章节写作的目标是告知论文写作者并使论文写作者了解学术论文的基本框架以及主要组成部分，能在写作时快速准确地列好论文提纲，以便之后将详细内容填补进去。

下面我们再一次对学术论文的论文结构做一小结，并且精简提炼出学术论文结构写作的技巧与方法。

3.9.1 论文结构小结

一篇学术论文的论文框架结构主要由题目、摘要与关键词、引言、文献综述、研究设计、数据分析、结论、参考文献等部分依次组成。在论文写作时，论文的一级标题可以是这些词汇，也可以是与论文所研究问题有关的词句。如果选择论文结构的要素作为一级标题的一部分，虽然文章结构简洁明了，但在标题上却不新颖，无法吸引读者。一般情况下，期刊类的学术论文的一级标题都比较简单，以论文结构的要素名称作为一级标题的也十分常见。而在学位论文中，以与研究问题相关的词句作为一级标题的居多，尤其是有趣的一级标题更能吸引评审人的注意与读者的兴趣。

无论是期刊类论文还是学位论文,本章节所述的内容均是学术论文结构的必备要素,在上下文关系上具有逻辑性关联,缺一不可。这些内容组成了论文的论点、论据以及论证过程,在论文写作之前,先要对整篇论文有宏观视野上的安排与把控,形成论文提纲,才能写出一篇质量与效率都较高的学术论文。

3.9.2　写作技巧与方法

在学术论文写作过程中,基于论文结构,有以下几项写作技巧与方法在此分享。

1. 承上启下

在学术论文的各章节中,应注意承上启下予以连接过渡。虽然引言、文献综述、研究设计、数据分析等部分是学术论文的不同章节,但这些部分均是构成论述研究问题的关联环节,不应割裂开来。

因此,在学术论文写作中,应注意章与章之间的承上启下,最好在每章末尾或每章起始处有一两句话或是一段话的简要过渡,视全文篇幅限制而定。这会使学术论文的各部分成为一个有机统一的整体,行文更为流畅,不会让每个章节的出现显得突兀。

2. 反复声明论文主题

学术论文各个章节的写作,应紧密围绕论题展开。在论文写作过程中,应在学术论文的每一部分阐明该章节与论题如何相关,在全文中起何种作用等问题,这会让读者无论处于哪一章节,均能快速明白该章节与论题的关系,一是不会让读者阅读得"不知作者所云",二是不会让作者写作得"漫无目的"。在论文篇幅允许的情况下,应在论文的摘要、引言、文献综述、数据分析以及结论中均提及论文所研究的问题、论文的创新点或贡献性、研究意义等关键问题,这样能让读者在文章的任一部分均知晓本论文的重点内容。

3. 论点与论据的平衡

一篇优秀的学术论文并不是研究过程日志,而是快速准确地告诉读者你是如何得到正确答案的。保持在整篇文章中贯穿你的论点很重要。但是,论文不仅向读者报告你的研究结论,还要告诉读者你是如何得到结论的,因此要清晰明了地向读者展示并解释你的论据。论点与论据是学术论文中很重要的两个部分,论据不需要很多,只需要保证与论点紧密相关并且能够强有力地解释说明论点即可。这反映在论文结构中,即数据分析部分是整篇论文的核心部分,详细阐述清楚你的论据很重要。

4. 关于格式的细枝末节

第一,英文学术论文中不能使用诸如 isn't, can't, didn't 等类型的缩写;第二,在英文学术论文中涉及文献回顾以及说明本文做了哪些研究,所用的时态为一般现在时而非一般过去时,如图 3-31 所示;第三,英文学术论文中如若出现金额,均需要在其后用括号注明是多少美元;第四,英文学术论文中如若参考中文文献,则需要在最后用括号标明 in Chinese。

The closest papers to ours are Filer and Golbe (2003) and Nie and Zhao (2015). Filer and Golbe (2003) find that firms with more debt have *fewer* OSHA safety violations, a conclusion seemingly at odds with ours. However, their sample is small and they do not control for establishment or firm fixed effects. Moreover, they measure inspection violations rather than actual injuries, and constrained firms may cut spending on safety in ways that affect injury risk but do not trigger OSHA violations. In a recent working paper, Nie and Zhao (2015) show that workplace fatalities are positively related to firm leverage in China's coal mining industry.　不能缩写　　一般现在时

图 3-31　英文金融学术论文格式细节示例

参考来源：Jonathan B Cohn and Malcolm I Wardlaw. Financing Constraints and Workplace Safety [J]. The Journal of Finance，2016(5)：2017-2057.

第 4 章

事件研究法

事件研究是基于有效市场理论,在证券市场上有较广泛的应用,能够直观地反映由于事件引起的股票价格的变化。本章试通过对事件研究法的介绍,结合实例,为学生提供有关实证分析、毕业设计、论文写作等方面研究方法的指导。

4.1 节对事件研究法进行概述,介绍了事件研究法的基础、原理和计算步骤,其中包括多种计算方法的介绍。4.2 节介绍了事件研究法运用过程中的规范,以及与其他研究方法相比,事件研究法的优缺点。4.3 节引用实例说明了事件研究法的使用步骤,并叙述了如何通过 Stata 完成事件研究法的计算。4.4 节是本章小结。

4.1 事件研究法

本节内容我们主要介绍事件研究法的理论内容,其中包括事件研究法相关知识的介绍、使用事件研究法的计算步骤以及事件研究法的理论发展。本节内容解决了什么是事件研究法,事件研究法是建立在哪些理论基础之上,如何使用事件研究法、事件研究法是由什么方法推演而来等问题。

4.1.1 事件研究法概述

我们日常看新闻常常会有这样的困惑:这条新闻是好消息,还是坏消息? 我们除了靠积累的知识或是个人感觉进行判断外,是否可以用有效的统计方法来断定事件的影响? 下面我们介绍的事件研究法就可以有效地解决上述问题。

事件研究法建立在有效市场假说之上,有效资本市场是指一个股票价格能够充分反映所有信息的资本市场。有效市场假说认为,公司是不存在内幕消息的,公司任何消息的公布都会立刻反映在股票价格的变动上,即好消息会使公司股价上升,坏消息会使股价下降。

事件研究法是一种实证研究方法,在金融领域中,它关注的是一个特殊时间对某个金融变量走势的影响。其用途非常广泛,曾在法律和经济领域被用于研究监管环境变化给公司带来的影响(G. William Schwert,1981),也被用于评估法律责任损失(Mark Mitchell and Jeffry Netter,1994)。在会计和金融研究方面,"事件"可以是公司并购、配股、股票回购、资产出售、收益公告、发行新股等;在法律和经济研究方面,"事件"可以是监管规定的改变。股价或者债券价格是事件研究法经常选用的金融变量。

事件研究法从提出到现在已经经历了很长一段时间。James Dolley 于 1933 年提出事件研究法,起初被用来测量股票分拆(stock split)的价格效应。他统计了1921年至

1931 年 95 起股票分拆的案例,他发现有 57 起引起了股价的上升,26 起引起股价的下跌。Barker(1956,1957,1958)和 John(1962)在此期间也丰富了该方法的使用。

　　事件研究法追踪的金融变量通常为月度或者日度数据。以日度数据为例,每日的证券价格可以有不同的衡量标准,如开盘价、收盘价、每日最高价、每日最低价等,其中收盘价的使用最普遍。股票(债券)的收益率由现金红利(利息)和买卖价差两部分组成,因此在研究股票(债券)这个金融变量的时候,采用事件研究法所采集的数据通常是计入了股票红利(债券利息)调整后的收盘价,用变量 RI(return index)表示。使用 $P_{i\tau}$ 来定义证券 i 在第 τ 个交易日和收盘价,那么证券 i 在第 τ 个交易日的实际收益可以表示为简单收益 (simple return) $R_{i\tau} = \dfrac{P_{i\tau} - P_{i(\tau-1)}}{P_{i(\tau-1)}}$ 或者对数收益(log return)$\log\left(\dfrac{P_{i\tau}}{P_{i(\tau-1)}}\right)$。简单收益和对数收益的值在性质上是相同的,不同的是对数收益的值具有对称性,能够直观地反映价格变化,因此使用得更广泛。例如,股票 i 在第 $\tau-1$ 个交易日的收盘价为 3 美元,第 τ 个交易日的收盘价为 6 美元,第 $\tau+1$ 个交易日的收盘价为 3 美元。如果使用对数收益计算,则该股票第 τ 个交易日 i 相比前一交易日上涨 30.1%,第 $\tau+1$ 个交易日相比前一交易日下跌 30.1%,结果对称而且直观;如果使用简单收益计算,该股票分别上涨 100% 和下跌 50%。

4.1.2　事件研究法的基本步骤

　　事件研究法的使用分为以下五个步骤:①选定所研究的事件,以事件公告日为第 0 天,选择适当的估计窗口区间和事件窗口区间;②估计正常回报率,其中包括统计模型和经济模型,较常使用的是统计模型,可使用最小二乘法依据相应的模型进行估计;③用股票的实际收益率减去正常回报率,计算出超常回报率,如果超常收益率为 0,则表示事件对股价没有产生影响,但是这种情况并不常见,如果超额收益为负,则表示事件对企业带来消极影响,如果超额收益为正,则表示事件对企业带来正面的影响;④对统计结果进行检验,统计结果需要被检验其显著性,才能确认结果是否有效;⑤依据统计结果和检验结果得出事件研究的结论,与研究开展前的推测是否一致,并分析一致或不一致的原因。下文我们将对上述的五个步骤进行详细阐述。

1. 定义事件(event definition)和事件窗口(event window)

　　定义事件是事件研究法中最基础的任务,所定义的事件应该是论文中研究的对象。例如,可以是公司并购、配股、股票回购、资产出售、收益公告、发行新股等;在法律和经济研究方面,"事件"可以是监管规定的改变。陶启智、夏显莲和徐阳(2016)研究的是并购双方前十大股东中交叉持股者的收益以及对并购产生的影响,"事件"定义为公司并购。

　　事件窗口是所研究的事件对股价造成影响的时间段。按照有效市场理论,事件窗口应该是事件宣告当日,但并不是所有的市场都达到有效市场,公司有提前泄露消息的可能,公告的消息也不能够立刻被市场消化,所以事件对公司股价的影响可能需要一段时间,选定的事件窗口可以是事件宣告前一日,宣告后一日、一周,甚至更长时间。例如,陶启智等(2016)在对股利政策的研究中选择的事件窗口是(0,+1)和(−1,+1)。事件窗口要根据研究市场、事件的特征以及研究目的进行选择。

2. 计算正常收益率（normal return）

异常收益是判断事件影响程度的关键因素。有关如何计算异常收益，普遍观点认为就是把事件造成的影响从整个市场活动中分割出来，也就是说假设其他条件都不变的情况下，只观察事件对公司股价造成的影响。公司 i 在 τ 日的异常收益可以表示为：

$$AR_i = R_{i\tau} - E[R_{i\tau} \mid X_{i\tau}]$$

在计算超常收益率时，我们首先要估计假设在不发生该事件的情况下的正常回报率。有很多方法可以有效地度量正常收益，我们将这些方法分为两类：统计模型和经济模型。第一类统计法，单纯地根据数据计算，不考虑数据的任何经济意义。第二类方法则相反，我们用经济学方程计算，加以统计假设，来计算正常收益。统计模型需要充分的假设使持续平均收益模型和市场模型成立，实证证明这些假设是合理的。统计模型包括了均值调整模型（mean-adjusted model，又称 constant mean return model 或 average return model）、市场调整模型（market-adjusted model 或 index model）、市场模型（market model）和在市场模型基础上加入了工业分类的多因素模型。经济模型包括资本资产定价模型（capital asset pricing model，CAPM）和套利定价模型（arbitrage pricing theory，APT）。其中均值调整模型、市场模型、CAPM、因子模型等需要进行参数估计来计算正常收益，参数估计需要选择一段时间作为估计窗口（abnormal window）。事件研究法所用到的估计窗口和事件窗口表示如图 4-1 所示。

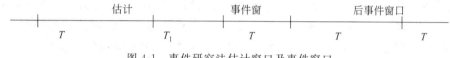

图 4-1　事件研究法估计窗口及事件窗口

事件发生日为 $\tau = 0$，$L_1 = T_0 - T_1$ 为事件估计窗口，$L_2 = T_1 - T_2$ 为事件窗口，$L_3 = T_2 - T_3$ 为后事件窗口。

计算正常收益的方法主要包括统计模型和经济模型，统计模型是指利用统计学中的模型或方法有依据地估算出正常收益率，经济模型是指依照某些经济模型估算出正常收益，例如资本资产定价模型、套利定价模型等。

1）统计模型

（1）均值调整模型。均值调整模型假设事件窗口中的正常收益率为估计窗口的收益率的平均值。均值调整模型的公式表示为

$$R_{i\tau} = \mu_i + \theta_{i\tau}$$
$$E(\theta_{i\tau}) = 0 \quad VAR(\theta_{i\tau}) = \sigma_{\theta_i}^2$$

μ_i 表示资产 i 的平均收益，$R_{i\tau}$ 表示资产 i 在 τ 时期的收益，$\theta_{i\tau}$ 是表示资产 i 在 t 时期的随机扰动项，期望为 0，方差为 $\sigma_{\theta_i}^2$。参数 μ 可以表示估计窗口收益的算数平均值：

$$\hat{\mu}_i = \frac{1}{M_i} \sum_{i=T_0+1}^{\pi} R_{i\tau}$$

M_i 表示估计窗口交易日的天数。

均值调整模型在诸多方法中计算方法最为简单，常使用日数据计算正常收益。但是该模型的想法过于理想化，所以估计效果不如其他方法。另外，Brown 和 Warner(1980)

通过研究表明在特定的假设条件下,也就是在单个证券的系统性风险为常数,有效边界稳定的情况下,均值调整模型与资本资产定价模型(CAPM)相同。

(2) 市场调整模型。市场调整模型认为超常收益是实际收益与同时期的市场指数收益的差,市场调整模型的公式可以表示为

$$AR_{i\tau} = R_{i\tau} - R_{M\tau}$$

$R_{i\tau}$表示市场指数的收益率(例如,上证综指指数收益率,深证成指指数收益率,等等)。

Mackinlay(1997)说明调整市场模型可以看成一个被限定的市场模型,限定条件为对于任意一个资产α的值为0,β的值为1。当参数被重新定义成为调整市场模型,就不需要提供估计窗口计算正常收益率。

(3) 市场模型。市场模型假设条件为对于每个证券,其收益率与市场收益率存在一定的线性关系,基于最小二乘法(OLS),对估计期窗口和事件期窗口的数据进行拟合,计算出正常收益率。市场模型的公式可以表示为

$$R_{i\tau} = \alpha_i + \beta_i R_{m\tau} + \varepsilon_{i\tau}$$
$$E(\varepsilon_{i\tau} = 0) \quad VAR(\varepsilon_{i\tau}) = \sigma^2_{\varepsilon_i}$$

$R_{i\tau}$和$R_{m\tau}$分别代表资产i和市场组合在τ时期的收益,$\varepsilon_{i\tau}$是方程中的随机扰动项,市场组合通过股票指数来计算其收益,例如,上证 A 股指数、深证 A 股指数、沪深 300 指数等。如果研究对象为沪市公司,市场组合收益可选用上证综指收益;如果研究对象为深市公司,市场组合收益可选用深证综指收益;如果研究对象包括了沪市公司和深市公司,可选用沪深 300 指数收益作为市场组合的收益。市场模型对常量均值收益模型进行了改进,减少了非正常收益的方差,这样增强了模型对变化的反应程度。市场模型的优势在于,市场模型回归得出了 R-squared 值。R-squared 值越大,超额收益的方差减少得就越多,收益就越大。

(4) 因子模型(multi-factor models)。事件研究法也提供了采用因子模型计算正常收益的方法,其中包括三因子模型、四因子模型等。最出名的三因子模型是 Fama 和 French 在 1993 年提出的,他们的模型是在 CAPM 的基础上增加了两个额外的因子,以期提升模型的解释能力。Fama-French 三因子模型的公式表示为

$$(R_{i\tau} - r_{f\tau}) = \alpha_i + \beta_{iM}(R_{m\tau} - r_{f\tau}) + \beta_{iSMB} SMB_\tau + \beta_{iHML} HML_\tau + \varepsilon_{i\tau}$$

该模型考虑了无风险收益率、风险溢价、企业规模和账面市值比等因素对超额收益的影响。其中,$R_{i\tau}$表示资产i的收益率,$R_{f\tau}$表示无风险的市场收益率,$R_{m\tau}$表示市场收益率,SMB(small minus big)是指小规模企业与大规模企业收益之差,HML(high minus low)是指高账面市值比的资产与低账面市值比的资产之差,α_i是资产i的超额收益,b_i、s_i、h_i分别是$R_{m\tau} - R_{f\tau}$、SMB、HML 的回归系数,$\varepsilon_{i\tau}$是误差项。

四因子模型是由 Carhart(1997)提出的,在三因子模型的基础上增加了动量因子。

2) 经济模型

事件研究法可以采用经济模型估计正常收益,所谓经济模型就是依据经济理论提出的模型,如资本资产定价模型、套利定价模型等。Ibbotson 和 Sinquefield(1997)的研究结果表明标准普尔 500 指数的年收益,平均来说,高于无风险收益率 8.5%,这样,根据资本

资产定价模型很容易就可以计算出不同证券的期望收益。

3）其他方法

除了上述依据公司股价的历史数据或对应的市场指数计算事件窗口期间的正常收益意外，Lyon、Barber 和 Tsai 在 1999 年提出可以计算公司所对应的组合的收益作为公司的正常收益，组合按照总资产和账面市值比作为控制因素。该方法需要一定的条件为每一个发生事件的公司挑选出控制样本（或控制组合）。

3. 计算超常回报率（abnormal return）

超常收益可以理解为实际收益与估计的正常收益的差，下面以市场模型为例计算超常收益。

第一，市场模型基于最小二乘法（OLS）计算估计窗口期的参数

$$\hat{\beta}_i = \frac{\sum\limits_{\tau=T_0+1}^{T_1} (R_{i\tau} - \hat{\mu}_i)(R_{m\tau} - \hat{\mu}_m)}{\sum\limits_{\tau=T_0+1}^{T_1} (R_{m\tau} - \hat{\mu}_m)^2}$$

其中，

$$\hat{\alpha}_i = \hat{\mu}_i - \hat{\beta}_i \hat{\mu}_m$$

样本方差为

$$\hat{\sigma}^2_{\varepsilon_l} = \frac{1}{L_1 - 2} \sum\limits_{\tau=T_0+1}^{T_1} (R_{i\tau} - \hat{\alpha}_i - \hat{\beta}_i R_{m\tau})^2$$

其中，

$$\hat{\mu}_i = \frac{1}{L_1} \sum\limits_{\tau=T_0+1}^{T_1} R_{i\tau}, \quad \hat{\mu}_m = \frac{1}{L_1} \sum\limits_{\tau=T_0+1}^{T_1} R_{m\tau}$$

运用 OLS 方法计算超额收益并分析其统计特性。

第二，运用市场模型分析度量超额收益，$AR_{i\tau}$ 为样本 i 在事件窗口期的超额收益

$$AR_{i\tau} = R_{i\tau} - \hat{\alpha}_i - \hat{\beta}_i R_{m\tau}$$

$$\sigma^2(AR_{i\tau}) = \sigma^2_{\varepsilon_i} + \frac{1}{L_1}\left[1 + \frac{(R_{m\tau} - \hat{\mu}_m)^2}{\hat{\sigma}^2_m}\right]$$

第三，累计超额收益（CAR）是对事件窗口期内一段时间的超额收益（AR）和的计算，$CAR_i(\tau_1, \tau_2)$ 表示，τ_1 到 τ_2 时间段的累计超额收益（$T_1 < \tau_1 \leqslant \tau_2 \leqslant T_2$）。累计超额收益的计算公式如下

$$CAR_i(\tau_1, \tau_2) = \sum\limits_{\tau=\tau_1}^{\tau_2} AR_{i\tau}$$

论文的计算包含多个样本，使用 AAR 和 CAAR，

$$AAR_\tau = \overline{AR_{i\tau}}$$

$$CAAR(\tau_1, \tau_2) = \sum\limits_{\tau=\tau_1}^{\tau_2} AAR_\tau$$

4. 检验结果

在计算出超常收益率后,需要使用统计方法进行检验 CAR 和 AR 是否显著等于 0。具体的检验对象要根据论文的研究内容,如我们要研究事件在公告日当天的 AR 的情况,则仅对每个样本的 AR 进行检验;我们要研究事件的消息泄露情况,则对每个样本公告日前的 CAR 进行检验;等等。我们采用的统计检验方法主要是 T 检验。

5. 结论

在计算完 CAR 和 AR 并进行检验之后,我们需要对统计结果做出总结。第一,观察 CAR 和 AR 是否显著,不显著的结果说明我们的统计结果不能提供一个明确的结论,没有说服力。第二,如果 CAR 和 AR 显著,观察检验结果是显著等于 0,显著大于 0,还是显著小于 0。CAR 和 AR 显著大于 0,说明事件的公布会引起股价上涨;CAR 和 AR 显著小于 0,说明事件的公布会引起股价下跌。第三,在对所研究的窗口期的结果进行描述,并分析统计结果。

4.1.3　事件研究法的发展

自 1933 年 James Dolley 提出事件研究法以来,该方法得到了学术界的追捧,并获得了长足的发展。20 世纪 60 年代末期,Ray Ball 和 Philip Brown(1968)展开了对以后具有重大影响的研究,介绍了事件研究法的最新研究方法,其核心思想与目前广泛使用的事件研究法相同。

在早期学者的研究基础之上,事件研究法获得了进一步的发展。这些修改基于过去研究的统计假设,致力于设计出事件研究法可以研究的更多的假设。Stephen Brown 和 Jerold Warner 于 1980 年和 1985 年分别发表了有关文章说明了事件研究法的实际重要性。1980 年的文章使用了月度数据样本,1985 年的文章则使用了日度数据样本。

随着有关事件研究法的研究继续发展,关于事件研究法最著名的两篇学术论文是英国的 Aeth Armitage 于 1995 年发表的 Event Study Methods and Evidence on Their Performance 和美国的 Craig MacKinlay 于 1997 年发表的 Event Studies in Economics and Finance。

随着学者们对事件研究法的改进,事件研究法除了可以用于研究 10 天左右的窗口期的收益率变化,也可以用于研究 6 个月、1 年,甚至 3 年的窗口期收益率的变化情况。我们一般将短期事件研究法用于较短窗口期的计算,并且采用日度收益率。而长期事件研究法用于较长时间的窗口期,一般采用月度收益率进行计算,通常用于分析 1 年甚至更长时间的窗口期。有关长期事件研究法应用于分析公司股票表现的相关文献非常多,包括 Fama(1998),Kothari 和 Warner(1997)。近几年,随着 Ikenberry,Lakonishok 和 Vermaelen(1995),Barber 和 Lyon(1997)对长期事件研究法的深入研究,提出了购买-持有异常收益率法(buy-and-hold abnormal returns,BHAR),该方法得到广泛的运用。

4.2　事件研究法的使用规范及优缺点分析

在学习了事件研究法的知识和原理之后,我们需要掌握如何正确地使用事件研究法,以及事件研究法的优缺点。本节我们将针对事件研究法在使用过程中较为重要也容易出现错误的部分进行介绍,从而促使读者在遇到下述内容时引起足够的重视。

4.2.1 事件研究法使用规范

1. 事件窗口和估计窗口

正确地选择事件窗口和估计窗口对后续方法的展开起至关重要的作用,事件研究法事件窗口期的选择通常不超过$(-10,+10)$。例如,陶启智、李亮、徐阳(2016)在研究中选择的事件窗口是$(-1,+1)$跨度为 3 日,$(-5,+5)$跨度为 11 日。具体事件窗口的选择要根据论文研究的内容,如果事件有提前泄露的可能则窗口需要包括事件公告日之前的日期,如果事件的影响事件较长则窗口的跨度也相应较长。为了保证结果的稳健性,也可以对多个窗口进行事件研究法的分析。

在选择估计窗口时也应该注意以下问题:第一,在事件研究法的使用规范中需要强调,估计窗口和事件窗口不能发生重合,估计窗口可以与事件窗口相邻,也可以有 10 个交易日或 20 个交易日的间隔;第二,估计窗口期的时间长度一般不少于 120 个交易日,以保证估计正常收益率的有效性。

2. 估计正常收益率

市场模型是估计正常收益率最常用的方法。另外,我们可以采用多种估计正常收益率的方法,对实证结果进行稳健性检验。

3. 超常收益率的检验

超常收益率的检验假设原假设为超常收益率等于 0,备择假设是超常收益率不等于 0。检验结果可以观察 P 值,如果 P 值约等于 0.000,可以通过观察 T 值进行比较。

4.2.2 事件研究法的优点

事件研究法并不是一个很深奥、晦涩的方法,只要具备简单的计量经济学的知识,加上对证券市场的了解,再掌握一门统计软件的使用方法,就可以使用事件研究法对问题进行探索研究。相对于诊断研究法、高管访谈法和会计研究法,运用事件研究法进行实证分析主要具备以下四个优点。

(1) 超常收益率直接衡量了投资者的收益率,可以比较直观地观察到结果。超常收益率是公司实际收益率多出正常收益率的部分,正常收益率是采用最小二乘法估计得出的结果。结论直接反映了排除其他因素,我们可以直接观察到所讨论的事件对公司股票收益率的影响。

(2) 证券市场中的股票价格具有前瞻性,如股价是对未来所有现金流的折现。财务数据反映的是公司过去的经营状况和当下的财务状况,而股价中的信息反映了公司未来的发展情况。

(3) 可以在公司金融、会计、法律等多个学术领域使用,有利于跨学科的研究。事件研究法可以研究的领域十分广泛,如国家、地方政府出台的有关政策对公司的影响,新兴科技的发展对公司的影响,甚至可以研究历史事件、地理条件等因素的影响。事件研究法为我们提供了非常丰富的研究方向。

(4) 股票价格数据易获得。公司的其他数据,如财务数据,公司每季度会公布一次财务数据,一年才会公布一次更为详细的财务数据。如果想获得事件公布当天的财务数据,几乎是不可能的事情。但是获取股价的相关数据,则方便得多。我们可以通过 Ifind、Wind、CSMAR 等数据库获得,其中 Ifind、Wind 数据库还可以获取实时数据。

4.2.3　事件研究法的缺点

事件研究法在论文中的应用也并非万能,我们是设定了一个较为理想的金融环境作为使用事件研究法的基础,所以在运用事件研究法时会存在一定的偏差。运用事件研究法进行实证分析主要存在以下两个缺点。

第一,对资本市场有非常强的假设,包括市场有效性、投资者理性、无套利成本等,可以说是一个理想状态,而现实生活当中,几乎不存在强势有效的资本市场。也就是说事件研究法只是在一个假设的环境下进行使用,这个假设的环境目前还是无法达到的,所以计算结果会有一定偏差。目前学者们也在进行计算方法的改进,以达到降低偏差的目的。

第二,证券价格的变动容易受其他事件的干扰,如何在事件研究法的过程中避免事件的干扰也是学者们继续研究的方向。中国的股票市场还不是很完善,信息在市场中的传递也不是很有效,如果某家上市公司在一周内同时发布了并购和发放股利的通告,很难分辨出股价的变动是由哪件公告引起的,还是两个事件同时起了作用。在高送转这篇工作论文中,我们也发现上市公司高送转事件有明显提前泄露信息的嫌疑,超常收益率在公告之前就发生了上涨,且结果显著。陶启智、夏显莲和徐阳(2016)在对交叉持股与公司并购的研究中也发现公司在公告并购消息之前,超常收益率便开始出现显著为正。

4.3　实 战 教 学

本节以陶启智等(2017)[①]撰写的有关高送转的工作论文为例(以下简称"例文"),实战讲解事件研究法的应用,通过形象的事例对事件研究法的使用方法和结论解读进行介绍。首先,我们对工作论文的主要内容和主要观点进行介绍;其次,讲解如何选择高送转内容的数据,以便对研究内容进行挖掘;再次,本节内容将重点介绍在论文中事件研究法是如何运用的,为了方便读者学习,附录中列举了在工作论文中运用 Stata12.0 进行计算时所使用的代码,以供读者参考使用;最后,总结如何分析事件研究法计算出的结果,如何通过计算结果得出文章想要得出的研究结论。

在前两节介绍过事件研究法的理论基础之后,再通过使用实战教学的方式更生动形象地介绍事件研究法,可以使读者获得更透彻的理解,通过手把手的教学模式让读者不仅学会什么是事件研究法,更学会如何使用事件研究法。

4.3.1　论文内容介绍

投资者认为公司发生高送转通常体现了公司未来具有良好的发展潜力,预期股票价

---

① 陶启智等(2017)在工作论文"Research on High Stock Splits：Evidence from High Stock Splits Based on Listed Firms in China"中利用实证模型探究了中国股票市场上高管和机构投资者利用"高送转"(高比例的送股转股)谋取自身利益的行为。4.3 节中的"例文"均指代陶启智等(2017)撰写的该工作论文。

格会发生上涨。管理者会在高送转发生的前一年采取股权激励的政策,增加高管的股权数量。机构投资者和高管会在发生高送转后进行减持以便进行现金输出。在该工作论文中,我们提供了直接的实证证据来证明机构投资者和管理者通过坚持为自身谋取利益,高送转发生的时机并不利于一般投资者,而是为机构投资者和管理者实现利益采取的措施。运用事件研究法计算高送转的短期超常收益率和长期超常收益率,分析高送转事件对公司股价的影响。所以实战教学中我们选择了这篇具有代表性的文章进行事件研究法的讲解。

4.3.2　数据选择

文中选择了 1995 年 1 月 1 日至 2016 年 12 月 31 日发生的高送转作为事件样本,公司股票价格数据来自 Wind 数据库。样本中剔除了金融类企业和 ST 企业,金融企业的部分会计科目和一般企业相反,如金融企业客户的存款属于负债,确实客户的资产,银行贷款对银行来说是资产,对企业来说属于负债。根据中国证券监督管理委员会(以下简称“证监会”)的规定,上市公司如果业绩亏损,是不能够进行分红的。但仍然有些 ST 企业会使用资本公积金转增股本,即不是分红,于是可以进行拆细。所以论文中也剔除了 ST 企业,避免 ST 企业对结果带来的异常影响。

在下载股票价格数据时,可以选择是否复权。为了避免高送转因股票数量增多造成公司股价下降,我们选择了前复权股价。复权就是对股价和成交量进行权息修复,按照股票的实际涨跌绘制股价走势图,并把成交量调整为相同的股本口径。使用复权股价的好处在于剔除了因股票数量增加造成的股价下降。短期事件研究法采用日度收益率,长期事件研究法采用月度收益率。计算 CAR 需要事件发生前一段时间作为估计期,所以提取股价数据时,需至少多提取事件发生前一年的数据。

4.3.3　事件研究法的运用

我们采用的论文实例中分别使用了短期事件研究法和长期事件研究法两种方法,本节分别就两种方法予以介绍。短期事件研究法主要解决窗口期在(−20,+20)间的超常收益的问题,长期事件研究法则解决 3 个月、6 个月、1 年或是更长时间的超常收益的问题。

1. 短期事件研究法

在介绍短期事件研究法时,主要从数据处理和方法步骤两方面展开。

1) 数据处理

首先需要做的是从数据库中下载股价数据,目前常用的数据库有 Wind 数据库和 CSMAR 数据库。对于下载股价数据,Wind 数据库具有三个优点:①提供实时数据,可以随时观察大盘以及股价的波动;②Excle 中可以提供 Wind 数据库的插件,如果需要的数据量行数不超过 1 048 576(Excle 2010 行数上限),列数不超过 16 384(Excle 2010 列数上线),Wind 数据库插件可以提供更直观的下载体验;③提供复权后的数据,可以剔除股票股利或股票分拆造成股票数量增加而导致的股价下降的问题。CSMAR 数据库具有三个优点:①包括了所有上市公司的历史数据(包括正在休市或已经退市的公司的股价数据,Wind 数据库中则没有包括上述数据);②下载数据的可选格式丰富,可直接下载 Stata、SAS 等统计软件适用的数据文件,也可直接下载 TXT 格式的文件;③CSMAR 可以一次性下载大量数据,只受所需数据类型的限制,不受数据年代以及数据数量的限制(如 iFind 数据库仅能一次性下载五年的股价数据)。大家可以根据实际需要选择不同的数据库下载,更具体的数据库使用方法将在第 8 章中具体阐述。下载所需数据时,所勾选的选项如图 4-2 所示,选择所有的 A 股上市的公司代码,选择指标为收盘价,复权方式为前复权,选择时间开始日期为 1994 年 1 月 1 日,结束日期为最新,输出方式为顺序输出。短期事件研究法时间周期为日,长期事件研究法时间周期为月。在下载完所有数据后,需要对数据与事件窗口进行匹配。

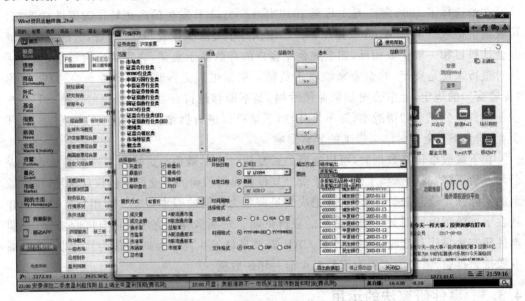

图 4-2　Wind 数据库数据下载选项图例

　　用 Wind 数据库下载数据时,主要有如下两种数据排版形式可以选择:①顺序输出,也可以称为面板数据,所有数据按列排序,股票名称或股票代码作为第一排序条件,时间作为第二排序条件,具体格式见表 4-1;②多股输出,按照纵列表示时间,横列表示股票名称或股票代码,具体格式可见表 4-2。我们在使用 Stata 进行计算时,需要将所有样本的股价按照顺序输出数据格式进行排序(表 4-1)。如果使用 Excle 进行计算,可将数据排版成表 4-2 的格式。表 4-1 中的第三列为事件发生日,如果事件发生日是非交易日,需将表 4-1 中"事件发生日"调整为事件发生后第一个工作日。

表 4-1　股票价格的面板数据

编号	日期	事件发生日	股票价格
000002	1993-01-04	1995-04-25	25.05
…	…	…	…

表 4-2　股票价格数据的多股输出格式

时　　间	000002	000004	…
1993-01-04	25.05	24	…
1993-01-05	25.05	24.4	…
1993-01-06	25.3	24.8	…
…	…	…	…

在已整理好的数据基础上,仅保留事件发生前第 240 个工作日至事件发生后第 10 个工作日内的数据,将(−240,−40)作为估计窗口,(−10,10)作为事件窗口。本章最后的附录部分,附上了工作论文中计算事件研究法相关 Stata 12.0 的命令语句。

2)计算超常收益率

陶启智等(2017)采用了三种方法估计正常收益率,分别是市场模型、均值调整模型和 Fama-French 三因子模型。三种方法的计算方法和区别上文已经介绍过,使用多个方法计算事件研究法,可以提高结果的稳健性。

超常收益率是实际收益率与正常收益率的差。表 4-3 是例文在窗口期(−20,+20)中的 AR 和 CAR 的值,以及检验结果。表格最左边一列列示了窗口期,后面六列分别是市场模型、均值调整模型、Fama-French 三因子模型计算的超常收益率和累计超常收益率。收益率后方的"∗"表示检验结果的显著性,"∗"表示在 10%的显著水平,"∗∗"表示在 5%的显著水平,"∗∗∗"表示在 1%的显著水平。三种模型中最常用的是市场模型,通常计算的结果可靠性较高。从表中可以看出三种方法计算的结果相似,在公告日、−1 天、+1 天的超常收益率都显著为正。

表 4-3　事件研究法超常收益率的表格范例

Event Day	Market Model		Mean-adjusted Model		Fama-French Three-factor Model	
	AR	CAR	AR	CAR	AR	CAR
−20	−0.001	−0.001	−0.001∗∗∗	−0.001∗∗∗	−0.001	0.000
−19	−0.001	−0.002	−0.002∗∗∗	−0.003∗∗∗	−0.002	0.001
−18	−0.001	−0.003∗	−0.002∗∗∗	−0.006∗∗∗	−0.003∗	0.001
−17	−0.001∗	−0.004∗∗	−0.001∗∗	−0.007∗∗∗	−0.004∗∗	0.001
−16	−0.002∗∗	−0.006∗∗∗	−0.001∗	−0.008∗∗∗	−0.006∗∗	0.002∗
−15	−0.001	−0.007∗∗∗	−0.002∗	−0.010∗∗∗	−0.007∗∗	0.002∗
−14	−0.001	−0.008∗∗∗	0.000	−0.010∗∗∗	−0.008∗∗	0.003∗∗
−13	−0.001∗	−0.009∗∗∗	−0.001∗∗∗	−0.011∗∗∗	−0.009∗∗∗	0.004∗∗
−12	0.001	−0.008∗∗∗	0.000	−0.012∗∗∗	−0.008∗∗∗	0.005∗∗∗
−11	0.001	−0.007∗∗	−0.001	−0.012∗∗∗	−0.007∗∗	0.007∗∗∗
−10	0.001	−0.006∗	−0.001	−0.013∗∗∗	−0.006∗	0.008∗∗∗
−9	0.001	−0.005	0.000	−0.013∗∗∗	−0.005	0.011∗∗∗
−8	−0.001	−0.006∗	−0.001∗	−0.014∗∗∗	−0.006∗	0.011∗∗∗
−7	−0.001	−0.006∗	−0.001	−0.015∗∗∗	−0.006∗	0.012∗∗∗
−6	0.001∗	−0.005	0.000	−0.015∗∗∗	−0.005	0.014∗∗∗

Event Day	Market Model		Mean-adjusted Model		Fama-French Three-factor Model	
	AR	CAR	AR	CAR	AR	CAR
−5	0.001**	−0.004	0.001	−0.014***	−0.004	0.017***
−4	0.003***	−0.001	0.002***	−0.012***	−0.001	0.021***
−3	0.004***	0.003	0.001	−0.011**	0.003	0.025***
−2	0.004***	0.007	0.003***	−0.009*	0.007	0.030***
−1	0.006***	0.013***	0.004***	−0.005	0.013***	0.037***
0	0.011***	0.025***	0.01***	0.005	0.025***	0.048***
1	0.001*	0.026***	−0.001	0.005	0.026***	0.051***
2	−0.001*	0.025***	−0.002*	0.003	0.025***	0.051***
3	−0.003***	0.022***	−0.002*	0.000	0.022***	0.050***
4	−0.004***	0.018***	−0.005***	−0.004	0.018***	0.048***
5	−0.003***	0.015***	−0.006***	−0.010	0.015***	0.045***
6	−0.001	0.014**	−0.003***	−0.013*	0.014**	0.045***
7	−0.002***	0.011*	−0.004***	−0.016**	0.011*	0.043***
8	−0.002***	0.009	−0.004***	−0.020***	0.009	0.042***
9	−0.002***	0.007	−0.004***	−0.023***	0.007	0.041***
10	−0.002**	0.006	−0.004***	−0.027***	0.006	0.041***
11	−0.001	0.005	−0.003***	−0.030***	0.005	0.041***
12	−0.001	0.004	−0.004***	−0.034***	0.004	0.040***
13	−0.001	0.004	−0.003***	−0.037***	0.004	0.040***
14	0.000	0.003	−0.002***	−0.039***	0.003	0.040***
15	−0.001	0.002	−0.003***	−0.041***	0.002	0.040***
16	−0.001	0.001	−0.003***	−0.044***	0.001	0.040***
17	−0.002**	−0.001	−0.003***	−0.047***	−0.001	0.040***
18	−0.004***	−0.004	−0.007***	−0.054***	−0.004	0.036***
19	−0.005***	−0.010	−0.008***	−0.062***	−0.010	0.031***
20	−0.011***	−0.021***	−0.013***	−0.075***	−0.021***	0.022***

　　为了能更清楚地展现公告期窗口内,超额收益和累计超额收益的变化,可以使用折线图来表示,如图 4-3 所示。图 4-3 是依据表 4-3 中市场模型的计算结果制作的折线图,从图中可以看出在公告日前后超额收益和累计超额收益均为正,也可以看出上涨趋势是从−3 天开始,到公告日结束,且+2 天信息消化完毕。使用图表结合的形式,有利于后续的深入研究,也可以使读者阅读时更加直观。

　　3) 计算累计超常收益率

　　除了上述超常收益率的表格范例,也可以根据研究需要计算较短期的窗口的累计超额收益情况,如陶启智等(2017)计算了三个窗口的累计超长收益率,窗口期分别是(−3,+3),(−2,+2),(−1,+1)。见表 4-4,陶启智等(2017)依然使用了三种方法分别计算窗口期的累计超常收益率,且三种方法计算的结果相似,在窗口期内结果均显著为正。除了这三种方法,也可以选择其他的方法,本章的第一节有具体的介绍。窗口期也不

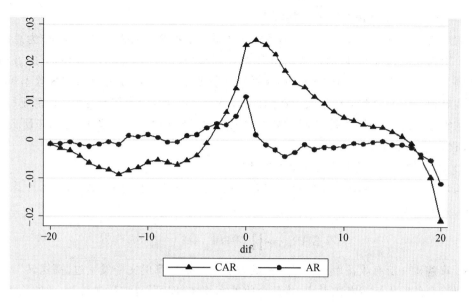

图 4-3　事件研究法超额收益率和累计超额收益率的图例

注：dif 是窗口日期的标识，即交易日至公告日的距离，例如：公告日后一天表示为"＋1"天，公告日前一天表示为"－1"天。

局限于陶启智等(2017)所使用的时间。

表 4-4　事件研究法窗口期累计超常收益率的表格范例

Window	Mean-adjusted model		Market model		Fama-French Three-factor model	
	Std. Err.	CAR	Std. Err.	CAR	Std. Err.	CAR
(−1, +1)	0.013***	0.001	0.019***	0.002	0.020***	0.001
(−2, +2)	0.014***	0.002	0.022***	0.002	0.027***	0.002
(−3, +3)	0.013***	0.002	0.023***	0.002	0.030***	0.002

4）超常收益率和累计超常收益率的检验

超常收益率和累计超常收益率的检验在事件研究法中是必不可少的，表 4-3 和表 4-4 中的超常收益率和累计超常收益率的后面都列示了其显著性，只有当结果至少在 10％ 的水平下显著，计算结果才有说服力，才能够证明研究的结论，才能使论文中所讲述的故事让人信服。

2．长期事件研究法

长期事件研究法主要采用的方法包括日历事件组合法、购入—持有异常收益率法，陶启智等(2017)使用的是购入—持有异常收益率法。模型的计算公式如下

$$\mathrm{BHAR}_i = \mathrm{BHR}_{ia} - \mathrm{BHR}_{ib}$$

BHR_{ia} 表示样本公司的购入—持有收益率，BHR_{ib} 表示控制公司的购入—持有收益率，BHAR 为两者之差。

1) 选出与样本公司对应的控制组合

陶启智等(2017)将所有 A 股上市的企业(剔除金融类企业和 ST 企业)作为总样本,按照公司当年的总资产、账面市值比和 ROE(净资产收益率)按照大小排序,分成五组,总共得到了 125 个组合。每个组合分别计算平均收益率,企业当年的市值作为收益率的权重。陶启智等(2017)在工作论文中选用的 1995—2016 年发生了"高送转"的企业所属的组合的收益率作为购买—持有超常收益模型的基准收益率。有关长期事件研究法的 Stata 程序可参见本章附录。

2) 计算样本公司的购入—持有收益率

购入—持有收益率指的是投资者持有公司股票在持有期所得到的回报率,计算 BHR 的公式如下:

$$BHR_i = \prod_n^{t=0} (BHR_{it} + 1) - 1$$

计算购入—持有收益率用的是连乘的方法。分别计算例文中发生过"高送转"的企业和对照组合的购入—持有收益率,将两个收益率相减,即可得出"高送转"企业的购入—持有异常收益率。

表 4-5 所示是例文中长期事件研究法的结果,我们以该表格展示如何设计长期事件研究法结果的表格。通常使用 BHR_t 来表示购入—持有的时间,t 表示购入—持有几个月。例如,BHR3 表示自"高送转"公告以来,持有 3 个月的购入—持有收益率,国内发生"高送转"的公司数量多,频率高,"高送转"对公司的影响不会持续太久,所以例文仅研究了"高送转"发生后 12 个月内的购入—持有异常收益率的情况。表 4-5 的第二列是购入—持有收益率的平均值,后三列分别是标准差、T 值和 P 值。在收益率的后面也用"*"表示结果的显著程度。

表 4-5 长期事件研究法结果的表格范例

Buy-and-hold periods	Mean	Std. Err	T-value	P-value
BHAR3	−0.005**	0.002	−2.04	0.042
BHAR6	−0.006***	0.002	−2.91	0.004
BHAR9	−0.007***	0.002	−3.56	0.000
BHAR12	−0.008***	0.002	−3.33	0.000

3) 购入—持有异常收益率的检验

长期事件研究法同短期事件研究法一样,都需要对结果进行检验,检验结果同购入—持有异常收益的结果一同显示在表 4-5 中,在 Stata 中的检验方法将在附录中详细介绍。

3. 总结

陶启智等(2017)将短期事件研究法和长期事件研究法结合起来,更加全面地分析"高送转"事件对公司股票市场的影响。短期事件研究法采用了市场模型、均值调整模型、Fama-French 三因子模型分别进行计算,计算结果一致,运用多种方法的好处在于提高结果的稳健性。长期事件研究法则使用了最具代表性的购入—持有异常收益率法。在介绍计算结果时,最好可以采用图表结合的形式,用表格来介绍具体的数据情况,用图例来介绍数据的变化情况。在制作表格和图片时,要尽可能的简单明了,每一个表格或是图片都需要有文字解说。

4.4 本 章 小 结

事件研究法可以应用在金融、会计、法律等多个领域,使用者需要先理解事件研究法的原理和计算方法,根据所做研究的方向来调整事件研究法超常收益率和累计超常收益率的计算。除了文中提到的 Stata,也可以运用 Excel、R 语言、SAS 等统计软件进行计算。

本章的目的在于在理解事件研究法的原理后,学会将事件研究法运用到各领域的科研中去。4.1 节,着重介绍了事件研究法的理论部分,从事件研究法的基本介绍到事件研究法的计算步骤再到事件研究法的发展轨迹,多角度的理论介绍为后续的使用打下了坚实的基础。4.2 节,掌握事件研究法的使用规范,能够了解事件研究法与其他方法的区别,优缺点有哪些。4.3 节,通过实战教学,讲述如何在学术论文或毕业设计中使用事件研究法,实战教学的模式更讲究从细节入手,包括如何使用统计软件、如何设计表格、如何描述表格等,真正做到手把手地教学,使学生在开展科研时不再手足无措。

在课后学生也要注意实践,日常可以收集一些有关公司治理方面影响力较大的新闻,尝试着按照书中教授的方式使用事件研究法来研究新闻中的事件对企业股票的影响。

附　　录

事件研究法可用 Excel、Stata、SAS 等多个统计软件进行计算,我们将以第 4.3 节中引用的"高送转"工作论文为例,介绍如何使用 Stata 计算事件研究法,文中所使用的代码是在 Stata 12.0 中运行的。

1. 短期事件研究法

1)数据处理

首先需要对 CSMAR、Wind 等其他数据库下载的数据进行处理。

```
sort stkcd date
by stkcd: gen date_number=_n              ///将每个样本分别按照时间排序
by stkcd: gen target_date=date_number if date==event_date
                                          ///挑选出事件发生日的序号
egen td=min(target_date), by(stkcd)       ///新建一个变量,值为事件发生日的序号
gen dif=date_number-td                    ///将日期格式调整为以事件发生日(t=0)
                                             为基准,即事件发生前一日为 t=-1,事
                                             件发生后一日为 t=1……
by stkcd: gen event_Window=1 if(dif>=-10 & dif<=10)
                                          ///将窗口期(-10,+10)定义为事件窗口
egen count_event_obs=count(event_Window), by(stkcd)
                                          ///记录每个样本中事件窗口的天数
```

```
by stkcd: gen estimation_Window=1 if(dif>=-240 & dif<=-40)
                                        ///将窗口期(-240,-40)定义为估计窗口
egen count_est_obs=count(estimation_Window), by(stkcd)
                                        ///记录每个样本中估计窗口的天数
drop if count_event_obs<241
drop if count_est_obs<160              ///删除窗口期、事件期长度不够的样本。
```

2) 计算正常收益率

文中采用了三种方法计算正常收益率,分别是:市场模型、均值调整模型和 Fama-French 三因子模型。在计算多个样本时可以使用 Stata 中的循环语句 forvalues,利用最小二乘法估计参数,从而估计出正常收益率,下面我们以市场模型为例。

```
qui tabulate id                        /// id 为新添加的变量,表示不同的样本
local N=r(r)
forvalues i=1(1)'N' {
qui reg return market_return if(id=='i' & estimation_Window==1)
predict p if id=='i'
replace predicted_return=if(id=='i' & event_Window==1)
drop p
}
```

3) 计算超常收益率

超常收益率是实际收益率与正常收益率的差。在 Stata 中,先创建一个新变量,其值为实际收益率与正常收益率的差。

```
gen abnormal_return=return-predicted_return if event_Window==1
                                        ///计算超长收益率
```

4) 计算累计超常收益率

文中计算了三个窗口的累计超长收益率,分别是$(-3,+3)$,$(-2,+2)$,$(-1,+1)$,计算事件窗口$(-3,+3)$使用的 Stata 相关命令如下。

```
gen abnormal_return3=abnormal_return if(dif>=-3 &dif<=3)
bysort id: gen CAR3=sum(abnormal_return3)if(dif>=-3 &dif<=3)
```

5) 超常收益率和累计超常收益率的检验

超常收益率的检验涉及 21 个交易日,所以我们在 Stata 中采用一个矩阵进行计算。

```
mat A=J(21,5,0)                        //设置一个新的矩阵
forvalues i=-10(1)10{
qui reg abnormal_return if dif=='i', robust   //对 t=i 的交易日进行回归
local b=_b[_cons]
 mat V=e(V)
local se=sqrt(V[1,1])
local t='b'/'se'
local pvalue=normal('t')
```

```
if 't' >0{
local pvalue=1-'pvalue'
}
local pvalue='pvalue' * 2                            //计算检验的 p 值
mat A['='i'+11',1]=('i','b','se','t','pvalue')      //设置矩阵的格式
}
mat colnames A=date coef se t p-value
mat list A, f(%6.3f)                                 //在 Stata 的窗口中显示矩阵
```

2. 长期事件研究法

1) 选出与样本公司对应的控制组合

文中将所有 A 股上市的企业(剔除金融类企业和 ST 企业)作为总样本,按照公司当年的总资产、账面市值比和 ROE 按照大小排序,分成五组,总共得到了 125 个组合。每个组合分别计算平均收益率,企业当年的市值作为收益率的权重。"高送转"样本企业所属的组合的收益率作为购买—持有超常收益模型的基准收益率。关键的 Stata 运行步骤如下:

```
tsset   stkcd year
qui tsset
bysort year: quantiles size, gen(g_size)n(5)       ///依据总资产的大小,将所有公司
                                                        分为 5 组

qui tsset
bysort year: quantiles roe, gen(g_roe)n(5)         ///依据 ROE 的大小,将所有公司分
                                                        为 5 组

qui tsset
bysort year: quantiles BM, gen(g_BM)n(5)           ///依据账面市值比的大小,将所有
                                                        公司分为 5 组
```

在按照总资产、账面市值比和 ROE 分成 125 组后,计算每一组的加权平均收益率,权重为公司的市场价值。文中每年按照三个基本条件进行分组,所以计算平均收益率时使用了四个叠加的循环语句,Stata 的步骤如下:

```
sort stkcd year month
gen abc=date                                        ///abc 设置为日期的值
cap drop bench
gen bench=.
forvalues i=420(1)683{
forvalues j=1(1)5{
forvalues k=1(1)5{
forvalues o=1(1)5{
  qui sum return [weight=market]                    ///计算平均收益率时,将市场价值
                                                        作为权重

  if(abc=='i' & g_size=='j' &g_roe=='k' & g_BM=='o')
  qui replace bench=r(mean)                         ///
  if(abc=='i' & g_size=='j' &g_roe=='k' & g_BM=='o')
```

```
            }
          }
        }
      }
```

另附挑选控制公司的方法：

在选择样本公司对应的控制对象时，除了上述选择对应的控制组合，将组合的加权收益作为样本公司的正常收益以外，也可以选择与样本公司经营状况相近的控制公司作为对比对象。一般来说，选择对应的控制公司的控制条件为：与样本公司的行业相同，与样本公司总资产和 ROE 相近。下面列出运用 Stata 进行挑选的步骤：

```
encode industry, gen(IND)label(IND_lab)
  tab IND
  label list IND_lab
  label var size
  local r "size"
  gen Control=.
  gen ratio_size=.
  gen ratio_BM=.
  gen n_match=.
  gen match_id=.
  gsort -hsd
  gen nn=_n if hsd==1
  browse stkcd year hsd nn size
  qui summarize nn
  * set trace on              ///在循环语句中添加开始语句 set trace on ,结尾添加结束
                                   语句 set trace off 有助于寻找错误语句

  local N=r(N)
forvalues i=1(1)'N'{          ///循环语句开始
  local size_t0='r'['i']
  local IND_t0=IND['i']
  local BM_t0=BM['i']
  local yr_t0=year['i']
  local stkcd_t0=stkcd['i']
  replace ratio_size='r'/'size_t0' if(year=='yr_t0' & IND=='IND_t0' & yesT=
=0)
  ///设置的基本控制条件为与样本公司行业相同,且财务数据为同一年的 dis in red "count"
count if(ratio_size>0.8& ratio_size<1.2)&(year=='yr_t0')&(IND=='IND_t0')
  ///有关财务数据的第一个控制条件为总资产以样本公司的总资产基准,筛选出与基准总资产正
    负浮动小于 20%的公司。
replace n_match =r(N)if nn=='i'
if r(N)>1{
  replace ratio_BM=abs(BM/'BM_t0'-1)if(ratio_size>0.8&ratio_size<1.2)&
  (year= ='yr_t0')&(yesT==0)&(IND=='IND_t0')
```

```
sum ratio_BM if(ratio_size>0.8&ratio_size<1.2)&(year=='yr_t0')&(yesT==
0)&(IND=='IND_t0')
replace Control=1 if ratio_BM==r(min)&(year=='yr_t0')&(Control!=1)
///有关财务数据的第二个控制条件为在已筛选出的公司中挑出与样本公司的账面市值比最接近
    的公司作为其控制公司。
* -(Control!=1)
replace match_id='stkcd_t0' if ratio_BM==r(min)&(year=='yr_t0')
}
  else {
  replace Control=1 if(ratio_size>0.8 & ratio_size<1.2)&(year=='yr_t0')&
  (IND='IND_t0')&(Control!=1)
  replace match_id='stkcd_t0' if(ratio_size>0.8 & ratio_size<1.8)&(year=='
  yr_t0')&(IND=='IND_t0') ///将匹配好的样本公司与控制公司对应,变量名称为match_
                                    id,注意由于为了精简编程步骤,最终得出的表格中的第一
                                    列stkcd表示对应的控制公司,最后一列match_id表示
                                    样本公司。
}
}                           ///循环语句结束
* set trace off
```

用上述方法挑选样本公司的控制公司具有一定的局限性,主要是由于需要设计一定的财务数据条件,在此基础上会出现不是所有样本公司都能依据控制条件挑选出对应的控制公司的情况,导致可用样本数量减少。为了解决该问题,可以放宽财务数据的控制条件,但是不能随意放宽。如果适当放宽条件后,可用的样本数依然不能达到开展研究的要求,则选用本章附录"2.长期事件研究法——1)选出与样本公司对应的控制组合"中计算控制组合收益的方法。

2) 计算样本公司的购入—持有收益率

```
sort id
gen r1=1+return
gen r2=1+bench
egen r3=prod(r1),by(id date)
egen r4=prod(r2),by(id date)
```

3) 购入—持有异常收益率的检验

国内发生高送转的公司数量多,频率高,所以高送转对公司的影响不会持续太久,文章仅研究了高送转发生后12个月内的购入—持有异常收益率的情况。为了使显示的结果更符合论文的格式,文中依然使用了矩阵方法的计算,Stata的步骤如下:

```
mat A=J(13,5,0)
forvalues i=0(1)12{
qui reg BHAR if dif=='i', robust
local b=_b[_cons]
  mat V=e(V)
```

```
local se=sqrt(V[1,1])
local t='b'/'se'
local pvalue=normal('t')
if 't' >0{
local pvalue=1-'pvalue'
}
local pvalue='pvalue' * 2
mat A['='i'+1',1]=('i','b','se','t','pvalue')
}
mat colnames A=date coef se t p-value
mat list A, f(%6.4f)
gen BHAR=r3-r4
```

Stata 可使用的代码非常丰富,所有事件研究法的计算方法不限于文中所述,我们附上例文中 Stata 代码希望能够为读者提供一定的参考和帮助。

第 5 章

财务指标法

上市公司的财务指标可以直接通过 CSMAR、Wind 数据库获取,也可以查看公司财务报告,收集途径较广。所以,许多学生选择使用财务数据进行论文写作。本章试通过财务指标法的介绍,指导学生如何使用财务指标法对财务数据进行有效的分析,而不是简单的数据罗列。本章分为 4 节:5.1 节介绍财务指标法的定义和意义;5.2 节介绍财务指标法的使用规范和优缺点;5.3 节从实际应用的角度出发,以已发表的期刊论文或是尚未发表的工作论文为例,具体介绍财务指标法如何运用到学术论文当中;5.4 节是本章小结,总结本章的内容。

5.1 财务指标法

5.1.1 财务指标法概述

个人投资者在选择投资方向时常常会有这样的困惑,企业的经营状况如何? 企业未来的发展前景如何? 机构投资者和企业管理者需要面对同样的问题。而学者在对企业、行业的研究时也会存在困惑,企业的绩效如何? 公司治理行为对企业的财务状况会产生什么影响? 上述问题我们可以利用财务指标法来解决。

财务指标法是按照一定的方法(样本比对法、主成分分析法、因子分析法、杜邦分析法等)对财务报表中的数据进行分析,对企业在经营能力、盈利能力、偿债能力等多方面的状态进行评价。在此基础上,研究者可以利用财务指标法分析事件对公司财务状况的影响,或是依据财务指标法的结果为企业提出有益的措施建议。其中,财务指标法中样本比对法的原理与事件研究法类似,它研究时间如何影响公司的财务业绩。财务业绩的指标包括财务报表上的净利润(net income)、资产收益率(return on assets)、股本收益率(return on equity)、每股收益率(earnings per share)、杠杆率(leverage)和流动性(liquidity)等变量。财务报表公布的频率为年度或者季度,比起股票和债券等金融数据,具有频率偏低、时效性滞后的特点。财务指标法可运用于实证类论文,也可运用于案例分析类论文。因子分析法是指运用少数几个因子对多个变量之间的关系进行描述。杜邦分析法则是运用财务比例数据之间的关系分析企业的财务状态,可以从财务的角度观察企业的经营绩效。

会计研究法通过计算财务变量的超额值来确定事件的影响,超额值等于财务变量的正常值和期望值之差。期望值来自那些与发生事件的公司处于同一行业、规模相等但是没有发生过事件的公司在同一时间段的财务数据。例如,要研究并购事件对 A 公司财务业绩的影响,就需要在 A 公司所在的行业找一家与 A 公司规模类似但是在同一时期没有进行过并购的 B 公司,将它的财务数据作为 A 公司的期望值。

5.1.2　财务指标法的理论基础

1. 财务指标的介绍和选择

财务管理主要包括三方面的相关指标:偿债能力指标、盈利能力指标和营运能力指标。偿债能力指标是指公司偿还债务的速度和金额,通常是用债务和资产的比来衡量。盈利能力是指公司获取利润的能力,一般用净利润与其他财务数据的比例来衡量。营运能力指的是公司在经营过程中各种资产利用的效率,常常使用应收账款周转率、流动资产周转率、总资产周转率等财务指标来表示。

有关公司金融方向的研究,最常见的是对公司经营成果的分析,所以对公司盈利能力指标的计算较多。主要的表示盈利能力的财务指标有:销售利润率、总资产净利率、权益净利率等。相关的公式如下:

$$销售净利率 = (净利润/销售收入) \times 100\%$$
$$总资产净利率 = (净利润/总资产) \times 100\%$$
$$权益净利率 = (净利润/股东权益) \times 100\%$$

对公司短期偿债能力进行分析,多使用以下指标:流动比率 = 流动资产/流动负债。流动比率大于 1 时,说明流动资产能够偿付流动负债,偿债能力较强;流动比率等于 1 时,说明流动资产刚好能够偿付流动负债;流动比例小于 1 时,说明流动资产不能够支付流动负债,偿债能力较差,且流动比例越小偿债能力越差。

公司的长期偿债能力可以用资产负债率来衡量,资产负债率可表示为:资产负债率 = 负债总额/资产总额。公司的长期负债能力反映了公司的财务风险,当资产负债率较高时,说明公司可能面临财务风险,甚至处于财务困境,这时我们需要能综合反映公司偿债能力的其他财务指标,如财务杠杆等。

公司的营运能力也是评价一个公司财务状况的重要因素,营运能力越高说明公司利用现有资金进行经营的能力越强,营运能力的指标主要包括资产周转率、资产周转期等,可以表示为:

$$资产周转率 = 总资产/资产占用额$$
$$资产周转期 = 365/资产周转率$$

通常来说,评价公司的财务状况要综合上述各项指标,可以结合后续介绍的样本比对法进行横向和纵向的分析对比,更全面地评价公司的盈利状况和经营状况。上面我们只是列举了具有代表性的财务指标,公司财务报告中的指标众多,可以采用下面要介绍的主成分分析法和因子分析法提取出主要的财务指标进行计算。杜邦分析法则综合了上述指标,从各项财务指标出发,来评价公司的各项能力是如何影响公司的盈利能力的。

2. 财务指标法介绍

1) 样本比对法

样本比对法指对公司经营、财务状况进行评价,主要是与计划预算比较、与本公司过去进行比较、与同类公司进行比较。计划预算比较针对的是公司会计方面的研究,本节不做讨论。

（1）事件宣告前后财务指标的比较。公司在采取一定的治理措施后，公司的财务报表和管理都会发生变化，这会造成公司盈利能力的变化。例如，公司在收购某家公司后，资产会发生一定的变化，同时也要承担被收购公司的债务，另外，由于信息并不是完全对称的，主并方在收购公司后不可能充分激活被并购公司的盈利能力，多个原因使得并购发生后盈利能力变化的不确定性增大。再如，公司决定发放现金股利，发放现金股利造成公司的现金流流出，使得公司的短期偿债能力下降，公司的营运能力下降，但是正常情况下公司会在经营状况较好的情况下发放现金股利，所以现金股利的发放对公司未来盈利能力的影响方向和程度也很难判断。通过收集财务数据，运用统计分析方法比较事件宣告前后公司盈利能力财务指标的变化是很有必要的。

（2）宣告事件的样本公司与同类公司的比较。对公司盈利能力的分析，除了进行比较事件宣告前后的纵向比较以外，还可以采用横向比较的方法。也就是发生事件的样本公司与未发生事件的控制公司进行比较。该比较方法可以在控制其他条件的情况下，仅分析事件公告对公司盈利能力和经营成果的影响。

2）主成分分析法和因子分析法

在对财务数据进行分析时，常常会面临针对很多个财务指标的研究，巨大的数据量会为研究者带来繁复的工作量，甚至所得结果会产生错误。主成分分析法和因子分析法可以有效地解决上述问题，利用较少的独立变量替代原来的多个变量进行下一步的分析。主成分分析法是对所研究的财务指标进行处理，得出几个不相关的变量来替代所研究的财务指标，这样有利于避免变量间多重共线性的产生。因子分析法则是提出各个变量中的各个因子，在进行分类组成数量较少的几个因子。

（1）主成分分析。样本中有 n 条观测记录，m 个变量构成向量 $X = (X_1, X_2, \cdots, X_m)$，对 X 进行线性变换，得到综合指标 Y 被称为主成分，按照方差大小排序：

$$\begin{cases} Y_1 = \mu_{11} X_1 + \mu_{12} X_2 + \cdots \mu_{1m} X_m \\ Y_2 = \mu_{21} X_1 + \mu_{22} X_2 + \cdots \mu_{2m} X_m \\ \cdots \cdots \\ Y_n = \mu_{n1} X_1 + \mu_{n2} X_2 + \cdots \mu_{nm} X_m, \quad \text{其中} \ \mu_{k1}^2 + \mu_{k2}^2 + \cdots + \mu_{km}^2 = 1 \end{cases}$$

首先计算 X 的相关系数矩阵 R，求解特征方程 $|\lambda I - R| = 0$ 及对应的特征向量 e_i；结合主成分贡献率和载荷得到主成分得分。

举例来说，对中国保险公司绩效进行衡量时，为了使分析更加全面，我们决定使用原（分）保费收入增长率、自留保费收入增长率、原（分）保费收入市场份额、人均保费、资产增量保费比、综合赔付率、综合费用率、退保率、业务年度赔付率、投资类资产占比、财务收益率、综合收益率、净资产收益率、总资产收益率、应收保费率、总资产增长率、净资产增长率、承保利润率、自留比率、偿付能力充足率。采用主成分分析法计算过后，从表 5-1 中可看到，在盈利能力指标中有较大的正载荷，主要体现在净资产回报率、总资产回报率和承保利润率上，因此第一个主成分可以被提炼为盈利能力成分；在资产增量保费比、综合赔付率、投资类资产占比、总资产增长率和自留比率具有较大的正载荷，涉及多个指标，且载荷量较均匀，可以视为综合成分；在原保费收入增长和自留保费增长率的载荷量较大，可以将其提炼为成长能力成分；在资产增量保费比、总资产增长率和净资产增长率有较大载荷,主要表现公司资产,可视其为衡量公司规模的成分;综合赔付率和财务收益率具有较大载荷量,主要反映了公司的资金运用能力;虽然在市场份额和净资产增长率上有较大载荷,但主成分的意义并不明确。

表 5-1　主成分载荷矩阵表格范例

	业务发展指标				成本费用指标		资金运用指标		风险管理指标	
	GRPI	GRRP	PMS	AGPR	LR	CER	PIA	ARIA	RPR	SR
C_1	−0.51	−0.54	0.54	−0.16	−0.11	−0.74	0.34	−0.24	0.15	−0.57
C_2	0.34	0.31	0.20	0.71	0.62	−0.38	0.65	−0.26	0.61	−0.19
C_3	0.67	0.66	0.05	−0.15	−0.15	−0.15	−0.24	0.24	0.05	0.31
C_4	−0.31	−0.32	−0.18	0.46	−0.19	0.03	−0.26	0.30	−0.31	0.06
C_5	−0.13	−0.11	0.04	0.00	0.59	−0.29	0.09	0.63	−0.03	0.32
C_6	−0.07	−0.05	0.56	0.23	0.06	0.13	−0.10	−0.37	−0.10	0.37
C_7	−0.14	−0.12	−0.16	−0.18	0.01	0.17	0.00	−0.02	0.48	0.18

(2) 因子分析。将变量分组,组内相关性高,组间相关性低,每组变量都代表一个公共因子。样本中有 n 条观测记录,m 个变量构成向量 $X = (X_1, X_2, \cdots, X_m)$,提取的 t 个公共因子用 F 表示,满足 $E(F) = 0, \mathrm{Cov}(F) = I$;特殊因子用 ε 表示,均值为 0,与 F 独立,因子模型表示为

$$\begin{cases} X_1 = a_{11}F_1 + a_{12}F_2 + \cdots a_{1t}F_t + \varepsilon_1 \\ X_2 = a_{21}F_1 + a_{22}F_2 + \cdots a_{2t}F_t + \varepsilon_2 \\ \cdots\cdots \\ X_m = a_{m1}F_1 + a_{m2}F_2 + \cdots a_{mt}F_t + \varepsilon_m \end{cases}, \quad 其中 a_{ij} 为 F 对 X 的载荷量$$

求解因子载荷,通过旋转得到意义明确的公因子,随后计算公因子得分。公共因子用字母表示。其中,在资产增长率和承保利润率上具有较高的正载荷值,度量了保险公司的盈利能力,视为盈利因子;在原保费收入增长和自留保费增长率上有非常高的正载荷值,视其为收入因子;在综合赔付率上有较高的正载荷,为成本因子;在总资产增长率资产增量保费率上有较高的正载荷,因此可将其提炼为规模因子;在应收保费率上具有较高正载荷,反映公司应收保费资产状况,同在偿付能力充足率上载荷量也较高,故可提炼为偿付因子;在财务收益率上具有较高正载荷量,可视其为投资效益因子;载荷值主要来自净资产增长率,表示公司规模扩张和成长状况,可视为成长因子(见表 5-2)。

表 5-2　因子载荷矩阵表格范例

	业务发展指标				成本费用指标		资金运用指标		风险管理指标	
	GRPI	GRRP	PMS	AGPR	LR	CER	PIA	ARIA	RPR	SR
F_1	−0.12	−0.15	0.51	−0.23	−0.17	−0.71	0.10	0.02	−0.03	−0.27
F_2	0.97	0.97	−0.10	−0.03	0.09	0.09	−0.06	0.03	0.21	0.28
F_3	0.03	0.03	0.32	0.29	0.85	−0.45	0.64	0.03	0.51	0.03
F_4	0.09	0.07	0.08	0.82	0.17	−0.19	0.17	−0.02	−0.10	−0.09
F_5	0.03	0.07	0.22	0.01	0.01	0.31	−0.30	0.17	−0.43	0.68
F_6	0.02	0.03	−0.52	−0.14	0.11	−0.02	−0.37	0.88	−0.24	0.25
F_7	0.01	0.02	−0.05	0.12	−0.05	0.06	−0.03	−0.01	0.41	0.23

3）杜邦分析法

杜邦分析法是利用公司财务指标之间的内在联系构建出一个综合的评价体系,用来考察企业的盈利情况和经营情况的一种分析方法。美国杜邦公司在20世纪20年代最先开始采用该评价方法,取名为杜邦分析法。杜邦分析法可以表示为如下方程式:

净资产收益率(ROE)＝净利润/股东权益＝(净利润/总销售收入)×(总销售收入/总资产)

×(总资产/股东权益)＝销售利润率×资产周转率×权益乘数

资产收益率(ROA)＝净利润/总资产＝(净利润/总销售收入)×(总销售收入/总资产)

＝销售利润率×资产周转率。

我们将上述的公式称为杜邦恒等式。

依据杜邦恒等式,我们可以看出影响净资产收益率的因素有三个:销售利润率(经营效率)、资产周转率(资产使用效率)和权益乘数(财务杠杆)。所以说,杜邦分析法帮助我们更好地了解到可以从哪些领域提升企业的收益率。影响资产收益率的因素有两个:销售利润率和资产周转率。净资产收益率和资产收益率间的差别主要是权益乘数,也可以称为财务杠杆。净资产收益率与财务杠杆之间的关系是在其他条件不变的情况下,股东权益占总资产的比重越小,净资产收益率越大。通常ROE和ROA的差别较大,因为企业更愿意选用债务融资,具有较大的权益乘数,所有ROE常常远大于ROA。

假设A公司2015年ROE为19.12%,净利润为260亿元,总销售收入为1 960亿元,总资产为6 200亿元,股东权益为1 360亿元;2016年ROE为19.78%,净利润为269.4亿元,总销售收入为1 966亿元,总资产为6 212亿元,股东权益为1 362亿元(表5-3)。根据上面的数据计算出2015年,A公司的销售利润率为13.27%,资产周转率为31.61%,权益乘数为4.56;A公司2016年销售利润率为13.71%,资产周转率为31.65%,权益乘数为4.56。可以看出,A公司ROE增长是因为净利润从2015年的13.27%增长到2016年的13.71%。A公司2015年的ROA为4.19%,2016年的ROA为4.34%。

表5-3　A公司2015年和2016年财务指标

年度	ROE/%	净利润	总销售收入/亿元	总资产/亿元	股东权益/亿元
2015	19.12	260	1 960	6 200	1 360
2016	19.78	269.4	1 966	6 212	1 362

温青山等(2009)发表在《会计研究》上的文章《基于财务分析视角的改进财务报表列报效果研究:来自中石油和中石化的实例检验》中使用了杜邦分析法,以中石化和中石油为例将文中提到的新财务体系与杜邦分析法进行对比。该文采用了杜邦分析法,发现中石油和中石化2008年ROA较2007年下降,是因为其销售净利润的下降。

3. 财务指标法的结论分析

财务指标法的结论可以从三个方面进行阐述:第一,观察事件公告后,每年财务指标的变化情况,公司是盈利还是亏损,以及变化趋势;第二,比较事件公告前后公司财务指标的变化,如果是朝好的方向发展,则表示该事件有利于提升公司未来的盈利能力,反之则不利于提升公司未来的盈利能力;第三,比较公告事件的公司与其他未发生控制的公司,即使该公司的财务指标在公司宣告事件后出现下降的情况，但是较其他同类公司下降程度小，说明该事件对公司的影响仍然是积极的，反之则其影响则是消极的。

5.1.3 财务指标法的发展

财务指标发展至今，已有上百年的历史。财务指标法最早运用在银行发放贷款，用来评价贷款方的财务状况是否能够保证还本付息。而我国的财务指标分析法发展时间相对较短，从 20 世纪 80 年代末才逐步开展对财务指标分析的使用研究。随着社会生产活动的日益丰富，以及经济金融活动的不断完善，财务指标分析在金融机构发放贷款时仅仅用于评价企业偿债能力，但在投资单位以及个人对企业进行确认投资是否有利方面是一个广泛采用的方法。由此可见，财务指标法由信用分析阶段进入投资分析阶段，其主要作用从稳定性分析发展到收益性分析。另外，财务指标法能够从外到内深刻地剖析企业的经营状况、经营绩效等问题，能够为企业的制度改革起很大的作用。综上所述，全面、深入、系统地剖析企业的筹资情况、投资情况、经营情况是财务指标法的基本作用。现在的财务指标法可以广泛地运用在公司治理的方方面面。

过去的财务指标法多是只采用公司财务报表中的数据，这类数据具有较易获得且数据准确的优势，但是财务报表中的数据量有限，只能从事后的角度进行研究。现代社会已经开始进入大数据时代，可以从更多角度获取数据，如实时的销售金额等，这为财务指标法的运用提供了更丰富的数据源。

财务指标法也是越来越多样，样本比对法、主成分分析法和因子分析法、杜邦分析法、层次分析法、趋势分析法等对财务指标从不同角度进行分析，能够更全面、清晰地分析企业的财务状况，帮助企业或个人顺利完成筹资、投资、经营等治理行为。

随着计算机的发展，财务指标法已经从过去的人工分析转为了现在的电子智能模式，通过计算机网络获取企业的财务数据，通过 Stata、SASR 等统计软件将数据带入模型进行分析。智能化能够避免人工数据分析产生的主观误差，可以完成大规模的数据分析。

5.2 财务指标法的使用规范及优缺点分析

在使用财务指标法时，也要清楚地知道其使用规范。财务指标法多用于分析公司或行业的发展现状以及公司治理行为的效果。财务指标法具有容易获取、可靠性高、实用性强等特点，是金融、法律、管理等学科进行科学研究的常用方法。但财务数据多是公司和行业的历史数据，不具有前瞻性；另外国际上会计规范多有不同，不利于多国数据的研究，针对国内的数据更为有效；国内市场信息传递有效程度差，公司也多不愿意完全地披露自身的信息。所以在使用财务指标法时，要保持审慎的态度，在财务指标法适用范围内使用。

5.2.1 财务指标法的使用规范

1. 财务指标的选择

财务管理中有关的财务指标众多，没有必要分析所有的指标，要根据自身研究的特点选取有典型性的指标。在财务指标中,含义相近但又有区别的指标有很多,如利润总额、息税前利润、净利润。利润总额表示营业利润加投资净收益,减营业外收支;息税前利润表示利润总额加财务费用的利息;净利润是利润总额减缴税额后的利润。在使用财务指标法时要注意区分所使用的财务指标,在了解研究相关财务指标的概念的基础上,确定研究所需要的最准确的财务指标。

2. 财务指标的时间选择

在使用财务指标法时,如何正确地选择财务指标的时间也是一个值得思考的内容。主要有三个财务指标的时间可供选择:第一,当年年末的数据(可从公司当年财务年报获得);第二,当年年中的数据(可从公司当年财务半年度报告获得);第三,前一年年末数据(可从公司前一年财务年报中获得)。具体对时间的选择可以根据研究的内容,需要注意的是时间应保持一致,如果选择年末的数据,则所有数据都应该是年末的数据。

3. 财务指标的数据整理

从数据库或财务报表中获取数据后,需要根据研究要求对数据进行处理。数据整理的内容包括:第一,统一数据中的货币,下载数据时需要注意下载的是外币还是人民币,将所有数据按照需要调整为统一货币;第二,统一数据中的单位,有的数据会以元为单位,有的则以万元为单位,也有以亿元为单位的,需要将其单位统一,同时也要注意数率指标,统一以“1”为单位或是以“％”为单位;第三,注意数据库中对财务指标的定义,以 CSMAR 为例,可以将鼠标停留在财务指标的选项上,会有公式和定义跳出,更具体的可以参看字段说明,如图 5-1 所示。

图 5-1　CSMAR 财务指标定义和公式提示图例

5.2.2　财务指标法的优点

财务指标法在评价公司的经营状况、发展前景以及公司治理行为的绩效方面有明显的优势。目前国内的资本市场并不是很完善,存在严重的投机行为,使得股票价格不能完全体现公司的信息,根据股价的波动情况分析公司的绩效具备一定的局限性。然而已有学者证明公司的财务报表数据很难被操控,可以更好地体现公司的信息,所以财务指标法具有更广的应用范围。

1. 可靠性

一般来说,公司的财务报表都是经过严格审计的,因此具有相当的可靠性。现在的高校大都购买了多个数据库,如 CSMAR 数据库、Wind 数据库、Bloomberg 等,学生获取财务数据的途径较多,不仅可以通过阅读财务报表获取,一些较常使用的财务指标都可以通过上述的数据库下载。但是,通常数据库并未收集公司财务报表中的所有数据,所以当需要一些细分的会计科目数据时,只能通过手工收集。如果论文写作者会使用爬虫软件,将大大减少手工收集的工作量。

2. 实用性

在现实中,分析师和投资者都是通过财务报表提供的信息来评价公司的业绩。无论是在公司金融的科学研究领域还是在金融市场的投资方面,财务指标法都能够为学者和投资者提供帮助。在论文实证研究中,利用财务指标法与事件研究法的结合可以探究证券市场中存在的内幕交易。证券公司的分析师在写行业报告时,主要使用的方法就是财务指标法,通过财务指标法的分析,描述行业的发展状况、行业前景以及行业的其他信息。总而言之,财务指标法的用途十分广泛,也便于阅读者的理解。

3. 关联性强

财务指标法属于应用于法律、金融、管理等学科的边缘学科,可以与前述学科关联运用,可以广泛借鉴其他学科,使财务指标分析更加全面、更加透彻。在法律、金融方面,投资单位或是个人可以通过财务指标法判断市场行情,选择正确的投资行为。在管理方面,财务指标法可以帮助公司管理者实施正确的治理行为。

5.2.3 财务指标法的缺点

财务指标法在使用时也存在一些不足,例如监管机构会修改会计准则,会计科目有所改变,财务指标与过去进行对比时可能会有差异。另外,公司公告财务数据常需要几个月的时间,不能像股票价格、债券价格等数据可以实时更新。

(1) 监管机构不断地改变会计准则,公司也在不停地改变自己的财务报表规则,因此同一家公司历史上的财务报表数据不一定具有可比性。2006 年财政部颁布了新的《企业会计准则》,对资产、负债、所有者权益、收入、费用、利润六大会计要素进行了重新定义,对部分会计科目也进行了修改,相对的数据保准也有所不同。

(2) 按照历史成本的记账方法容易造成通货膨胀或通货紧缩的偏差。随着时间的变化,货币的购买力也有变化。通货膨胀是指市场中流通的货币数量增加,导致货币的购买力下降。通货紧缩是指市场中流通的货币数量减少,导致货币购买力下降。过度的通货膨胀和通货紧缩都不利于经济稳定,通货膨胀会引起挤兑乱市的问题,通货紧缩会导致经济萧条,失业率增加的问题。使用历史成本计算,忽略了货币的时间价值。

(3) 财务数据都是报告过去的数据,不具有前瞻性。财务数据表示的是公司过去投资、融资和经营状况的数据,可以体现公司过去或是现在经营状况是否良好,一般不用于预测公司未来是否能继续盈利,所以不具有前瞻性。例如,资本市场中的股票数据可以体现公司未来现金的流入情况,股价上涨即表示公司投资项目可以带来正的净现金流。

(4)无形资产的价值被忽略。公司在不断的发展中会积聚越来越多的无形资产,如公司品牌的影响力、员工对公司的信任等,很多无形资产是无法用货币来衡量的,财务指标法的运用过程中很多无形资产的价值则被忽略了。

(5)公司信息披露不足。证监会要求上市公司必须披露其上市以来的所有财务数据,但是没有要求其他的企业披露其所有的财务数据,这些企业包括个人企业、合伙制企业和有限责任制企业。公司信息披露不足也是财务指标法的一个缺点。

(6)公司进行盈余操纵,致使财务数据不可信。有些公司出于避税的目的,通过调整固定资产折旧等方式操纵公司的盈余,使得财务数据不能够反映公司真实的经营活动,影响财务指标法的最终结果。

(7)不同国家之间的财务数据很难进行比较。不同国家的会计准则通常不尽相同,所以无法利用财务指标法进行国家间财务数据的比较。

(8)对问题的研究应该是能逐步深入,可以进行后续性研究。财务指标的研究很少有后续性的研究,也没有文献综述一类可以总结前人的研究成果。

5.3　财务指标法的应用

本节以具有代表性的论文为例,实战讲解财务指标法的应用。其中讲解的方法包括样本比对法、主成分分析法和因子分析法。财务指标法除了可以运用于实证类型的论文当中,也可以有针对性地进行案例分析,5.3.3节将对财务指标法在案例分析当中的应用进行叙述。

5.3.1　样本比对法(match sample)

财务指标法中的样本比对法常常运用在证券公司分析师撰写的行业报告当中,其中包括横向的与同行业其他公司的对比和纵向的与公司过去的财务状况的对比。对比的财务指标包括盈利能力指标、偿债能力指标、营运能力指标等。

笔者2017年的工作论文"Signaling or Cash Out: Evidence from High Stock Splits Based on Listed Firms in China"中应用了财务指标法中的样本比对法。文中主要分析企业在发生高送转后的盈利指标的变化情况,样本选择的时间段是1995年1月1日至2016年12月31日。分析的财务指标包括净资产收益率、资产收益率、息税前收益率、投资收益率。文中挑选控制样本依据了以下三个条件:第一,控制样本与研究样本属于同一行业;第二,控制样本的总资产(size)在研究样本总资产的70%～130%的范围内;第三,在前两个条件的基础之上挑选出的样本中账面市值比(book-to-market radio)与研究样本最接近的作为控制样本。可以运用Stata完成挑选控制样本的操作,具体程序语言见本章附录。在挑选出控制样本之后,可以进行横向比较,在同样的时间段内,文中采用了Wilcoxon秩和检验法对样本的变化情况与控制样本变化情况的区别进行探究。

5.3.2　主成分分析法和因子分析法

Hotelling(1933)提出的主成分分析法(PCA)和Charles Spearman(1904)的因子分析法(FA)均利用了降维的思想,从众多变量中提取出具有较强解释力的指标。本节我们继续以陶启智、李亮、徐阳(2016)有关中国保险公司绩效衡量研究为例,在附录中增加了如何运用Stata实现主成分分析法和因子分析法的计算。

例文中依据保险公司的财务指标,同时考虑财产险、寿险企业的共性和险种的特性,构建一个系统评价保险公司绩效的指标体系,综合使用了主成分分析法和因子分析法,对中国2010—2012年三年间97家境内保险公司272个样本的绩效进行度量;对比中、外资保险企业综合绩效,探究绩效的驱动因子。

1. 主成分分析法

文中选用了寿险和财产险都适用的16个因子采用主成分分析法,再分别对寿险和财产险的变量指标采用主成分分析法,在进行主成分分析之前,要对样本进行Kasiser-Meyer-Olkin检验,观察其是否适合使用主成分分析法。根据KMO的取值标准,0.5以下:不可接受;0.5~0.59:较差;0.6~0.69:一般;0.7~0.79:较好;0.8~0.89:很好;0.9~1:极好。例文中样本的KMO值,均大于0.6,可以使用主成分分析法。主成分分析法需要列示两个内容的表格:主成分累积贡献率分布(见表5-4)和主成分载荷矩阵(见表5-1)。表5-4中特征根表示对应的主成分解释程度,相邻差值指的是该主成分比后一个主成分解释程度多多少,贡献率是主成分的特征根占总数的百分比,累计贡献率是指主成分及前面的主成分的累计特征根的占比。主成分载荷矩阵的解释可以见5.1.2节。

表 5-4　主成分累计贡献率表格范例

主成分	特征根	相邻差值	贡献率	累计贡献率	主成分	特征根	相邻差值	贡献率	累计贡献率
C_1	4.002	0.902	0.250	0.250	C_9	0.591	0.038	0.037	0.888
C_2	3.099	1.351	0.194	0.444	C_{10}	0.553	0.098	0.035	0.922
C_3	1.748	0.392	0.109	0.553	C_{12}	0.456	0.058	0.029	0.951
C_4	1.356	0.321	0.085	0.638	C_{12}	0.398	0.225	0.025	0.976
C_5	1.035	0.083	0.065	0.702	C_{13}	0.173	0.075	0.011	0.987
C_6	0.952	0.134	0.060	0.762	C_{14}	0.096	0.025	0.006	0.993
C_7	0.819	0.217	0.051	0.813	C_{15}	0.073	0.027	0.005	0.997
C_8	0.601	0.010	0.038	0.851	C_{16}	0.046		0.003	1.000

2. 因子分析法

例文中在主成分分析法之后使用了因子分析法。主成分法在分析过程中会对原有变量取舍,而因子分析法是根据原始变量的信息进行重新组合,找出影响变量的共同因子,因而尽可能保留更多的信息,并且因子分析法通过旋转使得因子变量更具有可解释性,命名清晰性高。因子分析可以设计两个表格:因子载荷矩阵(见表5-2)和因子得分系数矩阵(见表5-5)。

表 5-5　因子得分系数矩阵表格范例

		CRPI	PMS	AGPR	LR	CER	PIA	ARIA	ROE	ROA
F_1	0.08	0.08	0.19	−0.04	−0.02	−0.25	−0.01	0.09	0.29	0.28
F_2	0.51	0.50	0.00	−0.11	−0.04	−0.03	−0.03	−0.04	0.05	0.01
F_3	−0.05	−0.03	0.18	0.04	0.57	−0.23	0.30	0.19	0.04	−0.07
F_4	0.00	−0.01	0.09	0.48	−0.03	−0.10	−0.02	0.02	−0.10	−0.01
F_5	−0.04	−0.01	0.42	0.16	0.15	0.07	−0.03	0.01	0.20	0.03
F_6	−0.04	−0.04	−0.40	−0.08	0.21	−0.19	−0.17	0.74	−0.02	0.06
F_7	−0.09	−0.08	−0.10	−0.01	−0.08	0.18	−0.06	−0.03	0.14	0.03

5.3.3　案例分析

案例分析法通过将一件具有代表性的事例作为特定研究对象,就其成功经验或失败教训进行深度分析,帮助人们全面了解复杂的社会现象,得出有价值的理论或方法。有关案例分析更多的指导内容将在本书的第 7 章进行介绍。

财务指标法是案例分析中出现频率较高的一种方法,从企业公布的财务数据出发,更加准确地评价企业经营状况、投资情况以及融资情况。本小节以马文超(2016)基于"宝钢"和"鞍钢"的案例对省域环境竞争对企业环境管理的影响进行分析的文章为例,分析案例分析方法的具体应用。

1. 研究内容

例文中以"宝钢"和"鞍钢"为研究对象,分析企业在目前的社会和自然条件下企业环境业绩和经济业绩之间的关系,对比"宝钢"和"鞍钢"在实施环保措施时的差异。另外,在探究企业环境管理的同时,发现了环境管理差异与管制特征之间存在的关系。

2. 案例分析

例文中的行业财务数据来自 CSMAR 数据库,公司的环境管理及业绩信息来源于公司的年度财务报表、"宝钢"的可持续发展报告、"鞍钢"的社会责任报告。在该案例分析中,笔者也采用了对比分析的思路,通过企业与行业均值和其他同行业企业的横向对比,以及企业不同年度数据的纵向对比,综合来看数据的变化情况。

在进行案例分析时,要从研究内容出发,有序地列示出所需的财务指标,再对财务指标进行分析,分析内容要与研究内容高度相关。可以看出,例文在分析之初选择使用利润总额、ROE 和市净率作为衡量企业经济业绩的相关指标,这三个利润指标在其他有关财务利润指标的分析中也较常使用,选择的时间是 2012 年至 2014 年,表 5-6 列出了例文中的数据内容,通过观察和比较,马文超(2016)发现"鞍钢"在 2012 年的利润总额和 ROE 均为负值,将提示有退市的风险。

在评价完企业的经济业绩之后,依据"宝钢"的可持续发展报告和"鞍钢"的社会责任报告,参考环保部提出的相关制度办法,列出两家公司的环境披露项目,在实施措施的基础上进行打分,得出总分后进行评价。通过打分加总,再查看财务报表中的环保项目,可以发现"宝钢"对环境的关注和管理以及业绩均优于"鞍钢"。这部分也是先观察数据,再结合研究内容得出观察结果。

表 5-6   案例企业的经济业绩及相关指标

年份 / 企业	利润总额/百万元			ROE/%			市净率/%		
	2012	2013	2014	2012	2013	2014	2012	2013	2014
"鞍钢"	−4,077 (−5,320)	695 (728)	917 (1,579)	−8.39	1.48	1.93	0.58	0.49	0.92
"宝钢"	4,416 (12,664)	6,321 (8,010)	5,794 (8,278)	3.84	5.75	5.17	0.71	0.56	0.93

有关财务指标的案例分析,在对各个表格进行单独观察并得出相关结论之后,要综合多个表格的内容做进一步的分析。例文中在列出"宝钢"和"鞍钢"的经济业绩指标与环境披露评估后,便可分析环境管理差异和经济业绩之间的关系。由"宝钢"的数据看出,环境保护的投资成本与经济绩效并不呈相关关系。随后,例文中列示了"宝钢"和"鞍钢"的外部利益相关者的代理变量和企业内部利益相关者的代理变量,包括受处罚事项、财务杠杆、广告费、存货周转、市场份额、股权集中、员工数量。文中将财务指标和财务报表中的企业相关数据结合起来进行分析,来判断环境管理和业绩之间的关系。

除了分析企业内部的经济业绩和环境管理,例文还从外部管理制度出发,根据对省域间的环境竞争力评价的不同分析"宝钢"和"鞍钢"在环境管理上的不同。

3. 总结

财务指标法较常应用于会计、金融等学科的案例分析,其作用是充当数据支持。如果只使用财务指标法,分析的角度有限,很难对企业面临的问题进行深入的挖掘。所以案例分析中可以从新闻、政策制度等入手,结合财务指标法开展研究。财务指标也常被当作评价指标,如袁琳和张伟华(2015)在研究集团管理控制与财务公司风险管理间的关系时,使用了资本充足率和流动性比率作为衡量财务公司风险管理的指标。熟练掌握财务指标法的应用,将有助于案例分析的写作。

5.3.4   结论

上面我们主要介绍了财务指标法的三种用途,分别是样本对比法、主成分分析法和因子分析法,以及在案例分析中的使用方法。从三种方法的介绍中可以看出财务指标法没有很复杂的模型和高深的理论,更多的是提供数据支持,所以在论文的写作中,如果只使用财务指标法是不够的,可以结合本书第 4 章介绍的事件研究法、最小二乘法的回归模型等统计方法更深入地展开研究,也可以结合重大新闻、新出台的制度政策等丰富研究成果和拓展研究方向。总而言之,财务指标法不能够完全支撑一篇论文,但也是论文写作中必须掌握的方法。

5.4   本 章 小 结

本章主要讲述了财务指标法的理论基础、发展状况、优缺点和实例分析。我们重点关注财务指标法中的四种分析方法在论文中该如何运用,分别是样本对比法、主成分分析法、因子分析法、杜邦分析法。其中杜邦分析法是较基础的财务指标法,可用于案例分析,也可以用于基础的公司财务分析或是行业分析。样本对比分析法常用于衡量公司的绩效,通过横向和纵向分别比较公司绩效的变化。主成分分析法和因子分析法可以解决财务指标众多可能导致的多重共线性问题,方便后续研究。

我们希望通过本章的讲解,让读者学会如何利用财务指标法分析公司金融的问题,如何将财务指标法带入所写的论文中,以丰富论文的数据、模型支持。

材料:

证监会发布 2016 年度上市公司年报会计监管报告[①]

截至 2017 年 4 月 30 日,沪深两市 2016 年已上市的 3 050 家公司(其中 A 股 3 032 家),除 ＊ST 烯碳未按期披露年报外,其余 3 049 家均按时披露了 2016 年年度财务报告。为掌握上市公司执行会计准则、内部控制和财务信息披露规范的情况,证监会会计部抽查审阅了 612 家上市公司 2016 年年度财务报告和内部控制评价、审计报告,在此基础上形成了《2016 年上市公司年报会计监管报告》。总体而言,上市公司能够较好地理解并执行企业会计准则、内部控制规范和相关信息披露规则,但仍有部分公司存在会计确认与计量不正确、财务及内部控制信息披露不规范的问题。

年报分析发现,部分上市公司在执行企业会计准则、内部控制规范和财务信息披露规则中存在的主要问题有:资产分类不正确,资产减值计提不充分,资产计量方法运用不恰当;收入确认与计量不符合会计准则和信息披露的规定;递延所得税、非经常性损益、政府补助相关的规定执行不到位;资产减值、持续经营、分部报告、会计政策等信息披露不充分,少数公司财务报告还存在文字表述、附注列示、数据计算、数字钩稽、内容关联方面的简单错误;内部控制评价报告和内控审计报告未严格遵守相关要求,内部控制缺陷披露不充分,内部控制信息与年报其他信息披露之间存在不一致等。上市公司和会计师事务所等中介机构应高度重视会计监管报告中提出的问题,不断改进对会计准则等规则的理解和应用水平,及时发现并改正财务报告编制中存在的错误,提高财务信息披露质量。

针对年报审阅中发现的上市公司执行会计准则、内部控制规范以及财务信息披露规则中存在的问题,证监会将继续做好以下工作:

一是发布年报会计监管报告,向市场传递关于执行会计准则、内部控制规范和财务信息披露规则等方面的监管标准,引导上市公司切实提高财务信息披露质量。

二是整理汇总年报审阅中发现的问题线索,与交易所、有关证监局等一线监管部门配合进一步了解情况,在此基础上认定上市公司存在违反会计准则和内部控制规范要求的,按照有关监管安排进行处理。

三是针对会计准则具体规范不明确、实务中存在争议的问题,加强调研,推动准则制定部门制定指引。对于准则有原则性规定但执行中有争议的问题,尽快形成监管口径,以监管问答等形式对外发布,指导市场实践,同时收集整理案例,以案例指导的形式,提升上市公司理解和运用准则的能力,促进会计专业判断意识与能力的提升。

从《证监会发布 2016 年度上市公司年报会计监管报告》中我们可以看出证监会对上

[①] http://www.csrc.gov.cn/pub/newsite/zjhxwfb/xwdd/201707/t20170714_320443.html.

市公司会计报告公布的时间、准确性、内容等具有很严格的监管要求，所以说上市公布的财务报表具有很高的可信性，上市公司的财务指标能够为市场分析和科学研究提供数据支持，财务指标法也就成为较常使用的分析手段。

附　　录

1. 样本对比法

在使用财务指标法中的样本对比法时，我们需要按照一定的方法挑选出对照组与样本组进行对比。例文中挑选控制样本依据了以下三个条件：第一，控制样本与研究样本属于同一行业；第二，控制样本的总资产在研究样本总资产的 70%～130% 的范围内；第三，在前两个条件的基础之上挑选出的样本中账面市值比与研究样本最接近的作为控制样本。可以运用 Stata 完成挑选控制样本的操作。样本对比法首先需要挑选出控制样本，文中使用的是 Stata12.0 版本，相关 Stata 程序如下。

```
encode industry, gen(IND)label(IND_lab)
tab IND
label list IND_lab
label var size
local r "size"
gen Control=.dsssssssssssssssffffs
gen ratio_size=.
gen ratio_BM=.
gen n_match=.
gen match_id=.
gsort -hsd
gen nn=_n if hsd==1
browse stkcd year hsd nn size
qui summarize nn
* set trace on
//在循环语句中添加开始语句 set trace on ,结尾添加结束语句 set trace off 有助于寻找错
//误语句
local N=r(N)
forvalues i=1(1)'N'{                    //循环语句开始
  local size_t0='r'['i']
  local IND_t0=IND['i']
  local BM_t0=BM['i']
  local yr_t0=year['i']
  local stkcd_t0=stkcd['i']
  replace ratio_size='r'/'size_t0' if(year=='yr_t0' & IND=='IND_t0' & yesT==0)
    //设置的基本控制条件为与样本公司行业相同,且财务数据为同一年的 dis in red "count"
```

```
count if(ratio_size>0.8& ratio_size<1.2)&(year=='yr_t0')&(IND=='IND_t0')
```
//有关财务数据的第一个控制条件为总资产以样本公司的总资产基准,筛选出与基准总资产正负浮动小于20%的公司。
```
replace n_match=r(N) if nn=='i'
if r(N)>1{
    replace ratio_BM=abs(BM/'BM_t0'-1) if(ratio_size>0.8&ratio_size<1.2)&
    (year=='yr_t0')&(yesT==0)&(IND=='IND_t0')
    sum ratio_BM if(ratio_size>0.8&ratio_size<1.2)&(year=='yr_t0')&(yesT==
    0)&(IND=='IND_t0')
replace Control=1 if ratio_BM==r(min)&(year=='yr_t0')&(Control!=1)
```
//有关财务数据的第二个控制条件为在已筛选出的公司中挑出与样本公司的账面市值比最接近的公司作为其控制公司。
```
*  -(Control!=1)
replace match_id='stkcd_t0' if ratio_BM==r(min)&(year=='yr_t0')
}
    else {
    replace Control=1 if(ratio_size>0.8 & ratio_size<1.2)&(year=='yr_t0')&
    (IND=='IND_t0')&(Control!=1)
    replace match_id='stkcd_t0' if(ratio_size>0.8 & ratio_size<1.8)&(year='
    yr_t0')&(IND=='IND_t0')
```
                                        //将匹配好的样本公司与控制公司对应,变量名称为match_id,注意由于为了精简编程步骤,最终得出的表格中的第一列stkcd表示对应的控制公司,最后一列match_id表示样本公司。
```
}
}                                        //循环语句结束
* set trace off
```

2. 主成分分析法和因子分析法

1) 主成分分析法

文中对16个变量采用主成分分析法,相关的 Stata 程序如下所示:

```
correlateX_1, X_2, X_3, X_4, X_5, X_6, X_7, X_10,X_11,X_13,X_14,X_15,X_16,X_17,
X_18,X_19                        //即对16个变量做两两相关系数的回归
pcaX_1, X_2, X_3, X_4, X_5, X_6, X_7, X_10,X_11,X_13,X_14,X_15,X_16,X_17,X_18,X
_19
                                //对16个变量进行主成分分析的计算结果
```

如果想要限制导出的主成分分析因子的个数,可以再给 pca 加一个条件语句 components

```
pca X_1, X_2, X_3, X_4, X_5, X_6, X_7, X_10,X_11,X_13,X_14,X_15,X_16,X_17,X_18,
X_19, components(1)              //加了选项components(1)限制导出的主
                                成分因子只有一个
```

2) 因子分析法

文中在主成分分析法之后使用了因子分析法。因子分析法相关 Stata 代码如下所示：

```
factor  X_1, X_2, X_3, X_4, X_5, X_6, X_7, X_10,X_11,X_13,X_14,X_15,X_16,X_17,X
_18,X_19, pcf                            //展现变量的情况
predict f1 f2 f3 f4 f5 f6 f7             //计算得出各因子的得分系数矩阵
correlate f1 f2 f3 f4 f5 f6 f7           //计算出助印字的相关系数矩阵
```

附录中列举的仅仅是能够挑选出对照组的一种代码，方法不仅限于此，使用者可以根据自己对 Stata 的掌握和自身的习惯选择其他的方法。

第 6 章

问 卷 调 查

　　问卷调查算得上一项相当古老的研究方法了,人类有文字记载的最早的社会调查可以追溯到古埃及:公元前 3000 年,古埃及国王为建金字塔,曾进行过人口和财产调查。记载我国春秋初期齐国政治家管仲及管仲学派言行事迹的著作——《管子》一书中的《问》篇算是我国最古老、最全面的社会调查提纲了,上面记录了进行调查要遵循的一些根本原则、方法等。如今,问卷调查已经成为一种广泛应用于心理学、行为学、社会学、政治学、人口学、统计学、经济学、金融学等领域的研究方法。本章就是要介绍问卷调查法的一般程序和方法,着重介绍其在金融学中的应用,以便为大家进行毕业论文设计或撰写学术论文提供方法指导。

　　本章第 1 节包括 6 个小节,主要介绍问卷调查的应用、特点、类型、适用范围、一般程序、问卷的一般结构以及问卷设计方法和原则。第 2 节介绍问卷调查的使用规范和注意事项,分析其优缺点。第 3 节以格雷汉姆(Graham)和哈维(Harvey)采用问卷调查法对公司金融的相关理论的研究为例,实战讲解问卷调查法的运用。第 4 节对本章的内容进行了一个小结并整理了一些可供大家参考的学习资源。

6.1　问 卷 调 查

　　本节一共有 6 个小节,第 1 小节介绍问卷调查的定义、作用和特点,并列举了一些金融学领域采用问卷调查法做研究的经典文献;第 2 小节根据问卷的使用方式和发送方式的不同阐述了问卷调查的类型;第 3 小节讲述问卷调查法的适用范围;第 4 小节从准备阶段、实施调查阶段、资料整理分析阶段和总结阶段详细阐述问卷调查的一般程序;第 5 小节介绍问卷的一般结构;第 6 小节为读者解答问卷设计的五大困惑。

6.1.1　问卷调查概述

　　问卷又被称为调查表,是社会调查中用来收集资料的主要工具,它由一系列问题、备选答案、调查背景说明、编码等组成,目的是向被调查者收集研究所需的相关信息。社会调查就是通过自填式问卷和结构访问的方法来收集资料,因此,一些教材也将社会调查方法(social survey method)称为问卷调查方法(questionnaire survey method)。

　　问卷调查是通过填写问卷的方式来收集资料的一种研究方法,它的调查面非常广泛,正如英国著名的社会学家莫泽(Moser)和卡尔顿(Kalten)在其著作 *Survey Methods In Social Investigation* 中提到的,"世界上的各种社会现象、人们的各种社会行为,几乎没有哪一方面不曾被社会调查者关注过"。例如,国际著名性学家海蒂(Hite)通过大型问卷调查撰写了《海蒂报告书》(*Hite Reports*),她通过各种不同组织向全美妇女发放了近 10 万份问卷调查人类性事,完成了《女人篇》和《男人篇》,之后又根据 16 个国家 3 000 份儿童与成人问卷调查表撰写了《家庭篇》。

问卷调查法在金融领域也深受重视,采用问卷调查法进行金融研究(包括资本结构、资本预算、资本成本、公司治理等方面)的文献多数集中在美国,其次是英国,我们在表 6-1 中列举了一些金融领域采用问卷调查法的经典文献。

表 6-1 金融领域采用问卷调查法的经典文献

作　者	文　章　名　称	期刊名称	发表年份
Gitman & Forrester	Forecasting and Evaluation Practices and Performance：A Survey of Capital Budgeting	*Financial Management*	1977
Gitman & Mercurio	Cost of Capital Techniques Used by Major U. S. Firms：Survey and Analysis of Fortune's 1000	*Financial Management*	1982
Bruner, Eades, Harris & Higgins,	Best Practices in Estimating the Cost of Capital：Survey and Synthesis	*Financial Practice and Education*	1998
Arnold & Hatzopoulos	The theory-practice gap in capital budgeting：Evidence from the United Kingdom	*Journal of Business Finance and Accounting*	2000
Graham & Harvey	How Do Cfo S Make Capital Budgeting and Capital Structure	*Journal of Applied Corporate Finance*	2002
Bancel & Mittoo	Cross-Country Determinants of capital structure Choice：A Survey of European Firms	*Financial Management*	2004
Graham, Harvey & Rijgopal	The economic implications of corporate financial reporting	*Journal of Accounting and Economics*	2005
Beattie, Goodacre & Thomson	Corporate financing decisions：UK survey evidence	*Journal of Business Finance and Accounting*	2006
Campello, Graham & Harvey	The real effects of financial constraints：Evidence from a financial crisis	*Journal of Financial Economics*	2009
Graham, Harvey & Puri	Managerial attitudes and corporate actions	*Journal of Financial Economics*	2013

一个非常著名的例子是美国杜克大学富卡商学院(Fuqua Business School)和《首席财务官》杂志(*CFO magazine*)联合实施的全球商业展望项目(global business outlook),

他们对许多公司的 CFO 以及该杂志的订阅者展开问卷调查。Graham、Harvey 等对问卷调查结果进行了深入研究,得出了有关公司金融的一些重要结论,我们会在本章实战教学部分节选其部分研究进行详细分析。如果大家想要详细了解杜克大学和 FEI 从 1996 年 7 月至今的每一次调查的相关资料(包括调查方法、调查结果、媒体报道、发表的文章等),可以访问 Duke CFO Global Business Outlook: http://www. cfosurvey. org/index. html。

国内一些知名专家、学者,如陆正飞、高强等(2003)基于对我国近 400 家上市公司问卷调查的分析,对我国上市公司的融资行为、资本结构和公司治理等方面进行了深入研究。黎精明、田笑丰、高峻等(2010)针对上市公司恶意再融资表现形式及其相对重要性,对中部四省的投资者做了较大规模的问卷调查,基于调查结果深入分析了上市公司恶意再融资行为。

与其他研究方法相比,问卷调查法有哪些不同点呢? 第一,问卷调查是一种系统的研究工具,整个过程要遵循一定的内在逻辑。第二,问卷调查是一种抽样调查,多数时候,我们没办法知道总体或者没办法对总体开展调查,所以通常是从总体中按一定方式抽取部分样本进行调查,通过调查部分来了解总体。第三,通过问卷调查获取的资料属于一手资料,这一点使它有别于那些使用二手资料的研究方法。第四,问卷调查是一种独立的研究方法,包括资料收集、资料分析和总结的全过程,而不仅仅指一种资料收集方式。

这里给大家介绍几个国内外的社会综合调查网站,详见表 6-2。

表 6-2 国内外社会综合调查网站

网站名称及网址	简 介
General Social Survey (GSS) http://gss. norc. org/	GSS 成立于 1972 年,该网站收录了美国重要社会调查的历史数据及相关文件,是世界上学者们使用数据的主要来源之一
International Social Survey Program (ISSP) http://www. issp. org/menu-top/home/	ISSP 成立于 1984 年,是一项跨国合作项目,每年针对不同的社会学话题进行调研,该网站收录了不同国家重要社会调查数据,相关数据及文献均可以免费下载
中国综合社会调查(CGSS) http://www. chinagss. org/	CGSS 是国内的数据收集平台,始于 2003 年,是我国最早的全国性、综合性、连续性学术调查项目,该网站全面收录了社会、社区、家庭、个人等多个层次的数据
中国社会状况综合调查(CSS)(也称"中国社会学网")http:// css. cssn. cn/css_sy	CSS 是中国社会科学院社会学研究所于 2005 年发起的一项全国范围内的大型连续性抽样调查项目。大家可以在 CGSS 和 CSS 这两个网站上找到有关调查项目、研究设计、抽样设计、调查实况、历年调查问卷以及历年调查数据等方面的丰富资料

6.1.2 问卷调查有哪些类型

1. 根据使用方式划分

根据问卷使用方式不同,可以将问卷调查分为自填式和访问式两种。前者顾名思义,指由被调查者自己阅读和填答问卷,它由调查者将问卷发送给(或邮寄给)被调查者,等被调查者填答完毕后再收回。后者指调查者按照事先设计好的问卷内容向被调查者提问,再根据被调查者的回答填写的问卷。我们本章所讲的问卷调查默认为自填式问卷调查，对于访问调查的方法和技巧，我们会在本书第7章的资料收集部分详细介绍。

1）自填式问卷调查的优点

（1）匿名性。由于自填式调查问卷由被调查者独自进行填答，一般不要求署名，可以大大减轻被调查者的心理压力，有利于被调查者如实填答问卷。尤其当问卷内容涉及个人隐私、社会禁忌、敏感话题时，自填式问卷有助于收集到更真实的资料。

（2）高效率。由于不需要亲自登门拜访，不需要与被调查者逐一进行交谈，可以在很短的时间内将问卷送发给很多人，能节省许多时间、人力和经费。并且由于自填式问卷可以采用邮寄或者邮件的方式发送，不受地域限制，调查范围也比较广泛。

2）自填式问卷调查的缺点

（1）适用范围有限。由于自填式问卷需要被调查者自己填答，所以对被调查者的文化水平有一定要求，需要被调查者起码能够看懂问卷，正确理解问题及答案的含义，并能按要求作答。所以，对于文化程度较低的群体，就不适合采用自填式问卷调查。

（2）问卷回收率难以保证。问卷的有效回收率依赖于被调查者的配合程度，即他们是否"自觉"。在没有报酬，又没人监督的情况下，被调查者可能会由于时间、精力、能力等方面的限制或者单纯因为对问卷不感兴趣而放弃填答。

（3）收回的问卷资料的质量难以保证。自填式问卷调查方式下，被调查者在填答问卷时，调查人通常不在场，所以在填答问卷时可能会比较随意。并且遇到看不懂的问题或者有疑问时，被调查者也不能及时询问，所以有时会有一些错答、缺答、乱答的情况发生，导致问卷资料的可信度降低。

3）访问式问卷调查的优缺点

访问式问卷调查的优缺点正好与自填式问卷调查的优缺点相反，这种方式下，由于调查者与被调查者面对面交谈，能够确保被调查者正确理解问题的含义，因而问卷回收率和所获资料的质量均较高，并且访问员还可以直接观察受访者的一些行为特征，这些特征有时是与调查话题密切相关的。但是，由于要一一进行访谈，所以要花费较多的时间和精力，如果被调查者离我们距离较远，还需要花费较大的差旅费，并且调查范围也受到地域限制。此外，访问式问卷调查不适合涉及个人隐私、社会禁忌等敏感话题，因为面对面访问这类问题很需要技巧，表述稍有不当都有可能得不到真实的回答，甚至使被调查者产生抵触而拒绝回答。那么访问调查应该怎样进行呢？有哪些技巧和注意事项呢？这些问题我们会在本书第7章详细解答。

2. 根据问卷发送方式划分

根据问卷发送方式不同又可以将问卷调查分为六种：送发式、邮寄式、报刊式、人员访问式、电话访问式、网上访问式。前三种可以大致归为自填式问卷调查的范畴，后三种则属于访问式问卷调查。

送发式是由调查者将问卷送发给被调查者，等被调查者填答完毕之后再统一收回。邮寄式是由调查者将问卷邮寄给被调查者，并要求被调查者按要求填答完毕之后回寄给调查者。报刊式是随报刊的传递发送问卷，请求报刊读者按要求填答问卷并回寄给编辑部。人员访问式是由调查者按事先设计好的问卷内容向被调查者提问，通过面对面交谈，根据被调查者的口头回答填写问卷。电话访问式是由调查者通过电话与被调查者交谈，按事先设计好的问卷内容向被调查者提问，再根据被调查者的回答填写问卷。网上访问式即网络调查(Internet survey)，也称"在线调查"，它是通过互联网及其调查系统直接进行调查设计、问卷发送、问卷收回以及资料的分析处理。一些大公司在做市场调研时就比较青睐这种方式，目前运用较广泛的在线调查系统见表6-3。

表6-3　在线调查系统

名　　称	网　　址
问卷星	https://www.sojump.com/
第一调查网	http://www.1diaocha.com/
盖洛特市场研究	http://www.grtmr.com/
数字100市场调研	http://www.data100.com.cn/
Survey Monkey	https://www.surveymonkey.com/

这里再给大家介绍一个可以寻找到丰富的网络调查资源的网站：http://www.websm.org./，上面有网络调查参考书目、调查方法指导、全球热点调查信息以及在线调查和数据处理的相关软件等。我们将这几种不同类型的问卷调查之间的区别总结见表6-4。

表6-4　不同类型的问卷调查之间的区别一览表

类型	区别	调查范围	调查对象	回收率	回答质量	投入(人力、时间、费用)
自填式问卷调查	送发式	较窄	可以控制和选择，但样本有时过于集中	较高	较低	均较少
	邮寄式	较广	有一定的控制和选择	较低	较高	投入的人力较少，但费用较高，调查时间较长
	报刊式	很广	难以控制和选择，样本代表性差	很低	较高	投入的人力和费用较少，但调查时间较长
访问式问卷调查	人员访问式	很窄	可以控制和选择，样本代表性较强	很高	不稳定	需要投入大量人力、时间和经费
	电话访问式	很广	可以控制和选择，样本代表性较强	较高	很不稳定	需要投入较多人力、时间和经费
	网上访问式	很广	难以控制，获得的样本数量难以保证	不稳定	较高	均较少

6.1.3　哪种情况下适合采用问卷调查

我们主要从调查研究的议题和调查对象两方面介绍问卷调查的适用范围。从议题来看，问卷调查可以用于描述性、解释性和探索性研究(Babble,2010)。例如，李银河(2002)在《中国人的性爱与婚姻》一书中，为了了解和描述中国婚外性行为的状况，并探索影响婚外性行为的各种因素，根据简单随机抽样原则，从北京市1 000万居民中抽取了1 550人进行问卷调查。

　　从调查对象来看,由于自填式问卷调查与访问式问卷调查对被调查者文化水平的依赖程度不同,所以这里将二者的适用范围分开讨论。自填式问卷要求被调查者必须具备一定的文化水平,起码能够看懂问卷,能够正确理解问卷问题及答案的含义,并且能够按要求填答问卷,所以它只适用于有一定文化水平的调查对象,在我国,问卷调查在城市比在农村适用,在大城市比在小城市适用(风笑天,2002)。

　　相比之下,访问式问卷调查的适用范围要广泛一些,因为它对被调查者的文化程度要求不高,被调查者只要能听懂调查者的提问并能口头回答这些问题即可。但访问式问卷的实际适用范围要受到时间、人力、经费、距离等因素的限制,并且一些敏感、隐私话题采取访问调查的话需要很高的访问技巧。

6.1.4　问卷调查的一般程序

　　在决定采用问卷调查法之后我们从哪里下手呢? 我们将问卷调查的一般程序总结为四个阶段:准备阶段、实施调查阶段、资料整理分析阶段和研究结果总结阶段,如图 6-1 所示。

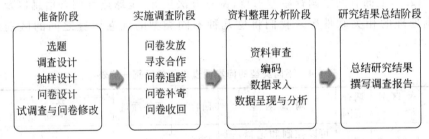

图 6-1　问卷调查的一般程序

1. 准备阶段

1) 选题

　　不管是进行毕业设计还是论文写作,我们首先得想明白自己到底想研究什么问题,这一步至关重要,因为它将决定调查活动的目标和方向。通常,基本的研究思路都是先弄清楚自己想要研究的话题,再决定采用哪种研究方法,而不是反过来,先决定采用问卷调查法,再去选一个具有可操作性和可行性的话题来写。就好比一次旅行,你得先确定你想要去哪个城市,再决定选择哪种交通工具,而不是先决定自己要乘坐汽车,再决定坐汽车到哪些城市是可行的。至于如何选题,本书第 2 章和第 3 章均有详细介绍。

2) 调查设计

　　调查设计就好比旅行之前做攻略,在决定去哪里玩之后(选题),先想想怎样到那里,确定好往返交通工具(确定研究方法),再根据自己的时间安排玩几天,根据费用预算决定是穷游还是舒适游(时间、经费的限制),再到穷游网、蜂窝旅行、途牛等各大网站收集攻略进行对比(收集文献),选择或拟定一个最适合自己的路线安排,然后根据路线安排定好酒店,那么攻略的框架就算搭好了(大致规划、搭好框架)。接下来可以进行更详细的攻略规划,比如每个景点有哪些独特的地方,有哪些一定要去尝试的美食或事情,每个景点大致可以玩多长时间,不同景点之间的交通工具及班次时间表(方式方法和具体技术),等等。

调查设计也一样,在我们确定了要研究的问题并决定采用问卷调查法之后,得在开展调查之前先有一个大致思路和策略,再做详细周密的规划。我们可以从收集该研究领域的文献开始,参考前人的研究过程,结合自己的实际情况,拟出一个大致的思路,有一个大体的调查时间计划,如果有人力和经费方面的限制的话,还要把这些因素都考虑进去。有了大致规划之后,我们得进行详细的设计了,包括问卷设计、抽样设计等。问卷设计是准备阶段的重中之重,我们会在下面两节做详细介绍。

3)抽样设计

抽样设计本来属于调查设计的任务,由于其内容较多,所以我们单独放在这一段来讲。常见的问卷调查有全面调查和抽样调查,前者指向全体调查对象发送问卷进行调查,比如,假设我们的调查对象总体是某小学六(1)班的学生,那么向这个班的全体学生发问卷做调查就叫作全面调查。但多数时候,我们没办法知道总体或者没办法对总体中的每一个个体都开展调查,所以常常从总体中按一定方式抽取部分样本进行调查,通过调查部分来了解总体。我们在本章只简单介绍图 6-2 所示的几种在问卷调查中比较常见的抽样方法,如果大家想系统地学习抽样原理、抽样技术等,可以参考一些统计学教材。

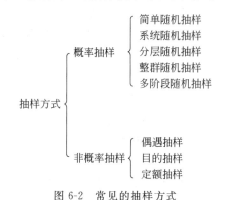

图 6-2　常见的抽样方式

概率抽样遵循随机原则和等可能原则,即总体中的所有单位被抽到的概率是相同的。

(1)简单随机抽样。简单随机抽样的基本做法是"抽签法",如果总体中单位数目较少的话,可以使用这种方法。我们用一个例子说明它的基本做法。例如,我们要从一个有 300 名员工的公司中用简单随机抽样的方法抽出 50 名员工做调查,那么第一步就是给每一个写有员工姓名的字条编上不同的号码,比如 1 号到 300 号。然后将所有字条放到盒子中打乱顺序,再闭上眼睛从盒子里任意抽取 50 张字条,那么这 50 张字条上的人就组成了我们问卷调查的随机抽样样本。如果总体较大或者我们需要的样本数量较大时,就要采用"随机数表法",随机数表的使用方法我们这里就不详述了,大家可以参考一些统计学教材。

(2)系统随机抽样。系统随机抽样是一种等距抽样,下面我们还是以一个例子来说明它的做法。假设我们想从某公司的 1 000 名员工中采用系统随机抽样的办法抽取 100 名员工参与问卷调查,那么我们第一步仍然是给所有员工编号,比如 1 号到 1 000 号。第二步,计算抽样间距,计算公式为:抽样间距=样本规模/总体规模,在本例中,抽样间距就等于 10(1 000/100),10 就代表每相邻两个抽样样本之间的间隔。第三步,我们从 1

号到 10 号中随机选择 1 个号码,比如 3 号,那么我们每间隔 10 个数就抽取 1 个,所以我们系统随机抽样的结果就为:3 号、13 号、23 号、33 号……一直到 993 号。

(3)分层随机抽样。分层随机抽样的第一步是将总体"分层",即按照某种特征将总体分成若干子类别,再从每个子类别中分别随机抽取样本,抽取比例可以相同也可以不同。例如,我们要从某高中全体 1 200 名学生中随机抽取 120 名学生做调查(抽取比例为 10%),我们首先按照年级将全体学生分成高一、高二、高三 3 个子类别(也可以按照学生性别、年龄、成绩排名等特征分层),我们假设这三个年级分别有 500 人、400 人、300 人,我们可以在每个年级均按照 10% 的比例随机抽取样本,即高一、高二、高三分别随机抽取 50 人、40 人、30 人;也可以按照不同比例抽取,比如在每个年级各随机抽 40 人。

(4)整群随机抽样。整群随机抽样,说得直白一点,就是一群一群地抽,相当于它的基本抽取单位是群体而非个体。例如,假设我们想从某居住小区的 5 000 名业主中抽取 500 名做调查,假设该小区一共有 100 栋楼,每栋楼有 50 名业主,按照整群随机抽样的办法,只需要直接抽取 10 栋楼即可,这 10 栋楼的所有业主就构成了我们的调查样本。

(5)多阶段随机抽样。多阶段随机抽样是将抽样过程分阶段进行,每个阶段的抽样单位都不相同,每个阶段使用的抽样方法可以相同也可以不同。例如,我们想从西南财经大学的全体学生中按多阶段随机抽样的方式抽取 100 名学生做问卷调查,我们可以分 3 个阶段进行。第一个阶段以学院作为抽样单位,从全校所有学院中随机抽取 10 个学院;第二个阶段以专业作为抽样单位,从这 10 个学院的所有专业中随机抽取 5 个专业;第三个阶段以学生为抽样单位,在抽取的 5 个专业中进行,从每个专业的所有学生中随机抽取 20 名学生,这样,5 个专业一共 100 名学生就构成了我们的调查样本。

下面要讲的三种抽样方法都属于非概率抽样,即不按照随机原则,而根据调查者的主观意识抽取样本。

(6)偶遇抽样。偶遇抽样就是选择那些住得最近、容易找到或者偶然遇到的人作为调查对象。比如,到一些公共场所,像电影院门口、商场门口、车站、图书馆等地方找人做问卷调查。

(7)目的抽样。目的抽样指根据研究目的和自己的主观判断,有意识地选取具有代表性的样本进行调查,比如典型调查就是采取的目的抽样。

(8)定额抽样。定额抽样与概率抽样中的分层抽样类似,区别在于,在定额抽样中,调查者是依据主观意志而非随机原则确定每一个子类别的样本单位。例如,我们在分层随机抽样中提到的那个例子,采用分层抽样的话,最后一步是在高一、高二、高三分别随机抽取 50 人、40 人、30 人,如果采用定额抽样,前面的步骤都一样,区别就在于最后一步,虽然也是在高一、高二、高三分别抽取 50 人、40 人、30 人,但不是随机抽取,而是按照调查者主观判断选择这些人。

4)试调查与问卷修改

问卷设计好之后先给身边的人看一看,让他们提提意见,因为有时候当局者迷,设计问卷的那个人往往发现不了问卷存在的问题,多结合他人的意见对问卷进行修改。我们还可以将反复修改后的问卷发送给相关领域的专家、学者,请求他们对问卷进行评价,提出意见或建议。问卷定稿之前要选取少量样本进行试调查,根据试调查的反馈信息再次对问卷进行修改和调整,这一步十分重要,因为试调查相当于对实际调查的一个模拟,能发现问卷存在的问题,并能及时做修改,一旦进入正式调查,发现的错误就难以调整了,所以不进行试调查的话很可能会出现前功尽弃、功亏一篑的结局。

2. 实施调查阶段

万事俱备之后,接下来就可以根据调查设计中确定的思路和方法开展调查、收集资料了。当然,调查过程也不必一板一眼地完全按照调查设计来,应该根据遇到的实际情况灵活变动。这一阶段的主要任务就是问卷的发放和收回,发放的方式我们在上一节介绍了六种。这里提醒大家,如果采用邮寄问卷的方式,注意要附上一封说明信、提供回邮信封,并在上面贴好回邮的邮票,填好回寄地址,使寄回问卷这件事变得容易一些。我们下面再介绍几种提高问卷回收率的方法。

1)寻求合作

如果我们的调查对象是某公司全体员工,那么可以先与这家公司的管理层沟通,征求他们的合作,让管理层通知员工填答问卷往往能提高问卷回收率和确保问卷回收时间。但并不是所有问卷调查都有合作机会可寻,假设我们想调查吸毒者的生活状况,而这些吸毒者是零散的个体,所以我们只能征求他们本人的合作。这里有一点要注意,有些情况下寻求上级部门的合作有可能导致问卷答案不真实,假设我们的调查对象是某个机关部门的公务员,我们得到了相关政府部门的合作,那么被调查者可能会将这次问卷调查视为上级对他们的测评,或者他们可能会去揣测上级部门希望看到的答案,而不回答自己的真实想法。在这种情况下,我们在问卷封面信中就要做出相关说明。

2)问卷追踪

问卷发出之后并不是就无所事事了,还要做好后续的追踪调查,如果我们采用现场发送问卷的方式,发完之后不要懒散地坐在一边,要细心观察大家的填答状况,随时准备解答被调查者的疑惑。如果我们采用的是电子邮件发送问卷,在邮件发出之后,我们可以进行电话追踪(前提是我们有被调查者的电话号码),提醒他们查阅并填答问卷,了解他们的填答情况。不管我们采用电子邮件还是邮寄方式,当我们开始陆续收到回函时,都要做好相应记录,如每一天的回函数量、累计回函数量、与前一天相比回函数量是增加了还是减少了,记录这些是为了让自己清楚资料收集进度,明白是否需要补发邮件,如果要补发,何时补发比较合适。补发邮件的日期以及补发后的问卷收回情况也要做好记录。

3)问卷补寄

关于补寄问卷,最简单的办法是直接对未回函的人发出一封催收信,但我们更推荐的是重新发出一份问卷并附上一封催收信。补寄问卷的时机也很重要,根据 Babble(2010)的经验,不同邮寄时间之间间隔 2~3 周比较合适,如果花在邮寄上的时间超过两天或三天,则补寄的时间间距可以增加几天。Babble(2010)还指出,在问卷初次发出之后,再进行两次追踪,即总共进行三次邮件沟通效果最佳。

4)多种方式并用

我们可以同时采用多种方式发送问卷,比如我们在概述部分提到的杜克大学和 CFO 杂志举办的全球商业展望项目,他们在问卷调查中就是同时使用电子邮件和传真两种方式发送问卷。

3. 资料整理分析阶段

这一阶段的任务就是对调查获得的原始资料进行系统加工和处理,包括资料审查、编码、数据录入和数据呈现与分析等。

1）资料审查

将问卷全部收回之后,首先要对问卷进行审查,包括初步审查和详细审查。初步审查主要是看问卷的大致完成情况,如答案的空缺率、字迹的清晰度等,对于大部分问题都没有填答的问卷理论上应视为废卷并将其剔除。然后进行仔细审查,审查内容包括答案的完整性、资料的真实性等,对于明显不符合情理或者前后矛盾的答案应酌情剔除。如果问卷代码是提前编写好的,那么就按照代码顺序将问卷排列好;如果没有提前编写,则从上往下依次填写所有问卷的代码。

2）编码

接下来还要对问题和答案进行编码,将文字信息转化成数字代码,以便进行后续录入和统计分析。对于封闭式问题,一般采用预先编码的方式,即在设计问卷时就进行编码,而开放式问题大多采用事后编码,即在问卷收回之后再进行编码。对于编码方法和注意事项,我们会在本章第6节问卷设计部分做详细介绍。

3）数据录入

编码之后就要进行数据录入,录入方式有键盘录入和光电录入（采用扫描、光标阅读器等）,目前使用较多的还是键盘录入,SPSS、SAS、EpiData、Excel 等软件是运用最多的软件,也有调查者使用"问卷星"等在线调查工具做资料录入和统计工作。本章只简单介绍使用 EpiData 进行数据录入的基本操作步骤,对于其他数据处理软件（Excel、Eviews、SPSS、Stata、SAS、Matlab、R、Python）,本书第8章会进行全面、详细的介绍。

EpiData 是由丹麦的 EpiData Association 发布的一款数据处理软件,可以执行数据录入和基本的统计分析,用于简单或程序化的数据录入,它的录入软件具有双录入核查功能。EpiData Ananlysis 可以进行描述性统计、SPC 图标、重新编码数据等。EpiData 的下载和安装都很简单便捷（Epidata3.1 版下载网址：http://vdisk.weibo.com/s/rvLAN_4iiLtv）,大家还可以在网站 http://wenku.baidu.com/view/05f65a7002768e9951e738fb.html 上找到 EpiData 3.0 的使用手册。

第一步：下载、安装并打开 EpiData 软件,打开后的界面如图 6-3 所示：

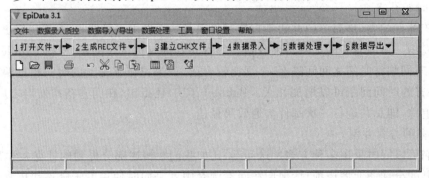

图 6-3   使用 EpiData 软件第一步

第二步：单击"打开文件"，选择"建立新 QES 文件"，并将调查问卷的样板复制粘贴到新 QES 文件中，如图 6-4 所示。

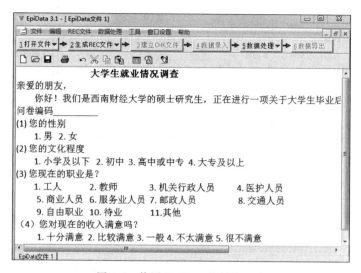

图 6-4　使用 EpiData 软件第二步

第三步：单击"编辑"，选择"字段编辑器"，在每一个问题后面分别插入相应的字段，如图 6-5 所示。

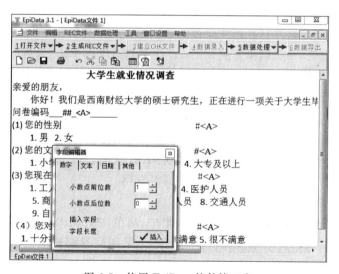

图 6-5　使用 EpiData 软件第三步

第四步：单击"生成 REC 文件"，并将生成的文件保存到指定文件夹。

第五步：单击"建立 CHK 文件"，分别选择每道题的录入范围，包括是否必须录入，是否可以重复等，然后依次单击"存盘"和"关闭"，如图 6-6 所示。

第六步：单击"数据录入"，对照收回的问卷依次录入所有问题的答案。

第七步：重复以上步骤，对问卷进行再次录入，以检查两次录入结果是否一致，减少因录入错误造成的人为误差。在问卷样本较小、数据比较简单的情况下，也可以直接使用

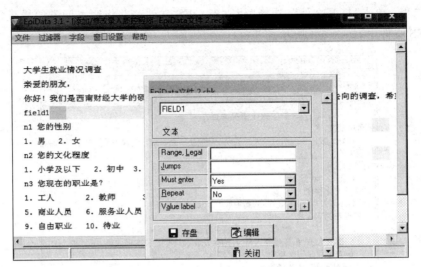

图 6-6　使用 EpiData 软件第五步

Excel 录入数据,分别在两个不同的工作表中录入,然后通过 Excel 的"比对"功能发现录入中的错误。

第八步:单击"数据处理",选择"一致性检验",核对两次录入的数据是否相同。

第九步:单击"数据导出",选择"Excel 文件",将导出的数据保存到 Excel 后关闭 EpiData。

第十步:用 SPSS 软件打开刚才保存的数据源,点击"分析",依次选择"比较均值""均值",得到相应的均值,并将结果复制到 Excel 中。然后继续单击"分析",依次选择"度量""可靠性分析",将得到的可靠性统计量复制到 Excel 中。最后根据研究目的,在 Excel 中对得到的数据进行分类统计。

4)数据呈现与分析

接下来根据研究目的对数据进行定性描述或定量分析,分类统计后的数据可以整理成表格或者用各种图形直观地表达出来,如饼图、柱状图、折线图等。至于学术论文中如何进行数据描述和数据分析,本书第 3 章有详细介绍。

4. 研究结果总结阶段

最后一步就是将调查研究的结果系统、集中、规范地呈现出来,包括调查目的、方式、资料收集、分析方法、调查结果及其质量等。对于采用问卷调查法的学术论文的写作方法,本书第 3 章有详细介绍。

6.1.5　问卷的一般结构

一份完整的问卷通常包括六个部分:标题、封面信、指导语、问题和答案、编码以及结束语及其他资料。

1. 标题

调查问卷首先得有一个简明扼要的标题,以向被调查者说明问卷主题,让他们对所要回答哪方面的问题一目了然,例如"重庆市居民生活质量调查问卷"。

2．封面信

封面信，又称卷首语或前言，它是问卷调查的自我介绍，通常放在问卷首页，用以介绍身份、调查目的并征寻合作。一份好的封面信应该赢得被调查者合作的兴趣和愿望，取得被调查者的信任，让他们能消除疑虑，积极参与问卷调查并如实填答问卷。当我们接到一份调查问卷时，有些问题会首先闪过脑海，比如，这是调查什么的？谁在调查？调查这个干什么？为什么找我调查？填写问卷会对我有什么影响？问卷内容多吗？填问卷会耽误多长时间？这些问题的答案直接影响到我们是否接受该问卷调查。因此，在封面信中，应当给出这些问题的答案。归纳起来，封面信主要包含以下几方面内容。

1）你是谁

首先是身份介绍，向被调查者说明调查的主办单位或调查者个人的身份，让被调查者明白"你是谁"。身份介绍可以放在封面信的开头，也可以通过落款署名来说明。如果调查的主办方是个人，则不仅要介绍个人的姓名，最好还要介绍所属单位，让被调查者清楚你是来自哪里的，是干什么的。如果调查的主办方是单位，则一定要有明确的单位名称，比如"中国社会金融研究中心"，而不能只写"企业融资问题调查组"，因为这样的名称仍然不能让被调查者清楚地知道你到底是从哪里来的，是干什么的，也难以让他们了解你们这项调查的真实目的。为了体现调查者的诚意以及调查的正式性和有组织性，可以在封面信结尾附上调查的主办单位或调查者个人地址和联系电话等。介绍身份的目的就是要消除人们心中的疑问和顾虑，要给他们留下良好的印象，以便赢得他们的信任与合作，因此，身份介绍一定要做到坦白、大方、诚恳。

2）你们是来做什么的

接下来就要说明调查的内容、目的及意义。调查内容不需要做详细的介绍，只需要用一两句话简明扼要地概括出问卷的大致内容即可。调查内容的介绍注意要跟问卷问题相吻合，不能欺骗被调查者。为了调动被调查者的责任心和积极性，还应对调查目的做出明确说明，让被调查者感到你们的调查是有价值的，是应该做的。此外，封面信还应介绍调查的意义，使被调查者感到他们花时间和精力填写问卷是值得的。例如，"为了全面了解我市居民的生活质量，及时向市政府及有关部门反映我市居民日常生活存在的主要困难和问题，并就如何进一步提高我市居民的生活质量向政府领导及有关部门提出建议，我们组织了这次对我市 1 000 户居民的问卷调查"。

3）为什么要找我调查

封面信中应该简要说明调查对象的选择方法和选择标准，以减轻他们心里的顾虑。比如，如果你们的选择是随机的，就可以写"我们根据科学的方法选定了部分居民作为全市居民的代表，您是其中一位"。如果调查对象的选择是有针对性的，就可以突出该调查与调查对象的密切关系，比如可以写"作为该领域的专家，您对这项调查所涉及的问题有很大的发言权，您的意见和建议将给我们提供重要的参考"。

4）"保密"的重要性

对问卷资料匿名性的说明和对调查结果严格保密的保证非常重要，它是问卷不可或缺的内容。只有在被调查者明确知道此项调查不会损害自身利益的情况下，他们才有可能积极参与到问卷调查中，也只有当被调查者知道该调查是匿名的，自己不会被认出来时，他们才会说实话，说心里话。有一些问卷会把对保密情况的说明放在封面信的前面，用很醒目的方式表达出来，比如例 6-1 中就是直接引用法律对问卷的保密性做出说明，这种方式是最有效的"定心丸"。

5）其他说明及感谢语

最后还可以对问卷内容的多少，问题的类型及填写问卷所需的时间做简要说明，如果还有其他需要说明的内容，则可以根据实际情况进行说明。封面信的结尾应该对被调查者的帮助和配合表示真诚的感谢。

在实际运用中，并不一定要按以上顺序把上述内容都写进封面信，也并不是说封面信只能包含以上内容，我们只是提供一个大体框架，大家可以根据具体调查情况做相应调整，设计出最适合的封面信。总之，封面信的书写主要把握下面这几个关键点：①身份与目的明确；②声明匿名回答和信息保密；③请求合作并感谢支持；④表达简明扼要，语气诚恳。下面是几个封面信的例子（例 6-1～例 6-4）。

例 6-1

《中华人民共和国统计法》第二十五条规定：统计调查中获得的能够识别或者推断单个统计调查对象身份的资料，任何单位和个人不得对外提供、泄露，不得用于统计以外的目的。

下面访问正式开始

先生/女士：您好！

我叫_____，是中国社会科学院的社会调查员。我们正在进行一项社会调查，目的是了解民众的就业、工作和生活情况，以及对当前一些社会问题的看法。经过严格的科学抽样，我们选中了您作为调查对象。您的合作对我们了解有关信息和制定社会政策，有十分重要的意义。

问卷中问题的回答，没有对错之分，您只要根据平时的想法和做法回答就行，访问大约要一个小时左右。对于您的回答，我们将按照《统计法》的规定，严格保密，并且只用于统计分析，请您不要有任何顾虑。希望您协助我们完成这次访问，谢谢您的合作。

资料来源：中国社会状况综合调查，节选自《2015 年中国社会状况综合调查问卷》①。

例 6-2

先生/女士：您好！

我叫_____，是中国社会科学院的社会调查员。我们正在进行一项社会调查，目的是了解民众的就业、工作和生活情况，以及对当前一些社会问题的看法。经过严格的科学抽样，我们选中了您作为调查对象。您的合作对我们了解有关信息和制定社会政策，有十分重要的意义。

问卷中问题的回答，没有对错之分，您只要根据平时的想法和做法回答就行。访问大约要一个小时左右。对于您的回答，我们将按照《统计法》的规定，严格保密，并且只用于统计分析，请您不要有任何顾虑。希望您协助我们完成这次访问，谢谢您的合作。

资料来源：中国社会状况综合调查，节选自《2013 年中国社会状况综合调查问卷》②。

---

① http://css.cssn.cn/zgshzkzhdc/zlysj/201506/W020170303622201814605.pdf.

② http://css.cssn.cn/zgshzkzhdc/zlysj/201506/W020170303622201588120.pdf.

例 6-3

尊敬的老师：

您好！

中国教育追踪调查（初中阶段）（CEPS:JH）是我国第一个针对初中教育阶段群体的全国性、连续性的大型社会调查项目，目的是通过收集翔实、可靠的基础信息，为研究我国基础教育的现状和发展趋势提供数据支持。

中国教育追踪调查（初中阶段）由中国人民大学中国调查与数据中心联合全国各省的学术机构共同执行。2013-2014 学年，我们将对全国各地共计两万多名学生及其家长、班主任、任课老师、学校领导进行调查。经过科学抽样，我们选中了您负责的班级作为调查对象。因此，请您理解并协助我们完成这份问卷，对您的理解、支持与帮助，我们深表谢意！

问卷中问题的答案没有对错之分，也不会作为对您个人和学校工作的评判依据，请您根据自己平时的想法和班级实际情况填写即可。我们郑重承诺，对于您所填写的所有信息，我们将按照《中华人民共和国统计法》予以严格保密，不会泄露给任何个人和机构。非常感谢您的支持！

回答选择题时，请您在选中的选项数字上画圆圈"○"；回答填空题时，请您在中括号内的横线处填写文字或数字。

中国人民大学中国调查与数据中心

2014 年 3 月

资料来源：中国综合社会调查，节选自《中国教育追踪调查（初中阶段）2013—2014 学年调查（班主任卷）》。[①]

例 6-4

2010 Duke/Wharton International Survey of Corporate Risk Management

It has never been more important to understand the risks faced by companies around the world and how these risks are managed. The results of this study will be shared with policy-makers and researchers and will affect the risk management debate. We urge you to take 20 minutes to participate in this important project. Your individual responses are anonymous – results will only be presented in aggregate form. Should you have any difficulties, please contact the survey administrator.

NOTE: By risk management we mean the use of financial derivatives or insurance-style contracts as well as operational choices like where to locate a plant or borrow money. We DO NOT mean building a back-up storage facility or succession planning.

资料来源：http://www.cfosurvey.org/resources/documents/Survey_Instrument_RiskMgmt_Final_2010.pdf.

3. 指导语

问卷的指导语就好比机器的使用说明书，是用来帮助和规范被调查者填答问卷的一组说明，包括问卷的填答方法、要求、注意事项等。设计指导语要以"被调查者可能从来没填写过问卷"这一假设为基本出发点，对问卷的填写要求、方法、注意事项等方面做出详细的说明。对于形式简单且容易理解的问卷，如果指导语较少的话，可将指导语放在封面信中稍做说明即可，如例 6-1、例 6-2、例 6-3。

[①]　http://www.cnsda.org/index.php? r=projects/view&id=72810330.

但对于形式或结构比较复杂的问卷,指导语就要相应增多,尤其是在调查对象文化程度普遍偏低或者高低悬殊的情况下,可在封面信的下面专门增加一项指导语,如例 6-5 所示。对于一些特殊问题或可能有疑惑的地方,其指导语可放在问题中予以专门说明。

例 6-5

同学:

您好!感谢您参加北京市委教育工委组织的"大学生成长追踪调查"。本次调查旨在全面了解大学生在校期间的学习和生活情况,为政府决策提供参考。您是经由严格的科学抽样被选中的受访者,请您按照您的实际情况和想法作答。对您所提供的信息,我们将依照《统计法》严格保密。您的合作对科学研究和公共决策都有重要意义,感谢您的贡献!

重要填写指导:

1. 如无特别说明,均为单选。
2. 凡问及今年的事情,如无特别说明,均指 2009 年 1 月 1 日至今。
3. 所有选项均用"〇"圈选,**请勿用"√"勾选**。
4. 问卷中的方框为编码框,仅供编码员使用,受访者请勿填写。

资料来源:中国综合社会调查,节选自《首都大学生成长跟踪调查》。①

4. 问题和答案

问卷的问题和答案是问卷的主体,也是调查的基本内容,是问卷设计最核心的部分,问卷调查能否取得成功从很大程度上就取决于这部分设计得是否合理。那么怎样设计问题和答案呢?设计问卷有哪些原则和标准呢?我们会在下一节详细解答这些问题。

5. 编码

编码工作包括对问卷代码编码以及对问题和答案编码,前者指对每一份问卷设立一个唯一的代码,后者指给每个问题和答案给出计算机能够识别的数字代码。编码的目的是将不能直接统计计算的文字转变成可以直接统计计算的数字,以便运用计算机进行统计处理和分析。封闭式问题和开放式问题的编码方法有所不同,下面进行分别讨论。

1) 问卷代码编码方法

问卷代码编码的目的在于为后期的资料统计和分析提供依据,比如在问卷分析中发现异常数据时,可以通过问卷代码快速找到原始问卷,查看数据异常产生的原因。调查者可以根据实际情况和调查需要来设计代码,如一份问卷的代码为"10206007",其中开头数字"1"代表西南财经大学,接下来"02"代表金融学院,"06"代表调查人员编号,"007"代表这是第 7 份问卷。问卷代码编码工作通常是在问卷收回之后再进行,因为如果在调查之

---

① http://www.cnsda.org/index.php? r=projects/view&id=93659073.

前就将问卷编号有时会给被调查者造成顾虑,他们可能担心自己会被识别,造成不必要的麻烦。

2)封闭式问题编码方法

在以封闭式问题为主的问卷中,人们通常采用预先编码的方式,即在设计问卷的同时就对问题和答案进行编码,编码步骤如下:

(1)给答案标注码值。对答案的编码有两种方法:顺序法和分组法。顺序法是指在每个答案的前面或者后面依次标注上阿拉伯数字,如例6-6和例6-7所示。分组法是将几组问题放到一起来编码,如例6-8所示,代码"1199998040128898"表示受访者是被调查者的儿子,高中学历、汉族、非农业户口,出生年月、户口所在地、居住情况以及目前就业情况均不清楚。这里有一点要提醒大家,对于被调查者不清楚或者未作答的情况仍然要编码,对于漏答情况的编码数字常用的有"0"和"9",具体码值根据答案位数而定,如在例6-8中,由于出生年月有四位数,所以对于不清楚出生年月的情况,编者用的9998。

例6-6

A15. 您经常醉酒吗?
1. 从未醉过
2. 几乎每天1次
3. 每周3~4次
4. 每周1~2次
5. 每月1~2次
6. 每月不超过1次

资料来源:中国综合社会调查,节选自《首都大学生成长跟踪调查》。[1]

例6-7

B2a. 您目前没有工作的最主要原因是什么呢?(单选)
料理家务 1
残疾或身体状况不佳 2
找不到工作 3
不想工作了 4
已离/退休 5
下岗/内退/买断工龄 6
正在参加职业培训 7
正在上学/参军 8
其他(请注明)_____ 9

资料来源:中国社会状况综合调查,节选自《2015年中国社会状况综合调查问卷》。[2]

---

[1] http://www.cnsda.org/index.php? r=projects/view&id=93659073.

[2] http://css.cssn.cn/zgshzkzhdc/zlysj/201506/W020170303622201200644.pdf.

例 6-8

a. 家庭成员	b. 与被访者关系：	c. 性别	d. 出生年份：	e. 教育程度：	f. 民族	g. 户口性质	h. 户口所在地	i. 居住情况	j. 目前的就业状况
	1. 子女 2. 祖父母 3. 媳婿 4. 孙辈子女 5. 兄弟姐妹 6. 其他亲属 7. 非亲属	1. 男 2. 女 7. [不适用] 8. [去世]	9998. [不清楚]	01. 未受正式教育 02. 小学 03. 初中 04. 高中 05. 技校/职高/中专 06. 大专 07. 本科 08. 研究生 09. 其他(请注明) 98. [不清楚]	01. 汉 02. 蒙 03. 满 04. 回 05. 藏 06. 壮 07. 维 08. 其他 98. [不清楚]	1. 农业户口 2. 非农业户口 3. 其他(请注明) 4. 没有户口 8. [不清楚]	【出示卡片1：选项见下】 8. [不清楚]	1. 住在本户 2. 住在别处,是户口所在地 3. 住在别处,不是户口所在地 8. [不清楚]	【出示卡片2：选项见下】 98. [不清楚]

资料来源：中国社会状况综合调查,节选自《2008年中国社会状况综合调查问卷》。
http://css.cssn.cn/zgshzkzhdc/zlysj/201506/W020170303622201379211.pdf.

(2) 给每个问题标注栏码。由于每个问题的答案代码都以数字标注,为了将不同问题区分开,以免在后期计算机录入和统计阶段出现差错,最好给每一个问题设计编码栏,栏码的个数根据答案码值的位数而定,比如答案码值为 1 位数(0~9)时,就设置一个栏码,答案码值为 2 位数(10~99)时,就设置两个栏码,以此类推。栏码的表达形式通常有方框、短横线、表格三种,如下面三个例子所示(例 6-9 至例 6-11),调查者可以根据自身习惯和喜好设计栏码形式。

在例 6-9 中,我们假设问卷代码为五位数,所以我们给出了 5 个栏码,那么问卷的第一个问题就从第 6 栏开始分配,为了与前面问题和答案的编码进行区分,我们可以将栏码值设计成带圈的阿拉伯数字。

例 6-9

问卷代码_____	①—⑤	□□□□□
1. 您的性别是?	⑥	□
(1) 男　　(2) 女		
2. 您的年龄是?_____(请填写在横线处)	⑦—⑧	□□
3. 您喜欢喝咖啡吗?	⑨	□
(1) 喜欢　　(2) 不喜欢　　(3) 不知道		

例 6-10

问卷代码_____	①—⑤	_____
1. 您的性别是?	⑥	_____
(1) 男　　(2) 女		
2. 您的年龄是?_____(请填写在横线处)	⑦—⑧	_____
3. 您喜欢喝咖啡吗?	⑨	_____
(1) 喜欢　　(2) 不喜欢　　(3) 不知道		

例 6-11

问卷代码＿＿＿＿＿	①—⑤	
	⑥	
1.您的性别是？		
（1）男　　（2）女		
2.您的年龄是？＿＿＿＿（请填写在横线处）	⑦—⑧	
3.您喜欢喝咖啡吗？	⑨	
（1）喜欢　（2）不喜欢　（3）不知道		

3）开放式问题编码方法

在以开放式问题为主的问卷中，由于调查者无法事先知道被调查者回答的内容，所以往往采用事后编码的方式，即在问卷收回后再进行编码，编码步骤如下：

（1）首先阅读所有问卷对该问题的回答，并将所有答案一一列出。

（2）根据调研目的，对答案进行排序、归类，再结合经验判断，对意义相近的答案进行归纳合并，并将所有意义的答案列成频数分布表。保留频数多的答案，把频数较少的答案尽可能归并成含义相近的几组，将含义差别较大或者虽然含义相近但频数总和很低的答案一并归入"其他"组。

（3）根据归纳出的答案类别和数量设计编码表。

（4）根据编码表中的编码对所有开放式问题的答案逐一归类。

4）问卷编码注意事项

（1）将答案内容相同、相近或类似的题目采用统一的编码表，便于控制编码和后期数据处理。

（2）在正式开展调查之前对编码表进行小范围测试（测试问卷 50 份左右）并进行修正。

（3）合理、科学的编码应具有一定的内在逻辑性。

（4）每个答案只能有唯一的编码与之对应。

6. 结束语及其他资料

结束语一般都是在问卷最后对被调查者的合作表示真诚的感谢。也有些问卷会在结束语后面顺便征询被调查者对此次问卷调查的意见或建议。还有一些问卷会在结束语后面提出一个开放式问题。

问卷的最后一部分是关于调查的一些基本信息，包括调查时间、地点、调查员姓名、被调查者联系方式、审核员姓名、审核意见等，具体内容要根据调查目的来设计。

6.1.6　解开问卷设计的五大困惑

我们这一节的主要任务就是要教大家如何设计问卷的主体部分——问题和答案，解答问卷设计过程中大家最关心的五大问题：该问哪些问题、怎样设计答案、如何表达、如何排序以及如何布局。

1. 该问哪些问题

在确定了研究方向之后,我们可能又开始头疼问卷设计了,到底要问些什么问题呢?我们在本章第 4 节讲过,准备工作的任务之一就是收集大量相关文献,参考前人的研究,拟出一些关键点。如果我们要研究的问题属于描述性的,那么就可以将自己想要描述的状况或情境分条列出,再针对每一条一一提问。例如,假如我们想描述吸毒者的生活状况,那么可以先对生活状况分类,比如饮食、住宿、娱乐、健康等,再从每一个方面思考问题。如果我们要研究的问题属于解释性的,那么就可以从原因入手,根据原因提出问题。如果我们要研究的问题是探索性的,就可以提出一些假设,再根据假设提出问题,以检验假设正确与否。在这里我们还要介绍一个重要的方法——概念操作化。

1)如何进行概念操作化处理

概念操作化就是将一些想要测量的抽象概念转化为具有可操作性的、可观察的具体指标。例如,假设我们想要验证下述命题:女性比男性更多愁善感。那么"多愁善感"就是一个抽象概念,可能我们提到《红楼梦》中的林黛玉时脑海中就会闪过"多愁善感"这个词,我们为什么会对她有这样的印象呢?是因为她的一些具体表现,比如,她看到花开就联想到花落的凋零景象;看到花落便自伤身世,暗自垂泪,吟出凄婉的《葬花词》;她常常独自一人对空叹息,临窗流泪,等等。所以操作化就是将抽象概念转化为可以观察的具体现象、具体指标的过程。那如何进行操作化处理呢?我们分以下两步进行:

(1)界定概念。首先要明确概念定义的范围,我们可以参考其他研究者对这一概念的定义,然后根据自己的研究目的,选择一种最适合的现成的定义,也可以在现有定义的基础上创造一个新的定义。例如,著名社会学家英克尔斯(Inkeles)和史密斯(Smith)(1992)在《从传统人到现代人——六个发展中国家中的个人变化》一书中,为了解释人们从具有传统的人格转变成具有现代人人格的过程,第一步就是定义现代人这一概念。

(2)建立测量指标。明确了概念内涵的具体范围之后,为了将概念转变成有用的研究工具,还需要建立与概念相对应的可以测量的具体指标。我们可以通过回顾相关经典文献,参照前人已经建立的指标,比如态度量表、行为量表等。我们也可以通过自己的实地调查和探索来发展指标。例如,英克尔斯和史密斯(1992)在《从传统人到现代人——六个发展中国家中的个人变化》一书中从 38 个不同维度将现代人这一概念转化为若干个具体指标,并根据这些指标编写了一份包含 438 个具体问题的问卷调查表。

2)问题的种类有哪些

在这里有必要向大家介绍一下问卷中问题的分类。问卷的具体问题是根据调查目的和研究内容来设计的,通常包括三种基本内容:特征问题、行为问题和态度问题。

(1)特征问题。特征问题属于背景性问题,用来测量被调查者的基本情况,如性别、年龄、职业、婚姻状况、文化程度、政治面貌、经济收入、家庭规模等。这些问题一般都是在研究中涉及的项目或者需要考虑的变量,比如要比较不同年龄阶段的人月收入差异,那么年龄就是一个变量,要比较男女生的就业率差异,则性别就是一个变量。例 6-12 就是一个特征问题。

例 6-12

> 您家居住的地方属于 （ ）
>
> 1. 农村　　　2. 乡村集镇　　　3. 县城
>
> 4. 县级市　　5. 地级市　　　　6. 省城、直辖市

我们有时也许为了便于分类统计而设置这些问题。不管出于何种目的，设计特征问题时都应注意一点，那就是要在封面信或指导语中明确告知被调查者这是匿名填写，并承诺对问卷资料保密，否则在遇到涉及个人隐私或其他敏感问题时，被调查者容易产生戒备心理甚至拒答问卷。为了减少拒答人数，也有部分研究者认为可以把这部分问题放到问卷最后。

（2）行为问题。行为问题属于客观性问题，用来测量被调查者过去发生的或现在进行的某些实际行为和有关事件。这类问题不仅能让我们了解各种社会现象、社会事件、社会过程，还能让我们掌握人们某一行为的历史、现状、范围、程度、特征等方面的情况。

例 6-13

> 你第一次谈恋爱是在什么时候？
>
> 1. 上大学以前　　　2. 上大学期间
>
> 3. 大学毕业之后　　4. 还没谈过恋爱

（3）态度问题。态度问题属于主观性问题，用来测量被调查者对某人或某物的看法、态度、认识、意愿、动机等。这类问题既有助于说明某些现象的直接原因，又能揭示更深刻的社会历史原因。

例 6-14

> 您是否赞同人类有前世的说法？
>
> 1. 十分赞同　　2. 比较赞同　　3. 比较不赞同
>
> 4. 十分不赞同　　5. 不知道

3）问题设计的基本要求

（1）主题明确。问题的设计要紧紧围绕调查的基本假设与命题，可有可无的题目尽量不要列入问卷。

（2）避免双重问题。每个问题只能涵盖一个意思，要避免将两个或两个以上的问题合在一起提。比如，例 6-15 实际询问了两件事：你父亲支持你去创业吗？你母亲支持你去创业吗？如果父母中只有一个人支持而另一个人不支持的话，那这个问题就无法作答。例 6-16 也包含双重含义，即"早睡早起能否增强体质"和"早睡早起能否提高工作效率"，如果被调查者认为早睡早起能增强体质但不能提高工作效率或者早睡早起能提高工作效

率但不能增强体质的话,那这个问题也无法作答。

例 6-15

你父母支持你去创业吗?

1. 支持　　2. 不支持

例 6-16

有人认为早睡早起能增强体质和提高工作效率,你同意吗?

1. 同意　　2. 不同意

(3) 被调查者要能胜任回答。设计问题时要充分考虑调查对象的文化水平,不能超越被调查者的理解能力、计算能力、书写能力等。

(4) 被调查者要愿意回答。提问时切忌提一些笼统的、复杂的或者挑衅的问题,越是短小精悍的问题,回答率通常越高。举个例子,"你去年一年用在化妆品上的支出占总支出的百分比是多少?"一些被调查者看到百分比三个字或许就不愿意回答这道题了,我们完全可以把它拆分成两个问题:"你去年花了多少钱买化妆品""你去年的总支出是多少",然后把计算百分比的任务留给事后统计而不是让被调查者去计算。

2. 怎样设计答案

通常,问卷的大部分问题都属于封闭式问题,所以答案也是问卷主体的重要组成部分,设计答案主要有以下基本要求:

(1) 答案应当与所提问题协调一致。

(2) 答案应具有穷尽性。答案要包括所有可能的情况,不能有遗漏项。例 6-17 的答案即满足穷尽性原则,因为任何一个被调查者均能从中选择一个符合自身实际情况的答案。例 6-18 的答案则不满足要求,因为除了所列出的音乐类型以外,被调查者还可能喜欢民谣、雷鬼、朋克等,或者还可能哪种风格都不喜欢。遇到这种很难将全部答案都罗列出来的情况时,就要在所有答案后面增加一个选项——"其他",调查者还可以根据需要在"其他"选项后面再加一个横线,让被调查者填写他们心中的答案。

例 6-17

你是学生吗?

1. 是　　2. 不是

例 6-18

你喜欢哪种风格的音乐?

1. 古典乐　　2. 流行乐　　3. 摇滚乐

4. 爵士乐　　5. 蓝调乐　　6. 管弦乐

（3）答案应具有互斥性。答案之间不能相互交叉、重叠或包含。比如例 6-19 中的答案就不具备互斥性，因为电视剧包含美剧，综艺节目包含真人秀节目。

例 6-19

> 你喜欢看哪种类型的电视节目？
>
> 1.新闻节目　2.教育类节目　3.体育节目　4.电视剧
>
> 5.综艺节目　6.真人秀节目　7.美剧

3. 如何表达

问题的表达形式主要有两种：封闭式和开放式。前者指提出问题的同时给出若干答案，由被调查者按要求从中选出一种或几种答案作为自己的回答。后者指只提出问题，不提供具体答案，而由被调查者自由填写。通常，封闭式问题主要用于收集定量资料，而开放式问题更适合用于描述性的研究或较为复杂问题的研究，尤其是当我们无法罗列出所有可供选择的答案时，常采用开放式问题作为一种试探性、预测性的研究。这两种表达形式均有各自的优缺点，在实际运用中，大家要根据问卷调查的目的、形式、规模、对象的不同进行合理选择。

1）封闭式问题的常见形式

（1）选择式。选择式即列出多种答案，由被调查者挑选出最适合个人实际情况的答案，如例 6-20 所示。

例 6-20

> 想象你和你的朋友漫步在森林之中，无意中发现了一间隐藏
>
> 在林间的建筑物，依你的直觉，你会认为这是何种建筑物？
>
> 　　1.小木屋　2.宫殿　3.城堡　4.平房住家　5.其他

（2）是非式。是非式也称"两项式"，只有两种答案可供选择，从中选出一个答案作为回答。例如，你是学生吗？回答只有"是"或者"不是"。

（3）顺序式。顺序式指给出若干种答案，由被调查者按先后顺序对答案排序，如例 6-21 所示。

例 6-21

> 你找对象时主要考虑哪些因素？
>
> （请按重要程度排序，1 表示最重要，8 表示最不重要）
>
> 外貌___　性格___　才华___　人品___
>
> 学历___　家境___　工作___　潜力___

（4）等级式。等级式即列出不同等级的答案，由被调查者根据自己的意愿选择答案，如例 6-22 所示。

例 6-22

> 你对目前的经济收入状况是否满意?
>
> 1.非常满意　2.比较满意　3.不太满意　4.很不满意

（5）填空式。填空式即在问题后面的横线或括号内填写答案。例如,你这学期逃过（　　）次课?

（6）矩阵式。有些问题或答案属于同一类型,要求被调查者针对不同情况分别作答,为了表述简明,可以将同类问题和答案排列成一个矩阵,由被调查者对比着进行回答,如例 6-23 所示。

例 6-23

资料来源：*FEI/Duke Special Survey on Corporate Financial Policy.*

（7）表格式。表格式实际上是矩阵式的一种变形,即将同类问题和答案列成一个表格,如例 6-24 所示。

例 6-24

资料来源：http://www.cfosurvey.org/resources/documents/Survey_Instrument_RiskMgmt_Final_2010.pdf.

（8）列举式。列举式指在问题后面设计若干条填写问题的答案,供被调查者自己列举答案,如例 6-25 所示。

（9）后续式。后续式指如果被调查者选择了某一答案,需要再次从后续备选答案中选择答案,如例 6-26 所示。

例 6-25

> 如果哆啦 A 梦可以帮你实现两个愿望，那么你想实现哪两个愿望？
>
> （请依次列举你最想实现的两个愿望）
>
> 第一个愿望_____；
>
> 第二个愿望_____。

例 6-26

> 你喜欢看小说吗？
>
> 1. 喜欢 2. 不喜欢
>
> 如果你的答案是 1，那么请问你喜欢看哪种类型的小说呢？（可以多选）
>
> 1. 言情 2. 武侠 3. 穿越   4. 科幻   5. 玄幻   6. 悬疑   7. 探险
>
> 8. 恐怖 9. 游戏 10. 神怪 11. 推理 12. 军事 13. 历史 14. 其他

2）封闭式问题的优缺点

封闭式问题答题方便，省时省力，有利于提高问卷的回收率和有效率。由于封闭式问题限定了问题的答案，不会出现与研究无关的资料，收集到的资料也比较集中，能够提高汇总、统计、分析的效率。但封闭式问题也存在一些缺点：第一，它的回答方式缺乏弹性，难以适应复杂情况，尤其是在一些复杂问题的编制方面，当答案很多或者不是特别清楚时，容易遗漏一些重要信息。第二，难以发现回答中的偏误。由于封闭式问题的填写比较容易，所以有可能出现被调查者随意作答的情况，但调查者无法判断这些回答的真实性和可靠性。

3）开放式问题的优缺点

相比之下，开放式问题具有灵活性大、适应性强的优点，被调查者可以充分按照自己的意愿和方式对问题畅所欲言，充分自由地发表自己的看法，有利于发挥被调查者的主动性和创造性，因此通过开放式问题往往能获得丰富、生动的资料，有时甚至能使调查者收集到一些超乎预料的、具有启发性的回答。

但是，开放式问题也存在一些缺点：第一，它对被调查者的文化程度和语言表达能力有较高要求。第二，被调查者对开放式问题的回答往往容易产生一些与研究无关的资料，调查者需要从所有回答中过滤、筛选出有用信息，这需要花费较多的时间和精力。第三，对开放式问题的答案进行归类、统计、分析的难度较大。第四，回答开放式问题往往需要花费较多的时间和精力，被调查者不仅要思考答案，还要组织语言，这就有可能降低问卷的回收率和有效率，被调查者可能直接跳过开放式问题，尤其是开放式问题很多的话，被调查者可能直接弃卷。

4）问题表述的基本要求

（1）简明扼要、通俗易懂。避免使用专业术语、行话、俚语等，对于问题的描述不要重复累赘，尽量不使用长难句，多采用清晰、简短的句子。

（2）用词精准，含义明确。避免使用模棱两可、含混不清或容易产生歧义的词，同时，问题的表述应具体、清楚、含义明确，避免提抽象、笼统的问题。

（3）表述客观，保持中立。表述问题的态度要客观，保持价值中立，不能使用任何带有暗示性、倾向性或诱导性的语言，不能隐含假设或期望的结果，避免使用否定句形式表述问题。例 6-27、例 6-28 和例 6-29 的表述都具有诱导性或暗示性。例 6-27 的这种表述方式容易使回答偏向"愿意参加"，它的客观表述应为"对于公司举办的这次活动，你是否愿意参加"。例 6-28 的表述具有一定的暗示性，容易使回答偏向"不合理"。例 6-29 的正常提问方式应为"您是否赞成在公共场所吸烟"，而该例的表述方式容易诱导答案偏向"不赞成"。

例 6-27

> 对于公司举办的这次活动，您愿意参加，是吗？
>
> 1．是　　2．不是

例 6-28

> 目前公司的管理层认为这项制度很不合理，您认为这项制度合理吗？
>
> 1．合理　　2．不合理

例 6-29

> 您不赞成在公共场所吸烟，是吗？
>
> 1．是　　2．不是

4．如何排序

问题排列最基本的要求就是分类清楚、层次分明、合乎逻辑。从大的方面，按照特征问题、态度问题、行为问题归类，在每一类中，将同类或相近的问题归到一起，按一定的逻辑顺序（如时间顺序、类别顺序等）排列，避免让被调查者频繁跳跃思维。在此基础上，问题排序的常用规则还有以下几点。

（1）将简单的、多数被调查者熟悉的问题放在前面，复杂的、生疏的、比较难以回答的问题放在后面，由浅入深，由易入难。这样的排序能给被调查者轻松、简单的感觉，便于他们较快进入角色，而不至于产生排斥心理。

（2）先问一般性问题，再问敏感性问题。将能够引起被调查者兴趣的问题放在前面，把容易使被调查者产生心理压力或顾虑的问题放在后面。如果问卷的开头能够吸引被调查者，那么调查便可能顺利进行，如果开头部分是涉及个人隐私、道德、伦理、政治等敏感性话题，则容易使被调查者产生强烈的防备心理甚至引起他们对问卷调查的反感，导致较高的拒答率,阻碍调查的顺利进行。

(3) 先问行为问题,再问态度问题。因为行为问题属于主观性问题,易于回答,而态度问题属于客观性问题,涉及被调查者对一些事物的观点、态度、思想以及内心深处的东西,所以如果一开始就问这些问题,容易使被调查者产生戒备心理。至于特征问题,可以放在行为问题前面,也可以放在态度问题后面,通常情况下,如果特征问题比较少,又相对简单,则建议放在最前面,反之则可放在最后。

(4) 先问封闭式问题,再问开放式问题。因为通常情况下,回答开放式问题比回答封闭式问题要复杂一些,需要被调查者有更多的思考并书写,所以如果一开始就碰到开放式问题,可能会影响被调查者的情绪,从而影响后面问题的回答。而如果将这些问题放到最后,即便被调查者不愿意填答开放式问题,但不会影响他们对前面问题的回答。

5. 如何布局

布局的总体目标就是使版面整齐、美观,便于阅读和作答,具体注意事项有以下几点。

(1) 如果问卷包含的问题较多的话,可以将题目细分为若干个部分,每一部分用一个简短的小标题隔开,使问卷看起来结构更加清晰。

(2) 自填式问卷的字体一般选用五号字或小四号,不宜用太大的字体,以免增加问卷篇幅。访问式问卷则没有字体大小限制,依调查者的习惯和喜好而定。

(3) 对于问题和答案可以采用不同的字体,比如问题全部用宋体,答案全部用楷体,这样便于阅读。

(4) 字间距和行间距要适当,避免因节省纸张而挤压空间。

(5) 一道题的问题和全部答案尽量安排在同一页,避免翻页和对照带来的麻烦或漏答。

(6) 对于封闭式问题答案的排列方式尽量做到合理编排,格式统一。尤其是当问题答案比较多的时候,排列方式既不能占用太大的问卷篇幅,也不能排列得很拥挤,要合理规划,使之易于阅读和填答。

6.2　问卷调查法的使用规范和优缺点分析

对于如何设计问卷、如何开展问卷调查、如何统计调查结果等问题,我们在前面几个小节已做了详尽阐述,本节主要介绍问卷设计应遵循的原则,以及一份高质量问卷要符合的标准,并讨论问卷调查法的优缺点。

6.2.1　问卷设计的原则和标准

1. 问卷设计要遵循哪些原则

1) 明确调查目的

明确调查目的是问卷设计的出发点,是设计问题的前提。问卷的内容和形式很大程度上取决于调查目的,问题的设计也要紧紧围绕调查的主题,只有清楚了调查的目的,设计问题时才能突出重点,避免可有可无的问题。

2）从被调查者的角度出发

被调查者是影响问卷回收率和有效率的重要因素，因此问卷设计要从被调查者的角度出发，充分考虑被调查者的社会背景、文化程度、心理反应、主观意愿、客观能力等多种因素。在设计问题的时候不能只考虑自己的调查目的，不能只为了自己能直接得到某一资料而去加重回答者的负担，要多进行换位思考，多问自己"如果我是被调查者，看到这个问题我会愿意作答吗？这个问题容易答吗？"要想让问卷调查收到良好的效果，首先要清楚阻碍被调查者合作的各种因素，只有知己知彼，方能百战不殆。这些因素有主观方面的，也有客观方面的。主观因素包括如下方面。

（1）畏难情绪。当问卷长、问题多、问题难度大、回忆和计算复杂、开放式问题多时，被调查者很容易产生畏难情绪，甚至直接放弃作答。我们要多进行换位思考，试想，如果我们自己是被调查者，在占用自己的工作或休息时间来无偿填答问卷时，看到这样的问题时会有什么想法？所以，如果我们从被调查者的角度出发，多为被调查者着想，就不会无限制地提问，就会精简问卷，以更简单更合理的方式设计问题。

（2）心理顾虑。当问卷对某些敏感问题的设计、安排不当时，很容易引起被调查者的心理顾虑，他们担心调查会对自己产生影响或会损害自身利益，由此就容易造成问卷收回率下降或者收集到的资料不真实。要克服这一点，调查者就需要在敏感问题的设计方面多用心，避免直接提问。此外，问卷设计者应当本着正确的政治方向和舆论导向，注意对调查对象可能造成的影响。最后还要再次强调对于填答问卷的匿名性和所填资料的保密性的承诺。

（3）对问卷缺乏兴趣。被调查者对问卷缺乏兴趣可能来自多方面原因，比如问题的设计很呆板，问卷的内容跟他们的实际生活不相关等。如何吸引被调查者，如何提高他们的积极性都是调查者设计问卷时要考虑的问题，比如可以向参与问卷调查的人赠送小礼品或者提供其他形式的报酬等。

（4）对问卷调查缺乏责任感。对问卷调查缺乏责任感主要表现在随意填答问题、错答、漏答，甚至对问卷进行恶作剧。这就要求调查者在封面信中对调查的意义和如实填答问卷的重要性做出充分说明。同时在调查对象的选择方面也应慎重。

影响被调查者合作的客观因素主要包括被调查者自身能力（如阅读、理解、表达、记忆、计算能力等）、时间、精力等方面的限制。了解了这些因素，才能对症下药，在问卷设计过程中有针对性地减少和消除这些障碍，使问卷适合被调查者。

3）清楚资料的处理及分析方法

问卷只是我们收集资料的工具，它并不是我们做调查的最终目的，问卷资料只有能够被统计、整理和分析，才是有意义的。不同的资料统计和分析方法对问卷设计的要求不同，比如，如果调查的样本很小，问卷资料可以采用手工方法进行统计处理，则问卷的内容可以比较详细。如果调查样本很大，需要通过计算机软件做统计分析工作，那么问卷设计应尽量精简，问题多以封闭式问题为主，同时对问卷编码也有较高要求。如果不提前考虑好资料的处理分析方法，只是盲目设计问卷的话，可能等到问卷都收回了才发现有些资料根本无法统计，落得事倍功半的结局。

4）清楚问卷调查的制约条件

问卷的设计目标和调查方式都要受到人力、物力、财力、时间等客观条件的制约,所以在设计问卷之前要对这些客观限制条件有清楚的了解。

2. 一份高质量的问卷要符合哪些标准

（1）通过问卷能收集到具有有效性的资料或数据。有效性指通过问卷调查所收集到的资料正好符合问卷设计的目的。

（2）通过问卷能收集到具有可靠性的资料或数据,可靠性指当我们对同一事物进行重复测量时,能得到相同的结果。比如我们用体温计测量正常人的体温,第一次测量显示36.5度,过几分钟测量显示40度,再过几分钟测量显示36度,那么说明体温计有问题,我们的测量就是不可信的。

（3）问题的设计经过仔细思考和推敲,紧紧围绕调查目的,删繁就简,言简意赅,问题少而精。

（4）问卷的设计适合调查对象,收回的问卷的数量和质量都比较高。

6.2.2　问卷调查法的优缺点

1. 优点

1）调查范围广泛

这里的广泛包括调查话题和调查对象两个方面,就调查的话题而言,问卷调查法的适用领域可以横跨心理学、统计学、经济学、金融学等众多学科,问题的涵盖面也十分广泛。就调查对象而言,由于问卷的发送可以有多种形式,所以不受地域限制,可以在全国范围甚至全球范围开展调查。也正因为这一点,在描述大样本特征时,问卷调查是相当有用的方法,可以通过严格的统计抽样方法选择样本,再结合标准化的问卷,可以获得用于描述性和解释性分析的大量有用资料,让我们得以很好地描绘一些大型群体的特征,这是其他研究方法难以做到的。

2）低成本

这里的成本包括人力、时间和经费。问卷可以同时被分发给许多人,也并不需要大量的调查人员,同时问卷可以在较短时间内统一收回和整理,从而节省了时间和经费。

3）良好的匿名性

通常情况下,调查问卷并不要求被调查者署名,调查者与被调查者一般也不直接见面,所以有利于被调查者坦白地回答问题,尤其是对于敏感话题,问卷调查能减轻调查对象的心理压力,有利于他们如实作答。

4）调查资料便于定量处理和分析

由于分发出去的每一份问卷都是相同的,所以集中收回后可以进行集中处理,并且问卷通常情况下主要由封闭式问题组成,所以很容易将收集到的资料转化成数字,通过计算机进行定量处理和分析。

5）有利于减少人为误差

在问卷调查中,所有的问题都以书面形式表达,这就避免了人际交往中的偏见。比如,在面对面访谈中,调查者对问题的表述方式、语气、表情等因素都有可能影响被调查者的回答,被调查者对调查者的偏见也会影响问题的回答质量,对于一些敏感话题或私人问题,被调查者可能不会回答真实的想法。而问卷调查就避免了面对面访谈可能会带来的人为误差。

2. 缺点

1) 回收率有时较低

对于被调查者而言,填写问卷通常都是无偿的,因而问卷的回收率就难以保证,他们可能因为时间、精力、文化程度等因素的限制而拒绝填答问卷,尤其是采用邮件、邮寄、报刊等方式发送的问卷,回收率就更低了。针对这个问题,调查者首先应将问卷设计得简洁并有趣,让被调查者不至于一看到问卷就有种想放弃填答的冲动,还要注意向被调查者强调这次问卷调查的重要性,强调他们的回答对本次调查的重要性,在经费允许的情况下还可以通过向被调查者赠送一些小礼品来鼓励他们积极参与。如果问卷是采用邮件、邮寄等方式,不要寄出去就不了了之了,一定要进行后续的跟踪调查,对于没有收到回复的调查对象再次发送问卷或者换一种方式发送问卷。

2) 收回的问卷资料的质量难以保证

在进行问卷调查时,我们经常会遇到对于问卷问题漏答、错答的情况,这可能是由于问题设计不合理造成的,也可能是被调查者对问题的理解有误造成的。还有一点就是调查者无法确定收到的答案是否是被调查者的真实回答,被调查者可能是让朋友代填的问卷,也可能根本没看问题而直接随意选择答案,还有可能为了恶作剧而故意选择不符合自己真实想法的答案。这些情况都会降低问卷资料的有效性,然而这些因素却是调查者不能完全控制的。

6.3　实战教学

美国杜克大学富卡商学院和《首席财务官》杂志共同实施了全球商业展望项目,对许多公司的CFO以及该杂志的订阅者展开问卷调查。调查自1996年7月以来每个季度(每年的3月、6月、9月和12月)进行一次。调查问卷通过在线发送的方式发送给CFO和CFO杂志的订阅者,在1996年至2003年,调查对象包括国际财务执行官组织(Financial Executives International,FEI)的成员,样本包括不同行业、不同地域、不同收入的上市公司和非上市公司的CFO。

为了获得不同商业领域相关指标的趋势变动数据(包括企业乐观程度、预期国内生产总值的增长幅度、资金投资计划、季度变动百分比),某些特定问题在每次调查中都是保持不变的,其他问题每个季度更改一次,以探究那些正在发生的经济问题以及有报道价值的商业事件,或者那些会对公司金融环境造成影响的政治事件。

美国杜克大学的约翰·格雷汉姆(John Graham)教授和坎贝尔·哈维(Campbell Harvey)教授对一个CFO长达6年的季度调查问卷进行了特殊分析,研究内容涵盖了资金分配、资本结构、资本成本、股票回购、股权风险溢价、风险管理、管理层自信程度等方面。他们的研究成果、相关问卷以及发表在 *Journal of Financial Economics*、*Journal of Applied Corporate Finance*、*Journal of Accounting Economics* 等期刊上的文章都可以在 http://www.cfosurvey.org/index.html 网站上找到。

下面以 Graham 和 Harvey 对公司金融的理论与实践的研究为例,实战讲解问卷调查法的运用。

1. 研究内容简介

Graham 和 Harvey 调查了 392 位 CFO 有关资本成本、资本预算和资本结构方面的问题,对调查结果进行了定性分析和定量统计,找到了一些支持优序融资[①](pecking-order)和权衡资本结构[②](trade-off capital structure)假设的证据,得出了有关公司金融理论与实践方面的结论。

2. 准备阶段

1) 选题

在本例中,作者的选题为公司金融理论与实践。

2) 调查设计

作者首先将要研究的内容范围确定在三个领域:资本预算、资本成本和资本结构。基于对现有文献的仔细回顾,作者设计出了初步调查方案,并将它们发送给一些杰出的学者,以获得反馈信息。根据这些学者的意见和建议,Graham 和 Harvey 对调查方案进行了修订。接下来,二位作者又就调查设计和执行方面的问题寻求一些市场调研专家的意见,根据他们的意见,作者对整个调查设计方案和问题的排列方式进行修改,以将问卷带来的偏差降低到最小,并最大限度地提高问卷的回收率。

这项调研的成功也源自与 FEI 的合作。FEI 有近 14 000 名会员,他们是服务于约 8 000 家美国和加拿大公司的财务总监、会计经理、审计经理等。杜克大学和 FEI 每个季度都对这些财务总监就一些重要的时事问题进行问卷调查,通常问卷回收率为 8%~10%。

3) 试调查与问卷修改

他们将反复修订之后的问卷在杜克大学和 FEI 进行了试调查,调查对象包括一些 MBA(工商管理硕士)应届毕业生和财务总监,让他们在规定的时间内完成问卷并提供反馈信息。这些调查对象平均花了 17 分钟填写问卷,基于此和其他反馈信息,作者对一些问题的措辞进行了最后的修订,问卷终稿共有 3 页,包含 15 道大题,许多大题都包含小问题[③]。

作者发送了两个版本的问卷给被调查者,两个版本的唯一区别在于,其中一个版本将 11~14 题与 1~4 题互换位置。因为作者担心被调查者可能只填写问卷的前面一两页,根本不看最后一页,如果真是这样的话,那么就会出现两个版本中放到开头的问题回答率会更高的情况。然而作者并没有发现有关"问题的回答率取决于问题放在开头还是结尾"

---

① 优序融资理论(pecking order theory)是指放宽 MM 理论完全信息的假定,以不对称信息理论为基础,并考虑交易成本的存在,认为权衡融资会传递企业经营的负面信息,而且外部融资要多支付各种成本,因而企业融资一般会遵循内源融资、债务融资、权益融资这样的先后顺序。

② 权衡理论(trade—off theory),指强调在平衡债务利息的抵税收益与财务困境成本的基础上,实现企业价值最大化时的最佳资本结构。此时所确定的债务比率是债务抵税收益的边际价值等于增加的财务困境成本的现值。

③ 完整的问卷详见 http://people.duke.edu/~charvey/Research/indexr.htm。

的证据。

3. 实施调查

作者采用了两种方式发送问卷,1999 年 2 月 10 日从杜克大学给 1998 年财富 500 强企业(fortune 500)的 CFO 分别发送了一封邮件。FEI 又在 1999 年 2 月 16 日将 4 440 份问卷单独传真给它的成员公司,其中有 313 家公司也在财富 500 强企业之列,所以这些公司就收到了传真和邮件两个版本的问卷。问卷要求在 1999 年 2 月 26 日之前收回。

作者雇用了 10 名 MBA 学生做助研,他们负责给财富 500 强企业打电话跟进问卷的填写情况,1999 年 2 月 23 日,FEI 再次给 4 440 名 FEI 公司成员发送了传真,作者也再次将问卷以邮件形式发送给财富 500 强企业,以提高问卷回收率。

高管们将他们填写好的问卷通过传真发给了第三方数据供应商,通过第三方来确保他们答案的匿名性。这也告诉我们:保证匿名性对于被调查者坦白回答问题而言十分重要。他们最后一共收回了 392 份填写好的问卷,回收率接近 9%。

4. 数据汇总统计与分析

作者首先对收集到的样本公司的基本信息进行了分类汇总统计,包括公司的销售额范围、海外销售额范围、行业、市盈率、长期债务率、信用评级、目标债务率、是否采用 CAPM、CEO 年龄、CEO 任期、CEO 学历以及公司其他方面的特征等,如图 6-3 所示。通过分析不同的总监之间的差异和不同的公司之间特征的差异,作者对公司金融实践进行丰富的描述,并对公司的实际行为是否与学术理论相一致进行了推断。

作者接下来对调查数据进行了详细分析。为了研究资本预算方法,作者分析了公司如何进行项目评估和如何计算权益资本成本。接着又对权衡理论中的传统因素(财务困境成本、税收成本和税收利益)和目标债务比例进行讨论,以分析资本成本。最后为了研究资本结构,分别分析了代理成本、产品市场、行业因素、控制权竞争、风险管理、现金管理以及影响公司资本结构的其他因素。

5. 总结研究结果

研究发现,公司越来越倾向于使用净现值法作为评估项目的方法,资本资产定价模型(CAPM)也被广泛使用,但是,超过一半的调查对象使用全公司折现率(firm's overall discount rate)评估海外市场项目,就算这个项目的风险属性与整个公司的风险属性并不相同。这就表明在实践中,他们可能并没有完全遵循 CAPM 或 NPV 的使用规则。并且 CFO 们也并不怎么关注那些基于动量(momentum)和账面市值比的风险因素。

研究还发现,使用哪种评估方法与公司规模、公司杠杆和 CEO 特点相关,具体来讲,大公司很大程度上依赖于 NPV 和 CAPM,而小公司则倾向于使用投资回收期法(payback method)。成长型公司更喜欢使用全公司折现率来评估项目,但是,面临外汇风险的公司更倾向于使用全公司折现率去评估海外项目。与非上市公司相比,上市公司更多使用公司风险而非项目风险来估计新投资,任期较短的 CEO 偏好使用全公司折现率。

对资本结构的分析发现,公司在发行债券时最注重的往往是一些非正式标准,如财务灵活性和信用评级,而在发行股票时则注重每股收益的稀释程度、近期股价的增长幅度以及股票被低估的程度。

总的来讲,在计算资本成本和评估项目方面,高官们在实际操作时采用的方法(NPV

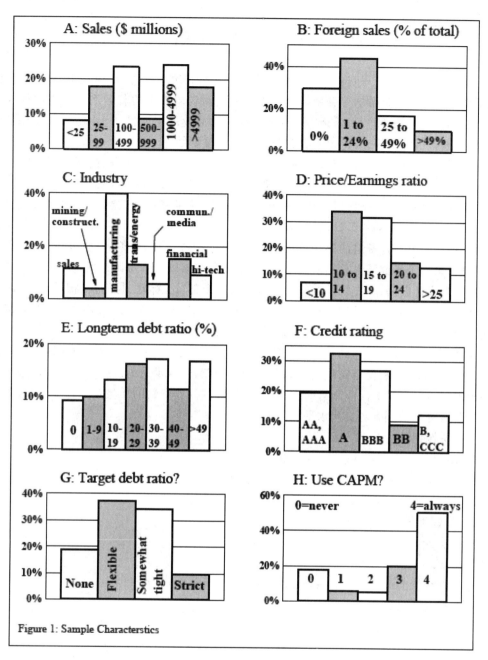

图 6-3　例文中样本公司基本信息的分类汇总统计

资料来源：Graham John and Campbell Harvey. The Theory and Practice of Corporate Finance：Evidence from the Field[J]. *Journal of Financial Economics*，2001(60)：187-243.

和 CAPM)与公司金融理论所讲的主要方法相同,但在决定资本结构时,却很少遵循学术理论。作者最后将这次问卷调查法的研究结论以论文形式发表在 *Journal of Financial Economics*(2001)。

6.4　本章小结

问卷调查是通过填写问卷的方式收集资料的一种研究方法,广泛应用于心理学、政治学、经济学、统计学、金融学等领域。金融领域采用问卷调查法的著名例子有美国杜克大学富卡商学院和《首席财务官》杂志共同开展的全球商业展望项目,Graham 和 Harvey 对调查结果进行了深入研究,得出了有关公司金融的重要结论。

问卷调查有自填式和访问式两种,问卷的发放方式有送发、邮寄、报刊、人员访问、电话访问、网上访问六种。不同类型的问卷调查优缺点和适用范围都不相同。

问卷调查的一般程序可以总结为四个阶段,第一是准备阶段,要做的事情包括选题、调查设计、抽样设计、问卷设计、试调查与问卷修改;第二是实施调查阶段,主要进行问卷的发放与收回;第三是资料的整理分析阶段,主要进行资料审查、编码、数据录入、数据呈现与分析;第四是研究结果总结阶段,包括总结研究结果以及撰写调查报告。

在问卷设计方面,一份完整的问卷通常包括六个部分:标题、封面信、指导语、问题和答案、编码以及结束语及其他资料。在设计问卷过程中,还需要解决的五大困惑是:该问哪些问题、怎样设计答案、如何表达、如何排序以及如何布局。

与其他研究方法相比,问卷调查法的主要优点在于调查范围广,成本低,具有很好的匿名性,收集到的资料便于定量处理和分析,并且有利于减少人为误差。但问卷调查法也存在缺点,比如,问卷的回收率有时会比较低,回收的问卷资料的质量难以保证,并且其使用范围还要受到被调查者文化水平的限制。

学习资源汇总:

General Social Survey(GSS):http://gss.norc.org/

International Social Survey Program(ISSP):

http://www.issp.org/menu-top/home/

Duke CFO Global Business Outlook:

http://www.cfosurvey.org/index.html

Web Survey Methodology:http://www.websm.org./

中国综合社会调查(CGSS):http://www.chinagss.org/

中国社会状况综合调查(CSS):http://css.cssn.cn/css_sy/

EpiData 3.0 使用手册:

http://wenku.baidu.com/view/05f65a7002768e9951e738fb.html

第 7 章

案 例 分 析

我们在生活中时常用到"举例子",如在找工作面试的时候,"我有很强的数据分析能力"这句话本身是难以让面试官信服的,而如果我们说"我有很强的数据分析能力,我能熟练运用诸如 STATA、SPSS、SAS、MATLAB 之类的数据分析软件,并且我在 2017 全国大学生数学建模竞赛中获得了一等奖",这类说法往往比第一种更能服众,为什么?因为我们用了例子去支撑观点,或者说我们用例子去证明了"我有很强的数据分析能力"这件事。在心理学、医学、社会学等领域尤其喜欢用例子去说明某种情况或揭示某种现象,例如,美国著名心理学家雷蒙德·A. 穆迪(Raymond A. Moody)通过研究 150 个濒死体验者(经历过"临床死亡"后复生的人)的案例,寻找他们死亡体验之间的相似性,试图为人们揭开死亡的真相。还有许多神奇、有趣、有意义、有价值的研究都采用了类似的研究方法,也就是我们本章所要探讨的案例分析。

本章一共包括 4 节,第 1 节对案例分析进行全面阐述,包括案例分析概述、基本类型、适用范围、案例分析一般步骤以及案例资料分析技术;第 2 节主要介绍案例分析法的使用规范和容易陷入的误区,并分析其优缺点;第 3 节选取 Baker 于 1992 年发表在期刊 *The Journal of Finance* 上的文章,实战讲解案例分析的具体操作步骤和技巧;第 4 节对本章的内容进行了一个小结。

7.1 案 例 分 析

首先要说明的是,我们本章所讨论的案例分析方法均指作为研究方法的案例分析而非用作教学手段或行为记录的案例分析,这三种案例分析的标准是大相径庭的。例如,案例分析法作为一种非常受欢迎的教学方式被广泛应用于几乎所有学科,特别是哈佛商学院以案例教学闻名全球。用于教学的案例材料通常都是经过精心处理的以便学生讨论,不需要考虑研究过程的严谨性,也无须完全忠实呈现实证资料,但作为研究工具的案例分析则对此有严格要求,并且需要真实、客观地记录观察到的资料。本章仅对作为研究方法的案例分析进行讨论,探讨其作用、步骤、技巧、优缺点等,以便为大家进行毕业论文设计或论文写作提供一些方法上的指导。

本节包括 5 个小节,第 1 节主要介绍案例分析的定义、作用、特点、在金融学中的应用以及有关案例分析的几种经典的方法论;第 2 节讨论案例分析的基本类型,包括单案例分析、多案例分析、整体性案例分析以及嵌入性案例分析;第 3 节介绍案例分析的适用范围;第 4 节阐述案例分析的一般步骤;第 5 节探讨案例分析的策略和技巧。

7.1.1 案例分析概述

1. 案例分析的定义和作用

案例，又称个案、个例、实例、事例等，指人们在生产生活中经历的典型的富有多种意义的事件。参照国外一些学者对案例分析的定义，案例分析是对某单一事件的深入研究，以获得同类事件的一般性原理。美国著名社会学家 Robert K. Yin(2009)指出，案例分析是一种经验研究(Empirical Inquiry)，它研究现实生活背景中正在进行的现象，且待研究的现象与其所处环境背景之间的界限不明显，研究者只能大量运用实例证据来展开研究。

案例分析法属于经验性研究方法而非纯理论性研究方法，Yin(2009)指出，案例研究的目的在于回答"为什么"和"怎么样"的问题。它的研究对象是社会经济现象中不同变量之间的相互关系，比如以某个企业为特定研究对象，就其成功经验或失败教训进行深度分析，帮助人们全面了解复杂的社会现象，得出有价值的理论或方法。根据吕力(2013)的观点，案例分析的目的在于提出合理的理论。

2. 案例分析法的特点

案例分析法不同于实验法和问卷调查法，实验法的基本原理是控制环境条件，观察因变量随自变量的变化，以此建立变量间关系；问卷调查法的逻辑是样本对总体的代表性；案例分析则是一种经验性的研究方法，它不依赖于统计抽样原理，而是通过所选择的一个或几个案例来说明问题，分析事件间的逻辑关系，其具体特点如下：

(1) 大部分案例研究都不是从明确的科学假设开始的，也不必从理论假设开始，可以从比较宽泛的命题或经验观察开始。这一点与实证研究明显不同，实证研究需要从明确的假设开始，再通过统计抽样收集数据，最后还要对假设进行严格验证。

(2) 案例分析采用的是理论抽样而非统计抽样，两者的最大区别在于，理论抽样是主观的，它不是事先确定的，而是在案例分析过程中，是根据理论形成的需要选择的。统计抽样是系统、严谨、规范的抽样方法，它是进行规范验证的前提，而案例分析一般并不需要规范的验证方法，案例分析中的验证都是暂时性的验证，是在理论抽样范围之内的。关于这一点，我们在后面还会讲到。

(3) 案例分析不是一个一次性的验证过程，而是一个主观诠释与客观测量之间的反复印证、反复提炼的过程。

(4) Yin(2009)指出，根据研究目的，可将案例分析分为探索型、描述型和解释型三种类型。吕力(2013)认为，将案例研究区分为探索型案例研究和解释型案例研究是不确切的，他认为所有案例都既是探索，又是解释。也正因如此，吕力(2013)认为不存在纯粹的描述型案例研究，所有的案例研究都应包含解释的成分。

(5) 案例分析归纳方法是分析性归纳而非统计性归纳。统计性归纳是实证研究中最常用的方法，通过各种实证数据推导总体的某种属性。我们前面提到过，案例分析采用的是理论抽样而非统计抽样，所以我们在案例分析过程中选取的个案并不是样本，不应该作为统计性归纳的基础。

3. 案例分析法在金融学中的应用

案例分析法在金融学、管理学、社会学领域都有比较广泛的应用。全球著名金融经济学家、美国弗吉尼亚大学杰出教授 Robert F. Bruner 在研究公司金融、兼并与收购等相关议题时多次使用了案例分析法，如 Bruner(1999)深入研究了沃尔沃(Volvo)集团收购雷诺(Renault)汽车公司的失败案例，阐明了联盟(alliance)与并购(merger)的经济利益，机构投资者呼吁的价值，以及对不良状态采取补救措施带来的价值。布鲁诺(Bruner)和 Brownlee(1990)分析了宝丽来(Polaroid)公司 1988 年的杠杆型员工持股计划(Leveraged ESOP)、财富转移和股东中立。Bruner(2005)还在其著作《金融案例研究》一书中收录和编著了大量用于教学目的的金融案例研究，内容涉及财务分析和预测、估算资本成本、资金预算和资金配置、公司股东权益的管理、公司资本结构管理、融资策略分析、企业价值评估等方面。

国际著名案例研究专家，斯坦福大学教授 Kathleen Eisenhardt 在 *Administrative Science Quarterly*、*Organization Science* 等国际顶尖学术期刊上发表案例研究论文十余篇，是案例研究领域影响力最大的学者之一。虽然他的大部分案例分析论文都属于管理学范畴，但也有一部分与公司金融相关，如 2001 年发表在期刊 *Academy of Management Journal* 上的文章 Architectural Innovation and Modular Corporate Forms(Galunic and Eisenhardt，2001)，以及 2013 年发表在期刊 *Administrative Science Quarterly* 上面的文章 The Seller's side of the story：acquisition of courtship and governance as Syndicate in Entrepreneurial Firms(Graebner and Eisenhardt，2013)等。

金融领域采用案例分析法的经典文献还有：Baker(1992)以比阿特丽斯公司(Beatrice)的发展历程为例研究价值创造与价值损坏的过程；Lys 和 Vincent(1995)对美国电话电报公司(AT&T)收购美国技术公司(NCR)的案例分析；Allen(1998)以美国热电集团股权分拆上市为例对资本市场和公司结构的分析；Gillian，Kensinger 和 Martin(2000)以西尔斯、罗巴克公司(Sears，Roebuck & Co.)为例分析资本创造与公司多元化过程。国内金融领域使用案例分析法的文献也很多，比如于东智(2005)对花旗集团、德意志银行集团以及三菱东京金融集团的公司治理实践进行深入分析，得出有关金融集团公司治理方面的相关结论；郑秉文、孙守纪(2008)以澳大利亚、冰岛和瑞士三国的企业年金制度为例，分析了强制性企业年金制度及其对金融发展的影响；贺建刚、孙铮、李增泉(2010)以五粮液集团为例分析难以抑制的控股股东行为。相关文献还有很多，我们在此就不一一列举了。

4. 案例分析几种经典的方法论

尽管国内外很多研究都采用了案例分析法，但关于案例分析方法论的文献却不多，且不同派别之间分歧挺大，所以案例分析法目前并没有一套像实证研究法那样成熟的方法体系。目前，在学术界应用得比较广泛的、关于案例分析的几种经典的方法论分别是：Yin 的方法论，Eisenhardt 的方法论，Glaser、Strauss 和 Corbin 的扎根理论。Yin 的方法论比较注重具体的分析过程、线索与思路，而 Glaser 和 Strauss 更注重宏观方法论的指导，Eisenhardt 在其发表的许多案例分析文章中使用了 Yin 的案例分析技术。Yin 的方法论是社会科学案例研究中被引用最多的，所以本章主要以 Yin 的案例分析方法论架构为基础,向大家介绍案例分析的一般步骤、分析技巧等。

7.1.2　案例分析的基本类型

1. 单案例分析 VS. 多案例分析

1) 单案例分析

按照所分析的案例数量的多少可将案例分析分为单案例分析和多案例分析。单案例分析指研究只涉及一个案例,通常可以用在以下几种情况:

(1) 批判性案例分析,挑战已经存在的理论,检验或批判某一广为接受的理论。

(2) 特殊性案例分析,这类案例具有独特之处或者比较极端,或者极为少见,值得做深入、细致的研究,以得出新理论或扩充旧理论。

(3) 典型案例分析,研究某些具有代表性的案例出现的环境和条件。

(4) 启示性案例分析,对先前无法观察、分析的科学现象进行启示性研究。

(5) 纵向案例分析,研究同一案例在不同时点的变化,揭示其随时间变化的情况。

美国著名社会学家 William Whyte(1994)的著作——《街角社会:一个意大利人贫民区的社会结构》是非常成功的单案例分析,Whyte 通过参与性观察,以"街角帮"一员的身份,置身于意大利贫民区一帮闲荡于街头巷尾的青年的生活中(作者后来还在帮派中混到了副老大的位置),观察并记录他们的生活状况、非正式组织的内部结构、活动方式以及他们与周围社会的关系,最后将这一观察过程、所获资料及研究结论写成著作。

选择进行单案例分析的潜在风险在于,如果选错案例,那么案例分析的结果与最初想要研究的问题的契合度会很低。

2) 多案例分析

多案例分析指研究中包含两个及以上的案例。多案例分析的目的在于寻找一连串的证据,或使结论更具有说服力,抑或是由此建立新观点和研究架构。

与单案例分析相比,多案例分析所得出的结论通常被认为更具有说服力,但它的分析过程要比单案例分析更复杂,除了要单独分析每一个案例以外,还要考虑案例之间的关联性,进行案例之间的比较,因而需要花费的时间、精力也更多。

多案例分析遵从复制法则而非抽样法则,案例的选择要遵循逐项复制或差别复制。前者指所有案例能产生相同的结果,在挑选案例前要对结果进行某种预判,再集中分析某种结果出现的原因以及如何出现等问题。如崔淼、苏敬勤(2014)在研究如何利用私募成功完成跨国并购交易时就使用了逐项复制的方法,作者选择的两个案例分别是:联想联合美国得州太平洋集团、新桥资本和泛太平洋集团并购 IBMPC 业务;中联重科联手弘毅、曼达林和高盛并购意大利西法。这两个案例具有非常相似的跨国并购交易网络,通过对交易网络结构的分析,归纳出有关"如何利用私募成功完成跨国并购交易"的一般性结论。

差别复制指选择的案例由于可以预知的原因产生与之前的案例分析不同的研究结果。相比逐项复制,差别复制要复杂一些,需要对不同类型的条件提出各种假设,再对所有条件进行分组,每一组中至少包含两个相互独立的案例,即在不同组之间采用差别复制,而在组内采用逐项复制。复制过程中要注意构建合适的理论框架,如果几个案例的分析结果与理论假设矛盾,则应当修改理论假设。

对于究竟选择哪一种案例分析更好,Yin(2009)给出了如下建议:在时间、精力等各方面条件允许的情况下,建议选择多案例分析,因为单案例分析容易出现"一步走错,满盘皆输"的局面。如果选择多案例分析,哪怕只包含两个案例,研究成功的机会也高于单案例分析,得到的结论也会更具有说服力。例如,假如我们采用的是逐项复制,从每一个独立案例中得出的结论能够相互印证,这会比从一个案例中总结出来的结论更扎实。此外,由于不同案例的背景、环境多少有些不同,而它们能得出相同的结论,这就提高了研究结果的适用性和可推广性。假如我们采用的是差别复制,每个案例都分别证明了其各自最初的理论假设,那么研究结果就会比单案例分析的结果具有更高的外在效度(外在效度的概念见 7.1.4 中"检验案例分析品质的指标"部分)。

2. 整体性案例分析 VS. 嵌入性案例分析

按照分析层次的不同,可以将案例分析分为整体性案例分析和嵌入性案例分析。分析层次指分析对象的层次,比如分析层次可能是个人、部门、企业、行业等。整体性案例分析为单层次分析,只包含一个分析单位,以揭示案例整体属性为目的。嵌入性案例分析为多层次分析,多个次级分析单位并存于同一个研究中。次级分析单位有助于拓展研究范围和对案例进行更深入的研究,但在运用过程应注意次级分析单位与主要分析单位之间的比重分配,避免出现"只见树木,不见森林"的情况。总结起来,案例分析可以分为单案例单层次、单案例多层次、多案例单层次和多案例多层次,我们将案例分析的基本类型总结如图 7-1 所示。

7.1.3 案例分析法的适用范围

每一种研究方法都有其优缺点和适用性,那案例分析法在哪种情况下使用呢?它与其他研究方法,比如实验研究法、调查法、档案分析法、历史分析法有什么区别呢?根据Yin(2009)的观点,在决定采用哪种研究方法之前,我们要考虑以下三个因素:研究问题的类型、对研究过程的控制程度以及研究对时下事件的聚焦程度。不同研究方法的适用范围见表 7-1。

表 7-1 不同研究方法的适用范围

研究方法	研究问题的类型	是否需要对研究过程进行控制	研究焦点是否集中在时下事件
实验法	怎么样,为什么	是	是
调查法	什么人,什么事在哪里,有多少	否	是
档案分析法	什么人,什么事在哪里,有多少	否	是/否
历史分析法	怎么样,为什么	否	否
案例分析法	怎么样,为什么	否	是

资料来源:罗伯特·K.殷.案例研究:设计与方法[M].周海涛,译.重庆:重庆大学出版社,2004.

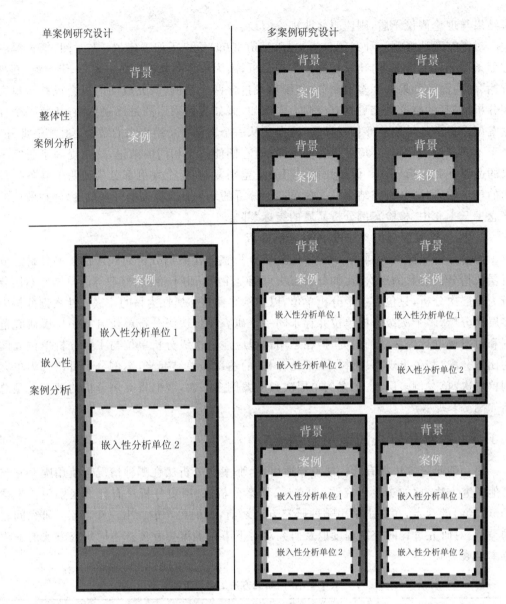

图 7-1   案例分析的基本类型

资料来源：罗伯特·K. 殷. 案例研究：设计与方法[M]. 周海涛，译. 重庆：重庆大学出版社，2004.

　　问题的类型按常见的基本分类可以分为"5W"，即"who""what""where""how"
"why"（Yin，1993）。每种研究方法都遵循其特定的逻辑，但这并不意味着这些研究方法
之间有明确的界限，它们之间其实有很多重叠的地方。并不是说我们采取了其中某一种
研究方法就不能再使用别的研究方法，这些研究方法之间并不是互相排斥的关系，只是说
在有些情况下，某种研究方法比其他研究方法更合适。案例分析法适合用于研究目前正
在发生且研究者不能控制或极少能控制的事件，并且适合用来回答"how"和"why"的问
题，这类问题通常具有描述性、解释性或探索性。

7.1.4 案例分析的一般步骤

在介绍步骤之前首先要说明的是,学术界目前并没有形成统一的案例分析步骤或者案例分析规范。以下步骤只是对大家如何开展案例分析做出一些指导,让大家把握一个大致的方向而不至于无从下手。大家在实际运用过程中并不是每一步都要完全遵照以下步骤的顺序开展研究,每一步也并不是必须的,大家要根据实际情况灵活运用。有时候这些步骤之间不是直线前进而是循环往复的关系,比如有些情况下,我们并不是一开始就能提出研究问题,而是需要先对案例资料有一定了解,发现其中有趣的值得研究的地方之后,才能明确研究问题。再如有时候在收集资料或者资料分析过程中会发现之前的理论假设有错误或缺陷,这就要反过来对理论假设进行修正,再根据修正后的理论假设进行后续的资料收集、分析工作。案例分析的一般步骤如图 7-2 所示。

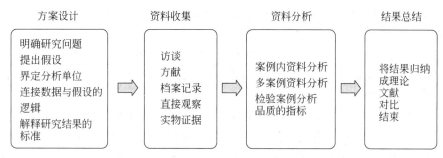

图 7-2 案例分析一般步骤

1. 分析方案

工欲善其事必先利其器,开展案例分析之前首先要设计案例分析方案,它本质上是一种指导我们进行论证的逻辑模式,也可以看作整个案例分析的"蓝图",它引导我们按步骤收集、分析并解释案例资料,防止我们滑向无关紧要的内容。

案例分析作为一种独立的研究方法,有其特有的研究设计,但案例分析领域目前并没有一个放之四海皆准的通用的分析方案,所要遵循的规范目前也还没有形成。Yin (2009)在其著作——*Case Study Research—Design and Methods* 中介绍的设计案例研究方案的方法是被学术界使用得最多的,所以我们以 Yin 的方法论为基础,向大家介绍设计单案例分析方案和多案例分析方案的基本套路。案例分析方案通常包括五个要素:明确研究问题、提出假设、界定分析单位、连接数据与假设的逻辑和解释研究结果的标准。

1)明确研究问题

确定所要探讨的主要问题及问题类型。我们在上一章讲过,案例分析法适合用于回答"为什么"和"怎么样"的问题,所以不要匆忙上阵,先弄清楚自己想要研究的问题的性质,再决定采用哪种研究方法。例如,假设我们要研究小微企业的融资渠道,那么我们首先要提出问题:小微企业是怎样融资的? 它们为什么要采用这些融资方式? 这属于"怎么样"和"为什么"的问题,我们首先要思考这项研究采用案例分析法是否合适,是否能揭示我们想要研究的问题。只有有了清楚的方向和清晰的焦点之后,才能据此系统地收集资料。

2）提出假设

我们此处所讲的假设不同于实证研究中的理论假设（theoretical hypothesis），后者包括明确定义的变量、变量之间的关系以及边界条件，而我们此处的假设仅仅指为后续研究提供一个大致的方向，一些引导性的想法，它能帮助我们掌握正确的研究方向，并有助于寻找相关证据。例如，假如我们要研究强制性企业年金制度及其对金融发展的影响，我们首先要提出问题：一个国家为什么要建立强制性企业年金制度？它将怎样影响一国的金融发展？这属于"为什么"和"怎么样"问题，当我们确定这项研究适合采用案例分析法以后，接下来我们可能会猜想，一国实行强制性企业年金制度可能是因为这项制度能够提高养老金计划的覆盖率，能够提高一国的金融发展水平，促进经济增长（郑秉文、陈守纪，2008）。这一猜想就构成了理论命题的主要部分。它除了反映出重要的理论问题（例如，建立强制性企业年金制度的其他动机并不存在或者并不重要），还能帮助我们确定资料收集范围（去界定和证明强制性企业年金制度对养老金计划的覆盖率、金融发展水平和经济发展的影响）。

我们在概述部分也讲到，案例分析并不是必须从理论假设开始，对于一些无法事先提出假设的研究，如探索性研究，则在进行案例分析之前提出研究的方向和原则即可。

3）界定分析单位

分析单位指分析的最基本单位，它可能是单个的人，也可以是事件或实体，它可以是具体的，如公司、组织、产业等，也可以是抽象的，如决策、过程、变化等。有时为了更明确地界定分析单位，我们还需要明确案例分析的层次，界定主分析单位、嵌入性分析单位和包围这些分析单位的环境事件。如果我们在这一步中出现无法决定哪种分析单位更合适的问题，那就表明所要研究的问题数量过多或者问题过于模糊。

对分析单位的界定会影响研究方法和资料收集方法，假设我们的分析单位是某一特定行业，那么就要把这一行业与其他行业进行明确区分。此外，我们还要明确界定研究的起始时间和结束时间，只有将这些问题都思考清楚了，才能明确资料的收集范围。分析单位并不是决定之后就一成不变了，它应随着资料收集过程中的新问题或新发现进行修订。

4）连接数据与假设的逻辑

连接数据与假设可以有多种形式，但都没有被明确界定过，Campbell（1969）提出过"模式匹配法"，可以将同一个案例的几组信息共同形成某种理论假设，具体做法就是先描述几种可能的假设，然后比较所收集到的数据与哪种模式更匹配。总之这一步的目的就是考虑在收集完数据后该怎么做。我们在后面会讲到三大策略和五大技术。

5）解释研究结果的标准

对于解释研究结果的标准这一要素也很少有文献做出明确界定或详细指导，我们可以根据对至少两种相互矛盾的模式进行比较来解释研究结果。例如，Campbell（1969）在研究《交通限速法》对交通事故死亡率是否有影响的过程中提出了两种可能的模式（"有影响"和"无影响"），他收集的数据与其中一种模式更匹配，但无法精确地设定解释其研究结果的标准，即没有一个标准来界定到底数据与模式之间的契合程度要达到什么程度才算匹配。Campbell（1969）最终得出的结论是：《交通限速法》对交通事故死亡率没有影响，因为他所收集到的数据与"无影响"模式假定更匹配。

2. 资料收集

案例分析的资料主要有五种来源渠道：访谈、文献、档案记录、直接观察和实物证据，其中，访谈是一种重要的资料来源，并且需要一定技巧，所以我们这里着重介绍访谈。表7-2总结了访谈之外的其他四种方法的特点。这些方法各有自己的优缺点，我们在实际运用中要学会取长补短。案例分析通常强调多资料源的观点，当资料来源广泛时，不同渠道来源的资料之间可以相互印证，减少资料收集过程中的一己之见，提高资料的可靠性。因此，案例分析通常都会采取多方法、多研究者、多资料源的做法。

表7-2　不同资料来源渠道的形式及优缺点

渠道	形　　式	优　　点	缺　　点
文献	① 信件、备忘录或各种公报； ② 议事日程、布告、会议记录或其他的事件书面报道； ③ 管理文件：方案、进展报告和其他内部记录； ④ 相同研究领域的正式研究或评价报告； ⑤ 大众媒体与社区通讯中的简报和其他文章	① 可以反复阅读、重复检视； ② 它不是作为案例研究的结果建立的，因而具有自然、真实的特点； ③ 包含资料中出现的确切的名称、参考资料和细节； ④ 覆盖面广，时间跨度长	① 可以反复阅读、重复检视； ② 它不是作为案例研究的结果建立的，因而具有自然、真实的特点； ③ 包含资料中出现的确切的名称、参考资料和细节； ④ 覆盖面广，时间跨度长
档案记录	① 服务记录，比如关于某一时间段内车流量的记录； ② 组织记录，比如某段时间内组织的财政预算； ③ 地图与图表； ④ 名单、名称与其他相关项目的清单； ⑤ 个人记录，比如通讯录、日记等	与文献的优点类似	与文献的缺点类似。此外，档案资料具有隐私性和保密性，这会影响资料的获取
直接观察	① 参与性观察：置身于被观察者的活动场所中，在实际情境中担当不同的具体角色，观察他们的所作所为，并与他们互动； ② 非参与性观察：作为旁观者观察被观察者的行为，不介入被观察者的活动	能够看到直接、即时的事件以及事件发生时的情境，能深入某些群体内部，了解事情的细节，还能深入了解人际行为与动机	可能会带有偏见或者由于调查者的控制而造成误差，此外，这种方法也会耗费较多的时间和精力
实物证据	一些物理或文化的人工制品，可以在实地访问过程中收集	① 对文化特征的见证； ② 对技术操作的见证	① 选择误差； ② 获取的困难

资料来源：罗伯特·K.殷.案例研究：设计与方法[M].周海涛，译.重庆：重庆大学出版社，2004.

1）何为访谈

访谈（interview）分为结构式访谈和非结构式访谈，前者指提前设计好标准的问卷，访谈严格按照问卷内容进行，因而也被称作标准化访谈。非结构式访谈也称为深度访谈，它不拘于某一固定的形式，不是结构固定的问与答，而是围绕一个大致话题方向，沿着一条连贯的线索进行的灵活交谈,它是案例分析最重要的信息来源之一。Robert F. Bruner (1999)在研究 1993 年 Volvo 并购 Renault 的案例时对 20 位直接或间接参与并购事务的公司高管、机构投资者负责人、银行家和记者进行了现场访谈,重现并购联盟的形成经过和并购事件始末,深入了解并购各参与方的动机与观点。再如我们在材料 7-3 中所举的何云等(2017)的案例研究也采用了访谈方式收集资料,何云等先后进行了超过 10 次的访谈,通过访谈的录音材料整理出了 20 万字有余的资料。

2)如何让访谈顺利进行

在中国的武侠电视剧中,我们常常可以看到,那些武功盖世的高人通常并不是靠着五大三粗、使用蛮力取胜,而是通过掌握某个门派的武功秘籍,以技巧取胜。在武打片中,两个武功不分高下的人常常来来回回打上好几个回合,仔细观察就会发现,他们从来不直接抵抗对手的攻击,而是先接受它,然后再巧妙地将对手引导到自己可以接受的方向。访谈也一样,需要讲究技巧,并且访谈技巧与比武技巧有相似之处,我们会在讲解如何追问的时候详细介绍。为了让访谈顺利进行,应做好以下几点:

(1)有备而来。如果是结构式访谈,那我们得提前设计好标准的问卷,不仅如此,还应在访谈之前自己先把问卷"吃透",将问卷内容、顺序、注意事项和容易混淆的地方烂熟于心,并反复朗读问卷问题,做到能自然、流畅地讲出问卷内容。我们还可以找同学、朋友模拟访谈对象进行练习。

对于深度访谈,尽管没有标准化的详细问卷,但也要提前熟悉访问提纲,清楚访谈的主要项目和方向。只有这样才能把握主线,随机应变。

(2)穿着与言行得体。我们从外在装扮到言谈举止尽量做到入乡随俗,比如,我们的受访者是某贫民区的居民,我们衣着华丽西装革履地去采访可能很难得到合作,同样,我们衣衫不整恐怕也难以赢得那些有身份地位的受访者的合作。这就需要我们提前做好功课,观察、了解受访者所在地区的一些基本习俗。即使我们的穿着风格无法做到与受访者一致,但至少要做到干净整洁,衣着得体。

在言谈举止上,我们要表现得礼貌、诚恳、友善、面带微笑,尽量给受访者营造一种轻松的聊天氛围,不要让他们感觉我们像是在打探。笔者在一次访谈调查中的切身体会是,使用当地方言更能拉近与受访者的距离。其实在访谈开始后,我们要在最短时间内对受访者的性格类型有一个大致判断,然后采用一种让他们感觉最舒服的态度与他们进行交谈,在受访者讲话的过程中,我们不要轻易打断他们,要全神贯注地倾听,与他们有眼神交流,时不时地微笑点头,表现出我们的兴趣,用表情控制良好的访谈氛围。

(3)精准地提问。在访问开端,我们首先要作自我介绍,说明来意,寻求合作。自我介绍的内容其实就是我们在第 6 章问卷调查部分所讲的封面信的内容。

对于结构式访谈,我们提问时应遵照问卷上面的措辞,因为不同的表述方式可能导致访谈对象不同的回答。我们要尽量遵照问卷的原话,即使当受访者不明白问题含义,需要我们解释的时候,我们也不要在解释问题的过程中加进自己的态度,要确保受访者对问题的理解与问卷所要询问的相一致。

对于非结构式访谈,虽然问题没有固定格式或统一的标准,但在询问问题时,切记要保持态度中立,把自己当成一个问题与答案传递过程中的媒介,不能让自己的态度、观点、动作等任何因素影响受访者的回答。在提问时循序渐进,由浅入深。先问简单易答的问题,这类问题可以采取开门见山的方式直接提问,将敏感的、隐私的、复杂的问题放在后面,这类问题最好采取投石问路的提问方式,至于如何投石问路,我们会在材料 7-1 中讲到。

(4) 保持中立,拒绝评论。作为访问员,从头到尾都应保持价值中立,这是一种态度,放弃自己的观点,聆听对方的观点,访问的重点是听对方说而不是自己说。有时候我们也许会习惯性地在对方说完之后发表一些评论或者自己对这件事的看法,比如被问到是否打算生二胎时,对方回答"不打算生了,现在养孩子不容易",不专业的访问员可能会在后面跟一句"的确,现在的孩子跟以前不一样了,各方面都得培养,花费挺大的",也许对方所说的不容易并不是指花费上的,也许是指精力上不容易,而我们的观点容易影响对方接下来的回答,所以在对方回答"不打算生了,现在养孩子不容易"之后,价值中立的问法应该是"您主要是觉得哪些方面不容易呢"。

(5) 深入追问但不要咄咄逼人。当受访者答非所问、回答得模棱两可或含混不清,或者我们需要了解更加详细的答案时,就需要追问了。尤其是询问敏感或隐私话题的时候,常常需要追问。常用的追问方式是口头追问,比如"还有其他的吗""是什么样的呢""在哪些方面呢""能不能针对这点举个例子",等等。报社记者常用的一种追问技巧是拿着笔静静地坐在那儿,这时候受访者很可能对自己刚才所说的话进行补充以避免这段沉默的尴尬。

我们在本节开头部分提到了"在武打片中,不直接抵抗对手攻击,而是先接受,再引导对手"的技巧,追问时就可以用上了,即使我们明白受访者答偏题了,也不要一发现就直接打断他,我们先安静倾听或者顺着他的话题询问,以表示我们对他的讲话感兴趣,再寻找合适的时机将对话引导到主题上来。在追问的时候要营造一种像聊天一样的轻松感觉,不要强行追问,也不要一次问好几个问题,给人咄咄逼人的感觉。我们在材料 7-1 中专门节选了电影《福斯特对话尼克松》(Frost/Nixon)中的一段台词来说明如何追问。

(6) 别让敏感话题"碰壁"。在访谈中,虽然我们应尽量避免敏感话题,但有些情况下,我们的研究对象就是这一些敏感话题,比如我们想深入了解吸毒者为什么会走上吸毒之路,那么访谈中敏感话题就不可避免了。例如,李银河(1990)在其著作《中国人的性爱与婚姻》一书中,为了解不同婚恋状态下人的动机和心理,大量使用了访谈法获取资料,特别是与传统婚恋道德观相冲突的同性恋、独身、婚外情等,这些都是相对隐秘的受访者容易回避或者不坦诚回答的话题,这类问题的访问尤其需要技巧。对于敏感话题的访谈,承诺保密很重要,这一点应在访谈之初就明确说明。

敏感话题直截了当地提出来往往是会"碰壁"的,受访者可能拒绝回答或者绕弯子或者给出虚假回答。所以我们最好采用迂回的提问方式,并且找准合适的时机,抓住访谈主线进行追问。这类问题通常要等到双方聊了一段时间,对方放松戒备心理,并且氛围很轻松的时候再问。要想让对方放松,首先是要放开自己,言谈举止不要过于正式,自然轻松地与对方交谈,营造一种朋友之间拉家常的放松氛围。最好坐在受访者的两侧,因为面对面坐着聊一些敏感话题往往会让对方没有安全感,有一种无处躲藏的不自在感。我们在材料7-1中展现了一个关于如何追问敏感话题的经典例子。

（7）注意捕捉语言之外的信息。在访谈过程中，我们还应注意观察一些语言之外的因素，比如受访者的肢体语言，他们的外貌、衣着、情绪、动作等有时能向我们传达一些重要信息，并且我们也需要结合对方的一些肢体语言（哈欠连天、心不在焉、目光游离、频繁看表等）来控制访谈的氛围和进度。除了肢体语言，周围环境有时也能提供一些有用信息，比如物品的陈列、风格，等等。

（8）有效记录答案。为了真实、全面、具体、生动地记录答案，访谈中通常至少要安排两个人，一人专门负责访问，另一个人则负责记录答案。要将受访者的回答一字一句原原本本记录下来是不太现实的，并且也会影响访谈进度，所以在记录时注意抓要点。秦伟、吴军等（2000）提出访谈内容记录要抓住五个"点"：①记要点：主要事实、主要观点、主要意见等；②记特点：有特色的关键性的语言、事件、情节等；③记疑点：对有疑问的地方做好记录，访谈最后再询问或调查；④记易忘点：时间、地点、人名等各种容易忘记的数据；⑤记主要感受点：将自己在这一过程中与访谈主题相关的主要感受、想法、片段性的思索等记录下来，以免遗忘。对于最后一点要注意：对自己感受的记录与对受访者回答的记录必须区分开，比如可以记录在不同的笔记本上，或者用不同颜色的笔记录，总之不能将二者混淆。此外，对受访者回答的记录务必真实、客观，记录原话，不要试图用自己的语言转述、阐释等。对于受访者口头语言之外的其他情况，如情绪、态度、动作以及一些特殊情况等，可以采用边缘注释。

为了避免由于记录不准确造成的误差，可以在得到访谈对象许可的前提下进行录音。要注意的是，即便得到对方的录音许可，也最好不要将录音笔放在显眼的地方，以免影响访谈氛围。访谈结束后，要尽快整理访谈记录，这件事不能拖，因为时间久了可能自己都看不懂自己的某些记录，并且回忆也不是那么清晰了。

3）访谈的优缺点

访谈的优点在于可以根据案例研究课题有针对性地提问，在与访谈对象直接的互动中获得有深度的解释。并且通过面对面访谈还能捕捉一些非语言信息，如受访者的肢体语言（表情、情绪、态度、动作等）、周围环境、生活状况等，这些信息有时候对案例研究也非常有用。

深度访谈的缺点在于所获取的资料有可能包含了访问员的偏见，访谈中提及的重要文件不容易取得，并且受访者口述记忆容易产生误差。具体表现有：①受访者的回忆偏误；②受访者故意迎合访问员；③记录不准确；④受访者的回答容易受主观因素的影响，比如对于同一个问题，访问员换一种提问方式，换一种语气或者态度都有可能得到不同的答案。

材料7-1：经典访谈之福斯特对话尼克松

电影《福斯特对话尼克松》改编自一次真实的电视采访。水门事件（Watergate Scandal）爆发以后，尼克松总统（President Richard Milhous Nixon）被迫下台。此后的数年里，他在媒体和公众面前一直保持缄默，没有对水门事件做出任何评价或者表示出任何忏悔。直到五年后（1977年），他第一次接受英国脱口秀节目主持人David Frost的专访，讲述自己总统任期内发生的重要事件，他本想借这次专访让人们重新认识他正义的一面，同意在访谈中提及水门事件，是因为他轻看了这位看似温文尔雅、和蔼可亲的访谈员，他以为自己可以不费力气将水门事件蒙混过关。而 Frost 精湛的访谈技巧和犀利、中肯的追问让 Nixon 最终承认了水门事件的始末和自己在其中所扮演的角色，并承认"我让美国人民失望了"，访谈达到了目标，非常成功。一方想方设法揭露真相，另一方却千方百计隐瞒事实，整个过程双方唇枪舌剑相当精彩，简直就是一场胆识、智慧与才华的较量，这次访谈也因此成为美国新闻史上的经典。

整个访谈过程分三次进行，在第一次访谈中，Frost 试图开门见山，直击水门事件这一敏感话题，访谈开始的第一个问题就是：你为什么不直接烧毁（水门事件）录音磁带？Nixon 先是很震惊，没料到对方一开始就抛出这样的问题，但沉默几秒之后，Nixon 镇定自若地给出回答，他的回答表面上看似与这一问题相关，但其实是在回答白宫录音监听系统的由来和作用以及自己对这一系统的看法，完全没有正面回答 Frost 的问题。

Frost 继续提出与水门事件相关的问题，但都没有都得正面回答，Nixon 一直在"兜圈子"，讲一些表面上看似与话题相关实则无关紧要的事情。Frost 深知没有得到任何实质性的答案，但他中途从未试图打断 Nixon，也没有对 Nixon 的回答进行任何评论，只是专注倾听 Nixon 随心所欲地"讲故事"。第一次访谈结束后，Nixon 信心大增，放松了戒备心理。

在第二场访谈中，Frost 改变了策略，采取迂回提问的方式，他以越南战争和对柬埔寨的侵略作为切入点，Frost 问道："总统先生，您走进白宫时允诺和平，不久你就把美国以至于白宫更深地搅进越南战争，战争被延长了，造成了很多不良后果，您有没有觉得背叛了把选票投给您的人民？"Frost 依然没有得到关于这个问题的正面回答，Nixon 对于战争带来的不良后果避而不谈，只是解释发动战争的原因以及它带来的好处，他甚至将这两场战争辩解为正义之举。所以第二场访谈并未取得成功，访谈结束后，Nixon 更加放松，基本放下警惕，认为对手很容易对付，而自己胜券在握。

第三次访谈是整个访谈以及这部电影的高潮部分，下面我们节选了电影台词中最精彩的部分对话进行分析：

Frost：Now，you've always maintained that you knew nothing about any of this until March 21. But in February，your personal lawyer came to Washington to start raising of ＄219,000 of hush money to be paid to the burglars. Now，do you seriously expect us to believe that you have no knowledge of that？

Nixon：None. I believed the money was for humanitarian purposes. To help disadvantaged people with their defenses.

（Nixon 对于 Frost 的问题只用了一个词（none）回答，然后立即将话题绕到"钱应该用于人道主义目的"这一看似相关实则答非所问的话题上面，企图转移话题，他停顿一下之后试图接着说）

Frost：Well，it was being delivered on the tops of phone booths with aliases，and at the airports by people with gloves on. That's not normally the way lawyer's fees are delivered，is it？

（Frost 此处机智地阻止了 Nixon 对不相关的事情展开漫无边际的演说，及时将话题

绕回到关键点——这笔"封口费"上面）

Nixon：Look，I have made statements to this effect before. All that was Haldeman and Ehrlichman's business. I knew nothing. Okay，fine. Fine！（加快语速，表情也开始显得不耐烦）You made a conclusion there. I stated my view，now let's move on. Let's get on to the rest of it.

（Nixon 把责任推向其他人，并再次试图转移话题）

Frost：No，hold on. No，hold on.（Frost 坚定地把握主线，紧追不舍）

Nixon：No，I don't want to talk.（Nixon 语气激动，做出"暂停"的手势，提高音量并直接打断 Frost）

Frost：If Haldeman and Ehrlichman were the ones really responsible，when you subsequently found out about it，why didn't you call the police and have them arrested？Isn't that just a cover-up of another kind？

（Frost 并没有被打断思路，而是紧接着 Nixon 对前一个问题的回答继续追问）

Nixon：Yeah，maybe I should have done that. Maybe I should have just called the feds into my office and said，"Hey，there's the two man. Haul them down to the dock，fingerprint them and then throw them in the can." I'm not made that way. These men，Haldeman，Ehrlichman，I knew their families. I knew them since they were just kids. Yeah，but you know，politically，the pressure on me to let them go，that became overwhelming！So I did it. I cut off one arm，then I cut off the other，and I'm not a good butcher！And I have always maintained what they were doing，what we were all doing，was not criminal. Look，when you're in office，you gotta do a lot of things sometimes that are not always in the strictest sense of the law，legal，but you do them because they're in the greater interests of the nation！

（Nixon 在说这一段的时候语速很快，语气激动并带有肢体动作，显得有些坐立不安，频繁改变坐姿。Nixon 又说了许多兜圈子的话，企图蒙混过关）

Frost：Right. Wait，just so I understand correctly，are you really saying that in certain situations，the President can decide whether it's in the best interests of the nation and then do something illegal？

（Frost 不愧是非常出色的访谈员！在 Nixon 情绪激动的回答过程中，Frost 依旧镇定、专注地倾听。他并没有被 Nixon 这一段很绕的话"迷惑"，他的信息捕捉能力、总结能力、追问能力在这里尽显无遗，他从 Nixon 的最后一句话中找到了突破点，并及时、果断地阻止了 Nixon 将话题引开，一针见血地提出了这场访谈中至关重要的一问）

Nixon（表情非常严肃）：I'm saying that when the President does it，that means it's not illegal.

（他用了 not illegal 这类具有迷惑性的字眼，这是非常关键的一个回答，为了肯定和强调他的这一回答，Frost 进行了下面的追问）

Frost：I'm sorry？

Nixon：That's what I believe.（长叹一口气之后继续说道）But I realize no one else shares that view.（回答得并不确切，所以 Frost 继续下面的追问）

Frost：So，in that case，will you accept，then，to clear air once and for all，that you were part of a cover-up and that you did break the law?

（Frost 有意降低音量，让自己的问题显得不那么带有"攻击性"，身体微向前倾，眼神非常诚恳而坚定地注视着 Nixon）

Frost 抛出这一切中要害的问题之后，Nixon 已"无处可逃"，最终承认了自己在水门事件中犯下的错误，并承认：I let the American people down。访谈获得成功。

从这个例子，我们看到了一位优秀的访谈员应具备的能力和技巧。Frost 在访谈之前做了大量的准备工作，包括提前拜访 Nixon，听 Nixon 在任期间在白宫的录音磁带，详细记录笔记，了解他的性格特征，了解他的事迹，仔细研究、斟酌所要提的问题和表达方式，对于每一个句子的遣词造句都进行了详细的探讨，并模拟访谈场景进行练习。Frost 将所要询问的问题写到备忘录上，访谈进行到最后阶段时，他直接将问题备忘录扔到一旁，这说明他准备得很充分，对访谈主线和想要询问的话题想必也是烂熟于心的。

Frost 在访谈过程中着装得体，态度诚恳，即使 Nixon 总是说一些兜圈子的话并企图回避或绕开问题，Frost 从头到尾很少直截了当打断他，他一直非常认真、非常专注地听对方讲，他会寻找合适的时机将话题很自然地引导到主题上来。并且，Frost 始终清楚自己的访谈主题，他没有被对方那些兜圈子的话"带偏"，而是从对方的话中捕捉关键点，并沿着自己的提问线索通过一步步追问将对方引导至核心问题上来。访谈开头和中间好几次都使用了"沉默追问法"，就是在 Nixon 回答完之后，Frost 默不作声，只是专注地看着对方，Nixon 沉默几秒之后又对先前的回答进行了补充。此外，Frost 在整个过程对自己的音量、语气、表情的控制也非常到位。

3. 资料分析

资料分析是案例分析的核心，也是最复杂的部分，想想要从几百页甚至上千页的资料、笔记中抽丝剥茧并非易事，新手们往往无从下手。这一节将介绍案例内资料分析步骤，多案例资料分析，以及检验案例分析品质的指标。

1) 案例内资料分析步骤

（1）资料摘记。将上一步收集到的资料进行摘记，建立文本，包括相关文件摘录、访谈摘记、参与观察笔记、誊写录音稿等。

（2）整理和解读资料。依照全文主题将每一个段落分解成一个或两个小单位，用一句话简单概括每个小单位的内容并加以编码，再根据它们内容和性质的相近程度进行整理，形成自然类别。如果已有初步理论，也可以根据理论来建构类别。

（3）对资料进行重组和归类。分析每一个自然类别的内容，寻找不同类别之间的关系，指出主题。注意考虑资料与主题的契合与矛盾，写分析笔记和分析备忘录。

（4）建构初步的理论框架。对初步假设或发现进行复核，以了解资料与假设或发现的匹配情况。挣脱初步印象，透过各种视角对重要主题和资料进行多方位分析。

（5）建构理论架构。整合所有资料、脉络、理论命题以及探索性架构，描绘深层结构，建构理论架构。

2) 多案例资料分析

对于多案例分析,除了要进行以上案例内分析步骤以外,还需要进行案例之间的比较,比较方式可以分为以下两类:

(1) 根据研究类别进行跨案例比较。根据研究类别将案例进行分类,比较同一类别内案例之间的相似性以及不同类别之间案例的差异性。

(2) 根据案例的所有性质进行全方位比较。对全部案例的所有特点进行全面比较,找出它们之间的相似点和相异点,这种方式便于我们发现那些看起来相似的案例之间的不同点以及看起来不相似案例之间的相似点。

在前面我们讲到多案例分析遵从的是复制法则而非抽样法则,采用复制法进行多案例分析的步骤如图7-3所示。

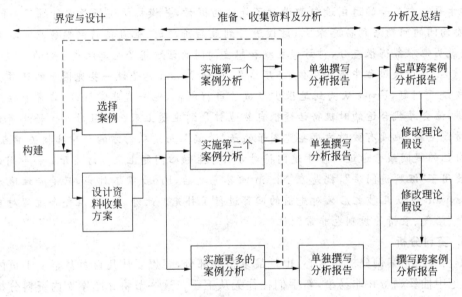

图 7-3　多案例分析步骤

资料来源:罗伯特·K.殷.案例研究:设计与方法[M].周海涛,译.重庆:重庆大学出版社,2004.

首先要构建理论,对每一个案例进行完整的分析,如果某一结论成立,则复制一次该过程,检验下一个案例。每一个案例都要单独撰写分析报告,并将原理论假设成立与否的理由写进分析报告中,再结合所有案例撰写多案例分析报告,报告中阐明复制的逻辑以及案例的实证结果与其理论假设相符与否的原因。

图中的虚线表示反馈环节,这一环节十分重要,在对某一案例进行分析时,如果发现分析结果与最初的研究方案不相符或者分析结果与原来的理论假设不一致,则应先考虑重新设计或修改原来的研究方案或理论假设之后,再进行下一个案例的分析。

到底列举多少个案例合适呢?如果研究采取逐项复制,案例数量取决于研究者想让案例分析结果具备的确定性程度,通常,案例分析中个案的数量越多,分析结果的确定性程度就越高。如果研究采取差别复制,案例数量取决于研究对象的复杂程度。如果我们不确定某些外部条件是否会引起不同的结果,则需要选择较多的案例,并在进行案例分析之前明确界定这些相关条件。一些经验丰富的研究者通常建议将案例个数限制在四个至十个。

3）检验案例分析品质的指标

检验案例分析品质的指标包括构念效度、内在效度、外在效度和信度。构念效度指测量的准确性，即是否测到想要测量的东西。内在效度指变量之间因果关系推论的可信度，仅用于解释性或因果性案例分析，证明某一特定条件将引起另一特定结果。外在效度指将研究结论推广到其他群体、时间、情境的可信程度，它检验的是研究结论的可归纳性和可复制性，即能否将研究结果归纳成理论并推广到其他情况中。信度检验的是案例分析过程的可复制性，即后来的研究者如果完全按照先前研究者的案例分析步骤，进行相同的案例分析，能否得出同样的结果，进行信度检验是为了减少研究中的偏见和错误。

4. 结果总结

1）将分析结果归纳成为理论

案例分析法的批评者常以统计调查的标准看待案例分析，怀疑其外在效度，称单案例分析证据不充分，不足以形成科学的归纳。但是，在案例分析中，用样本来类推总体是错误的，因为案例分析依据的是"分析性归纳"而非"统计性归纳"。所以，在讨论如何将案例分析结果归纳成为理论之前，我们需要先区分统计性归纳与分析性归纳。

"统计性归纳"是一种被学术界认可的归纳方法，也是进行统计和调查时最常用的归纳方法，它通过利用样本的各种实证数据来推导总体的某种属性。

案例分析不能采取统计性归纳是因为在案例分析中，用样本来类推总体是错误的，我们所选取的个案并不是"样本"，不能作为统计性归纳的基础，我们也要避免使用类似于"案例的样本""案例样本数"这类说法。案例分析只能采用分析性归纳，我们要尽力从一系列研究结果中总结出更抽象、更具概括性的理论，并且实证结果要与该理论相对照，只有当两个及以上的实证结果都支持同一理论时，才意味着我们的研究具有可重复性。

2）文献对比

与现有的文献进行对比的目的是将研究结果与现有理论或概念进行比较，了解二者相似或相异之处。如果研究结果与现有文献的研究结果类似或支持现有理论，则代表研究结论的内部效度、外部效度以及构念的可信度均更高，可以扩大文献的应用范围；如果研究结果与现有文献的研究结果相矛盾，则寻找原因，换一个角度思考，做更周详的考虑，提出新的观点，或者对理论或构念进行修正。

3）结束

何时结束案例分析主要取决于以下三个因素：

（1）案例所提供的信息的饱和程度。当案例所提供的信息达到饱和，即我们对新增的案例进行分析无法获得更多的信息时，就可以结束案例。

（2）理论与资料的契合程度。在案例分析过程中，研究者通常会反反复复检视案例分析的证据，修正理论假设与命题，当资料对理论的改善幅度趋于饱和时，就可以结束案例分析。

（3）时间、精力和经费的限制。案例分析通常需要花费较多的时间和精力，当出现人力、物力或财力等因素的限制时，案例分析就得结束。

7.1.5　案例分析三大策略和五大技术

对于案例资料的分析,不像统计资料的分析那样,有固定的章法、公式可循,对于一个新手而言,这一步常常是很缓慢甚至难以下手的。在这方面提供具体技术指导的文献并不多,迈尔斯(Miles)和休伯曼(Huberman)(1994)曾在其著作 *Qualitative data analysis：An expanded sourcebook* 中介绍过一些比较实用的分析处理技巧,他们的分析技术致力于具体操作细节,强调程序,但缺乏对分析思路的指导。相比之下,Glaser 和 Strauss 的扎根理论更注重宏观方法论的指导。只有 Yin 的案例分析方法论既有对宏观策略的指导,又有具体的分析技术,Eisenhardt 在其许多案例分析范围中均引用了 Yin 的方法论。所以我们在本章只介绍 Yin 案例分析的三大策略和五大具体分析技术,主要是结合金融学中一些具体的案例分析范文,向大家介绍这些策略、技巧的具体用法。

1. 三大策略

1)依据理论观点

遵循设计案例分析方案时形成的理论假设,依据理论假设来制定资料收集方案,并选择合适的分析方法。例如,我们在材料 7-3 中讲到的案例就采用了该策略,何云等从出售方的角度理解并购动因及出售时机,其基本假设是:在中国这样一个新兴市场,企业面临的战略障碍与其出售意愿之间存在关系,并且政府干预也会影响企业的出售意愿。对每个案例,研究力求探究企业的出售动机和政府干预对其出售的影响。可见,理论假设能引导研究者把注意力集中到某些资料而忽略其他资料。

2)进行案例描述

进行案例描写可以用于两种情况,一种是案例分析的主要目的就是描述某一状况,比如我们前面提到过 Whyte 的《街角社会:一个意大利人贫民区的社会结构》就是一个很好的例子,作者通过观察意大利一个贫民区青年的生活状况,按时间顺序记录了人与人之间发生的各种事件,描述了一个前人未曾注意到的亚文化;另一种情况是进行描述的目的是为了解释某种因果关系或开展定量分析。比如我们在本章实战教学部分介绍的例子就属于第二种情况,Baker(1992)对 Beatrice 的发展历史进行详尽描述,目的就是解释其价值创造和价值破坏的原因。

3)确立和检验竞争性解释

竞争性解释就是与我们之前提出的理论假设相反的解释,通过资料分析进行验证,排除竞争性解释。通过提出、验证并排除竞争性解释往往能使研究结论更具说服力。例如材料 7-2 和实战教学的例子均用到了该策略。

2. 五大技术

1)模式匹配

模式匹配是 Yin 最推荐的分析技术,它是将建立在经验基础上的模式与建立在预测基础上的模式进行匹配,如果二者之间相一致,则所得到的结论就会有比较高的内在效度。在模式匹配过程中,还可以同时将竞争性解释考虑进来。

材料 7-2　模式匹配技术的运用

贺建刚、孙铮、李增泉 2010 年发表在《会计研究》期刊上面的文章《难以抑制的控股股东行为:理论解释与案例分析》一文就使用了模式匹配框架,这篇文章的两种竞争性理论分别是:①上市公司大股东屡屡借助关联交易进行利益输送的主要原因:我国资本市场上法律风险缺失,信息披露不透明,公司治理水平低下。因此,中国证监会不断强化监管、完善公司治理被认为是制约上市公司关联交易的有效途径;②完善法律环境和健全公司治理对减少关联交易的有效性并不明显,上市公司大股东滥用控制权的行为仍未得到有效约束。

作者接下来使用模式匹配技术否定第一种竞争性理论,验证和发展第二种竞争性理论。作者使用已有文献资料对第一种竞争性理论进行否定。在发展第二种竞争性理论时,作者借用了 Becker、Murphy 和 Grossman(BMG)提出的理论框架,其基本观点是:政策管制的制度执行效果也取决于所管制商品本身的市场结构特征,商品市场的供给或者需求越是缺乏弹性,政策就越难达到预期效果,所以对于缺乏弹性市场的交易管制,除了考虑执行机制本身的完善程度以外,还要考虑所管制商品的市场交易结构。基于 BMG 的理论框架,作者将关联交易视为一种商品消费来分析和解释公司治理机制对约束上市公司关联交易的效率。最后以五粮液为例,验证了第二种竞争性解释。

2) 建构性解释

通过构建关于案例的解释来分析案例资料,常用于解释性案例分析中,通常包含以下几个步骤:

(1) 提出解释因果关系的原创性理论观点或命题。

(2) 比较案例分析结果与上述观点或命题。

(3) 对该观点或命题进行修正。

(4) 将修改后的观点与更多的案例事实进行比较。

(5) 根据需要循环上述修正过程。

材料 7-3 建构性解释框架的运用

何云、李善民、王蔡萍 2017 年发表在《南方经济》上的文章《外资并购中的企业出售动因及政府干预的影响:一项多案例研究》明显采用了建构性解释框架。

何云等首先回顾了前人研究企业并购的两个视角:①从兼并者的利益出发,将收购方作为并购活动中的关键决策者,出售方被隐含假定为弱势、被动和缺乏话语权的失败者或失意者。②Eisenhardt 的视角:她扭转了出售方作为弱势方的研究假设,强调并购是买卖双方你情我愿的过程,并将其称为"求偶式"并购,指出影响交易的因素除了价格还有时机、战略和情感,Eisenhardt 认为自己的研究结论对私有企业、上市公司和其他类型的公司都成立。

何云等指出,第一种视角忽略了对出售方的研究,第二种视角并不具有普适性,例如,何云等通过观察中国的企业并购,尤其是外资企业的并购时发现:①外资并购的直接对象是我国的优势企业而非处于弱势的无法生存的困难企业;②并购的核心参与者不仅包括出售方与兼并方,很多时候还包括政府甚至民众。根据观察结果,何云等对前人的理论进行初步修正,并提出初步理论命题:企业的出售动机和时机选择可能也会表现出独特性。

为了验证以上命题,何云等对 2000—2014 年出售给外资方的 10 家中国企业进行研究,他们先进行单案例分析,对每个案例的出售动机及政府干预对其影响进行主题提炼,再进行跨案例分析,找出不同案例之间相似的变量,最后筛选出他们感兴趣的变量,并据此构建了从目标方的角度描述并购中企业出售动机与时机选择的解释框架:当公司出现技术、财务及管理的战略障碍时,企业出售意愿会明显增强,但企业的出售决策还要受到政府政策、干预所形成的机会窗口的影响。

根据以上初步解释框架,何云等进一步进行了以下两方面的案例研究:①研究企业战略障碍与出售意愿的形成,并提出命题1:企业面临的战略障碍正向影响企业的出售意愿;②研究政府干预与出售机会窗口的形成,并得到命题2:政府干预是影响企业的战略障碍与出售时机决策之间的调节变量。

何云等根据这两个命题形成初步结论:企业面临的战略障碍(技术落后、财务困境、管理能力受限)越强时,出售意愿越强,出售的可能性越大,尤其是政府干预(出台法规、行业引导、政府审批、政策优惠)鼓励通过引入外资改善行业或企业的技术或管理水平时,这使面临战略障碍的企业的出售意愿会进一步增强,并且由于政策具有时效性,企业为了抓住政策形成的机会窗口,可能会先于预期做出出售决策。

何云等对以上初步结论进行完善和归纳,最后得出基本结论:出售动因首先来自企业自身面临战略障碍的严重程度,政府干预形成的机会窗口是影响企业出售时机选择的重要外部力量。

3) 时序分析

时序分析的内在逻辑是:比较数据资料的趋势与以下三个趋势:调查之前就明确下来的某种理论性趋势,前期确定的某种相反趋势,其他任一有损内在效度的趋势。相关资料要涵盖自变量和因变量在一段时间范围内的数据,分析这些数据的变动趋势,找到前后时间跨度中的变化轨迹。

时序分析的一种独特模型是编制大事年表,追溯一段时间内发生的事件,目的是分析那些假定有因果联系的事件,它包含了对不同时间段发生的事件之间因果关系的判断,比如,某些事件必然发生在其他事件之前,某些事件之后必然出现其他事件,某些事件只能出现在事先指明的一段时间间隔之后,等等。为了提高推断的说服力,我们还可以对那些有损研究内在效度的因素做出明确的解释。

Baker 1992 年发表在 *The Journal of Finance* 上的文章 Beatrice:A Study in the Creation and Destruction of value 就使用了时序分析框架。Beatrice 公司的组织结构和公司战略与公司的市场价值之间存在明显的时序关系,Baker 首先观察到不同 CEO(首席执行官)在任期间 Beatrice 的累计超额收益存在明显差异,他推测这种差异是由不同CEO 在任期间公司的组织形式和战略的差异造成的,然后对 Beatrice 市场价值的增长和下跌进行深入分析,找到了分散化组织形式下价值创造的来源和集权式管理模式下价值损失的原因,验证了自己的猜想。

4) 逻辑模型

逻辑模型可以看作模式匹配的一个变式,它是将实际观察到的事件与理论预测到的事件进行对比,建立一个因果循环(原因——结果——原因——结果)的时间序列,并且各个事件能联结成一个整体。Lys 和 Vincent 1995 年发表在期刊 *Journal of Financial*

Economics 上的文章 An analysis of value destruction in AT&T's acquisition of NCR 就用了逻辑模型技术,详见材料 7-4。

材料 7-4　逻辑模型的运用

为解释美国电信巨头 AT&T 恶意收购 NCR 的原因,作者首先描述了 AT&T 的发展历程,解释其与贝尔运营公司剥离的原因,并介绍了这次收购发生的背景,AT&T 选择 NCR 的动机以及投资者对这次收购的反馈。阐明了在市场认为这是一场损坏价值的交易的情况下,AT&T 坚持要收购 NCR,这和 1984 年与司法部达成的致使 AT&T 剥离的同意判决书(consent decree)至少有部分关系(在美国司法部认定 AT&T 垄断电话业务,违反了《谢尔曼法》第 2 条之后,该公司于 1984 年被拆分)。

AT&T 不顾 NCR 的反抗和市场对这场交易持续性的负面反馈,坚决收购 NCR,源自管理层的傲慢自大、不明智的判断力和不断增加的承诺,而不断增加的承诺又来自管理层想挽回"丢失的面子":管理层在计算机商务方面的失败使得他们不断增加在这方面的承诺而非退出这项业务。尤其是 1984 年,管理层因与司法部签订同意判决书而饱受财经媒体的批评,1984 年剥离贝尔运作公司一度被视为管理层的过失,为了挽回面子并证明自己的行动是对的,管理层不断增加承诺。这一系列事件时间存在清晰的逻辑联系。

5)跨案例聚类分析

前面的 4 种分析技术既可以用于单案例分析,也可以用于多案例分析,跨案例聚类分析则是专门用于多案例分析的。其做法通常是编制文档表格,构建一个总体框架呈现单案例资料。这个技术通常用在一些大型的研究项目中,我们平常写论文用到的多数还是前面 4 项技术,因此对于跨案例聚类分析,我们在此就不举例详述了,大家感兴趣的话可以参考 Graebner 和 Eisenhardt 2013 年发表在期刊 *Administrative Science Quarterly* 上面的文章 The seller's side of the story:Acquisition as courtship and governance as syndicate in entrepreneurial firms,作者在这篇文章中采用了跨案例聚类分析技术,从出售方的视角研究了创业型企业的"求偶式"并购与"联合型"治理。

7.2　使用规范及优缺点分析

关于案例分析,目前学术界并没有形成明确的或者统一的使用规范,本节主要就案例分析容易陷入的五大误区进行讨论,并介绍案例分析法的优缺点。

7.2.1　避免陷入案例分析的五大误区

1. 案例分析属于定性研究,因而是非理性的、不科学的

案例分析可以基于定性材料,也可以基于定量材料或者将二者结合。一项研究方法的科学与否不能完全根据定性或定量的标准来衡量。案例分析法虽然有其缺点和局限性,但在某些情况下却是一种更加合适的方法。案例分析法本身是一种科学、系统的研究工具。它不同于案例教学,用于教学的案例材料通常都是经过处理的,以突出关键之处,达到教学目的,但在案例分析法中,严格禁止这种行为,研究者必须最大限度地保持资料的真实和客观。

2. 案例分析是一种实证分析

一些学者将"empirical inquiry"译为实证研究,所以他们将 Yin 的观点理解为"案例研究是一种实证研究",这种表述忽略了案例研究与实证研究的根本区别,案例研究属于经验性研究。吕力指出,实证研究的目的是检验理论假说,而案例研究的目的是形成科学理论或假说,二者在研究目的、过程、呈现以及评价等方面都有很大不同。

将这两种研究方法区别开来有助于解决困扰案例分析法的一些常见问题,如一些人可能会质疑案例分析法的严密性,并认为其不能提供科学归纳的基础,不能从单一案例归纳出某个结论。如果我们将案例分析的结果仅作为一种理论假设而非研究的"最终结论",而将对这一理论假设的严格验证交给实证研究,那么以上质疑就迎刃而解了。尽管在案例分析中也可以进行一些暂时性的验证,但这种验证不必是严格的,严格的验证是后续实证研究的任务。

3. 案例分析只适合于研究活动的探索阶段,无法用于描述和解释研究

一种误解是:调查法和历史分析法适用于描述阶段,解释阶段只能采用实验法,而案例分析法是一种初级研究方法,只能进行探索研究。事实上,每一种研究方法都可以用于这三个阶段的研究,具体采用哪种方法取决于它们的适用性而不在于等级性,我们应当用包容和多元的视角看待每种研究方法。

4. 案例分析中选择的案例越多越好

通常认为,增加案例分析中的案例数量可以增强研究结果的可信度和说服力,还可以提高研究的外部效度,但这并不意味着案例越多越好,案例分析强调案例与观点的相关性,对数量并没有严格的要求。

5. 案例分析法是一种简单易行的方法

一些学者采用案例分析法是因为它们认为案例分析法简单并且容易操作。案例分析法只是看起来容易,实际上对研究者各方面能力有很高的要求,如研究需要能提出好的问题,具备较强的资料收集能力,掌握主要的资料分析技术,等等。所以我们在选择采用哪种研究方法的时候不应该根据其难易程度,而应根据这些方法的适用性。

7.2.2 案例分析的优缺点

1. 优点

(1)通过案例分析,可以对某一特定情境、现象、事件进行深入描述,使读者更加清楚地把握特定事件的细节与重要因素,帮助读者了解复杂的社会现象,并揭示现象背后隐藏的根本原因。

(2)对一些典型案例、特殊现象等进行探索性研究有助于创建新理论。

(3)由于案例分析中的资料必须是客观、真实的,并且可以有多种渠道来源,所以得出的结论具有较高的可信度。

2. 缺点

1)难以将研究结果推广为一般性结论

我们在概述部分讲到案例的选择采取的是理论抽样而非统计抽样,其归纳方式也不是统计性归纳而是分析性归纳,每一个案例都有其特定的环境背景,不存在与之一模一样的案例,所以通过某一个或某几个案例的研究得出的结论放在另一个类似的情况下却不一定适用,即案例不是样本,因而也不具备样本反映总体特征的功能。但是难以将研究结果归纳为一般性理论不代表案例分析就不能做到这一点,采用复制法则进行多案例分析可以改进这个缺点。

2) 技术上的局限和研究者的偏见

我们在前面说过,案例分析目前并没有统一的可以遵循的规范,也没有标准化的资料分析方法,证据的选择和资料的分析都带有可选择性,研究者的偏见有时会影响资料分析结果。

3) 大量的时间和人力耗费

案例分析并非易事,从分析方案的设计到资料收集,再到资料分析往往要来来回回重复很多次,并且收集到的资料有时并没有明显的逻辑顺序,需要自己先对成百上千页的资料进行整理、归类、理出线索,再进行深入分析,这一过程需要花费较多的时间和精力,尤其是对于没有案例分析经验、不懂分析技巧的新手而言,这一过程并不容易。

7.3 实 战 教 学

从 Beatrice 的发展史看价值的创造与破坏。

Baker 1992 年发表在期刊 *The Journal of Finance* 上面的文章 Beatrice:A Study in the Creation and Destruction of Value 采用了案例分析法。Baker 在文中描述了 Beatrice 100 多年的发展史,从一个小小的乳制品厂成长为一家拥有多元消费需求的大公司,Beatrice 的历史在许多方面看来就是 20 世纪美国商业的历史:起初是单一合伙经营,然后通过收购来扩张,先是在本行业扩展,然后在相关行业,最后横跨多个行业,成为美国最大和最多元化的公司之一。在 20 世纪 70 年代早期,Beatrice 是美国经营最好的公司之一,被许多其他公司崇拜。到了 70 年代晚期,Beatrice 遇到了战略方向和内部管理方面的问题,导致了巨大的价值损失。也正是因为这次价值损失,Beatrice 被卷入了 20 世纪80 年代的金融重建机制,并于 1986 年在一次杠杆收购(leveraged buyout)中被接管,公司的所有资产在四年内被出售完。一路上,Beatrice 参与了 400 次以上的收购和 90 次以上的分拆。Beatrice 的历史也引出了关于资本市场、公司策略和治理以及组织结构的一系列问题。文章通过分析 Beatrice 的收购、分拆政策、组织战略以及管理方法,阐明了有关组织理论、组织策略和公司治理方面的许多问题,包括多元化并购的价值来源,过度集中化和薄弱的公司治理的代价,以及公司控制权市场中的价值创造机制。

1. 提出研究问题

Baker 发现 Beatrice 在 20 世纪 50、60、70 年代进行的收购为其股东创造了大量价值,并且 Beatrice 后来的剥离和杠杆收购也产生了巨大价值,这些价值大大挽回了 Beatrice 在 20世纪 70 年代末和 80 年代初所遭受的价值损失。这就引发了笔者的思考:为何对几百家公司的收购能创造价值,在 30 年之后对相同资产的分拆还能创造价值呢?

Beatrice 的发展史还引出了关于资本市场、公司策略和治理以及组织结构的一系列问题:Beatrice 如何从 20 世纪 40 年代一家股权高度分散的公司,经过 20 世纪 70 年代中期的收购,增加所收购的公司的价值? 又是什么导致了 1979—1981 年价值的下降? 内部和外部控制机制如何回应这种价值破坏？最后，杠杆收购和 Beatrice 的出售如何为收购前和收购之后的投资者创造如此之大的价值？

2. 提出假设

Baker 从思考那些让 Beatrice 既能在 20 世纪 50 年代作为一个活跃的收购方，又能在 80 年代作为一个活跃的剥离方的经济力量入手，形成关于 Beatrice 价值创造过程的假设：Beatrice 的价值创造可能与组织形式、公司治理和资本市场有关。这一假设也为后面的资料收集和研究过程指明了方向。

3. 分析单位

这篇文章主要从组织层面进行分析。

4. 收集资料

笔者收集的资料大多属于文献资料，包括 Beatrice 从成立以来的发展历程，公司年报、一些重要的内部记录，相同研究领域的实证研究，期刊（如 *Wall Street Journal*）对 Beatrice 所发生的一些重大事件的评述，董事会成员的演讲稿，给股东的信，以及一些具体的财务数据等。

5. 资料分析过程

笔者总体上采用了 Yin 的描述策略，将 Beatrice 的发展史分为 4 个阶段，详细描述了每个阶段的发展历程，当然，描述的最终目的是分析和解释所要研究的问题，全文按照年代顺序展开。

1）第一阶段：1890—1939 年

笔者详细描述了 Beatrice 从当地乳制品厂发展成为国际公司的过程，George Haskell 1891 年创立了 Beatrice，1905 年 Beatrice 收购了 Continental Creamery Company，这在当时是美国乳制品行业最大型的合并。Continental 公司在当时算是年代最早的乳制品公司了，并且它有一个很出名的区域品牌叫作"黄金牧场"（meadow gold）乳制品，这个品牌成为 Beatrice 在乳制品商业方面的基石，这次收购也使 Beatrice 迅速成长壮大。笔者接下来又列举了 Beatrice 在乳制品行业的其他几次重大收购。

笔者进行这些描述的目的是解释这一阶段 Beatrice 在乳制品行业进行收购的价值来源：扩张带来的规模经济。在不同区域的扩张使 Beatrice 拥有了地理上的多元性，这又使它在国家杂志上以"黄金牧场"为品牌进行的市场营销产生了规模经济。在生产方面也有不断增加的规模经济效应，在这个阶段，乳制品行业的组织形式也在发生改变，以前的乳制品公司既负责生产又负责运送，后来这些零碎的小公司形成一家大公司，采用大车间大批量生产乳制品，运输方面也更加高效。三家大型乳制品生产商（Borden、National Dairy、Beatrice）为了利用规模经济效益都进行了合并。

2）第二阶段：1940—1976 年

笔者描述了 Beatrice 在食品及其他行业的扩张，并介绍了 Beatrice 分散化的组织结构：Beatrice 没有将它收购的公司与母公司的运作整合在一起，即便有些公司整合之后能产生明显的协同效应，也没有将其整合，20 世纪 50、60 年代收购的部门都是作为独立的公司存在，并在 80 年代原封不动地出售给了不同的买家。Beatrice 的扩张模式也使它得以有效利用一些宝贵的信息资源，如之前被收购的公司的管理层能对一些潜在收购目标提出有用的意见。

Beatrice 还为这些小型私有企业提供资金和专业管理方法。William Karnes 在任期间收购的所有公司几乎都是私营、家庭经营的小公司,这些公司不但缺乏资金来源(小公司当时很难从银行获得贷款),也没有正规的管理系统和丰富的经营经验。Beatrice 给这些被收购的公司带去了现代化的管理实践和培训,并为它们提供资金帮助,使这些小公司得以在经济蓬勃发展的 20 世纪 50、60 年代进行扩张,这一切都使得被收购的公司变得更具价值。

3)第三阶段:1977—1985 年

笔者描述了这一阶段管理层主要人员的变更,以及由此引起的战略方向的转变。William Karnes 退休之后,Wallace Rasmussen 担任了 Beatrice 的 CEO,他开始将公司的分散化经营策略向集权管理方式转变。通过收集 Beatrice 从 1974—1985 年的市场营销支出数据,并分析其变动趋势,作者还发现,Rasmussen 上任后开始大量增加在市场营销方面的花费。

Rasmussen 在 1979 年退休之后,董事会决定让 James Dutt 接替 Rasmussen 的职位,这一决定引起了相当大的争议,Beatrice 的外部董事(outside directors)支持当时的副董事长 Richard Voell 接替 Rasmussen,而 Rasmussen 劝说所有的内部董事(inside directors)和两名外部董事把票投给 Dutt,这件事激化了董事会成员之间的矛盾,两名外部董事和 Voell 也因此辞职。

Dutt 对公司的业务部门进行了好几次重组,并在 1983 年的年会上宣布废除 Beatrice 长达 90 年的分散化管理理念。作者接下来还列举了 Dutt 在公司组织结构和发展战略方面所做出的一系列改动。Dutt 于 1985 年退休。笔者收集了 Dutt 在任的这 30 年间 Beatrice 的财务表现数据,将价值破坏归结为战略混乱和管理失败。Rasmussen 和 Dutt 在任期间,Beatrice 损失了将近 20 亿美元的市场价值。

为了解释价值损失的原因,笔者进行了两方面分析:一方面,笔者分析了 Beatrice 从 1984—1985 年资产收益率的变动趋势,指出市场价值的下跌部分源自公司盈利能力的下降。另一方面,笔者对比了 1965—1984 年,三个不同 CEO(Karnes、Rasmussen、Dutt)在任时,每一次宣布收购和剥离之后的市场反应,并分析了从 1945—1981 年市盈率(price earning ratio)的变动趋势,并与这段时期 S&P400 的市盈率做了对比,发现 1979—1985 年的市盈率低于 S&P400 的水平,笔者由此指出,1979—1981 年的价值损失源自投资者对公司及其策略失去信心。

4)第四阶段:1986—1990 年

Dutt 辞职之后,Kohlberg、Kravis & Roberts(KKR)和 Donald Kelly 于 1985 年以每股 50 美元的价格收购了 Beatrice,这也是美国当时最大的一次杠杆收购案,股价与 Dutt 退休之后股价相比上涨了 53%。这次收购为 Beatrice 的股东带来了 10 亿美元的价值增长,挽回了 Beatrice 在 Rasmussen-Dutt 时期几乎所有损失的价值。

Beatrice 的股东同意这次杠杆收购议案的同时,Kelly 就开始对 Beatrice 进行大规模剥离,笔者接下来详细描述了剥离过程。杠杆收购和剥离过程均带来了价值增值,笔者认为这种增值的原因与公司在 20 世纪 80 年代早期价值下跌的原因息息相关。Kelly 和

KKR 改变了公司的战略并重塑了投资者对公司管理的信心。Kelly 在很多方面将公司重建成了 William Karnes 管理期间的 Beatrice 的模式：高度分散化的组织形式，让被收购的公司在自己的组织模式下运作，母公司为它们提供资金支持和现金的管理培训。作者接下来描述了 Kelly 对公司进行重建，将其还原到分散化组织形式的过程。

6. 分析技术的运用

这篇文章主要采用了时序分析技术和模式匹配技术。作者将以下因素进行了比对分析：1930—1990 年的累计超额收益及其变动趋势，不同阶段公司的市场行为（乳制品行业的收购、食品行业的收购、多元化收购、收购与剥离、出售），不同 CEO（Haskell、Karnes、Rasmussen、Dutt、Kelly），如图 7-4 所示。进行对比的目的是分析不同 CEO 在任期间，不同的组织形式、不同的战略和公司治理对公司价值的影响。

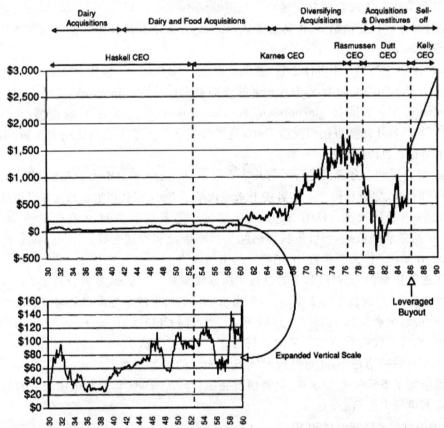

Figure 1. Cumulative abnormal dollar returns for Beatrice, 1930–1990. Cumulative abnormal dollars before the LBO are calculated by multiplying the abnormal return for a month by the market value of the firm at the end of the previous month, and then cumulating these dollar amounts. The abnormal return is calculated by subtracting the actual return from an expected return generated from CAPM. Beta's are estimated using a 60-month moving window. After the LBO, the total market adjusted value gain is calculated, and is simply plotted as a straight line increase in value. After the LBO, the asset beta from before the LBO is assumed, and is then adjusted for the declining leverage each year after the LBO.

图 7-4　例文中 Beatrice 1930—1990 年的累计超额收益

资料来源：Baker G. P. Beatrice：A Study in the Creation and Destruction of Value[J]. The Journal of Finance,1992：47(3)：1081-1119.

具体来看,在分析"25 年来对小公司的收购创造了价值,为什么几十年后对他们相同资产的分拆依然能增加价值呢"这个问题的时候用了模式匹配分析技术。笔者首先提出一个竞争性解释:对以上问题可能的解释是当时的资本市场对合并(conglomerate)的效果有错误的认识。20 世纪 60 年代到 70 年代初的投资者被误导去接受管理者们的一种观点:集中化的决定和资金分配能产生协同效应(synergies),带来"1+1>2"的效果。这种管理理论忽视了对企业经营细节的考虑,也因此没有预言到当集权官僚机构(centralized bureaucracy)获得太多的决策权,并做出损害价值的决定时,这样的组织形式注定会失败。

为了验证这一猜想,笔者从 *Business week* 上面选取了一些通过合并形成的企业集团的股票组成投资组合,然后将 1940—1986 年 Beatrice 的股票市场表现与投资组合的市场表现进行对比(图 7-5),笔者发现:Beatrice 市场价值的下跌不是由于对企业集团失去信心,因为在 Beatrice 市场价值大跌的这段时期,由企业集团的股票组成的投资组合的市场价值是很高的。由此得出:Beatrice 市场价值的下降和后来价值的挽回不能用市场对企业集团观点的转变去解释。从而笔者用模式匹配技术否定了竞争性理论。

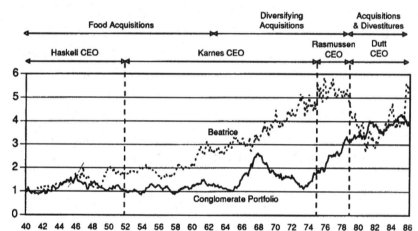

Figure 10. Stock market performance of Beatrice and a portfolio of conglomerates, 1940–1986. Conglomerate portfolio is made up of companies in *Business Week*'s list of conglomerates for three out of four years 1972, 1975, 1980, 1985. The companies are Avco, Colt Industries, Household International, IC Industries, Kidde, LTV, Martin Marietta, Gulf & Western, Signal, Teledyne, Textron, and Whittaker. The performance index is calculated as follows: expected returns for Beatrice are generated using the Capital Asset Pricing Model, with betas estimated using a 60-month moving window. The performance index is the ratio of Beatrice's cumulative (multiplicative) actual return dividend by Beatrice's cumulative expected return. The performance index for the conglomerate portfolio is calculated in the same manner.

图 7-5　例文中 Beatrice 在股票市场的表现与企业集团投资组合的市场表现对比(1940—1986)

资料来源:Baker G. P. Beatrice:A Study in the Creation and Destruction of Value[J]. The Journal of Finance,1992:47(3):1081-1119.

对于通过收购获得的价值增长和通过剥离再次获得的价值增长的原因,笔者提出假定:两种交易都创造了真实的经济价值。笔者列举了一些关于收购和剥离的文献,它们的实证研究数据与笔者的猜想一致。此外,笔者对比了 Beatrice 在收购时期和剥离时期的市场环境之间的差别:收购时期(20 世纪 50、60 年代),小公司很难融资,并且缺乏管理经验,Beatrice 收购这些小公司后为它们提供资金和现代化的管理培训,让这些小公司得以迅速成长,实现价值增值;到了 20 世纪 70 年代中期,市场环境发生了两方面的改变,一方面是小公司的融资渠道增多了,它们可以通过发行高收益债券(high-yield bond)融资;另一方面是经验丰富的管理者也增多了,拥有 MBA 学位的人越来越多。经济环境的这两方面改变使得通过 Beatrice 之前的扩张模式创造价值越来越难,在这种情况下,Beatrice 要做的是将之前收购的部门卖给它们的管理者或者卖给那些让它们变得更有价值的公司。笔者还列举了 Bhagat,Shleifer 和 Vishny(1990)在相关领域的研究,说明自己的假定与这些研究结论相一致。

7. 结论归纳

笔者最后对 Beatrice 的发展史进行了一个总结,并对研究结论做了归纳。Beatrice 的历史反映了 20 世纪初至 20 世纪 90 年代美国商业的历史:由小型单一公司开始,通过不断收购进行扩张,演变成大型多元化公司。Beatrice 的成长之路中有几个重要的转折点:早期在乳制品行业的收购使得合并成为一项经济上的有效策略;接下来又在食品行业进行收购,继而发展成更加广泛的行业,这项策略被证明很成功并为 Beatrice 的投资者带来了长达 23 年的高收益。多元经营策略的成功很大程度上来自 William Karnes 创造的组织结构和系统,Karnes 坚持认为公司应该实行分权管理,总部应尽量不予干涉。公司在 20 世纪 70 年代末至 90 年代初经历的价值下跌产生于内部控制系统崩溃导致的战略混乱。Rasmussen 和 Dutt 在任期间均对公司实行集中控制,剥夺了部门经理和董事会成员的决策权。

文章从组织层面解释了多元化并购创造价值的原因,Beatrice 的历史证明了组织结构和治理对于创造经济价值的重要性,Beatrice 的价值创造很大程度上来自合理的内部政策和组织结构,而价值的破坏很大程度上也来自这些政策和结构的失败。

7.4 本章小结

本章讨论了作为研究方法的案例分析的特点、步骤、技巧及优缺点等。案例分析不同于实验法、问卷调查法等其他研究方法,它是一种经验性研究方法,不依赖于统计抽样原理,而是通过一个或几个案例来说明问题,分析事件之间的逻辑关系,揭示现象背后的原因。案例分析主要用于回答"怎么样"和"为什么"的问题,兼具描述、解释、探索的作用。按照数量的多少可以将案例分为单案例分析和多案例分析,按分析层次的不同又可以将案例分为整体性案例分析和嵌入性案例分析。

关于案例分析方法论的文献并不多,且不同派别之间分歧挺大,所以案例分析法目前并没有一套像实证研究法那样成熟的方法体系。目前,在学术界应用得比较广泛的几种经典的方法论分别是:Yin 的方法论,Eisenhardt 的方法论,Glaser、Strauss 和 Corbin 的扎根理论,Mikes 和 Huberman 的方法论。其中,Glaser 和 Strauss 注重宏观方法论的指导,Miles 和 Huberman 则致力于具体操作细节,强调程序,只有 Yin 的方法论兼具宏观策略和具体技术,Eisenhardt 在其许多案例分析范文中均引用了 Yin 的方法论。所以本章是以 Yin 的案例分析方法论架构为基础展开的。

案例分析的一般步骤包括方案设计、资料收集、资料证据和结果总结,这几个步骤有时并不是直线前进而是循环往复来回进行的。案例分析方案包括五个要素:明确研究问题、提出假设、界定分析单位、连接数据与假设的逻辑和解释研究结果的标准。资料收集方法主要有五种,包括访谈、文献、档案记录、直接观察和实物证据,由于访谈是其中一种很常见又很实用的方法,所以着重讨论了访谈,并介绍了让访谈顺利进行的技巧。资料分析包括案例内资料分析、多案例资料分析和检验案例分析品质的指标,多案例资料分析主要采用逐项复制和差别复制的办法。

案例分析从宏观上可以采取 Yin 的三大策略:依据理论观点、进行案例描述、确定和检验竞争性解释。案例资料的分析可以采用五种具体分析技术:模式匹配、建构性解释、时序分析、逻辑模型和跨案例聚类分析,前四种既可以用于单案例分析,也可以用于多案例分析,最后一种专门用于多案例分析。案例分析的最后还要将结果归纳成理论,并与相似文献和相异文献进行对比。虽然熟练掌握和运用这些技术并非易事,但对这些方法和策略的了解也能帮助我们有个大致方向而不至于无从下手。

目前,对案例分析法的批评主要集中在:没有一套可以遵循的统一的规范,也没有标准化的资料分析方法,研究者的偏见有可能影响资料分析结果;将研究结果推广为一般性结论难度较大,并且案例分析需要花费较多的人力和时间。尽管如此,案例分析仍然是一项很受重视的广泛应用于管理学、金融学等领域的研究方法。通过案例分析,我们可以对特定情境、现象、事件等进行深入探究,了解复杂的社会现象,揭示现象背后的本质,并有助于创建新理论。

第 8 章

数据库及软件

本章我们将重点关注金融学术论文的数据分析实操。第 1 节介绍了常用的文献资源库。为了方便快捷地管理所获得的文献,第 2 节介绍了如何管理文献。第 3 节介绍了常用的数据资源库。第 4 节介绍了常用的数据处理软件。第 5 节展示了一些常见数据处理软件的实操技巧,以方便读者进行更为细致深入的学习。第 6 节是对本章内容的一个总结。

Wooldridge(2012)认为"所有论文,无论长短,都应该包含对相关文献的综述。几乎无人会试图进行尚无前期成果的经验项目"。事实上,几乎所有论文都是在一定前期研究成果之上的进一步推进,即便是具有开创性的论文也离不开基础性的学科研究作为探索的基础。当前,金融学内各领域的研究内容日渐丰满,与社会、政治等其他学科的交叉研究屡见不鲜,完全不顾前人所取得的研究成果而一味地标新立异违背了学科发展的一般规律,也是对前人经验和成果的浪费,很难真正得到具有研究价值且被人认可的成果。因此,在进行论文写作之前,必须对相关学科、领域、技术具备相当程度的了解。熟练掌握检索文献的方法并对收集下载的论文进行有序的管理能够提升论文写作的效率。

进行学术论文的创作,除了会动脑,更要会"动手"。在公司金融和资产定价领域,实证研究和量化分析离不开数据的支持。掌握数据的获取和加工能力就成为一名合格的研究人员的必备功底。如今,除了一些需要手工收集的数据,绝大部分商业数据都可以通过在线数据搜索获得。这些数据包含了金融学分析所涉及的方方面面,无论是宏观经济数据、财务数据,还是董事会高管资料、公司治理事件都可以方便且快速地获取。而且众多大学、科研机构、商业分析机构都普遍购买了商业数据库,学习使用这些数据库将为科研论文的数据分析打下坚实的基础。

从数据库中获取数据只是数据分析的基础阶段,要想"烹饪"出一桌色香味俱全的数据大餐还需要经历数据清洗、分析、稳健性检验、核查等多个步骤,如果不借助数据分析软件的帮助,要想分析浩如烟海的数据是极为耗时的。幸好,目前的统计软件功能已经极为强大,研究人员能够通过这些软件快速而准确地获得需要的分析结果。

8.1　文献资源库

金融学术论文常用的数据库有两类:文献资源库和数据资源库。通过前者,论文写作者能够快速地查找、下载、传递文献。而后者能够为论文提供丰富的数据支持。本小节将介绍和比较各类常用的文献资源库,以方便读者根据需要选择使用。

8.1.1 图书馆综合检索平台

1. 简介

综合检索平台通常是各高校或社会公共图书馆所搭建的可以搜索、查看、下载、传递各类电子文献、音像资料的统一网络检索平台,是一种元搜索引擎。综合检索平台中往往包含多个子数据库,这些子数据库大部分由高校或社会公共图书馆向数据服务商购买所得。常见的主要涵盖中文类文献的子数据库包括清华同方数据库(中国知网)、万方数据库、汇雅电子图书(超星电子书)、维普中文科技期刊数据库、读秀中文学术搜索等,而包含各类外文文献的子数据库以 EBSCO、WILEY 为代表。由于具备元搜索引擎的性质,综合检索平台的主要特点是可以同时筛选多个子数据库并利用合适的(甚至是同时利用若干个)搜索引擎来实现检索操作,并且统一呈现检索结果,避免了检索者在不同子数据库中无效或重复的操作。

社会公共图书馆所搭建的检索平台以上海市图书馆的综合检索平台(http://db.idoc.sh.cn/)为例,该平台涵盖了图书、报纸、期刊、学位论文、会议论文、研究报告、法律法规、音像资料、课程课件、档案、手稿、照片、乐谱等多个种类的文献类型,除了清华同方、万方数据、EBSCO、WILEY 等商业平台提供方外,其自身还搭建了上海市图书馆藏家谱目录、上海市图书馆藏美国政府研究报告数据库、上海市图书馆藏日本科技研究报告数据库等多个自建数据库。

需要注意的是,由于需要向各个数据供应商支付高额的使用费以及所涉及的知识产权保护协议,综合检索平台往往只面向特定的用户开放,其使用的友好程度受到了一定的限制。例如,各高校图书馆所搭建的综合检索平台只向校内 IP 地址提供服务,在校外查询则需要通过反向代理或 VPN 服务实现远程访问,而且无论是在校内还是校外都需要经过高校内部人员的身份认证。最近几年,随着社会公共资源的大力建设和完善,以中国国家图书馆(http://www.nlc.cn/)和上海市图书馆为代表的一批社会公共图书馆开始向社会公众免费开放其综合检索平台。例如,读者本人持有效身份证件前往中国国家图书馆填写《国家图书馆读者卡申请表》就能免费注册读者卡,之后读者将获得远程访问部分远程数字资源的权限。

依据笔者的个人使用体验,各高校所搭建的和由社会公共图书馆所搭建的综合检索平台各有侧重,体现在以下几个方面:其一,各高校所购买的子数据库通常是根据教师及科研工作者的需求购买,具有很强的专业针对性。社会公共图书馆的检索平台则品种丰富,但在专业深度上有所欠缺。其二,两类数据检索平台所涉及的特色子数据库具有各自的特色。例如,各高校的子数据库通常收录了该高校的过往硕士、博士学位论文,而各地的公共图书馆则通常收录有涉及地方特色文化、历史的文献。

2. 使用方法及比较

下面,笔者以上海市图书馆、西南财经大学图书馆、英国阿伯丁大学的综合检索平台为例介绍该类平台的使用方法。

1) 上海市图书馆

用户需在远程使用上海市图书馆的文献查询系统前前往该馆注册个人信息并获得账

户。之后可以登录上海市图书馆主页(http://www.library.sh.cn/),在主页右上方中登录个人账户,进入"我的图书馆"。随后单击"我的图书馆"页面左下方的"e卡通",按要求安装 VPN 或选择合适的浏览器便可进入允许远程访问的资源库。单击页面上方的"期刊导航"便能进入上海市图书馆统一检索平台。整个过程如图 8-1、图 8-2、图 8-3、图 8-4所示。目前,该平台支持用户对期刊、学位、会议、成果、专利标准、法律、智库等多种类别的文献进行筛选。

图 8-1　上海市图书馆主页

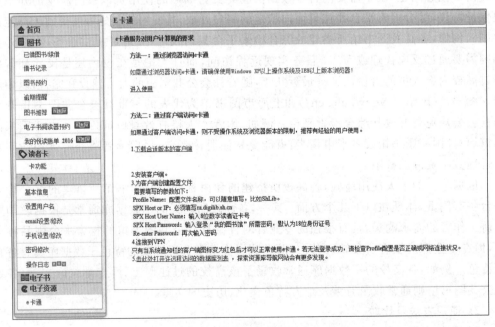

图 8-2　上海市图书馆"我的图书馆"页面

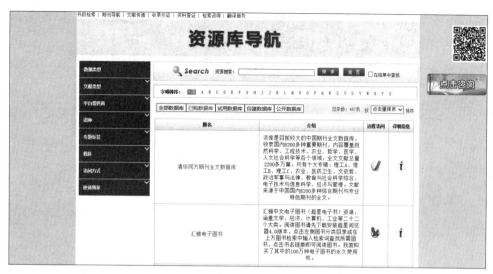

图 8-3　上海市图书馆"资源库导航"页面

图 8-4　上海市图书馆统一检索平台

2）西南财经大学图书馆

远程访问西南财经大学图书馆的电子资源通常经反向代理实现。在获得西南财经大学账号的前提下，前往信息与教育技术中心（http：//info.swufe.edu.cn/web/）下载并安装反向代理（http：//info.swufe.edu.cn/vpn/）。在完成以上工作后打开反向代理所使用的 GreenBrowser 浏览器便可直接访问西南财经大学图书馆的统一检索平台。如图 8-5 所示。目前，该统一检索平台包含了图书、期刊、学位论文、会议论文、报纸、视频、事实信息、统计数据等类型的资源。

3）英国阿伯丁大学综合检索平台

英国阿伯丁大学的统一检索平台被称作 primo（http：//primo.abdn.ac.uk：1701/primo_library/libweb/action/search.do），其进入路径为阿伯丁大学主页——Quick Links——library——primo。和国内系统类似，这套系统汇集了书籍、期刊、论文、数据

图 8-5 西南财经大学图书馆统一检索平台

库。除此之外,还能够通过该系统搜索阿伯丁大学档案馆和博物馆的收藏品。如图 8-6 所示。

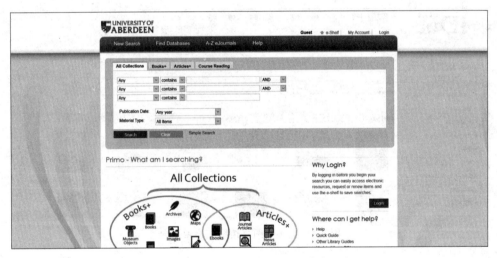

图 8-6 阿伯丁大学图书馆统一检索平台

4)比较

首先比较上文中的两个中文统一检索平台。根据笔者的体验,综合来看,西南财经大学图书馆的统一检索平台要优于上海市图书馆。以"股利政策"为关键词分别在两个平台中进行检索,结果呈现如图 8-7 和图 8-8 所示。

上海市图书馆统一检索平台得到了 3 571 条结果,提供按"时间""相关度""被引次数"三类方式排序,在页面左侧提供了选择"时间""语种""核心期刊""基金""刊名""学科"的分面检索。西南财经大学图书馆平台得到 4 233 条结果,支持按"默认""时间升序""时间降序""本馆有限""学术价值""相关性"六类方式排序,页面左侧提供了选择"类型""年代""学科""期刊刊种"的分面检索。

在文献的下载便利程度方面,上海市图书馆统一检索平台并不能让人满意。由其综

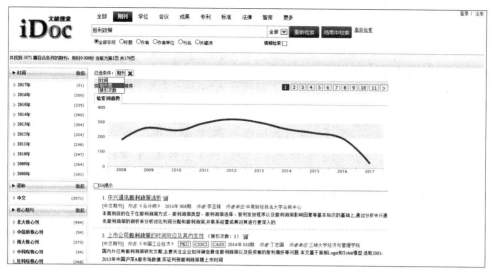

图 8-7　上海市图书馆统一检索平台"股利政策"检索结果

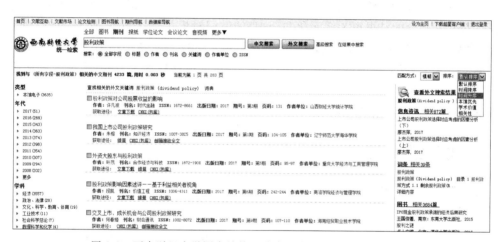

图 8-8　西南财经大学图书馆统一检索平台"股利政策"检索结果

合检索平台得到的文献只能加入购物车进行购买,若想免费下载文献只能单独进入中国知网或维普资讯等子数据库。笔者推荐首先在维普资讯中尝试搜索下载,上海图书馆统一检索平台购买的中国知网远程访问权限限制了每日的下载量,经常在下载时提示"今日的馆外下载限额已达到上限,请您到馆使用或明日再来下载"。西南财经大学图书馆统一检索平台所提供的下载资源则丰富很多,在每篇检索文献的下方都直接给出了所有可供下载的链接,包含了常见的维普、CNKI(包库)、ScienceDirect、EBSCO(asp/bsp)、EBSCO(asc/bsc)等。尤其值得一提的是西南财经大学图书馆统一检索平台对每篇检索到的文献(包括中文、英文文献)都提供"邮箱接收全文"的功能,在提交申请并输入用户的邮箱后,一般24小时之内就能收到发来的文献全文。

　　为了解中外大学图书馆统一检索平台的差异,编者还比较了西南财经大学和阿伯丁大学的图书馆统一检索平台。

在数据库配备方面,西南财经大学图书馆统一检索平台内共有 86 个中文数据库以及 75 个外文数据库,共 161 个,而阿伯丁大学图书馆统一检索平台共有 360 个数据库。考虑到阿伯丁大学是一所综合性大学,西南财经大学是财经专业大学,我国大学的数据库已经日趋完善,能够满足大部分研究需要。

在数据库检索方面,则明显阿伯丁大学的综合检索平台体验更好。西南财经大学及大部分国内院校采用的是直接将数据库名称罗列在一起,检索时只能人工辨别。而阿伯丁大学采用了检索的方式,既可以通过数据库名称、数据库供应商来查找数据库,也可以通过数据库类型、学科(共分为艺术与人类、工程、医学与健康、生命科学、物理、社会学、法律、其他)、子学科(以社会学为例,其子学科项目有人类学、商业、经济、教育、国际关系、音乐与艺术、政治、社会等子学科)来查找数据库。

在数据库友好度方面,阿伯丁大学综合检索平台能够允许所有非登录或 IP 地址不在校内的访客检索数据库并查看检索结果,而且还提供部分数据库供访客使用。而西南财经大学图书馆统一检索平台不允许非登录或 IP 地址不在校内的访客使用。

在检索质量方面,若对某篇已确切知晓题目的论文进行检索,西南财经大学和阿伯丁大学的检索平台都能够给出精确的检索结果,并提供下载支持。但在模糊检索时,阿伯丁大学综合检索平台的结果更为多元化和合理,能够同时提供包括图书、期刊、论文、手稿、网页、数据库等多种类型的检索结果。而西南财经大学图书馆统一检索平台必须先选定要检索的结果的种类,再进行检索,无法提供综合性的模糊检索。另外,阿伯丁大学还提供了所有期刊的整合资源,能够以期刊为单位(而西南财经大学图书馆统一检索平台只能以论文为单位)跟踪某期刊的最新内容(见图 8-9)。

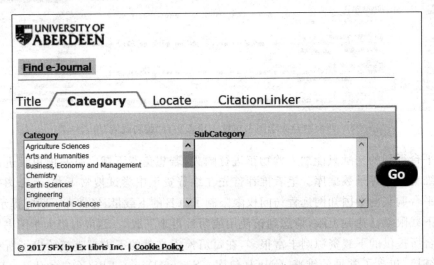

图 8-9　阿伯丁大学电子期刊检索页面

8.1.2　学术搜索引擎

1. 简介

相比图书馆综合检索平台需要读者注册或取得相应的权限,学术搜索引擎的最大优势是可以直接使用,更为方便、简单。目前,常用的独立学术搜索引擎都能免费提供搜索服务并提供部分文献的免费下载服务。本节将主要介绍谷歌学术(http://scholar. google. com)、必应学术(https://cn. bing. com/academic)、百度学术(http://xueshu. baidu. com)并对其进行比较。

1) 谷歌学术

谷歌学术是全球最大的搜索引擎谷歌公司于 2004 年 11 月 18 日推出的学术文献搜索引擎,旨在"站在巨人的肩膀上",为全球用户提供可广泛获取学术文献的简便方法。2006 年 1 月谷歌公司推出了中文版的谷歌学术搜索。由于各种原因目前谷歌学术在国内的使用受到了一定的限制。

2) 必应学术

2006 年,微软亚洲研究院推出在线免费学术搜索引擎 Microsoft Academic(http:// academic. research. microsoft. com)。当前 Microsoft Academic 的最初版本已经停止更新,取而代之的是必应学术,其致力于提供来自全球的多语种文献检索服务。

3) 百度学术

百度学术是百度公司于 2014 年 6 月初上线的文献学术搜索平台,涵盖各类学术期刊、会议论文,旨在为国内外学者提供最好的科研体验。

2. 使用方法及比较

1) 文献来源

于宁和庞海燕(2009)指出谷歌搜索的文献来源主要有三方面:第一,学术性商业数据库,例如在社科和行为科学领域有 Ingenta、Project Muse、JSTOR 等;第二,出版社网站,包括 Springer、Wiley 等;第三,高校校园网、政府和机构网站,诸如来自域名为".gov" ".org"和".edu"的信息。

根据覃燕梅(2016)的研究,百度学术的数据获取途径有如下三种:第一,题录数据:主要来自与数据商合作、OAI(open archives initiative)协议收割、搜索引擎收录;第二,引文数据:OA(open access)集成;第三,全文数据:来自与数据商合作、学术网站解析、PDF 解析。

笔者对必应学术的文献来源进行了测试,其获取文献的途径同样包含了合作数据商以及开放的文献数据库。

2) 检索及高级检索

进入以上三个学术搜索引擎的主页就能在搜索框中输入需要查找的内容。可输入的内容可以是作者、标题、期刊,也可以是文献中的某一句话。谷歌学术可以在筛选之初在"不限语言""中文网页""简体中文网页"中进行选择。而百度学术将区分中、英文搜索的功能放在了高级搜索中。而必应学术则自动识别输入的语言并默认其作为搜索文献所使用的语言。在进行多个关键词的搜索时可以使用空格或"+"号对不同关键词进行连接。

目前,谷歌学术和百度学术都在搜索页面中支持高级搜索,如图 8-10 和图 8-11 所示。用户只需单击主页搜索框中右侧的下拉键便可进入。两者的高级搜索功能都具备包含全部检索词、包含精确检索词和不包含检索词的功能,且可以选择检索词的检索范围是在文章任何位置还是仅限于标题。此外,两者都能搜索指定作者、时间和刊物。在发表时间的选择上可以定义时间的上限和下限,当不填写上限时间时默认为"至今"。百度学术具有谷歌学术不具有的筛选期刊和会议的功能。笔者尚未发现必应学术具有高级搜索功能。

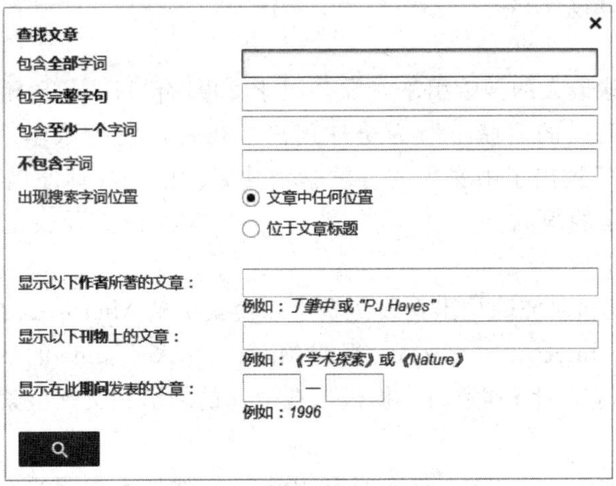

图 8-10　谷歌学术高级搜索

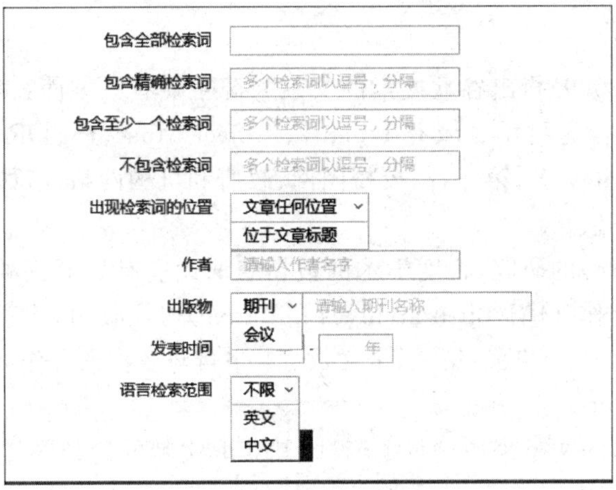

图 8-11　百度学术高级搜索

　　3) 搜索结果

　　下面以三类不同的检索关键词(学术关键词、作者、期刊)在谷歌学术、百度学术、必应学术中进行检索,并对搜索结果进行比较。

　　以"政治关联＋高管薪酬"为关键词在三个学术搜索引擎中搜索,搜索结果如图 8-12、图 8-13 和图 8-14 所示。谷歌学术、百度学术、必应学术分别检索到了 8 340 条、49 700 条、13 100 条结果。可以看到,谷歌学术和百度学术的搜索结果同时呈现了论文标题、作者、期刊、发表年份、被引用次数、来源及版本。而必应学术的内容相对比较单薄,有的论文并没有给出作者、期刊、发表年份、被引用次数等信息。

图 8-12　谷歌学术论文名称搜索结果

图 8-13　百度学术论文名称搜索结果

图 8-14　必应学术论文名称搜索结果

　　值得一提的是,在未加选择的情况下,谷歌学术、百度学术和必应学术默认按相关性进行排序。就三者都是默认排序的情况下,谷歌学术检索到的论文质量明显更高。从"政治关联＋高管薪酬"的搜索结果来看,谷歌学术第一页的搜索结果均来自《经济研究》《管理世界》《南开管理评论》等国内经济学类排名较前的期刊,百度学术和必应学术检索出的论文质量存在明显差别。在对百度学术和必应学术按引用次数排序后,百度学术的检索质量得到了明显的提升,但必应学术依然不够理想。

　　以搜索"李浩宇"为例比较以上三个学术搜索引擎对作者姓名的检索能力。图 8-15、图 8-16、图 8-17 分别给出了谷歌学术、百度学术、必应学术的搜索结果。可以看到百度学术能够对同一姓名的多个不同学者进行识别,并分别在页面最顶端给出不同学者的链接和所供职的单位,以便用户清晰地选择。而谷歌学术和必应学术则不具备该功能。

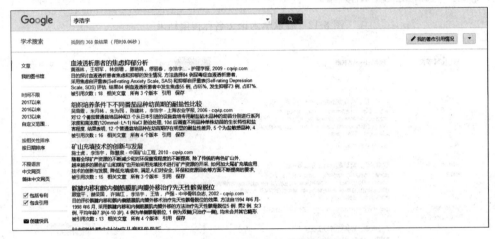

图 8-15　谷歌学术学者姓名搜索结果

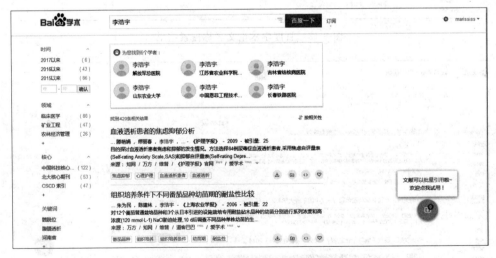

图 8-16　百度学术学者姓名搜索结果

图 8-17　必应学术学者姓名搜索结果

以搜索"Journal of Finance"为例比较以上三个学术搜索引擎对期刊的检索能力。将"Journal of Finance"直接录入输入框中，图 8-18、图 8-19、图 8-20 分别给出了谷歌学术、百度学术、必应学术的搜索结果。从搜索结果来看，三者各有不同。

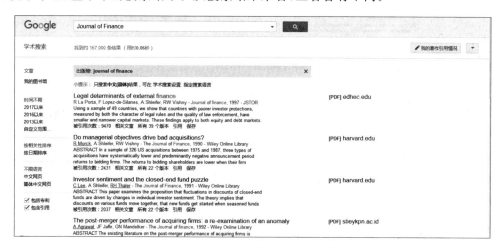

图 8-18　谷歌学术期刊名称搜索结果

谷歌学术直接将"Journal of Finance"识别为期刊名称，所呈现的搜索结果均为在该期刊发表的论文。百度学术和必应学术也能够自动识别"Journal of Finance"，但其搜索结果同时呈现了以"Journal of Finance"为题目的论文、题目中包含"Journal of Finance"的论文，以及 *Journal of Finance* 所刊登的论文。特别的，当有多篇论文都以"Journal of Finance"为题时，百度学术还在结果页面顶端予以了集中显示，分别给出了每篇论文的链接及其作者。

值得一提的是，百度学术和必应学术都建立了 *Journal of Finance* 期刊单独的主页面（图 8-21、图 8-22），并在图 8-19、图 8-20 所呈现的搜索结果中给出了链接，谷歌学术则不具有该功能。在百度学术的 *Journal of Finance* 主页上，用户可以查看该期刊过往每期所

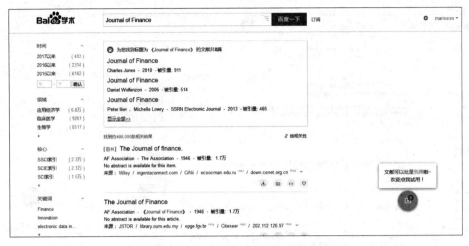

图 8-19　百度学术期刊名称搜索结果

图 8-20　必应学术期刊名称搜索结果

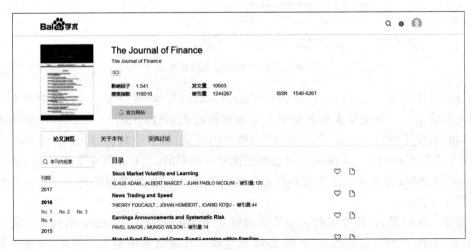

图 8-21　百度学术期刊主页

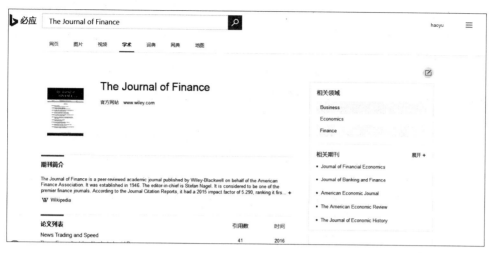

图 8-22　必应学术期刊主页

含有的论文,并给出了该期刊的影响因子、搜索因子、ISSN 号等内容。必应学术的期刊主页功能逊色于百度学术,其相应页面只呈现了期刊简介和最近的论文列表(并不能对过往每期的内容进行筛选)。

4)分面检索

从图 8-12、图 8-13 和图 8-14 中可以看到,三个学术搜索引擎在结果呈现页面的左侧都提供了分面检索功能,以便用户对搜索结果做进一步筛选。

具体而言,谷歌学术可以进一步筛选发表时间范围、排序方式(按相关性排序或按日期排序)、语言(不限语言、中文网页、简体中文网页)、是否包含专利、是否包含引用。

百度学术可以进一步对发表时间范围、学科领域、期刊等级(百度学术还提供各等级的期刊各搜索到了多少篇文献)、关键词、文献类型(期刊、学位、会议、图书、专利)、作者、期刊名称、作者所属机构(高等院校及所属学院)、排序方式(按相关性排序、按被引量排序、按时间降序)进行筛选。

必应学术可以对发表时间范围,作者、作者所属机构(高等院校及所属学院)、学科领域、排序方式(按相关性排序、按被引量排序、按时间降序、按时间正序)进行筛选。

5)下载

以上三个学术搜索引擎均在搜索结果页面直接标注了文献是否支持下载。

谷歌学术对于支持下载的文献在其右侧会出现"[PDF]"的字样,单击后可以直接在线浏览该文献的 PDF 文档并支持下载。

百度学术则在检索到的文献下方标明了文献来源以及可供免费下载的链接。例如《政治关联、高管薪酬与企业未来经营绩效》一文的下方标明了"来源:知网、万方、维普、道客巴巴",且在"道客巴巴"的右上角出现了"FREE"字样,表示该通道支持免费下载。

必应学术则在所检索到的文献下方直接标明了下载链接,且以"下载"字样显示。单击后将出现可使用的下载资源。

就中文论文的下载体验来说,百度学术优于谷歌学术和必应学术。依据笔者的使用经验,谷歌学术所提供的免费下载链接较少,而必应学术所提供的下载链接经常显示"本篇论文的可下载资源正在构建中,请先尝试在线浏览"。得益于国内丰富的文献分享平台(道客巴巴、豆丁网、百度文库),百度学术提供的可供免费下载的资源相对较多。但也相应地产生了一些问题,其中之一就是百度学术缺少专业的文献审核机制。由于百度学术并未购得中国知网、万方数据库、维普中文科技期刊数据库的下载权限,为了向用户免费提供下载功能,百度学术中的相当一部分检索来自依赖用户自主上传的非专业学术类的文档共享平台。由这些非专业学术平台下载的论文往往存在格式混乱、缺字少行等排版问题,而且存在侵犯版权的嫌疑。因此需要读者自行进行辨别和筛选。

在下载英文论文的便利程度方面,编者认为百度学术优于必应学术,且必应学术优于谷歌学术。百度学术给出的免费下载路径比较多,但仍存在无法免费下载的情况,笔者建议此时可以在必应学术中再次尝试搜索。笔者有过几次发现百度学术和必应学术相互弥补免费下载途径的经历。以"Corporate Governance and Social Responsibility: a comparative analysis of the UK and the US"一文为例,图 8-23 显示了百度学术提供的下载路径(共5个),图 8-24 显示了必应学术提供的下载路径(共4个)。可以观察到两者提供的免费下载链接互补性很强,只有 ResearchGate 这一个交集。

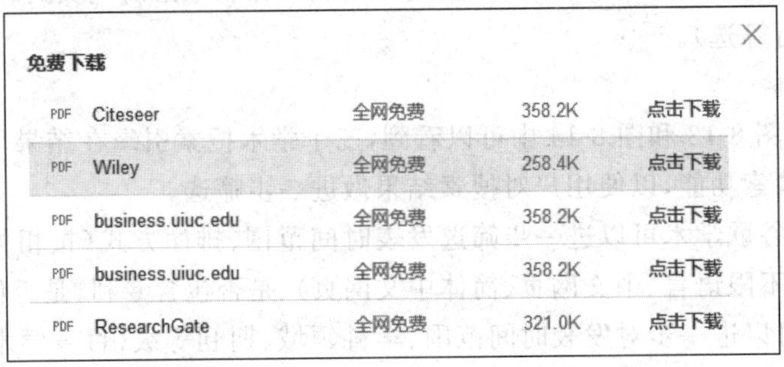

图 8-23　百度学术提供的免费下载路径

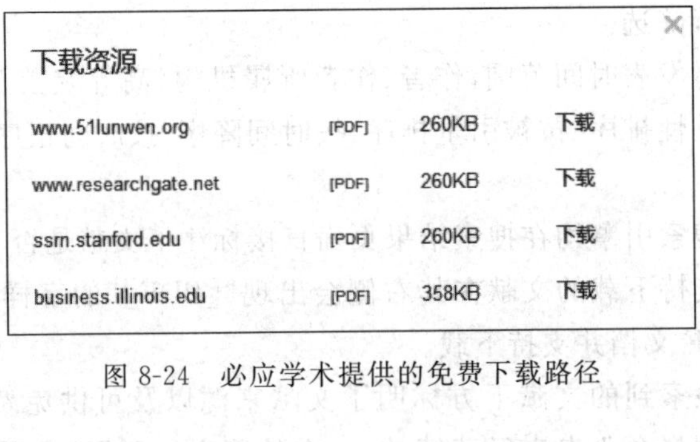

图 8-24　必应学术提供的免费下载路径

6)引用

谷歌学术在所检索到的文献下方提供了引用链接,单击"引用"可以获得 7 种格式的引用方法,包括 GB/T 7714、MLA、APA、BibTeX、EndNote、RefMan、RefWorks。用户可以轻松复制其中的任意一种格式。

百度学术在文献的下方以"<>"表示可用复制的引用链接,共提供了 8 种引用格式,除谷歌学术包含的 GB/T 7714、MLA、APA、BibTeX、EndNote、RefMan 之外还包括 NoteFist 和 NoteExpress。

必应学术在文献下方以""符号表示所提供的引用格式,一共包含 7 种,与谷歌学术所含种类相同。

值得一提的是,根据笔者的使用经验,谷歌学术给出的引用文本可信赖度最高,百度学术中的引用文献(尤其是英文文献)往往存在期刊名称以及发表年份上的错误,用户需要多加小心。例如,以"Risk Aversion and Incentive Effects"一文为例,谷歌学术给出的参考文献为"Holt, C. A., & Laury, S. K. (2002). Risk aversion and incentive effects. *American economic review*, 92(5), 1644-1655"。而百度学术给出的参考文献是"Holt, C. A., & Laury, S. K. (2002). Risk aversion and incentive effects. *Ssrn Electronic Journal*, 92(5), 1644-1655",其中谷歌学术正确地给出了期刊名称。

7) 学术社交功能

借助开放的使用环境,以上三个独立学术搜索引擎都提供了以学术为目的的社交功能。学者可以在搜索引擎中上传个人信息并得到认证,也可以搜索所感兴趣的学者的个人主页并相互建立联系,时刻关注相关研究领域的最新动态。

8) 付费学术服务

相较谷歌学术和必应学术,百度学术提供了一些商业化的付费学术服务项目,如开题分析、论文润色、论文查找、单篇文献购买等。

8.1.3　图书馆综合检索平台和学术搜索引擎的比较

笔者认为在文献下载方面各高校图书馆搭建的综合检索平台的使用体检最佳。这主要是得益于高校支付了相当的费用用于购买电子资源数据商的使用权限,文献的下载便利程度以及所下载文献格式的规范程度都高于公共图书馆的综合检索平台以及独立学术搜索引擎。相比较而言,独立学术搜索引擎的缺点是所含信息资源的种类不如图书馆综合检索平台丰富,主要涵盖了期刊、会议论文和书籍,可免费下载的论文种类也相对有限。

但是,综合笔者的使用经验,学术搜索引擎的搜索功能比高校图书馆的综合检索平台更为强大,高级检索功能减少搜索的工作量提升检索效率。另外,学术搜索引擎提供的整理好的参考文献、各学者的资料、各期刊的往期目录也很好地贴合了学术论文写作者的需要。

针对以上情况,笔者建议在查找、下载文献时,先在学术搜索引擎中完成搜索比对步骤,再将感兴趣的论文题目复制到高校图书馆的综合检索平台进行下载,当确定引用该文献时再回到学术搜索引擎复制整理好的参考文献。

8.2　文　献　管　理

作为学术论文写作者,只有对学科内主流杂志保持持续关注才能够保证研究课题的前沿性,并且更容易挖掘可探索的研究方向。因此,对几个学科内广泛认可且排名前列的期刊进行追踪是研究者必要的日常工作。另外,每一次学术论文的创作都离不开广泛的文献阅读和引用,如何管理好纷繁复杂且格式不一的论文往往是初学者感到麻烦的问题。尤其对于缺乏文献管理经验的写作者来说,常常在论文创作过程中忽略了规范引用文献这一环节或者缺乏良好的引用文献的习惯,导致在完稿后不得不按编辑要求弥补遗漏文献、删除多余文献、统一引用格式等琐碎且恼人的工作。面对上述问题,本节将探讨如何定期跟踪期刊、如何集中管理文献、如何规范引用论文。

8.2.1　金融学期刊

　　金融学领域主要的学术期刊可分为综合性的经济学类期刊和纯金融领域的期刊两类。一个常见的现象是往往许多金融学术论文创作者仅把目光局限在纯金融领域的期刊而忽略了综合性的经济学类期刊。事实上,金融学作为应用经济学的一个分支每年都会有不少极具价值的论文发表在经济学类期刊上。而且,发表在经济学类期刊的文献在创新点上往往具有很强的借鉴价值和启发意义。

　　国际顶尖的综合性的经济学类期刊主要有以下五个(TOP5,常被称作经济学"五大"期刊):

1. *American Economic Review*

　　American Economic Review(AER,https://www.aeaweb.org/journals/aer)创编于1911年,是一份具有100多年历史的综合类的经济学期刊。目前的主编是来自麻省理工学院的 Esther Duflo。该刊归属美国经济学协会(American Economic Association),每年出版1卷12期(2013年及其之前为每年发行1卷7期)。

2. *Econometrica*

　　Econometrica(https://www.econometricsociety.org/publications/econometrica/browse)创编于1933年,由美国计量经济学会(The Econometric Society)管理,每年出版1卷6期。该刊现任主编为加州大学圣地亚哥分校的 Joel Sobel(任期为2015年至2019年)。

3. *Journal of Political Economy*

　　Journal of Political Economy(JPE,http://www.journals.uchicago.edu/toc/jpe/current)创编于1892年,目前已有125年历史。现由芝加哥大学出版社管理,每年出版1卷6期。现任主编为芝加哥大学经济学系的 Harald Uhlig。

4. *Quarterly Journal of Economics*

　　Quarterly Journal of Economics(QJE,https://academic.oup.com/qje)创编于1886年,已有132年历史。该刊由牛津大学出版社出版,每年出版1卷4期。目前的编委会成员均来自哈佛大学,他们是 Pol Antràs、Robert J. Barro、Lawrence F. Katz、Andrei Shleifer。

5. *Review of Economic Studies*

　　Review of Economic Studies(RES,http://www.restud.com/)由几位年轻的英美经济学家于1933年创办,由牛津大学出版社出版。该刊每年出版1卷4期。目前的主编为挪威奥斯陆大学的 Kjetil Storesletten。

纯金融领域的顶尖期刊主要有(TOP3)：

1. *Journal of Finance*

Journal of Finance（JF，http://www.afajof.org/details/landingpage/2866131/About-the-JF.html）是美国金融学会的会刊，于 1946 年创刊。该刊每年出版 1 卷 6 期。现任主编为密歇根大学的 Stefan Nagel。

2. *Review of Financial Studies*

Review of Financial Studies（RFS，http://rfssfs.org/）由 *Journal of Finance* 的前主编 Michael Brennan 于 1988 年领导创办。每年出版 1 卷 12 期。目前的主编为康奈尔大学的 Andrew Karolyi。

3. *Journal of Financial Economics*

Journal of Financial Economics 由 Elsevier Science 出版社出版，刊载财政经济学领域的研究论文，侧重风险投资、有价证券分析、市场平衡理论、财政管理等内容，每年出版 12 期。

另外，以下期刊也被认为是具有极高水准的纯金融领域期刊：

4. *Journal of Financial and Quantitative Analysis*

Journal of Financial and Quantitative Analysis（JFQA，https://depts.washington.edu/jfqa/）是由华盛顿大学、亚利桑那州立大学、北卡罗来纳大学教堂山分校共同主管的一本涵盖公司金融、投资学、资本市场量化分析的金融学期刊，每年双数月发行。

5. *Review of Finance*

Review of Finance（http://revfin.org/）是欧洲金融协会的一本期刊，每年发行 1 卷 6 期。目前的主编为伦敦帝国学院的 Franklin Allen 以及伦敦商学院的 Alex Edmans。

6. *Journal of Banking and Finance*

Journal of Banking and Finance（https://www.journals.elsevier.com/journal-of-banking-and-finance/）由 Elsevier 出版社出版，涵盖了所有关于金融和银行的研究领域。目前的主编为萨塞克斯大学的 Carol Alexander 以及哥伦比亚大学的 Geert Bekaert。该刊除了每年固定的 1 卷 12 期外还包括不定数量的增刊。

7. *Journal of Corporate Finance*

Journal of Corporate Finance（https://www.journals.elsevier.com/journal-of-corporate-finance/）由 Elsevier 出版社出版，主要涉及公司金融领域的议题。现任主编为佐治亚大学的 J. M. Netter。该刊除了每年固定的 1 卷 6 期外还包括不定数量的会议增刊。

8. *Journal of Financial Markets*

Journal of Financial Markets（https://www.journals.elsevier.com/journal-of-financial-markets/）由 Elsevier 出版社出版，主要涉及资产定价议题。现任主编为埃默里大学的 T. Chordia、康奈尔大学的 G. Saar，以及密歇根安娜堡分校的 P. Pasquariello。该刊在 2013 年及其之前为每年 1 卷 4 期，之后除了固定的 4 期外还有不定数量的会议论文。

目前国内具有较高学术水平的经济和金融期刊主要包括《经济研究》《经济学（季刊）》《金融研究》《管理世界》《南开管理评论》。这些国内的主流金融学期刊在题材、研究思路、研究方法、选用的研究样本等方面都更加贴近我国的经济环境和研究背景。读者可以从国内期刊中找到针对中国特色题材的研究，如互联网金融、国有企业、农村信用社等。但是，与国外顶级期刊相比，国内期刊在影响力、创新程度上还有相当的距离。

8.2.2　定期追踪

跟踪感兴趣的期刊的最新文章是保证紧跟学术前沿的有效方式。但是市面上金融、经济类的期刊不仅数量众多，每期的发行日期也各不相同，因此如果全靠手工收集文献来跟踪期刊效率低下且常常发生遗漏的情况。使用具有期刊订阅功能的阅读器就显得十分方便，用户不需要逐一点击查看各期刊的最新文献，这些阅读器能够自动在第一时间向用户推送所订阅的内容，并且可以在各类移动终端上随时查看。但是，完全依靠具有期刊订阅功能的阅读器也是不够完善的，因为这类阅读器往往只能给出包括期刊、标题、作者、摘要在内的简要内容，要想深入阅读的话仍然需要在综合检索平台定期检索。另外，关注学科领域中的顶尖学者的学术搜索引擎主页也是一种不错的方法。

RSS 阅读器是一种主流的具有期刊订阅功能的阅读器，分为需要手动添加 RSS Feed 地址的类型以及第三方 RSS 阅读器。在注册 RSS 阅读器后便可通过添加 Feed 地址订阅的内容。目前各大主流期刊都在其主页上公布了其 Feed 地址，有时同一期刊还包括不同内容的 Feed 地址。例如，*Review of Financial Studies* 就在其主页上（https：//academic. oup. com/rfs/issue/30/6）同时公布了 Current Issue Only、Advance Access、Open Access、Editor's Choice 四个方面的 Feed 地址。这里，要特别推荐一款免费的第三方 RSS 阅读器：Feedly（https://feedly. com/i/welcome）。Feedly 不需要用户手动收集各期刊的 Feed 地址，只需直接检索期刊的名称便可直接订阅。目前，Feedly 上可直接检索并跟踪的论文包括经济学五大杂志、*Journal of Finance*、*Journal of Corporate Finance*，其他杂志可在各自的主页上搜索 Feed 地址后添加在 Feedly 中。

近年来，RSS 阅读器的订阅量呈现出衰退趋势，一些主流的 RSS 阅读器相继退出了市场（Google Reader 在 2013 年 7 月关闭），但经历市场沉浮后所留下的阅读器大多得到了用户的认可，读者可以根据喜好自行选择。

尽管 RSS 阅读器可以在第一时间向用户推送最新的文献信息，但大多非常简洁，有的期刊甚至只包括题目和作者。如果想要较为全面地浏览该期刊的内容以至将感兴趣的论文下载后仔细专研，综合检索平台则更为适合。以西南财经大学图书馆的期刊检索平台为例，输入期刊名称后可以检索到该刊以往各期的目录并且支持下载。用户可以在 RSS 阅读器中复制感兴趣的论文题目在综合检索平台中查找下载。另外通过谷歌学术、必应学术关注权威学者的主页，可以关注该学者的发表动态。

8.2.3　集中管理

当为了某篇论文的写作而下载的文献越来越多时，管理文献就成为一件烦琐的工作。特别当下载的文献的文件名是一个代号或乱码时，在进行论文管理时还需要逐一更改文件名称,需要花费相当的时间和精力。针对以上情况,越来越多的论文写作也愿意借助文献管理软件来智能、高效、整洁地管理所下载的文献。目前,主流的文献管理软件包括EndNote、Reference Manager、NoteExpress 等,这里向读者推荐一款免费的文献管理软件 Mendeley。当然,以上提到的各种软件都有各自忠实的拥护者,读者完全可以在尝试之后根据自身需要和喜好进行选择。

Mendeley(https://www.mendeley.com/)的特色主要有以下几点:①可以在 Word 中自动生成多种格式的参考文献;②可以轻松导入所下载的论文并且对选定的文件夹进行监视,一旦有新论文放入该文件夹则自动导入进 Mendeley 中,且自动检测 PDF 文档中内容生成题目、作者、摘要,必要时可以通过谷歌学术对生成的内容进行复查和修改;③可以和其他研究人员进行互动交流、文献共享;④可以在电脑和移动终端(支持 iOS 设备和 Android 设备)上同步使用;⑤可以根据所阅读的文献推荐相关文献;⑥提供 2G 的个人云盘以及 100MB 的组内成员共享云盘,可以通过多种途径在线获取论文个人论文;⑦可以在 Mendeley 中直接阅读、批注文献。

笔者认为其中最能提升工作效率也是最具价值的功能是上文中的第①点和第②点。凭借这两点,Mendeley 完全将之前繁杂费时还经常出现纰漏的人工工作交由软件自动完成,是学术论文写作的得力助手。

图 8-25 展示了 Mendeley 的主界面,可分为左、中、右三个部分。在左上区域用户可以添加、管理保存文献的文件夹。左下区域提供了四类检索方式,分别是按作者、按作者关键词、按自定义标签、按期刊。中部区域罗列了选定文件夹中所含有的文献,并且直观地给出了作者、标题、年份、期刊、添加时间、是否阅读、文档类型等内容。右侧区域则提供了选定文献的标题、作者、摘要等内容。当 Mendeley 不确定自动识别的内容是否正确时,会提示"These details need review",此时用户可以单击"search",Mendeley 则会自动通过谷歌学术对该文献的内容进行审核、补充。

图 8-25　Mendeley 主界面

　　双击主面板中的论文则可以通过 Mendeley 自带的阅读器阅读文献，并且支持批注。如图 8-26 所示。

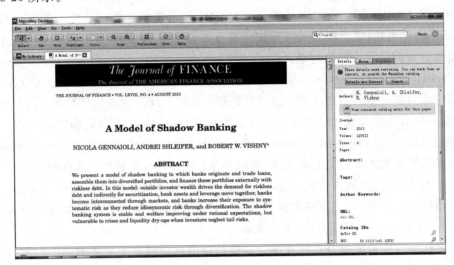

图 8-26　Mendeley 阅读器

8.2.4　规范引用

　　规范无误地引用参考文献是一项需要细致和耐心的工作。养成良好的引用习惯对规范引用能够起到事半功倍的作用。学术论文的作者常常在完成论文后才进行参考文献的核对，此时难免发生遗忘某处参考文献的出处，或者正文与文末参考文献不相符的情况，此时想要再次查找该文献是非常耗时耗力的。因此，建议从下载文献起就做好管理工作，并且每写到一处引用时都立刻在正文和文末同时规范地标注参考文献。

　　利用 Mendeley 在 Word 中的插件可以统一且准确地生成参考文献。在安装好 Mendeley 之后，打开 Word，单击上方菜单栏中的"引用"，便可看到 Mendeley 在 Word 中的插件。如图 8-27 所示。当在正文中某处引用了参考文献后可以单击"Insert Citation"，此时便在光标处自动生成"（作者 1，作者 2，作者 3……发表年份）"的标示。若想在正文

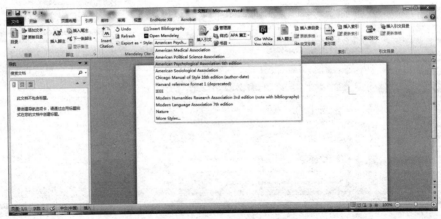

图 8-27　Mendeley 在 Word 中的插件

之后生成统一的参考文献可以单击"Insert Bibliography",并且,Mendeley 提供了十余种参考文献的标准格式,包括:American Psychological Association 6th edition、American Sociological Association、American Political Science Association。

8.3 数据资源库

无论是广义的实证研究(包括档案式研究、实验研究、案例研究、调查研究等)还是狭义的实证研究(专指档案式研究)都离不开数据的支持。随着网络技术和商业数据库的蓬勃发展,以前需要通过纸质材料手工收集的数据能够越来越方便地通过计算机网络数据库获取。熟练操作数据库能够节省数据收集的时间并且为后续的数据处理打好基础。目前,被广泛采用的数据库包括 Wind 资讯金融终端(万德)、iFinD(同花顺金融数据终端)、清科私募通、CSMAR(国泰安数据库)、RESSET(锐思数据库)、Bloomberg(彭博终端)、Thomson One、WRDS 等。其中,Thomson One Banker、WRDS 分别由汤森路透和沃顿商学院管理,包含了较为完善的全球金融数据,而其他数据库均为国产数据库,主要包含了中国的经济、金融数据。

8.3.1 简介

1. Wind 资讯金融终端(万德)

Wind 资讯金融终端由万得信息技术股份有限公司开发运营,总部位于上海陆家嘴金融中心。该公司在 1994 年成为国内首家提供金融财经电子信息的公司,之后逐步成长演化成被国内高校、科研机构、证券公司、基金管理公司、保险公司、银行和投资公司等金融企业广泛使用的金融资讯终端。图 8-28 为 Wind 资讯金融终端的截屏。

图 8-28　Wind 资讯金融终端

目前,很多高校都已经购买了 Wind 终端,但高校师生必须通过指定电脑终端使用。有的高校为老师及科研人员在移动电脑上安装了 Wind 终端,使得使用更加方便。Wind 对在校学生免费开放了一部分数据下载权限,在校学生可以注册"Wind 资讯财经学子阳光计划"获得账号和密码。

Wind 的功能十分强大,目前已经拥有股票、债券、商品、外汇、基金、指数、新闻、宏观、资管、量化、市场等板块,各个板块又细分为多个子板块。例如,股票板块中就包括了新闻资讯(财经新闻、公司公告、法律法规等)、行情报价(沪深股票综合屏、香港股票综合屏、美国股票综合屏等)、多维数据(数据浏览器、财务纵比、公司行动事件汇总等)、专题统计(机构研究、公司研究、并购重组等)、专项应用(中国并购库、中国企业库等)。

特别值得一提的是 Wind 在 Excel 中安装了其插件,通过该插件所带的函数搜索功能可以对行情序列、财务指标、股东指标、首发指标等大部分常用数据进行检索,还能够自动生成股票代码,并且可以实现同时下载多个股票、多个指标、多个时间的数据,熟练掌握后可以大幅节约数据检索、下载的时间。图 8-29 显示了 Wind 资讯金融终端 Excel 插件。

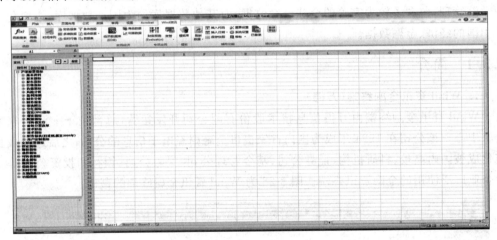

图 8-29　Wind 资讯金融终端的 Excel 插件

2. iFinD(同花顺金融数据终端)

iFinD(同花顺金融数据终端)由浙江核新同花顺网络信息股份有限公司开发运营,该公司前身为上海核新软件技术有限公司,成立于 2001 年 8 月 24 日。

同花顺金融数据终端提供了种类繁多的金融数据,其主要板块包括股票、债券、期权期货、基金、理财、指数、宏观行业、新闻研报、行情、外汇、产权交易、投研 BBC、工具等板块。其中,股票板块包含了多维数据(如沪深深度资料、港股深度资料、美股深度资料、区域股权深度资料等)、专题统计(如沪深报表、股转报表、港股报表、美股报表等)、分析工具(如投资账户、组合管理、WACC 计算器等)、行情资讯(股票综合屏、沪港通综合屏等)。iFind 数据库主页如图 8-30 所示。

IFinD 数据库需要在电脑上安装终端后付费使用。

同样地,同花顺金融数据终端也提供了 Excel 插件。如图 8-31 所示。

图 8-30　iFinD 数据库主页

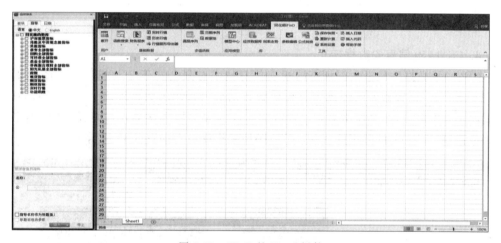

图 8-31　iFinD 的 Excel 插件

3. 清科私募通

清科私募通(PEdata)数据库的主要内容是中国创业与投资领域,是清科集团旗下行业权威金融数据库,为清科研究中心提供数据支持,同时也是清科研究中心公布研究报告的途径。清科研究中心于 2000 年创立,是中国成立最早、规模最大的专业权威股权投资研究机构之一。使用清科私募通需要下载相应的客户端,在注册购买后才能使用。

清科私募通提供了较为权威可靠的私募股权行业数据,主要来源是定期的问卷调研、辅以信息收集验证、配合私募通转悠的数据渠道;清科私募通包含完整的实体信息、全面的投融记录、多元化数据统计、阻止机构关系图谱等众多强大功能。在私募通中可以查询到超过 42 000 家 VC/PE 投资机构、62 000 家投资基金、23 000 家有限合伙人/出资人、360 000 家投资人和创业者的相关数据。清科私募通可为创业企业、投资机构、投资人、研究机构、高校的投资决策、市场调研、行业分析等工作提供大数据支持；如基本信息、财务数据、行业趋势、创业指数等。清科私募通主页如图 8-32 所示。

图 8-32　清科私募通主页

4. CSMAR（国泰安数据库）

CSMAR 数据库最早由深圳市国泰安信息技术有限公司于 2000 年开发，经过 20 多年的不断完善，该数据库已经成为收集金融数据最为常用的数据库之一。由于 CSMAR数据库具有的权威性，其经济金融研究数据库成为大中华区首个入选美国沃顿商学院研究服务系统（WRDS）的数据库产品。CSMAR 数据库主页如图 8-33 所示。

图 8-33　CSMAR 数据库主页

各高校购买的 CSMAR 数据库主要是两个：CSMAR 系列研究数据库和 CSMAR 期货股票分析高频数据库。CSMAR 经济金融研究数据库主要针对学术研究的需求，其数据大多来自中国市场。该数据库涵盖了股票市场、公司、基金、债券、衍生市场、经济、行业、货币市场、海外板块、市场资讯、专题、高频、科技金融、数据定制 14 个研究系列,截至目前总共有 113 个数据库,2 000 多张表,2 万多个字段。CSMAR 期货股票分析高频数据库主要提供 2003 年以来分笔高频交易数据、分时高频交易数据(1 分钟、5 分钟、10 分钟、15 分钟、30 分钟、60 分钟),同时还计算了多种衍生数据指标,如买比、买卖价差、报价深度等以方便研究人员做研究,提供了研究我国证券市场内部运行规律的数据基础。

CSMAR 数据库不需要安装特定的终端,通过网页即可下载数据。目前,CSMAR 已被各高校广泛采购,用户只需在限定的学校 IP 地址内登录 CSMAR 即可下载数据。值得一提的是 CSMAR 不支持 VPN 和反向代理,这给校外人员的使用带来了一定的不便。

5. RESSET(锐思数据库)

RESSET 数据库最早由北京聚源锐思数据科技有限公司在 2006 年正式推出,后期又吸收了清华大学、北京大学等多位专家的意见而不断完善,可以为实证研究、模型检验等提供支持。

目前,各高校开通的锐思数据库主要包含两个:金融研究数据库(RESSET/DB)和高频数据系统(RESSET/HF)。金融研究数据库内容涵盖股票、固定收益、基金、宏观、行业、经济与法律信息、港股、外汇、期货、黄金 10 大系列,共 70 多个数据库,包括中英文各 1 000 多张表,超过 20 000 个字段的内容,提供经济、金融、会计实证与投资研究的数据,能够支持单次下载量超过 200 万条(接近 1G 数据),超过 9 种下载格式(包含 SPSS、SAS、MATLAB 等格式),100 多道数据校验和清洗程序,正确的收益指标计算结果,1 000G 以上的高频数据,近 40 种分析模型。高频数据系统提供自 1999 年以来的上海证券交易所、深圳证券交易所等交易所上市交易工具的 6 秒分笔成交数据及 1 分钟、5 分钟、10 分钟、15 分钟、20 分钟、30 分钟、40 分钟、60 分钟等间隔的分时高频数据。相关工具包括股票、指数、债券、基金、权证、回购、股指期货等。RESSET 数据库主页如图 8-34 所示。

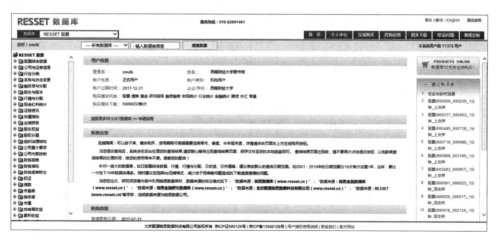

图 8-34　RESSET 数据库主页

使用锐思数据库无须注册,直接使用各高校 IP 地址登录数据库提供给学校的网址即可。此外锐思还对校外反向代理友好。

6. Bloomberg（彭博终端）

彭博金融终端最初由美国彭博社于 20 世纪 80 年代推出并持续运营、更新至今，彭博终端在金融领域有着极高的口碑和广泛的应用，尤其对于英美金融业界人士来说，彭博社是其获得资讯的主流通道，失去了彭博终端就像失去了探索金融市场的眼睛。

彭博终端的使用费用十分昂贵，一年的年费超过 2 万美元，但与之匹配的是其强大的功能。彭博终端的主要功能在于可以查阅和分析实时的全球金融市场数据，为客户提供全球金融市场的即时报价、数据、新闻、分析及研究和交易信息。彭博终端数据库包含全球资本市场数据、实时行情显示、研究报告和彭博新闻。具体内容有股票、国债、公司债、抵押债券、货币市场、地方债、优先股、商品、指数、货币、法律信息等。

目前，许多国内高校都安装了彭博终端，读者必须在固定地点的固定计算机上访问彭博终端数据库。彭博终端计算机的标准终端屏为双屏形式，并且提供四个视窗，方便用户进行多任务处理。为方便使用各种专业化功能，彭博终端的键盘也在普通键盘的基础上进行了改动，添加了很多独有的快捷键和操作方式。例如"NEWS"键可以显示某自定义类别的新闻，"MONITR"可以调出主要金融市场的行情。

7. Thomson ONE

Thomson ONE 是英国汤森路透公司推出的一款资讯类金融数据库，无须在专用的计算机终端登录，只需通过网页便可浏览和下载数据，其网址为：www. thomsonone. com。Thomson One。能够提供广泛的金融数据和参考数据，涵盖了世界范围内大部分公司的财务数据、新闻事件、市场行情，以及各大分析机构提供的研究报告。Thomson ONE 主页如图 8-35 所示。

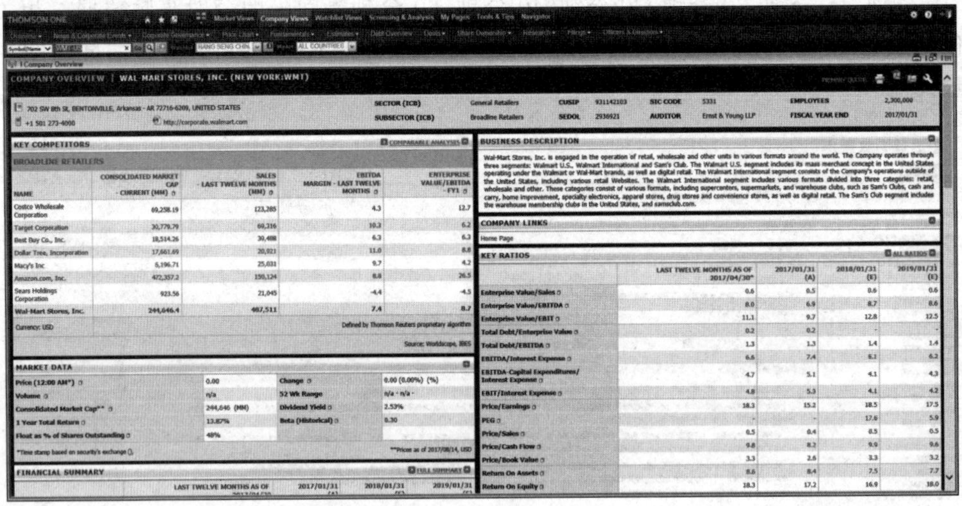

图 8-35　Thomson ONE 主页

在"实时警报"板块用户可以设置和管理警报的阈值，在发生影响个人业务的重大事件时系统能发出警告。"市场情报"板块提供了市场数据和全球市场新闻，包括上市公司关键指标、指数数据、衍生品数据、固定收益信息、股权参考数据和金融新闻。"公司数据"

则提供了公司的基本面数据和研究报告。为了方便深度学术研究，Thomson ONE 提供高级筛选和过滤工具。另外，Thomson ONE 还提供了移动设备端和 Excel 插件。

目前，购买 Thomson ONE 的高校并不是很多，用户可以寻找第三方途径使用。

8. WRDS

WRDS（Wharton Research Data Services，沃顿数据服务平台）是由美国宾夕法尼亚大学沃顿商学院于 1992 年创立的学术研究型数据库平台。30 多年来，沃顿数据库已经成为全球范围内广为采用的数据检索、下载平台，该平台吸纳了 600 多种数据来源，其中常用的有 Compustat 数据库、ExcuComp 数据库、CRSP 数据库（Center for Research of Security Prices，美国股票和指数资料数据），以及中国的 CSMAR 数据库。该数据库无须专门的终端，使用网页便可搜索、整理、下载数据，其网页为：http://wrds.wharton.upenn.edu/。

国内已有较多高校购买了 WRDS，但大多只购买了部分数据库的使用权，其中使用最为普遍的是 Compustat 数据库。Compustat 财务与价格数据库由标准普尔公司推出，包含全球 80 多个国家超过 6 万家上市公司及退市公司的完整财务数据和市场数据，年度历史数据可追溯到 1950 年。另外 WRDS 中的 ExcuComp 数据库可查看超过 2 000 家上市公司或已摘牌公司的高管信息，而 CRSP 数据库提供了美国从 1925 年以来的股票、债券、公募基金及指数的历史交易价格。

各高校普遍规定在使用 WRDS 之前需要向学校提出申请且只向教师、研究生、研究员开放。WRDS 主页如图 8-36 所示。

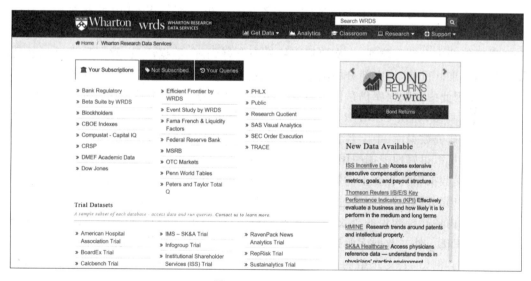

图 8-36　WRDS 主页

8.3.2　数据库比较

1. 学术研究类数据库和资讯类数据库

市面上常见的数据库可分类两类：学术研究类数据库和资讯类数据库。学术研究类数据库主要面向金融学者，为其提供丰富的供实证用途的数据。这一类数据库以 CSMAR、RESSET、WRDS 为代表。资讯类数据库则主要面向投资者和分析师，包含了丰富的新闻，以方便投资者及时地进行市场操作。资讯类数据库以 Wind、彭博终端为代表。

从数据特点上来看，学术研究类数据库注重数据的专业性，按不同研究方向将数据分为多个类别。以 CSMAR 为例，其包含的数据可以服务经济、金融、会计等相关专业的研究员，根据研究需要又涵盖了多个子数据库，包括治理结构研究数据库、股权性质研究数据库等。这些细分的数据库对于投资者和分析师来说并不一定用得上，但具有很高的学术研究价值。总之，学术研究类数据库要求数据精准全面且能够被进一步挖掘、加工，但对数据的时效性要求不是很强。

资讯类数据库注重数据的及时性和原发性，力求在事件发生的第一时间将信息传递给投资者和分析师。另外，资讯类数据库涵盖的不仅限于新闻，其广泛收集来自其他媒体、券商分析师、内部传言等信息。资讯类数据库讲究多而快地将信息传播出去，因此其专业性不强，金融学术论文的写作者往往需要在其基础上进一步整理才能使用。资讯类数据库的特点在彭博终端上体现得较为明显，彭博终端的界面注重资讯的快速传递，用户能够快速方便地检索公司和事件信息，但是对于研究员来说，这些数据的整理和下载功能并不如学术研究其数据库好用。

2. 中文数据库和外文数据库

常见的中文数据库有 Wind 、iFinD、CSMAR、RESSET。中文数据库中的绝大部分数据都来自中国市场，涉及国外市场的内容不多也不够全面。Wind 中虽有部分涉及全球市场的数据，但数据数量和质量仍无法和外文数据库相比。随着近年来我国软件行业和互联网行业走向世界前列，中文数据库的界面友好程度、数据质量、数据种类已经达到了相当的水准。目前，绝大部分中国学者将研究对象放在中国市场，对国外市场的研究涉及得较少，因此中文数据库仍是使用主流。相较外文数据库，中文数据库针对国内市场的数据要深入得多，如从 CSMAR 推出的中国上市公司社会责任研究数据库、中国上市公司人物特征研究数据库、中国各省区市地方领导资料研究数据库、中国上市公司投资者关系数据库中可以很好地挖掘中国市场中特有的社会文化现象对既有经济模式的影响。另外，由于中文数据库具有本土优势，其界面的响应速度和数据下载速度优于外文数据库。国内用户在遇到困难时也能通过国内电话和中文与客服即时自如地交流。

目前国内各高校购买的外文数据库主要有彭博终端、WRDS，也有一些学者在使用 Thomson ONE。外文数据库所针对的市场主要是欧美市场，但所涉及的中国市场的数据也相当深入。例如，上文介绍的彭博终端、WRDS、Thomson ONE 均具有完整的中国公司的并购数据。外文数据库对于研究国外市场的学者就显得必不可少，无论是数据的数量还是质量都远好于中文数据库。但是外文数据库的上手速度较慢，用户往往需要较长时间的学习才能掌握使用方法。彭博终端在这一特性上尤为突出，其页面、键盘的操作方式与普通数据库有较大差别，功能种类划分详细，因此需要较长时间的探索才能熟练掌握。另外，由于数据库设在海外，页面的响应速度和数据下载速度较慢，这一问题对于网页形式的外文数据库比较突出。

3. 各数据库优缺点

1) Wind 资讯金融终端

优点：

（1）数据涉及全面，质量好。

（2）界面规划合理，使用逻辑清晰，用户体验较好。鉴于其资讯类数据库的本质，其具有数据所见即所得的优点，相比学术研究类数据库更加直观。

（3）所含 Excel 插件功能强大，方便用户高效获取大量数据。

（4）万德推广的"阳光学子"计划能让在校学生体验一部分数据下载功能。

缺点：

（1）使用费用高，使用时间成本较高，高校学生想要使用完整版必须前往校内指定终端。

（2）国际数据涉及不够全面。

（3）包括并购数据库在内的一些子数据库下载后的数据排版不够友好，需要花费较长时间整理。这一点不如学术研究类数据库，如 CSMAR 和 RESSET 等。

（4）由于 Wind 曾起诉 iFinD 涉嫌侵权，Wind 已不允许安装了 Wind 客户端的电脑同时安装 iFinD，对用户造成了不便。

2) iFinD

优点：

（1）整体性价比较高，资费比较便宜。

（2）行情数据丰富。

（3）不用绑定终端，对用户的限制少，使用方便。

缺点：

（1）其定位主要在于为投资者提供交易和行情功能，学术类数据不够全面深入。

（2）其 Excel 插件功能有限，不如 Wind 的 Excel 插件好用。

（3）一次性能下载的数据年份跨度较少。

3) CSMAR

优点：

（1）专业性的学术类金融数据库，数据的种类和质量较高。

（2）数据专业化细分程度高，对非常见数据的收录较为全面，字段充足。

（3）数据库为不同的研究方向提供特定的数据，其数据具有稀缺性。

（4）在校学生可以通过个人电脑使用，无须前往专门的客户端。

缺点：

（1）不支持校外反向代理或 VPN 登录。

（2）界面响应速度较慢。

（3）数据更新不够及时。

（4）有的高校购买的数据库不全。

4) 清科私募通

优点：

（1）清科私募通的数据主要是以私募方面的数据为主，专业性较强。

（2）清科私募通涉及一些来源于定期的问卷调查的数据，这类数据通过其他方式获取的难度较大，具有较高的意义。

（3）清科私募通会实时更新 PE 方面的新闻，以及定期公布清科数据库公布的研究报告。

缺点：

（1）清科私募通的数据内容较为局限，主要是私募方面的数据。

（2）目前购买清科私募通数据库的高校较少，所以教师和学生在获取相关数据时较为困难。

（3）下载数据有条数限制，一次只能下载 1 000 条数据，数据量大时，需要反复进行下载操作，十分麻烦。

5）RESSET

优点：

（1）专业性的学术类金融数据库，数据的种类和质量较高。

（2）使用逻辑清晰，界面简洁，用户体验感较好。

（3）在校学生可以通过个人电脑使用，无须前往专门的客户端。

（4）支持校外通过反向代理和 VPN 登录，方便学生在假期离校时使用。

缺点：

（1）一次性能下载的数据量受限。

（2）数据的丰富程度距 CSMAR 有较大差距，如没有涵盖并购数据。

（3）数据更新不够及时。

6）Bloomberg

优点：

（1）口碑极的全球化专业的资讯类金融数据库。

（2）数据全面，涉及全球主要国家的重要信息。

（3）第一时间获取全球资讯，新闻资讯几乎和事件的发生同步，例如可以通过彭博终端显示全球海运船只的实时位置。

缺点：

（1）使用费用十分昂贵。

（2）必须前往特定的终端使用。

（3）前期学习时间较长，熟练掌握数据库需要专门学习和长期使用。

（4）对以学术为目的的数据下载不够友好，数据整理和呈现不够简洁。

7）Thomson ONE

优点：

（1）全球化专业的资讯类金融数据库。

（2）数据全面，涉及全球主要国家的数据。

（3）无须前往特定的终端使用，通过个人电脑及网页即可浏览下载数据。

缺点：

（1）只能使用老版 IE 浏览器，并且在中国国内使用网页响应速度缓慢。

（2）对以学术为目的的数据下载不够友好，数据的呈现不够有序和简洁。

（3）国内购买该数据库的高校较少。

8）WRDS

优点：

（1）国外学者进行学术研究的主流学术型数据库，国际认可度高，质量有保障。

（2）WRDS的本质为数据库平台，蕴含了多个不同内容和方向的子数据库，涵盖的数据广泛。

缺点：

（1）对注册人的限制较多，使用之前的注册较为烦琐，且一般不支持本科生注册。

（2）费用高昂。

4. 并购数据库比较

兼并与收购一直是公司金融领域研究的热点问题。近几年在金融专业硕士和金融学术硕士的毕业论文中有相当数量是和企业并购相关的。由于上文提到的各大数据库都有兼并收购的子数据库，许多金融论文的写作者对并购数据下载来源的选择比较疑惑。总的来说，Wind、CSMAR、Tomson ONE 所含并购数据较全且用户使用体验较好，是笔者常用的并购数据库。下面笔者专门就这几个并购数据库的特点进行一一说明。

1）Wind 资讯金融终端

Wind 并购数据库的进入路径是：Wind 首页——股票——专项应用——中国并购库。

Wind 并购数据库包括了 4 个子库：交易机会、并购动态、并购事件、统计与排行。其中，前两个子库主要针对业界用户，后两个子库主要针对学界用户，而对于学术论文写作者来说并购事件子库最为常用。相较其他数据库，Wind 并购数据库有以下特点：

首先，Wind 数据库除了包括主并方为上市公司的并购外，还包括了非上市公司、拟上市公司，而其他大部分数据库只包括了上市公司数据库。非上市公司的并购研究比较依赖 Wind 数据库。

其次，筛选条件完善，包括了买方指标（上市状态、地域、行业、营业收入、总资产、净资产、净利润）、标的方指标（上市状态、地域、行业、类型）、交易方案指标（并购目的、并购方式、支付方式、交易进度、股权转让、控制权变更、关联交易、跨境并购）、评估值信息（评估方式、PE、PB）。并且 Wind 数据库的使用体验简洁，检索界面采用了所见即所得的方式，清爽直观。

最后，Wind 并购数据库相较其他数据库最大的问题在于其可供下载的字段十分有限，只能包括首次披露日期、交易标的、交易买方、标的方所属行业、买方财务顾问、交易总价值、币种、最新进度。而且当交易买方存在多个时，Wind 将其合并在一个单元格内，要想进行区分并且提取上市公司代码需要花费一定的精力（图 8-37）。

2）CSMAR

CSMAR 并购数据库的进入路径是：CSMAR 首页 ——公司研究系列——并购重组。

CSMAR 并购数据库对以学术研究为目的的使用者非常友好，无论是检索还是下载

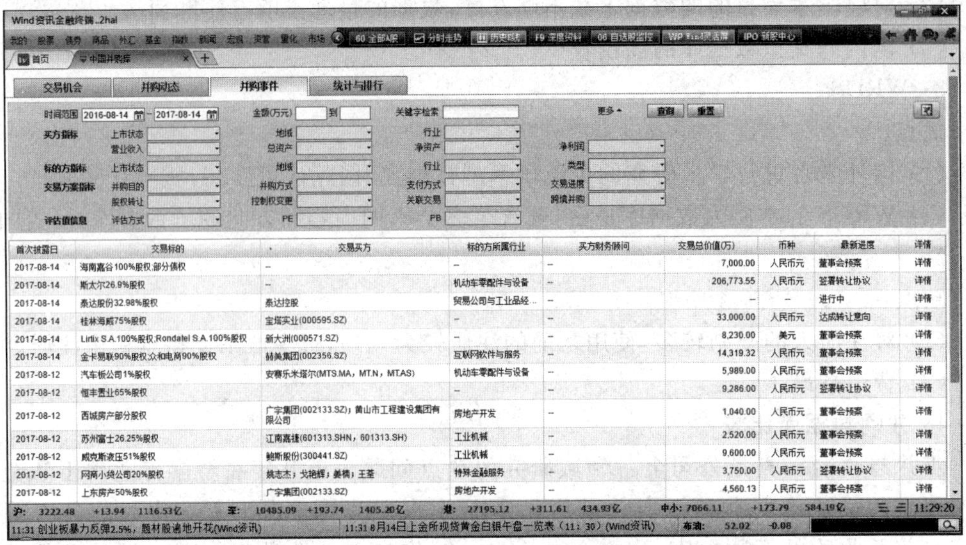

图 8-37　Wind 并购数据库

的体检也都较好。相较其他数据库，CSMAR 并购数据库具有以下特点：

首先，CSMAR 并购数据库涵盖的信息覆盖了并购交易的多个方面。在并购重组数据库中包括了 4 个子数据库：基本数据、交易情况、标的信息、支付情况。涵盖的表一共有 13 张：交易信息总表、交易涉及方明细表、交易进度明细表、资产交易表、吸收合并表、资产置换表、债务重组表、要约收购表、股权转让表、交易标的明细表、现金支付表、资产支付表、股票支付表，各表的检索字段也面面俱到。因此，对于对并购重组的某个方面需要做深入数据分析的写作者可能会在 CSMAR 中发现一些冷僻的字段。

其次，CSMAR 对每一起并购事件都赋予了一个事件 ID，因此在若干个表中交叉关联时能够方便地将一起并购事件的多个方面信息钩稽起来，这对于其他数据库是独有的。

最后，CSMAR 的缺陷也十分明显，其数据只包括了在上海证券交易所和深圳证券交易所上市的公司 1998 年至今所发生的并购重组事项的数据资料，对在中国香港及海外上市公司的并购事件没有涉及，也没有涉及非上市公司的并购（图 8-38）。

3) Thomson ONE

Thomson ONE 并购数据库的进入路径是：Thomson ONE 主页——Screening & Analysis——Deals & League Tables——M & A——Advanced Search。

虽然 Thomson ONE 是一款主要针对业界用户使用的数据库，但其并购数据库提供了非常丰富的数据，一些检索条件（如是否是敌意收购、股权转让比例等）对于金融学术论文写作者非常友好。就笔者过往的使用经验来说，其数据的完整程度和详尽程度是高于国内并购数据库的。具体来看，Thomson ONE 并购数据库具有以下特点：

首先，Thomson ONE 并购数据库涵盖了全球金融市场。在主并方或目标方所属国家这一检索条件中有超过 200 个国家或地区可供选用。当然，也包括了中国的数据。因此，这是针对外国市场进行研究的写作者获取数据的有效方式。

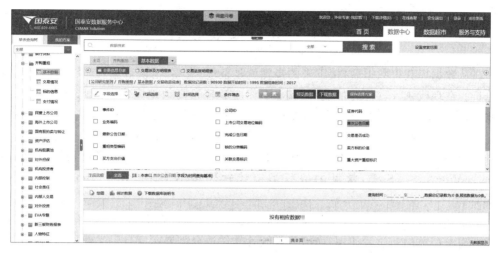

图 8-38　CSMAR 并购数据库

其次,Thomson ONE 并购数据库提供了完备的检索条件,在每多加一个检索条件后能够立即显示该条件保留了多少符合条件的样本。并且 Thomson ONE 支持自定义字段输出,有利于进行个性化定制。需要说明的是,其默认的检索字段不包括中国上市公司的股票代码,用户需要在检索条件页面下方的 OPEN/CREAT 面板中选择 Report,单击"Create New",在其中添加字段 Acquiror Ticker Symbol。

当然,Thomson ONE 也并非没有缺点。该数据库的用户体验不如国内数据库,尤其是该数据库要求必须使用 IE 浏览器,且在 IE8 之后版本的浏览中无法完整显示弹出的对话框。因此建议读者选用老版本的 IE 浏览器进行浏览(图 8-39)。

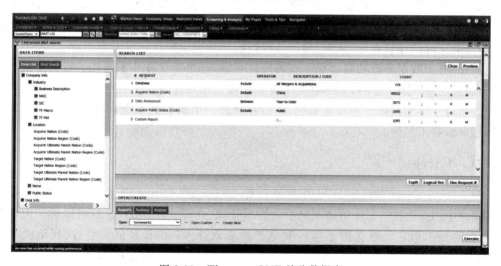

图 8-39　Thomson ONE 并购数据库

8.4 数据处理软件

在从数据库获得数据后，接下来的步骤就是整理、观察、清洗数据，以及进行后续的计量分析。在现代统计软件的帮助下，以上工作能够轻松高效地完成。因此熟悉常用的统计软件，并且精通其中的一至两个是金融学术论文写作者的必备功底。

这一节将介绍若干常见的统计软件，包括 Excel、Stata、R、Python 等。目前市面上的统计软件的操作方式大致可分为两类：选单类和编程类。常见的选单类统计软件包括 Excel、EViews、SPSS 等；常见的编程类统计软件包括 Stata、R、Python、MATLAB、SAS 等。

通常来说，选单类统计软件界面友好，比较容易快速入门并进行上手操作，适合对统计功能需求简单的初学者使用，而编程类统计软件适合需要深度自定义使用的用户，在中高级金融论文的数据分析过中被广泛应用。对选单类软件和编程类软件进行进一步对比可以发现以下特征：

首先，选单类统计软件界面友好，操作简单，其主要的和常用的功能都已经包含在了菜单栏和对话框中。用户只需单击相应的选单，该类统计软件就能自动通过后台程序得出结果。相比之下，编程类软件的用户往往需要花费大量精力和时间熟悉各种命令以及操作过程。因此，选单类统计软件的受众更为普及，而编程类软件主要针对专业用户。

其次，编程类统计软件的算法开放，用户能够灵活创造需要的统计过程。相比之下，选单类统计软件的运算过程类似一个"黑箱"，用户只能通过统计分析原理推断其运算过程，但无从知晓统计分析的各种算法细节，这就无法满足需要细化调整运算过程的用户。

最后，尽管选单类统计软件的功能已经十分完善，但编程类统计软件由于具有相当高的自主开发潜力，因而具有更强的功能。尤其随着网络的迅速发展，网络中充斥着大量信息，编程类统计软件具有的"爬虫"功能能够轻松采集信息的程序或者脚本。

因此，对于数据分析功能要求不高的用户来说，选单类软件几乎覆盖了所有常见统计功能，而且能够快速上手，对于本科生和专业型硕士撰写课程论文乃至毕业论文都能满足需要。而对于学术型硕士和博士来说，钻研并精通一个编程类数据软件对于海量且高深的数据分析必不可少。

8.4.1 Excel

Microsoft Excel 是微软公司的办公软件 Microsoft Office 的组件之一，已经具有30 多年的历史，是日常工作中必不可少的数据管理、处理软件。Excel 虽然提供了大量的用户界面特性，但它仍然保留了第一款电子制表软件 VisiCalc 的特性：行、列组成单元格，数据、与数据相关的公式或者对其他单元格的绝对引用保存在单元格中。Excel 是第一款允许用户自定义界面的电子制表软件（包括字体、文字属性和单元格格式）。它还引进了"智能重算"的功能，当单元格数据变动时，只有与之相关的数据才会更新，而原先的制表软件只能重算全部数据或者等待下一个指令。同时，Excel 还有强大的图形功能。目前，Excel 2016 是 Excel 的最新版本。Excel 需要用户付费使用。

8.4.2　EViews

　　EViews(http://www.eviews.com/home.html)是 Econometrics Views 的缩写,其前身是1981年第1版的 Micro TSP,目前由 IHS 公司(https://www.ihs.com/index.html)研发维护。EViews 的强项在于时间序列分析,具备对连续增长模型、间断增长模型、似因果模型进行分析的能力。由于 EViews 在1998年就登陆了中国,而且具有操作简便且可视化的操作风格,该软件成为初级计量经济学课程中常用的教学工具和实操软件。学生可以在了解基本的计量经济学知识后,立刻体验导入数据、运行回归、查看结果这一系列的过程,甚至可以借助 EViews 自行探索更高深的内容。目前,EViews 的最新版本是 EViews 9.5,该软件是付费软件。

8.4.3　SPSS

　　SPSS(Statistical Product and Service Solutions,http://www.spss.com.cn/)最初由三位斯坦福大学的学生[Norman H. Nie、C. Hadlai(Tex)Hull 和 Dale H. Bent]于1968年研发成功,随后成为广泛应用于社会科学、自然科学各个领域的统计软件。IBM公司在2009年将 SPSS 公司收购并负责之后的开发维护,目前已推出了20.0版本。SPSS 是一个功能全面的选单类统计软件,在 IBM 公司的不断完善之下已经具备了执行较为复杂的统计任务(包括常见相关分析、因子分析、分类分析等)的能力,而且大多数操作都可以通过对菜单的选择完成,十分适合进行初级数据分析的用户。该软件是付费软件。

8.4.4　Stata

　　Stata 是 Stata 公司(http://www.Stata.com/)于1985年开发出来的一种功能全面的统计软件包,在全球范围内被广泛应用于企业和学术机构中。Stata 具有很强的程序语言功能,但同时也包含了许多预先编排好的数据分析功能,新手能够快速上手。由于其具有容易操作、运行速度快、功能强大的特点,在金融学学术领域,Stata 已经得到了广泛应用。目前,Stata 14.0 是 Stata 的最新版本。Stata 需要用户付费使用。

8.4.5　SAS

　　1966年美国农业部为了分析所收集的大量农业数据而资助了一项统计分析系统的研发工作,在此背景下 SAS(https://www.sas.com/zh_cn/home.html)由北卡罗来纳州立大学的 Jim Goodnight 与 Jim Barr 的团队所研发。SAS 起初仅被设计用于分析农业研究的项目,但随着对该软件需求的增长,SAS 公司于1976年正式成立,旨在为所有类型的客户提供服务,范围涵盖了医药企业、银行业以及学术和政府机构。SAS 是一个强大的编程类统计软件,但需要一定时间的编程训练才能熟练操作。另外,很多国外的数据库(如 WRDS)具备和 SAS 对接的功能,因此在下载数据后无须转换格式就能直接用 SAS进行分析。SAS 是付费软件且需要每年支付版权费用,现已更新到 SAS 9.4。

8.4.6　MATLAB

MATLAB(https://cn.mathworks.com/)的初衷是用于矩阵运算,于1978年正式面世。斯坦福大学的Jack Little在1984年将MATLAB商业化并成立了MathWorks公司,现在该公司负责开发和维护MATLAB。MATLAB软件主要包括MATLAB和Simulink两大部分。其中MATLAB主要用于数学、统计和优化以及金融学领域的计算,而Simulink是一个面向多域仿真并和基于模型设计的框模块图环境,它支持系统级设计、仿真、自动代码生成以及嵌入式系统的连续测试和验证。MATLAB以数组运算(包括矩阵运算)为基础,能够实现大多数数学算法函数以及将其可视化(包括2D和3D)。此外,MATLAB的编程语言接近常规数学书写形式,具备完备的帮助系统,使得用户能够高效地使用该软件进行统计分析。

8.4.7　R

R是一种面向对象的高级语言,是贝尔实验室所研发的S语言的一种实现,于1995年开发完成。R与其他编程类统计软件相比,最大的特色在于R是一个开源、免费的软件,由一个庞大而且活跃的网络社区维护,但R具有的功能不弱于任何一个商业统计软件。R的大多数统计功能由程序包实现,而R网络社区中的志愿者经常更新和添加新的程序包,这就使得R的用户具备了丰富的网络资源。另外,R具备从网页抓取数据的功能,用户能够通过函数和程序包将网页中的信息下载并提取出来。然而,正是由于R具备的开源属性且只在底层整合了少部分统计功能,其初期的学习曲线比较陡峭,用户需要一定时间的探索和学习才能顺利掌握R的用法。R目前已经更新到3.4.0,用户可以通过https://www.r-project.org/免费下载使用。

8.4.8　Python

Python(https://www.python.org/)同样是一个面向对象的编程语言,相较R来说,Python并非是专用于统计或者计量的软件,而是一种非常流行的通用编程语言。Python由Guido Van Rossum于1991年开发,其用户主要是程序员和网络工程师。Python的特点主要在于两点,其一是具备处理以G为单位的数量级的数据的能力,其二是具有强大的"爬虫"功能,这也是Python相较R的长处。基于以上两点,在处理"大数据"领域使用Python具有先天的优势,并且Python往往作为"爬虫"软件的首选编写语言。另外,Python有着丰富的扩展库,可以轻易完成各种高级任务,开发者可以用Python实现完整应用程序所需的各种功能。Python是一款免费软件,现已更新到3.6.1。

8.5　软件实操技巧

针对金融学实证研究中常见的数据处理需要,本节重点关注常用数据处理软件针对这些需要的使用技巧。本节的本意并不在于完整详尽地展示数据处理软件的各种功能,而是从解决常见数据处理问题入手,涵盖了 Excel、Stata、R 的常用功能和技巧。此外,本节还将介绍 Word 的一些使用技巧。

Excel、Stata、R 作为广受欢迎的数据分析软件各具优势,但相比而言 R 的学习曲线较为陡峭,而 Excel 和 Stata 通过自学市面上的参考资料也能大有收获。因此,本节对 Excel 和 Stata 的讲述侧重于金融数据分析联系紧密的技巧,而对 R 则侧重于较为全面的编程入门。

8.5.1　Excel

Excel 作为一款所见即所得的数据分析软件具有上手快,功能强,操作简单的特点。尽管在金融数据分析领域已经有很多更为强大的统计软件超越了 Excel,但 Excel 具有的简单方便的特点仍然是一些简单数据处理的首选。下面以 Excel 2010 为例展示数据透视表、万德插件、删除重复项、分列功能。

1. 数据透视表

数据透视表是进行分类统计的首选,不仅可以自定义待统计的变量,统计的口径也可以自由组合(包括求和、计数、平均值、最大值、最小值、乘积、标准差、方差等)。

以图 8-40、图 8-41、图 8-42 中所示的内容为例:A 列为公司代码;B 列为年份(2004年和 2005 年),C 列为人员代码,D、E、F、G 列分别为每个人在项目 1、项目 2、项目 3、项目4 的得分。现在我们想在表格中统计①各公司每年有多少人员;②各公司每年项目 1 的平均分;③各公司每年项目 2 的最高分;④各公司每年项目 3 的最低分;⑤各公司每年项目 4 得分的标准差。

选定任意空白单元格(注意要留够数据透视表所占的位置),单击"插入"——"数据透视表",在"创建数据透视表"选单中框选"A1:G23"(数据所在的单元格),单击"确定"后出现如图 8-40 所示的选单。此时,勾选"公司"和"年"并放入"行标签"栏,勾选"人员""项目

	A	B	C	D	E	F	G
1	公司	年	人员	项目1	项目2	项目3	项目4
2	000027	2004	3060284	0.001847	0.110523	0.011361	
3	000027	2004	30133450	0.001804	0.116445	0.002316	0.000002
4	000027	2004	3060022	0.000773	0.109728	0	0
5	000027	2004	30145606	0.000773	0.109728	0	0
6	000059	2004	30177878	0.00073	0.080613	0	0
7	000059	2004	198635	0.00073	0.080613	0	0
8	000059	2004	30177876	0.00073	0.080613	0	0
9	000403	2004	3019980	0.001804	0.111548	0.002533	0.000004
10	000403	2004	3018398	0.000988	0.0983	0	0
11	000027	2005	3082890	0.000968	0.094209	0	0
12	000027	2005	308470	0.001275	0.12069	0.002213	0.000007
13	000027	2005	3037812	0.001275	0.12069	0.002213	0.000007
14	000027	2005	3037812	0.001275	0.12069	0.002213	0.000007
15	000059	2005	30107802	0.001759	0.002236	0.000007	0
16	000059	2005	3086884	0.001872	0.000005	0	0
17	000059	2005	30148516	0.001803	0.116641	0.002633	0.00002
18	000403	2005	3043958	0.001539	0.11501	0.002655	0.000001
19	000403	2005	30145384	0.002067	0.113048	0.001696	0.000001
20	000403	2005	3082008	0.003386	0.136495	0.006791	0.000007
21	000403	2005	3040122	0.001671	0.114548	0.001289	0.000005
22	000403	2005	3062922	0.00409	0.123737	0.00876	0.000627
23	000059	2005	3058128	0.001627	0.114564	0.002373	0.000031

图 8-40　数据透视表演示 1

1""项目2""项目3""项目4"放入"数值"栏,单击"数值"栏中各项右侧的下拉菜单,并在"值字段设置"中选择各项的计算类型:"计数""平均值""最小值""最大值""标准差"。之后便自动得到了三家公司在两年中的各项指标。

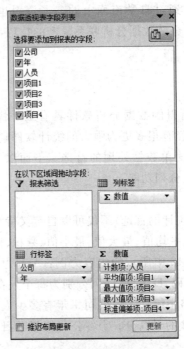

图 8-41　数据透视表演示 2

行标签	计数项:人员	平均值项:项目1	最大值项:项目2	最小值项:项目3	标准偏差项:项目4
⊟000027	8	0.001248779	0.12069	0	3.4821E-06
2004	4	0.001299175	0.116445	0	0.000001
2005	4	0.001198382	0.12069	0	0.0000035
⊟000059	8	0.001565627	0.136495	0	1.18894E-05
2004	3	0.000730115	0.080613	0	0
2005	5	0.002066933	0.136495	0.000005	1.35757E-05
⊟000403	6	0.002026464	0.123737	0	0.000253229
2004	2	0.001395808	0.111548	0	2.82843E-06
2005	4	0.002341792	0.123737	0.001289	0.000308325
总计	22	0.001576092	0.136495	0	0.000132816

图 8-42　数据透视表演示 3

2. 万德插件

在电脑中安装万德资讯终端后,Excel 将自动安装其相应的插件,利用该插件可以简单快速地下载需要的数据,并且能保持统一的格式。目前,利用万德插件下载数据已经成为许多金融学术论文写作者的首选。

图 8-43 为万德在 Excel 中的插件,内容包括了函数、数据向导、宏观经济、专项应用、模板、辅助功能等。下面就一些常用的功能进行介绍。

"辅助功能"中的"插入代码"提供了包括沪深股票、香港股票、台湾股票、全球股票、基金、债券、利率、外汇在内的代码。较为实用的是"沪深股票"中用户可以按市场类筛选股

图 8-43　Wind 插件演示 1

票样本,如全部 A 股、上证 A 股、深证 A 股、非 ST 全部 A 股、非金融全部 A 股。在许多实证研究中需要排除 ST 上市公司和金融类上市公司,利用万德插件的这一功能,便可直接得到经筛选后的样本。

利用"插入日期"能够快捷地插入三类日期:日历日、工作日、交易日(包括上海证券交易所、深圳证券交易所、上海期货交易所、纽约证券交易所、纳斯达克交易所、伦敦证券交易所、东京证券交易所等交易所的交易日)。利用这一功能可以排除非交易日的数据,方便进行诸如事件研究法的内容分析。

"函数搜索"是万德插件的重要组成部分。在指定样本和时间后,利用该函数可以自动收集包括沪深股票指标、全球股票指标、权证指标、期权指标、债券指标、基金指标、期货指标、指数指标、实时行情等数据。以图 8-44 为例,该用户需要收集 A 列所示的股票在 B 列所示时间的一系列数据:包括流通 A 股股数、大股东名称、每股收益 EPS、资产负债率、速动比率。

	A	B	C	D	E	F	G
1	股票代码	日期	流通A股	大股东名称	每股收益EPS	资产负债率	速动比率
2	000408.SZ	12/31/2013					
3	000959.SZ	12/31/2013					
4	002057.SZ	12/31/2013					
5	002075.SZ	12/31/2013					
6	002110.SZ	12/31/2013					
7	002297.SZ	12/31/2014					
8	002318.SZ	12/31/2014					
9	002423.SZ	12/31/2014					
10	600010.SH	12/31/2014					
11	600019.SH	12/31/2014					
12	600022.SH	12/31/2014					
13	600058.SH	12/31/2015					
14	600117.SH	12/31/2015					
15	600126.SH	12/31/2015					
16	600193.SH	12/31/2015					

图 8-44　Wind 插件演示 2

此时选择 C2 单元格,单击菜单栏中的"函数搜索",此时界面左侧出现"函数搜索"的菜单,用户既可以直接搜索需要检索的指标名称,也可以在左侧的菜单栏中进行选择。在"股本指标"中选择"总股本",并在弹出的对话框中选择 Wind 代码(A2 单元格)和交易日期(B2 单元格),单击"确认"后 C2 单元格便自动生成该项数据。类似的,可以获得该股票的大股东名称、每股收益 EPS、资产负债率、速动比率。

在获得第 1 行的数据之后只需框选 C2 至 G2 的区间,双击该区间的右下顶点处的小

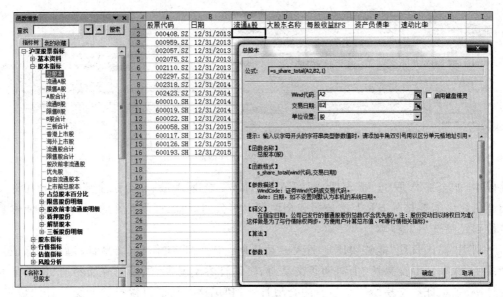

图 8-45　Wind 插件演示 3

黑点,万德插件即可自动搜索并完成所有待查找数据。

	A	B	C	D	E	F	G
1	股票代码	日期	流通A股	大股东名称	每股收益EPS	资产负债率	速动比率
2	000408.SZ	12/31/2013	252,301,500.0000	西藏藏格创	0.0707	66.4357	1.1882
3	000959.SZ	12/31/2013					
4	002057.SZ	12/31/2013					
5	002075.SZ	12/31/2013					
6	002110.SZ	12/31/2013					
7	002297.SZ	12/31/2014					
8	002318.SZ	12/31/2014					
9	002423.SZ	12/31/2014					
10	600010.SH	12/31/2014					
11	600019.SH	12/31/2014					
12	600022.SH	12/31/2015					
13	600058.SH	12/31/2015					
14	600117.SH	12/31/2015					
15	600126.SH	12/31/2015					
16	600193.SH	12/31/2015					

图 8-46　Wind 插件演示 4

需要小心的是,此时每项数据实际上仍然是以公式的形式存在的,如果将该份 Excel 文档传递给未安装万德插件的用户,其将无法查看数据。因此最好在数据下载完毕后立刻将检索到的数据在原位置复制并以数字形式粘贴。

3. 删除重复项

删除重复数据是金融数据分析中的常见处理。例如,从数据库中下载的并购数据涵盖了同一家公司同一天发生的多起并购,而在事件研究法中同一家公司同一天发生的并购需要合并在一起,此时便可以将样本整理成"公司股票代码＋日期"的形式,并且剔除重复项。

在 Excel 中剔除重复项只需在框选数据区域后,在上方"数据"菜单栏中选择"删除重复项"即可。

4. 分列

从数据库下载的数据往往在同一个单元格中涵盖了多个数据，此时就需要用户进行分列处理。例如，图 8-47 为从 Wind 数据库下载的并购事件数据，第 C 列为交易买方。可以看到该列的许多单元格涵盖了多个股票代码，并且以"，"区分。若想把这些股票代码依次放入之后的列，并且每个代码占一个单元格，那么采用分列处理能够达到要求。

	A	B	C
1	首次披露日	交易标的	交易买方
2	2007-12-29	扬州石油化工厂59.47%股权	中国石化(SNP.L,600028.SH,0386.HKS,SNP.N,600028.SHN,SNPMF.00,0386.HK)
3	2007-12-29	安徽广电信息股份有限公司19.4%股权	中信国安(000839.SZ)
4	2007-12-28	罗宁高速100%股权	福建高速(600033.SHN,600033.SH)
5	2007-12-27	新疆托里县鑫达黄金矿业有限责任公司	湖南黄金(002155.SZ)
6	2007-12-27	南汽集团100%股权	上汽集团(600104.SH,600104.SHN)
7	2007-12-27	富源县富村镇富利铅锌矿有限责任公司	罗平锌电(002114.SZ)
8	2007-12-26	北京同方吉兆科技有限公司56.94%股权	同方股份(600100.SH,600100.SHN)
9	2007-12-25	沧州化学工业股份有限公司30.29%股权	冀中能源(000937.SZ)
10	2007-12-25	山东航空集团有限公司0.703%股权	中国国航(601111.SHN,AIRC.L,0753.HK,601111.SH,0753.HKS)
11	2007-12-22	华意压缩29.92%股权	四川长虹(600839.SH,600839.SHN)
12	2007-12-22	沈阳合金材料有限公司60%股权	合金投资(000633.SZ)
13	2007-12-18	威高股份15%股权	美敦力(MEDTRONIC)(MDT.N)
14	2007-12-18	兰州宇通客车有限公司60%股权	宇通客车(600066.SHN,600066.SH)
15	2007-12-17	每股13.35 元发行约2,762.20 万股 泰	百利电气(600468.SH,600468.SHN)
16	2007-12-17	每股13.35 元发行约2,177.45 万股 机	百利电气(600468.SH,600468.SHN)
17	2007-12-15	北京隆源工贸有限责任公司1.135%股权	北巴传媒(600386.SHN,600386.SH)
18	2007-12-12	盐城市江动汽油机制造有限公司6.67%股权	智慧农业(000816.SZ)
19	2007-12-12	胜义环保20%股权	胜利股份(000407.SZ)
20	2007-12-12	巨石集团49%股权	中国巨石(600176.SH,600176.SHN)
21	2007-12-12	中建材投资有限公司20%股权	中国建材(3323.HK,3323.HKS)
22	2007-12-12	江苏江动集团进出口有限公司5%股权	智慧农业(000816.SZ)
23	2007-12-12	石家庄江淮动力机有限公司8.5%股权	智慧农业(000816.SZ)
24	2007-12-08	中建材投资有限公司80%股权	中国建材(3323.HK,3323.HKS)
25	2007-12-07	浙江日纸业业有限公司51%股权	景兴纸业(002067.SZ)
26	2007-12-06	锦鸡染料45%股权	传化股份(002010.SZ)
27	2007-12-06	泰兴锦云染料有限公司20.45%股权	传化股份(002010.SZ)

图 8-47　分列演示 1

将需要分列处理的列选中，单击上方菜单栏中的"数据"——"分列"，在弹出的"文本分列向导"对话框中选择"分隔符号"（"分隔符号"适用于以逗号、TAB、分号，以及自定义的符号作为分隔符号的情况；另外一项选择是"固定宽度"分列，适合于分列的对象在分列处对齐的情况）。单击"下一步"，选择"逗号"。单击"下一步"，确认完成。完成之后各项以逗号分隔的文本将单独所处一列。如图 8-48 所示。

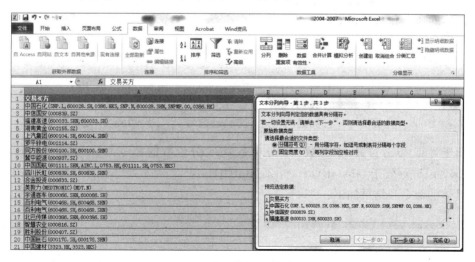

图 8-48　分列演示 2

	A	B	C	D	E	F	G
1	交易买方						
2	中国石化(SNP.L)	600028.SH	0386.HKS	SNP.N	600028.SHN	SNPMF.OO	0386.HK)
3	中信国安(000839.SZ)						
4	福建高速(600033.SHN)	600033.SH)					
5	湖南黄金(002155.SZ)						
6	上汽集团(600104.SH)	600104.SHN)					
7	罗平锌电(002114.SZ)						
8	同方股份(600100.SH)	600100.SHN)					
9	冀中能源(000937.SZ)						
10	中国国航(601111.SHN)	AIRC.L	0753.HK	601111.SH	0753.HKS)		
11	四川长虹(600839.SH)	600839.SHN)					
12	合金投资(000633.SZ)						
13	美敦力(MEDTRONIC)(MDT.N)						
14	宇通客车(600066.SHN)	600066.SH)					
15	百利电气(600468.SH)	600468.SHN)					
16	百利电气(600468.SH)	600468.SHN)					
17	北巴传媒(600386.SHN)	600386.SH)					
18	智慧农业(000816.SZ)						
19	胜利股份(000407.SZ)						
20	中国巨石(600176.SHN)	600176.SHN)					
21	中国建材(3323.HK)	3323.HKS)					
22	智慧农业(000816.SZ)						
23	智慧农业(000816.SZ)						
24	中国建材(3323.HK)	3323.HKS)					
25	景兴纸业(002067.SZ)						
26	传化股份(002010.SZ)						
27	传化股份(002010.SZ)						
28	航天通信(600677.SH)	600677.SHN)					
29	兴蓉环境(000598.SZ)						
30	华能电力(0902.HK)	600011.SH	K3FD.SG	HNP.N	0902.HKS	600011.SHN)	

图 8-49　分列演示 3

8.5.2　Stata

1. 描述性统计

公司金融实证论文中的描述性统计通常需要囊括表示集中趋势的统计描述以及表述离散趋势的统计描述,涵盖了观测数、均值、标准差、最小值、25 分位数、中位数、75 分位数、最大值。

利用 summarize 命令可以得到观测数、均值、标准差、最小值、最大值。利用 tabstat 可以得到各个分位数的数据。

具体的命令和结果如下:

```
. summarize var1 var2

Variable      Obs       Mean      Std. Dev.     Min        Max
var1          7556      0.861077  3.66089       -13.8994   16.999
var2          5566      1.607957  6.462721      -22.5704   27.1649
```

用于计算 25 分位数,中位数(50 分位数),75 分位数的命令 tabstat var1 var2, stat (p25 p50 p75)等效于 tabstat var1 var2, stat(q)。

具体的命令和结果如下:

```
. tabstat var1 var2, stat(q)

stats          var1            var2
```

p25	-0.3273045	-1.30282
p50	0	0.025922
p75	1.278585	3.12883

2. 加哑变量

哑变量又称虚拟变量,是金融研究中常见的变量类型。在 Stata 中将某一变量转变成哑变量也很容易。例如,现有某一列(列名为 year)为年份数据,囊括了 2005 年到 2015 年间的各个年份,此时需要将 2008 年赋值1,其余年份赋值 0。此时可以采用命令:

```
gen year_dummy=1 if year==2008
replace year_dummy=0 if year_dummy==.
```

完成以上工作。类似的,可以通过>(大于)、<(小于)、>=(大于等于)、<=(小于等于)、!=(不等于)来定义哑变量的取值。

3. 试算

在编程过程中,用户往往存在拿不准下一步操作的可行性的时候。Stata 非常贴心地给出了试算的功能。只需在进行下一步运算之前输入"preserve"便可实施保护,一旦发现命令得到的结果不是想要的,输入"restore"便可恢复之前的数据状态。在这一功能的保护下用户可以大胆地尝试新命令。

4. 比较不同回归的回归系数差异

在检验整个样本的各子样本在模型中系数是否相同时可以采用邹至庄检验,但是,有时我们需要比较的样本并不同属一个整体样本,其样本本质有明显的不同但仍采用同一个模型回归,此时可以采用下面介绍的方法。

令 varM 表示并购绩效,varA 表示 A 类公司的财务状况得分,varB 表示 B 类公司财务状况得分,varC1 和 varC2 分别表示两个控制变量。

第一步:依照所构建的模型进行第一次回归,核心自变量是 varA,因变量是 varM。

```
. regress varM varC1 varC2 varA
```

varM	Coef.	Std. Err.	t	P>t	[95% Conf.	Interval]
varC1	0.000178	0.000493	0.36	0.718	-0.0007878	0.0011433
varC2	0.121651	0.016044	7.58	0.000	0.0901997	0.1531029
varA	0.001023	0.000366	2.8	0.005	0.0003063	0.0017405
_cons	0.374818	0.017948	20.88	0.000	0.3396322	0.410004

第二步:将第一次回归的结果暂时保存。

输入命令:est store test1

其中"test1"可自拟成其他名称。

第三步:依照第一步中的模型进行第二次回归,核心自变量是 varB,因变量是 varM。

```
. regress varM varC1 varC2 varB
```

varM	Coef.	Std. Err.	t	P>t	[95% Conf.	Interval]
varC1	0.000154	0.000493	0.31	0.755	-0.0008119	0.0011195

varC2	0.119927	0.016034	7.48	0	0.0884953	0.1513594
varB	0.000557	0.000326	1.71	0.087	-0.0000817	0.0011952
_cons	0.36622	0.027123	13.5	0	0.3130495	0.4193908

第四步：将第二次回归的结果暂时保存。

输入命令：est store test2

其中"test2"可自拟成与第二步中不同的其他名称。

第五步：将两次回归结果合并呈现。

输入命令：suest test1 test2

```
. suest test1 test2
```

	Coef.	Robust Std. Err.	z	P>z	[95% Conf.	Interval]
test1_mean						
varC1	0.000178	0.000433	0.41	0.681	-0.0006709	0.0010264
varC2	0.121651	0.01586	7.67	0	0.0905655	0.1527371
varA	0.001023	0.000366	2.8	0.005	0.0003065	0.0017403
_cons	0.374818	0.017642	21.25	0	0.3402401	0.409396
test1_lnvar						
_cons	-1.39692	0.002833	-493.16	0	-1.40247	-1.391367
test2_mean						
varC1	0.000154	0.00044	0.35	0.726	-0.000708	0.0010156
varC2	0.119927	0.015888	7.55	0	0.0887881	0.1510666
varB	0.000557	0.000326	1.71	0.088	-0.0000827	0.0011962
_cons	0.36622	0.027043	13.54	0	0.3132175	0.4192228
test2_lnvar						
_cons	-1.39604	0.002728	-511.8D		-1.401384	-1.390691

第六步：比较 varA 和 varB 的系数是否相同。

输入命令：test [test1_mean]varA＝[test2_mean]varB

获得比较结果：

```
. test [test1_mean]varA=[test2_mean]varB

test [test1_mean]varA-[test2_mean]varB=0
chi2( 1)=    1.30
Prob >chi2 =    0.2538
```

Prob＞chi2＝0.253 8 大于 0.1，因此 varA 和 varB 系数的差别达不到显著性要求。

5. 截尾处理

如果某个变量的数据存在异常极值，可以在 Stata 中用 winsor 或 winsor2 命令进行截尾处理。需要注意的是，在不注明 trim 时，无论是 winsor 还是 winsor2 都不会删除极值观测,而是采用不同的方法将极端值进行平滑处理。

以下面的 100 个数为例:假设这 100 个数是变量 w,其中第一个数为 1,第 100 个数为 100,中间的 98 个数为随机生成的 50±1 的随机数。显然,1 和 100 是该变量的极端值。

1	50.675	49.399	50.772	50.327	50.480	50.436	50.743	50.862	50.356
50.411	50.606	50.184	49.324	49.114	49.041	50.125	49.513	49.719	50.945
50.739	50.962	49.080	50.512	50.727	50.358	49.624	49.749	49.537	49.014
49.981	50.862	50.942	49.406	50.737	50.704	49.977	50.876	49.442	50.355
50.157	50.734	50.964	49.557	50.228	50.878	49.636	49.569	49.844	49.968
49.892	50.735	50.004	50.611	49.424	49.258	49.204	50.905	49.924	49.573
49.767	49.197	50.723	49.166	49.334	49.908	49.866	49.347	49.186	50.652
49.770	49.635	50.448	50.556	50.641	50.923	50.143	50.145	49.658	50.482
50.077	49.545	50.033	50.838	49.942	49.815	50.276	49.031	49.049	50.682
49.801	49.035	49.178	49.273	50.786	49.123	49.960	50.127	49.199	100

首先,采用 winsor 命令,输入命令:

```
winsor w, gen(w_winsor) p(0.01)
```

则得到:

49.014	50.675	49.399	50.772	50.327	50.480	50.436	50.743	50.862	50.356
50.411	50.606	50.184	49.324	49.114	49.041	50.125	49.513	49.719	50.945
50.739	50.962	49.080	50.512	50.727	50.358	49.624	49.749	49.537	49.014
49.981	50.862	50.942	49.406	50.737	50.704	49.977	50.876	49.442	50.355
50.157	50.734	50.964	49.557	50.228	50.878	49.636	49.569	49.844	49.968
49.892	50.735	50.004	50.611	49.424	49.258	49.204	50.905	49.924	49.573
49.767	49.197	50.723	49.166	49.334	49.908	49.866	49.347	49.186	50.652
49.770	49.635	50.448	50.556	50.641	50.923	50.143	50.145	49.658	50.482
50.077	49.545	50.033	50.838	49.942	49.815	50.276	49.031	49.049	50.682
49.801	49.035	49.178	49.273	50.786	49.123	49.960	50.127	49.199	50.964

其中替代"1"的"49.142"来自除 1 和 100 之外剩下 98 个数中的最小值 49.014,而替代"100"的"10.964"来自除 1 和 100 之外剩下 98 个数中的最大值 50.964。

接下来,采用 winsor2 命令,输入命令:

```
winsor2 w, suffix(_winsor2) cuts(1 99)
```

则得到:

25.007	50.675	49.399	50.772	50.327	50.480	50.436	50.743	50.862	50.356
50.411	50.606	50.184	49.324	49.114	49.041	50.125	49.513	49.719	50.945
50.739	50.962	49.080	50.512	50.727	50.358	49.624	49.749	49.537	49.014
49.981	50.862	50.942	49.406	50.737	50.704	49.977	50.876	49.442	50.355
50.157	50.734	50.964	49.557	50.228	50.878	49.636	49.569	49.844	49.968

续表

49.892	50.735	50.004	50.611	49.424	49.258	49.204	50.905	49.924	49.573
49.767	49.197	50.723	49.166	49.334	49.908	49.866	49.347	49.186	50.652
49.770	49.635	50.448	50.556	50.641	50.923	50.143	50.145	49.658	50.482
50.077	49.545	50.033	50.838	49.942	49.815	50.276	49.031	49.049	50.682
49.801	49.035	49.178	49.273	50.786	49.123	49.960	50.127	49.199	75.482

其中替代"1"的"25.007"来自变量 w 的 1% 分位数,而替代"100"的"75.482"来自变量 w 的 99% 分位数。

为了验证这一点,输入命令:

```
summarize w,detail
```

得到:

```
u
                 Percentiles      Smallest
1%               25.00711         1
5%               49.0451          49.01421
10%              49.17238         49.0308      Obs            100
25%              49.52481         49.03471     Sum of Wgt.    100

50%              49.99259                      Mean           50.03998
                                  Largest      Std. Dev.      7.061869
75%              50.64656         50.94535
90%              50.86221         50.96235     Variance       49.87
95%              50.93248         50.96351     Skewness       0.194882
99%              75.48175         100          Kurtosis       49.28645
```

6. 根据分位数打分

有时,用户希望根据某变量的数据所处的百分位数进行打分。例如需要从 1~100 进行打分,处于 1% 分位数的值打分 1,处于 99% 分位数的值打分 99。与此类似,也可以按 1~10 分进行打分。

具体的命令为:

```
xtilevar_new=var_data(if),nq(100)
```

其中,var_new 是生成的新的经打分之后的列的列名,var_data 是待打分的列的列名。如果是 1~100 打分,nq 后面的括号中填入 100,1~10 打分,nq 后面的括号中填入 10。(if) 中可以填入逻辑值。

7. 数据导出 Excel 和 Word

在得到回归结果后将结果导出就成为一项重要的工作。导出结果不仅需要保证显著度的标示正确,小数点保留位数统一等,还需要做到整齐美观。此外,将多次回归结果汇集在一张表格中统一导出能够大幅提高工作效率。

对于 Word 格式的回归结果导出,编者推荐使用以下这套命令:

```
est store test_name1
est store test_name2
esttabtest_name1 test_name2 using name.rtf, star(* 0.1 ** 0.05 *** 0.01)
```

当执行完第一个回归后,用 est store test_name1 暂时保存,"test_name1"作为名称可以替换。当执行完第二个回归后,用 est store test_name2 暂时保存,"test_name2"同样可以替换成其他名称。以此类推,每当完成一次回归后都用同样的命令进行暂时保存。当完成所有回归后用 esttab test_name1 test_name2 using name.rtf, star(* 0.1 ** 0.05 *** 0.01)进行统一整理并以 Word 文档的形式进行报告。其中,esttab 之后跟所有需要报告的回归的名称,name.rtf 中的 name 可自定义为 word 文档的名称,* 0.1 ** 0.05 *** 0.01 定义了显著性程度的标识符号。

使用 Excel 进行汇总报告时建议采用下列命令:

```
est storetest_name1
est storetest_name2
outreg2 [test_name1 test_name2] using "name.xls",replace dec(4)
```

与 Word 的操作类似,每当完成一次回归后用 est store test_name 进行命名和暂时储存。最后用 outreg2 [test_name1 test_name2] using "name.xls",replace dec(4)进行汇总并以 Excel 的形式汇报。其中方括号中为需要汇总报告的回归名称,"name.xls"中的"name"可以自定义并成为 Excel 文档的名称,dec(4)表示保留 4 位小数,用户同样可以自定义。

8.5.3　Word

Word 作为一款常用的文本编辑软件具有功能强大、界面友好、所见即所得等特点,是大多数论文写作者的首选软件。Word 上手简单,易于操作,但仍有一些金融学术论文的新手对 Word 常用的功能不熟悉。下面就以 Word 2010 版为例展示分屏、清空表格内容、小数点对齐、批注、修订、Mendeley 插件功能。

1. 分屏

当在编辑较长篇幅的论文时,使用分屏功能能够直观地比较前后论文的内容,不必再反复拖曳屏幕。这一点在以下几种情况中尤为实用:在同时编辑论文正文和文末的参考文献时;根据文末的图表撰写正文内容时;根据前文内容撰写结论与建议时。

实现分屏功能可以通过两种途径:其一,可以单击"视图——窗口——拆分";其二,可以拖拽编辑区域右上角标尺上方小横线"⬚"进行分屏。分屏后的效果如图 8-50 所示。用户可以任意呈现放在屏幕上方和下方区域的内容,并且可以一边对比一边编辑。

2. 清空表格内容

在 Excel 中清空表格内容只需拖曳选定需要清除内容的区域并单击鼠标右键,选择"清除内容"即可。但有时我们需要将 Excel 中的表格复制到 Word 中,此时需要对表格内容进行全面更改时,就会发现 Exccl 中的操作不再适用。一些用户只能逐一清除单元格中的内容,但耗时费力。

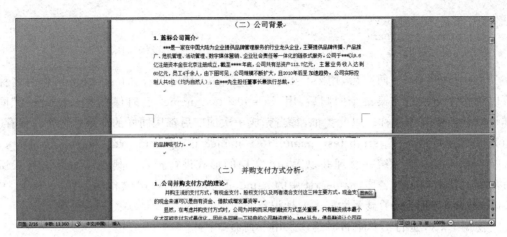

图 8-50　分屏演示

在 Word 中一次性清空表格中的内容只需以下两步：第一，拖拽并选定表格中需要清除内容的单元格；第二，依次按 Alt，E，A，C。

3. 小数点对齐

有一些期刊（如 *Journal of Finance*）的排版需要表格中每列数据的小数点对齐。然而，由于有的数据自带负号或数字字体宽度不相等等原因无法通过空格键调整出小数点完全对齐的排版效果。此时需要使用 Word 的制表位功能。

下面为待小数点对齐的表格，我们可以发现由于存在"—""*""（）"等符号，通过空格来调整数字的位置是无法达到要求的。

1	A	B	C	D	E
2	−0.035 0	−0.026 9	−0.036 9	−0.039 9	−0.043 1
3	（−0.99）	（−0.76）	（−1.04）	（−1.13）	（−1.22）
4	−7.311 5***	−7.328 3***	−7.311 5***	−7.288 3***	−7.296 6***
5	（−17.89）	（−17.95）	（−17.88）	（−17.83）	（−17.84）
6	1.818 4***	1.785 4***	1.834 1***	1.821 6***	1.834 4***
7	（5.05）	（4.96）	（5.09）	（5.06）	（5.09）
8	−0.034 6***				
9	（−3.65）				
10		−0.038 9***			
11		（−4.53）			
12			−0.030 6***		
13			（−3.18）		
14				−0.027 8***	
15				（−3.00）	
16					−0.015 5***
17					（−2.34）

使用制表位功能进行小数点对齐的步骤如下：第一，选中表格中第 2 行至第 17 行的所有内容并合并单元格。第二，在合并单元格之后各单元格中的信息会单独成行，此时将原来在同一行的数据合并在同一行中，且左对齐，整理好的格式如下所示。第三，将编辑栏上方的"标尺"调出。第四，将第 2 行至第 17 行选中，单击控制栏中的"开始——段落——制表位"。第五，在弹出的制表位选单中选择"小数点对齐"，并且参照第 1 行中表头"1""A""B""C""D""E"所对应的标尺位置设置制表位位置：2 字符、8 字符、14 字符、20 字符、26 字符、32 字符。如图 8-51 所示。此时所设置的制表位位置也就是之后小数点将对齐的位置。第六，将光标依次插入各行中需要分开的数字前方，并用"Ctrl"＋"Tab"将各数字分离，此时各行数字的小数点将自动与上方的各标尺位置的制表位对齐。完成后的效果如下所示。

```
1      A        B        C        D        E
2-0.0350-0.0269-0.0369-0.0399-0.0431
3(-0.99)(-0.76)(-1.04)(-1.13)(-1.22)
4-7.3115***-7.3283***-7.3115***-7.2883***-7.2966***
5(-17.89)(-17.95)(-17.88)(-17.83)(-17.84)
61.8184***1.7854***1.8341***1.8216***1.8344***
7(5.05)(4.96)(5.09)(5.06)(5.09)
8-0.0346***
9(-3.65)
10-0.0389***
11(-4.53)
12-0.0306***
13(-3.18)
14-0.0278***
15(-3.00)
16-0.0155**
17(-2.34)
```

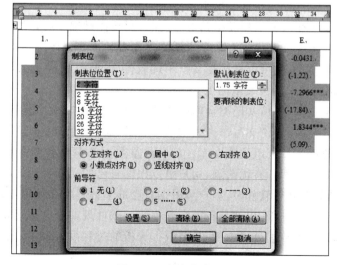

图 8-51　制表位演示

4. 批注

许多情况下金融学术论文需要和其他学者共同创作,此外,学术论文的创作者也往往需要评审其他论文。在以上两种情况下使用 Word 的批注功能十分有效。在使用时只需将光标挪至需要批注的地方,并单击"审阅"——"新建批注"即可。

5. 修订

在批改论文时使用修订功能能够直观地将修改的地方呈现出来,并保留原始文本,在修改合作者的论文时能够提高工作效率。使用时需要先单击"审阅"——"修订",之后将需要修改的地方框选中并直接修改。

6. Mendeley 插件

正如本章第 2 节所述,采用 Mendeley 的文献引用插件能够避免遗漏参考文献、错误使用参考文献,将论文写作者从以往恼人的参考文献整理工作中解脱出来。因此建议论文写作者使用文献管理软件辅助参考文献的编写。

8.6　本 章 小 结

本章主要介绍了金融学术论文在写作过程中可能用到的工具,这些工具包括文献资源库、文献管理方式和软件、数据库、数据处理软件,同时本章附带介绍了若干数据和文字处理软件中的实用技巧。

利用文献资源库,用户可以检索参考文献,这是写作论文前期必不可少的一项工作。随着文献资源库的愈发强大,其检索功能和下载功能能够满足多样化的需求。尤其是随着各高校花费重金投资校内图书馆综合检索平台,用户的下载权限和涉及的学科范围得到了保障。因此校内师生选择图书馆综合检索平台下载论文是其首选。同时,谷歌、百度、微软也推出了各自的学术搜索引擎,得益于其强大的搜索技术支持,其搜索功能往往强于校内图书馆的综合检索平台,而且供用户免费使用。因此,搜索一些冷僻的文献或在校外需要文献搜索时推荐使用这一类学术搜索引擎。

一篇学术论文往往需要引用几十篇参考文献,而写作过程中阅读的参考文献更多,如何高效管理这些参考文献就成了金融学术论文写作者的重要工作。得益于文献管理软件越发强大的功能,用户不仅可以直接在文献管理软件中阅读、批注文献,还能通过相应的 Word 插件一键完成文末参考文献的工作。

巧妇难为无米之炊,一篇实证类金融论文离不开数据的支持。近年来各高校投入大量资金购买商业数据库,为论文写作者提供了丰富的"食材"供其"烹饪"。数据资源库可分为学术研究类数据库和资讯类数据库。前者注重数据的深度和专业性,而后者注重提供及时资讯。两类数据库各有优缺点,用户可以根据自己的需要灵活选用。

最后,在选择数据处理软件时,用户可根据自己的掌握程度和使用习惯选择。数据处理软件的推陈出新较为频繁,也许几年前还是主流的软件现如今已被新软件取代。记住,不必纠结于选择哪一个数据处理软件,只要数据分析的过程没有错误,无论哪一个统计软件都是正确的选择。

第9章

从开题到答辩：重点专题

本书前面几章，着重讲解了如何提高论文的写作能力。然而，具备很好的论文写作能力只是完成一篇学位论文的充分非必要条件。一般来说，完成学位论文分为三个阶段：开题阶段、论文写作阶段、答辩阶段。而具备很好的论文写作能力，只能保证论文写作阶段顺畅完成。而在本章，我们将为大家介绍完成学位论文这三个阶段需要具备的能力以及技巧。

9.1　从开题到答辩：沟通与演说能力

9.1.1　学位论文开题的准备工作

很多同学都会有这样一个观点：相比于写学位论文，开题报告其实并不重要。这种认识是错误的。要想使你的学位论文出彩，首先便需要搭建一个完善的框架，而开题报告便是这个框架。在完成开题报告时，认真地写作是基础，但是，同学们也不能忽略在此过程中与你的学位论文指导老师沟通的重要性。

俗话说，一百个读者眼中就有一百个哈姆雷特。对于你选择的研究论题，你的学位论文指导老师对其一定会有不一样的理解。由于阅历与见识所限，很多你认为十分合理的框架结构或者研究内容其实并不符合规范，同学们在写作开题报告时，要多多向你的学位论文指导老师请教，将自己修改好的开题报告给老师看，让老师指出你论文框架结构不合理的地方，或者是还有哪些你没有想到的地方，当然你也可以就论文的某些地方向老师请教，等等。这样一边沟通一边修改，在指导老师的帮助下，你的开题报告一定会完成得更加迅速、完善，同时，也避免了在论文写作的最后阶段，老师要求重新来过或者是学位论文写到一半而更换题目等情况的发生。

9.1.2　答辩前准备工作要做好

1. 克服怯场心理

当在参与论文答辩时，别人都是泰然自若、有理有据地向评委老师们介绍自己的论文，可轮到你时，你却神色慌乱、脚不自觉地打战。两相对比，很明显，你给评委老师们的印象就会差很多。

一场成功的答辩，不仅能成功地说服评委老师们赞同你的观点，并能与老师们就论文中的一些细节问题进行讨论。如果你在答辩时怯场，就会给老师一种你信心不足的暗示。你自己都无法说服你自己，又怎么能够令评委老师们信服呢？因此，笔者认为，一场成功的答辩，克服怯场心理是必不可少的前提。

其实,每个人都会产生怯场的心理,而我们要做的是,想尽办法克服这种对答辩百害而无一利的因素。那么,如何克服怯场心理呢? 以下有几种较好的方法:

1) 提前准备好答辩的陈述内容

充分的准备总是能够加强我们答辩的信心。在参加答辩之前,你可以根据你的文章提前准备好腹稿,最好是能当着同学或亲人的面提前演练一番,并认真听取他们的意见,再对你准备的内容进行恰当的修改。这样,你在答辩当天,会对自己要说的内容有个大致的把握,做到游刃有余。

切记一点,不要死记硬背。在答辩陈述时,你只要按照你提前准备的内容进行大致复述即可,并不是一定要一字不差,必要时,可以临时加入衔接的语气词,这样,你的陈述才显得鲜活。如果你在答辩场上唯一想到的,只是之前准备的腹稿的话,在评委老师眼中,你的陈述就会显得呆板单一,让人没有听下去的欲望,这样反而落了下乘。

2) 临场要放得开

马上要答辩时,你总是会有"这儿也没准备好,那儿也没准备好"的心理,在这时候,这样的想法只会让你徒增慌乱。因为时间已经临近,反正你也没有多的时间再去准备了,还不如就想开点,抱着"破罐子破摔"的心态,说不定会达到意想不到的效果。

3) 多向已经通过答辩的同学请教

答辩时,总会有一些临时情况发生,或者会有许多一些你没有想到的细节。为了防止这种情况的发生,你一定要向在你之前已经通过答辩的同学请教。问问他们在答辩中需要注意什么,老师可能会问他们什么问题,进行有目的的准备,这样,更能增加你答辩时的信心。

2. 答辩陈述应该如何准备

如果说沉着稳重的心态是一场成功答辩的前提,那么,精彩的答辩陈述则就是一场成功答辩的必要条件。在答辩之前,评委老师可能准备有限,因此对你的文章可能并没有特别了解。那么,他们接触你文章主旨的唯一途径便只有你最开始的答辩陈述。那么,如何准备你的答辩陈述呢?

1) 答辩陈述是总体印象

在准备之前,首先你需要明白的是,答辩陈述的是你文章的主要内容。也就是说,答辩陈述的目的是需要让评委老师对你的文章有一个总体印象。那么,你在准备答辩陈述时,就一定要有大局观。答辩陈述时间有限,你不能只过于细致地陈述你文章中的某一点,比如,你在规定的陈述时间内,只向你的评委老师们陈述了你是如何处理文章数据的。你这样做的原因,可能是你认为你文章的这一部分十分出彩,用了一些非常"高明"的数据处理方法。然而,评委老师们听了以后,仍然不明白你的文章到底说了什么。

在答辩陈述时,你最需要做的就是向评委老师介绍你文章的主要内容,话语越精练越好。然后,围绕这个问题,你还可以对你文章的动机、创新点进行讲解,这些都是评委老师们比较关注的地方。

2) 答辩要抓住评委老师的眼球

前面说到,答辩时,话语越精练越好。在进行准备工作时,先不要去管时间限制,最好要做到用最少的话去表达最多的意思。你可以先有意识地训练自己用一句话概括主要内容的能力,然后,在总结这一句话的基础上,想一想还能添加哪些关键词或者话,使你这一句话扩展为两句话。以此类推,按照这样的方法将内容扩展为三句话、四句话、五句话。这样训练下来,你就会明白你文章最重要的部分是什么,核心是什么,在答辩陈述以及回答评委老师们的提问时,你要记住始终围绕你文章最重要的词语或者句子来进行回答,这样,会让评委老师们认为你的文章中心突出,从而对你留下一个好印象。

除了这个方法以外,答辩时,"开门见山"也是十分重要的。有些同学可能认为,一句话太简短,难以十全十美地表达清楚自己想说的东西。没有关系,你可以在答辩中采用"开门见山"的方式。首先,用一句话概括你要讲的内容,然后,再围绕你之前讲的进行展开论述。"开门见山"是一种非常有用的演说技巧,这样能一下子就抓住评委老师的眼球,让评委老师明白你在说些什么。

此外,陈述时使用设问句也是非常有效果的沟通技巧。一旦你提出这个问题,评委老师们必然会顺着你的问题进行思考,这样,评委老师们的思绪一下子就集中在了你的问题上,这时候,你再对前面所提出来的问题进行回答,这样,答辩时,就更容易让评委老师们"跟着你走"。

3)沟通答辩时,说话要有逻辑

在准备答辩陈述时,说话要有一定的逻辑。比如,你在准备时,可以按照研究动机、研究主题、研究方法、研究结果的因果顺序进行阐述。也可以按照研究问题与假说、文献综述、研究结果及与前人的差异、中外市场的区别、文章创新点这一逻辑顺序进行阐述。切记不要东说一句,西说一句话,让评委老师摸不着头脑,不知道你在说什么。当然,最好是根据你答辩论文的行文逻辑来进行阐述。下面,笔者将就具体例子进行讲解。

一位同学的一篇文章是《高铁开通打破了地方市场分割吗?》,在这篇文章中,这位同学先从"十二五"规划、"十三五"规划到"一带一路"倡议、"长江经济带建设"等国家级战略出发,对中国高速铁路网络完善的现象进行了阐述,然后,对高铁的重要性进行了研究。这位同学在准备答辩陈述时,就可以开门见山,先提出"中国开通高铁为何会如此重要"这一问题,抓住评委老师们的注意力,然后再根据自己的研究内容陈述自己对这一问题是从哪几个方面进行研究的,分别又使用了什么研究方法。

这位同学在阐述时,需要将文献综述部分糅合到自己的研究方法和实证的阐述中,比如,这位同学在研究中从市场分割的角度研究了高铁的重要性,那么他在阐述时,就可以提一句,这是借鉴了前人的方法,而自己在具体研究时,对前人方法进行了哪些改进,等等。无须单独提出文献综述部分,从而破坏了说话的整体逻辑,这样会让评委老师们感觉你的文章没有逻辑。

而对于另外一个同学的文章:《中国影子银行体系及其对中小企业融资的影响:一个文献综述》,他在准备答辩时,就要着重阐明文献综述部分,可以采用研究的时间顺序,也可以按照观点将前人的文献分为几派,并表达自己赞同哪一派,反对哪一派,说清楚不同派别间的联系和区别,等等。

再如,以一位同学的文章《家庭状况和家庭风险资产选择——基于中国家庭金融调查(CHFS)的实证研究》为例,这位同学文章的出发点是2011年中国家庭金融调查数据,那么在这位同学进行答辩陈述准备时,就要着重强调自己的实证部分,比如使用了什么处理方法从数据中发现了什么问题,然后为了研究这一问题采用了什么模型,是否进行稳健性检验,等等。

总而言之,在准备答辩陈述时,说话要有一定的逻辑,最好是根据你答辩论文的行文逻辑来进行阐述。

4) 要注重细节

俗话说,细节决定成败,在准备时,你要结合你答辩陈述中所要突出的重点进行准备,特别要注意细节。比如,你在答辩时,准备突出实证部分,那么你就要提前准备一些评委老师可能会问的小问题,如你文章中某一变量的定义,等等。如果你着重突出的是文献综述部分,那么你就要对文献综述中几篇比较有代表性或者你文章中引用最多的几篇文章进行详细的准备,因为评委老师可能会问这些文章中的问题。

9.1.3　将有限的答辩时间价值最大化

答辩并不是你来我往、无休止的争论对话,一组答辩评委老师也并不是只需要审核你这一篇文章,往往在一组答辩中,分给每个人的时间都是有限的。那么,如何正确、恰当地把握好时间限制,将有限的答辩时间价值最大化,在有限制的时间中给评委老师们留下深刻的印象,是每一位参加答辩的同学都需要考虑的。那么如何在有限的答辩时间内达到最好的效果呢?

1. 如何回答评委老师们的提问

1) 主旨要明确

一般来说,在评委老师提问时,并不会对回答问题的同学进行时间限制,但是,这并不意味着同学们能够信口开河、长篇大论。评委老师的提问是非常明确的,那么相对应的,同学们在回答评委老师们的问题时一定要给出一个明确的答案,不要模棱两可。此外,学位论文答辩即是对同学选择的研究题目进行说明和论述,那么在回答问题时,一定要有对学术的严肃性。在阐述自己的答案时,最好能用准确无误的数据或是前人的文献观点对自己的答案加以佐证,不要使用"我认为""可能是""也许"等表示不确定的词语,这样的回答难以说服评委老师。当然,如果同学们在答辩时本身对评委老师们提出的问题就没有多大的把握,你可以这样说:"某某某在他的文章中提到某种观点(或者是某年某行业的数据等),结合他的观点(或者是数据表现出来的现象),老师您提的问题应该是某种观点。"按照这样回答,可能你给出的答案与评委老师心中所想差距甚远,但是有了前人文章以及数据的佐证,你的答案也变得比较有说服力,也更容易让评委老师们接受。

2) 回答问题时语句要精练

在回答评委老师提出的问题时,切忌啰唆冗长,一个意思用不同的话说了又说,这样会让评委老师们失去耐心,在心中给你打一个较低的印象分。

3) 保持谦虚的态度

评委老师在提问题时,会根据自己的研究方向以及感兴趣的点对同学的论文进行提问,这会让同学们难以提前准备,并且也很难在没有准备的情况下答得十全十美。故而一般情况下,评委老师都会根据同学们的回答进行追问或者提出建议。这时候,同学们切记要保持谦虚的态度,虚心接受老师们提出的意见。切忌在答辩时表现得很强硬、顽固。

2. 如何把握答辩陈述

1）在答辩场上随机应变

前面说到，答辩之前要对自己的陈述内容进行充分的准备，那么，这是否意味着陈述的时间就彻底定死了呢？答案当然是否定的。其实，答辩陈述就相当于一场简短的演讲，你是主讲人，评委老师们是观众。一场好的演讲一定不会脱离观众。那么，在答辩过程中，你一定要随时注意评委老师们的反应，在特定的环境中对自己的陈述内容随机应变，比如说，你讲到数据处理方法时，发现评委老师们听得非常细致，他们对你这一部分表现出了明确的兴趣，那么你就可以在原本打算的基础上延长这一部分的时间，而缩短后面部分的阐述。

（1）将阐述由长变短。一般来说，答辩时，都是几个同学轮流答辩，假如你的答辩次序排在了后面，且你进场时发现，评委老师们已经疲惫不堪。在这种情况下，你就需要压缩你的内容，尽量以自问自答等吸引人注意的方式来阐述你的内容。当然，简短的阐述必然会使你表达的内容没有之前准备得那么完善，但是，如果你不管环境，仍然我行我素的话，评委老师们可能觉得你的话太冗长，听着就心烦，这样适得其反。

（2）将阐述由短变长。将阐述由长变短，只需对你提前准备的内容进行删减，相比之下，将阐述由短变长就要难得多。那么，应该怎样增加你的阐述呢？

前面说到，答辩时一定要有学术严肃性，那么，你在临场发挥时，就可以具体谈谈你文章中的数据模型，这样既准确地把握了时间，又能使你的阐述显得准确、专业。切忌不要为了拖延时间，而将一个意思用不同的话说了又说，这样会使你的答辩变得苍白空洞，评委老师也会听得心不在焉。

2）答辩陈述时不能一味从简

答辩陈述其实专业性比较强，由于其主要是对学位论题进行阐述和讨论，这让答辩陈述变得非常有针对性。如果同学们在答辩时过于追求语言的精练，可能会导致评委老师们接收到的信息和同学们想表达的信息存在差距。

举一个简单的例子，著名的数学家欧几里得曾力图用最精练的语言将几何原理向国王和众贵族阐述出来，尽管欧几里得做了很大的努力，也信心满满，然而，由于国王和众贵族知识的欠缺，他们根本就不明白欧几里得到底讲了什么。

虽然，参加答辩的评委老师一般来说都是你学位论题领域的专家，但是，术业有专攻，评委老师们可能并不是完全了解你的研究方向。比如，你研究的题目是商业银行的资产证券化，而评委老师们可能是金融方面的专家，他们对商业银行方向也有所了解，甚至懂得比你更多，但是就算是这样，他们也不可能像你一样对你的文章、你所研究的某一个细节的内容非常了解。其实，最了解你文章的人，是你自己。

这样，评委老师们和你对这篇学位论文的认识就会存在差距，如果你过于追求语言的精练，可能你的话你明白是什么意思，但是你的评委老师却并不明白。

9.2　从开题到答辩：论文写作技巧

本节我们将就论文写作技巧进行阐述。本书第3章对论文的一些写作技巧已经有了比较详细的描述，而本节在第3章的基础上，着重分析具体案例，帮助同学们把从第3章学到的技巧融会贯通。此外,本节着重强调的是学位论文的摘要、引言、图表以及结论部分。

9.2.1 具体案例分析:摘要

1. 案例介绍及点评

案例一:

2010 年 3 月 31 日之后,中国股市对部分股票放开了卖空限制。在此之前的研究中,学者对我国股市动量反转效应的研究受制于卖空约束,往往采用可卖空假设或者单方面做多赢者组合的方式进行研究,所得出结论的可靠性难免打了折扣。也有部分学者着重对卖空约束的影响做出理论解释,但无法进行有效的验证。本文选取 2010 年至 2016 年沪深市场的融券标的为股票池,对每个股票池使用短期(1 至 4 周)、中期(12 周、24 周与 36 周)与长期(48 周、72 周与 96 周)的共计 34 种 J-K 组合,使用 2007 年到 2016 年的周度数据,以融券业务的开放时间为重要样本划分点,分别构建了赢者、输者与套利组合进行研究。随后,我们采用 Fama-French 三因子模型加上异质信念指标对所有套利组合收益进行了回归分析。对通过大量运算获得的结果,我们依次进行了横向对比与纵向对比。我们得出 30 个规律并总结了 7 个命题,对以往在卖空约束下得出的研究结果进行了验证,并予以补充。本文不但证实了中国股市呈现短期动量效应与中长期反转效应的特征,还发现放开卖空限制后,动量反转策略的收益与过往研究的结果有所差异,且收益结构有着明显不同。此外,本文还发现了其他研究尚未留意到的现象,如长期动量收益的消失与价值因子显著性变化问题,为研究动量反转效应提供了新的视角。

案例二:

了解大学生的风险态度有助于金融机构为大学生量身定做符合其风险偏好的理财产品。然而关于大学生风险偏好影响因素的研究极为少见。本文通过中国家庭金融调查(China household finance survey,CHFS)的校园问卷调查得到的第一手样本数据,建立 Ordered Probit 模型对大学生风险偏好态度的影响因素进行了探究,并对模型中的解释变量进行了内生性检验,表明所有解释变量均为外生变量。最后,根据模型结果得出了与之前经济学研究相近的结论,认为家庭教育背景、性别、年级、个人可支配收入以及是否为独生子女对风险偏好的影响较显著。并且为了定量测度大学生的风险偏好态度,本文定义了风险偏好指标,该指标由上述解释变量的线性组合经过正态累积分布函数映射后得出,不仅能划分风险类型,还能对大学生的风险态度精确测定,为金融机构分析大学生风险态度类型以及量身定做金融理财产品提供了参考。

在现有文献的基础上,本文做出的改进如下:①在对多元回归模型中的解释变量建立虚拟变量回归模型的同时,由于因变量是多分类的离散变量,本文利用 Ordered Probit 模型对其建模;②在 Ordered Probit 模型的基础上,为定量测定大学生的风险偏好态度,本文定义了风险偏好指标,该系数越接近于 1 说明风险偏好程度越高,金融机构可为这类大学生定制风险更高的投资理财产品;③为了处理内生性问题,本文对解释变量单独进行了内生性检验。

点评:

以上举的两个案例都来自西南财经大学某次论文大赛两篇文章的摘要部分。案例一从融券标的研究了卖空约束、异质信念与动量反转,使用的 Fama-French 三因子模型也是金融领域中使用得比较频繁的模型。案例二研究了大学生风险偏好的影响因素,选用的模型为 Ordered Probit 模型和虚拟变量回归模型。这两篇文章的选题都比较好,学术性都比较强,然而就摘要部分来看,它们都存在一个通病:摘要部分字数过多。一般来说,中文论文的摘要部分在 300 字左右是最恰当的,而以上两篇文章都超过了这一标准。

2. 案例总结

1)摘要如何开头

对于学位论文的摘要写作,许多同学总是想尽可能地将自己文章最精彩的部分展示给别人,于是存在内容不够精练的问题。就像案例一,摘要的前 100 个字都在介绍背景、前人的研究。并不是说你不能在摘要部分提出背景和前人的研究,然而,在总字数要求有限的情况下,这样会显得没有重点。

而相比之下,案例二就做得更好,作者只用"了解大学生的风险态度有助于金融机构为大学生量身定做符合其风险偏好的理财产品"这一句话就进行了概括,然后马上突出了"本文要做……"这样,能让看的人一眼就能抓住重心。

写作技巧总结:

摘要开头不要用过多笔墨阐述研究背景、现状。最好用一两句话概括。切记在摘要部分读者最关注的是:"本文……"

2)摘要需要介绍的内容

摘要是为了让读者更快地了解你研究了什么内容,因此摘要起的是"提纲挈领"的作用。因此建议同学们在摘要中一定要阐明三点:模型、研究对象、研究结果。

以上两个案例都在摘要部分明确点出了自己文章使用的模型:案例一使用的 Fama-French 三因子模型,案例二选用的为 Ordered Probit 模型和虚拟变量回归模型。这一点做得非常好。一般来说,同学们在写作摘要时,都不会忽略研究对象,故而在这里不多做阐述。我们需要注意的是研究结果。

对比案例二和案例一,很明显案例一在这方面做得更好,其明确指出了研究的最终结论:"本文不但证实了中国股市呈现短期动量效应与中长期反转效应的特征,还发现放开卖空限制后,动量反转策略的收益与过往研究的结果有所差异,且收益结构有着明显不同。此外,本文还发现了其他研究尚未留意到的现象,如长期动量收益的消失与价值因子显著性变化问题,为研究动量反转效应提供了新的视角。"而案例二就只用一句很模糊的话对研究结果进行了概述:"根据模型结果得出了与之前经济学研究相近的结论,认为家庭教育背景、性别、年级、个人可支配收入以及是否为独生子女对风险偏好的影响较显著。"并且将结论部分放在文中,这样难以引起读者注意。

写作技巧总结:

摘要部分应突出三点:模型、研究对象、研究结果。

9.2.2 具体案例分析:引言

无论是本科学位论文、研究生学位论文还是博士学位论文,行文的严密性和逻辑性都是必要的。如果一篇文章在写得通俗易懂的基础上,让人能够一眼就看出你行文的框架,并且每一句话都能严密地推理到下一句,无疑是一篇非常好的文章。特别在引言部分,更要注意这一点。

学位论文的引言部分有非常多的写法,在这里笔者不再赘述,只是举一种笔者我最欣赏的方式来阐述。

案例三:

导致东亚金融危机的其中一个原因是企业过度多元化。虽然有大量的证据和一些系统性的研究支持这一论点,但是,这些文章基本上都是产生在危机之后,很少有在危机之前就进行预测的。恰恰相反,东亚企业通过进入新的业务领域迅速扩张,被视为东亚奇迹的重要促成因素(世界银行,1994)。在这篇文章中,我们利用1991年至1996年危机前时期的面板数据,对九个东亚经济体中的多元化公司的业绩进行了考察。我们的文章有三项贡献:首先,我们记录在中国香港地区、印度尼西亚、日本、韩国、马来西亚、菲律宾、新加坡、中国台湾地区和泰国过去三年的经济增长率。其次,我们区分了多家公司的纵向关联和互补性,并研究了九个经济体之间的差异。最后,我们调查东亚的多元化是否会影响到经济效率的提高。

完成前两个目标,我们……为了实现第三个目标,我们……

本文剩下的部分结构如下:在第2节,我们进行了一个简短的文献综述。第3节描述了数据和方法,第4节报告了实证结果,第5节为结论总结。

点评:

案例三选自郎咸平及其论文合作者于2003年发表在 *Pacific-Basin Finance Journal* 期刊上的一篇论文(论文原文为英文,编者对其进行了翻译),这篇论文的引言部分是笔者非常推崇的,也十分适合刚开始写作论文的同学们模仿和学习。

笔者之所以非常欣赏这篇文章,是因为其引言部分的逻辑性非常强,行文结构十分明确。此处引用的是翻译后的部分,笔者强烈建议同学们去看一看该文章的英文原版,一定会让你拍案叫绝。

文章开头,作者用三句话介绍了自己为何要研究这个题目。第一句话点明了研究的论题:企业过度多元化导致金融危机。第二句话点明了当前研究现状及不足:现在学术界证明了第一句话,然而都是危机后的总结,没有使用危机前的数据进行观察。基于这一不足,作者要研究的题目呼之欲出:基于危机前的数据进行观测。这三句话除了短小精练以外,逻辑推理性十分强。即由第一句话推到第二句话再推到第三句话,让读者觉得理所当然,不会存在思想上的跳跃。

此后,作者马上点出自己文章的贡献性,在论文写作中,如此的构架是很少见的,粗略一看,读者可能会觉得十分突兀。哪有谁在还没有具体说自己要用什么模型做什么研究前就先说自己贡献的呢?但是,如果读者接着看下去,就会明白作者为什么要这样安排文章结构。

以下两段由于篇幅有限,笔者并没有全部列出来,只是列出了两个段落开头的话。结合这两句开头的话,我们才明白,原来,作者在第一段中列出的三个贡献就是对以下两段的一个总述。先表明自己文章的贡献,再在接下来两段中细细描述自己为了达到目标要用什么模型、选择哪些变量来进行阐述。

当然,引言的最后一段也是十分有必要的,是对文章接下来的部分进行的一个简单的交代,从而达到承上启下的目的。

写作技巧总结:

引言部分应该结构分明,最好使用比较突出的转接词。

案例四:

本文以我国技术密集型产业的上市公司为样本,对 CEO 特征、风险偏好与研发支出之间的关系进行了实证分析。研究发现:CEO 风险偏好受到 CEO 任职期限与教育背景的影响;而 CEO 风险偏好与企业研发支出之间呈显著正相关关系;风险偏好在 CEO 个人特征与企业研发支出之间起中介作用。因此,根据企业特点选择具有适当教育背景的管理者、合理安排管理者的任期将有利于提高企业的研发支出。

——《CEO 特征、风险偏好与企业研发支出——以技术密集型产业为例》

点评:

以上例子开门见山,开头就以"本文"二字抓住读者的注意,并在引言中反映出其行文的逻辑。

案例五:

作为 P2P 网络借贷的细分领域,社交借贷近年来在国内得到了迅猛发展。社交借贷又称熟人网贷,是指借助互联网,在社交好友间建立的一种借贷行为(韩丽萍,2016)。其核心点在于依托熟人间的社交关系,有效降低风险,提升交易效率。在"陌生人借贷"的市场已被众多 P2P 平台占领的情况下,社交借贷这一细分市场成为了互联网金融公司们纷纷抢占的新蓝海(张筱铃等,2015)。自 2015 年以来,国内社交借贷呈现飞速发展态势,熟信、支付宝借条、借贷宝等众多此类平台上线。据西南财经大学《中国家庭金融调查》,中国民间借款市场规模约为 5.28 万亿元,其中有息贷款占 14.8%。据此推算,即使只有 10% 的民间借贷规模转移至互联网社交借贷,其规模也达千亿,具有很大的发展空间。

与社交借贷在产业界的迅速兴起不同,目前学术领域针对社交借贷的研究很少,且大都限于定性分析。国内外虽有不少对于 P2P 借贷投资意愿的研究,但很少关注依托熟人社交关系的借贷行为。而平台推广困难,投资意愿不高是目前社交借贷发展面临的最大瓶颈。以"熟信"为例,上线半年发生了 8 万笔授信,但实际交易却只有 113 笔。因此,研究社交借贷投资意愿对促进这一新兴行业的发展具有重要意义。

本研究以探索社交借贷投资意愿影响因素为目标,模型能够体现社交借贷的独特性。社会交换理论常被用于用户接受度的研究,社交借贷强调互动性,可视为一种社会交换。该理论强调投资行为是基于对风险和利益的权衡,并认为信任对社会交换有促进作用(KanKanhalli,2005)。同时,本文创新性地将社交借贷中的风险分为信用风险(Haewon,2012)和伦理风险(Hu,2015)。综合以上讨论,设置信任、感知信用风险、感知伦理风险、预期利得为投资意愿的影响因素。另外,考虑到社交借贷的核心点是依托熟人间的社交关系和平台的辅助措施来形成信任、控制风险,我们从借款人和平台两个角度考量信任和感知风险的前因变量。

为达到研究目标,首先进行文献综述来确定研究模型的结构框架。选取社会交换理论作为理论基础。接着我们以问卷调查法收集了 270 份有效问卷,这些数据均来自社交借贷平台的使用者或潜在用户,之后使用结构方程来验证模型。这项研究对学术界和产业界均有促进意义。就理论角度而言,本研究填补了社交借贷投资意愿相关研究的空缺,首次将社会交换理论引入该研究领域;并创新性地研究熟人间的社交关系对信任的影响,以及这种信任对信用风险的作用,以检验社交借贷"熟人信任自风控"的核心思想。从实践角度讲,研究结论将有利于探析互联网社交借贷赖以生存和发展的内在原因,为相关运营者提供参考借鉴,促进社交借贷行业的持续发展。

点评:

此案例来自西南财经大学一次论文比赛,案例中为文章的引言部分。这篇文章主要是研究互联网社交借贷投资意愿影响因素。相比于上一个案例,这篇文章的引言有写得非常精彩的部分,比如说引言中关于本文贡献性那一段写得很好,而在正文中,引用参考文献的格式也比较规范。然而,这一案例也有值得改进的地方。笔者认为,这个案例的前两段还可以精练或者调整顺序。案例中的第一段交代了现今社交借贷的大环境,并且阐述了一些文献,最后,用具体数据表明了互联网社交借贷还有很大的发展空间。总结起来,第一段是先用文献再用数据说明现象。

然而,到第二段时,作者又回到文献研究来进行阐述。这样的安排,会给人一种逻辑混乱的感觉,如果作者在第一段中,能够将描述文献的部分向后移,这样就能与第二段很好地衔接起来,让人读起来有逻辑感。

此外,本案例还有一个优点:作者具体要做什么在引言中交代得非常清楚。在最后一段,作者交代其使用了问卷调查,并且讲了本文的创新性,这都是读者非常关注的部分。

写作技巧总结:

一般来说,在引言部分应该对本文主题的现有研究成果进行一个简单的阐述。

9.2.3　具体案例分析:图表

我们将以图 9-1 为例来阐述写作论文时描述图表的技巧。

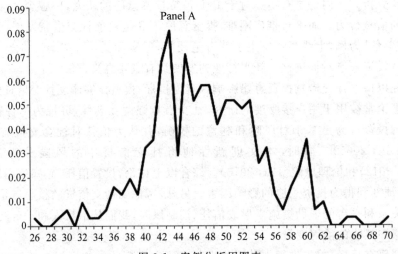

图 9-1　案例分析用图表

1. 解释数据并不是阐述图表最重要的部分

当读者看到 Panel A 时,如果没有文字解释,那么他们一定会问,这个图表描述的是什么内容？这是读者们最先想到的问题,当然也是看懂图表最重要的问题,因此,在描述图表时,一定要先阐述你文章的这张图描写的是什么,一般来说就是图题。

其次,你还要写明你图的横纵坐标表达的是什么,对于表格来说,你应当要解释你表格中使用的重要变量代表的意义。

写作技巧总结:

解释数据并不是阐述图表最重要的部分,在解释数据之前,你应该总述你的图表描述的大致内容。

2. 如何解释图表数据

解释图表数据,并不是要你将图表中的数据一个一个地写下来,读者所需要的是你对数据的分析,就以图 9-1 为例,在阐述时,首先你可以说明整个图的趋势是先上升后下降,同时按照横坐标的顺序,先点出在 40 时,折线开始呈现明显的上升趋势,在 43 时达到最高点(在这里,你可以点出最高点的数据具体是多少),并在此后开始降低,等等。

写作技巧总结:

解释图表数据,最重要的是作者对数据的分析。

9.2.4 具体案例分析：结论

案例六:

本文以 1997—2007 年中国民营 IPO 公司为对象,考察了创始人担任公司关键管理职务对公司业绩及其波动性的影响。本文研究发现,在公司上市之后,创始人管理可以显著提升上市公司的业绩,同时起到降低公司业绩波动性的作用。企业所处省份的市场化水平也与公司业绩水平正相关,且具有降低公司业绩波动性的作用。更重要的是,本文发现,在市场化水平较高的地区,创始人管理对公司业绩及其波动性的正面影响较小。在少数市场化水平最高的地区,创始人管理对公司业绩及其波动的作用将由正转负。

本文的发现揭示了创始人在中国民营企业经营管理中的重要作用,这也从侧面印证了民营企业"传承"的困难。同时,本文也对未来民营企业的顺利传承寄予乐观的预期,在更高市场化水平的地区,创始人管理的企业相较于其他企业的优势更小,因此,创始人离职给企业造成的负面影响更小,那么,企业的传承就相对容易实现。但是,在短期内,也应看到,在整体市场环境还不尽完善的时期,如果由于年龄或健康的原因导致民营企业的创始人必须离职,那么,可能会对企业的业绩产生一定程度的负面冲击。因此,持续地完善正式的市场环境建设是保证企业基业长青的外部条件,当企业能够在更好的市场环境下摆脱创始人的"人治"影响时,企业才能将自己的发展寄希望于更加职业化的经理人管理。

点评:

对于这个案例,笔者最推崇的是作者的开门见山。在一开始,作者先用一句话重申了研究的对象和样本,紧接着就总结本文的结论:创始人管理可以显著提升上市公司的业绩,同时起到降低公司业绩波动性的作用。在第一段,作者先总体叙述的结论,在第二段中再进一步进行解释,这样让读者读起来层次分明。

写作技巧总结：

在结论部分一定要用突出的文字或者符号来突出文章结论，然后再进一步解释升华。

9.3 他山之石，可以攻玉：范文写作精解

本节，笔者将以范从来等写的一篇论文为例子，来具体为大家讲解应该如何写论文，并就本书前面几个章节所提到的技巧进行一个融合。

首先，我们来看这篇文章的摘要部分。

按照并购双方行业的相互关系，并购可以分为横向并购、纵向并购和混合并购。本文认为，公司所处产业的性质（成长性、成熟性、衰退性）在很大程度上影响着不同类型并购的绩效，处于不同性质产业的公司进行不同类型并购后的绩效不同。利用我国上市公司1995—1999年336次并购事件进行实证分析的结果表明：处于成长性行业的公司进行横向并购绩效相对最好；处于成熟性行业的公司进行纵向并购绩效相对最好；处于衰退性行业的公司进行横向并购绩效最差。

点评：

在摘要部分，这篇文章先用一句话概括了本文要研究的题目，以及当前领域的大致环境，然后立马开门见山，以"本文认为……"点出本文研究对象与观点。同时在摘要中提出了本文研究的选择样本以及结论，短小精悍，多一句话少一句话都不行。

其次，我们来看这篇文章的样本以及模型部分。

1. 样本的选取

目前对于并购绩效的实证研究在研究方法上，主要有以反常收益法为代表的事后股价变动分析法和以财务会计数据为基础的比较分析法，本文将采用后者。[1]

为了使检验结果更为准确客观，我们对财务数据进行一些统计处理，具体步骤为：①选取并购公司并购前后几年年度报表中的若干财务指标建立指标体系；②将这些指标分别减去该公司所处行业当年该指标的平均数，得到新的指标体系；③将新指标按并购前一年、并购当年、并购后一年、并购后两年和并购后三年分别做因子分析，构造一个综合得分模型，计算出各公司并购前后不同年度的业绩综合得分；④对比并购前后公司综合得分的变化情况来评判公司并购的绩效（参考冯根福、吴林江，2001）。在样本的选择上，本文以上市公司作为并购方发生的并购事件为研究对象。我们从各家公司1995—1999年的年报入手，结合各年的《中国证券报》和《上海证券报》对此类并购事件作一统计整理，发现共有约630家公司（部分公司有重合）发生大大小小的兼并或收购，而且许多公司在同一年中并不止发生一次并购行为，这为我们的研究提供了较为可观的素材。为了尽量使研究结果更客观，排除其他因素对并购绩效的影响，我们在选取样本时对这些并购事件进行了较大幅度的剔除和筛选，主要有：①同一公司在同一年度发生不同类型规模相仿的并购予以剔除，若不同类型并购规模相差很大，则以较大规模的为主；②同一公司在不同年度发生不同类型并购的予以剔除；③并购规模过小，对公司业绩影响甚微的剔除；④1995—2000年自身遭遇"买壳"，第一大股东发生变更的剔除；⑤并购当年公司所处行业为综合的剔除；⑥并购公司四个财务指标中出现极端异常值的剔除。经过这样一系列

的剔除和筛选,我们从中选取了 338 次并购作为分析的样本。

2. 指标的设定

衡量上市公司业绩的指标很多,一般来说,每股收益和净资产收益率是最常用的两个指标[2],因为这两个指标是最重要的必须披露的财务指标,每股收益是投资者最常关注的盈利指标,而净资产收益率综合概括了上市公司利润的增长速度和股本的扩张性,用它来衡量上市公司的经营业绩以及是否有发展前景比较符合中国国情。这里用的是檀向球、提云涛、强立等(1999)提出的资产重组鉴别指标体系中的绩效评估体系,包括四个指标:G1,每股收益;G2,净资产收益率;G3,主营业务利润率;G4,总资产报酬率。由于各个行业的经营业绩和成长水平不相一致甚至会有很大差别,所以需要将各公司四个指标分别再减去该公司所处行业的年度行业平均水平,建立四个新指标 g1、g2、g3、g4,以消除行业经济景气的影响。我们从巨灵证券信息系统上收集了各并购公司各年的财务数据,再根据中国上市公司咨询网,将所有上市公司所处行业分为 16 类,即公用事业、电子通信、纺织服装、化工、建材建筑、交通运输、金融地产、能源电力、酿酒食品、农林牧渔、轻工制造、重工制造、商贸旅游、冶金、医药和综合,计算出各行业各年四个指标的平均水平。令 AG1、AG2、AG3、AG4 分别表示不同年度该公司所处行业的 G1、G2、G3、G4 的平均水平,则 g1＝G1－AG1;g2＝G2－AG2;g3＝G3－AG3;g4＝G4－AG4。

3. 综合得分模型的构建

为了便于对并购前后公司的业绩进行对比,必须构建一个综合得分函数将这四个指标压缩成一个综合得分。目前较为理想的综合评价方法是因子分析法[3]这种方法的核心是对若干个指标进行因子分析并提取公共因子,称为因子变量,然后利用旋转方法使因子变量更具有可解释性,再计算每个因子的得分,最后以每个因子的方差贡献率为权数与该因子的得分乘积的和构造综合得分的函数。

在本文中,我们以主成分法对样本公司并购前后各年剔除行业经济景气影响后的四个指标 g1、g2、g3、g4 按并购前一年、并购当年、并购后一年、并购后两年和并购后三年分别进行因子分析,提取四个公共因子 Y1、Y2、Y3、Y4,然后再根据各因子的得分和方差贡献率,得出五个综合得分函数,再由这五个函数计算出各样本公司并购前后相应年份的业绩综合得分。

并购前一年:F－1＝0.56342Y1＋0.19006Y2＋0.17198Y3＋0.07454Y4

并购当年:F0＝0.50555Y1＋0.23002Y2＋0.19365Y3＋0.07078Y4

并购后一年:F1＝0.51276Y1＋0.22522Y2＋0.17075Y3＋0.09127Y4

并购后两年:F2＝0.50025Y1＋0.26627Y2＋0.16218Y3＋0.0713Y4

并购后三年:F3＝0.5233Y1＋0.21342Y2＋0.16802Y3＋0.09525Y4

点评:

这篇文章对模型以及样本描述的结构设计非常值得我们学习。作者将这部分的描述分为了三个部分:先描述了样本,再描述选择变量,最后描述了模型。对于样本的选择,同学们在写论文时,一定要注意点明样本的来源(数据库),以及在处理样本时做了哪些处理(如缩尾处理等)以及做数据处理的依据。对于描述选择的变量,一定要注意再次重申文章的目的,以及为了完成目的选择了何种变量,其实,最完美的做法是将文章的重要变量的定义解释出来。对于模型的选择,同样要着重申明文章达成的目标,以及建立模型的依据(参考文献)。

那么在说明了这一段的结构布局之后,笔者要重点向同学们介绍一下这段值得学习和借鉴的地方。

<u>因为这段文字较长,故而笔者将文章中需要大家重点注意的地方都加上了下划线。</u>那么这一段中,第一处需要我们借鉴的地方就是:在阐述篇幅较多的部分时,要多使用小标题。

总的来说,这一段篇幅较长,故而作者就聪明地使用了"1、2、3"三个小标签将每段描写的内容先提了出来,这样让读者一目了然。其次,作者还在每段中需要突出强调的部分使用了"①、②"等次级标题,这是值得同学们借鉴的地方。

其次,还需要我们借鉴的一处是:作者在每一小段的开头都用一句话概括了这一部分的主要内容。

请同学们看案例中三个小部分的开头,在每一部分笔者都用下划线和头标(如"1")标出了该部分提纲挈领的话。这样的总分结构特别适合于才开始学习写论文的同学,这样会让你的文章大意清晰,一目了然。

再次,我们来看这篇文章实证部分的描述。

1. 行业划分

我们首先采用增长率产业分类法将上市公司所处的各行业大致分成成长性、成熟性和衰退性三类。(开头一句话提纲挈领)【这种方法的核心是:比较产业在两个相邻时期(每个时期大约 20 年)的增长率与相应时期所有产业部门的增长率。如果该产业部门的增长率在两个时期都高于平均增长率,则为成长产业;如果前一时期大体接近于平均增长率,而在后一时期大大高于平均增长率,则为发展产业;如果在前一时期高于平均增长率,而在后一时期增长率逐渐低于平均增长率,则为成熟产业;如果两个相邻时期的增长率都低于平均增长率,则为衰退产业。】(这一部分是对开头总领句的详细解释)本文即以这种增长率的标准来划分。由于资料的限制和各时期产业统计口径的不同,我们只能降低要求,以 1987—1993 年这前七年和 1994—2000 年这后七年作为相邻的两个时期来观察;至于各时期所有产业部门的平均增长率,则以 GDP 增长率来代替。加上增长率产业分类法本来界限就不是特别清楚,所以这个结果只能作为我们划分行业类型的一个参考而不是准则。(这一段是对前面解释的进一步补充)

根据标准产业分类,(承接上一段)结合 2001 年 4 月 4 日证监会颁布的《上市公司行业分类指引》,将上市公司所处的所有行业大体归为 15 类(引出下文),它们是:农林牧渔、采掘业、食品饮料烟草、纺织业、木材加工、造纸印刷、石油化学塑胶塑料、金属非金属、机械设备仪表、电子通信设备制造、医药生物、电气水的生产和供应、建筑业、邮电通信和运输仓储、餐饮和批发零售贸易。经过这样的划分,基本上可以确定各行业所属类型。【但是正如前面所讲,这只是一个参考而非准则,观察期太短使划分不可能十分准确,加上有些行业平均值和 GDP 平均值上下十分有限,很难做出明确判断,因此我们准备做一些调整。比如石油化学塑胶塑料部门后七年的平均值仅比 GDP 平均值高出 0.5 个百分点,但它后七年的增长率低于前七年很大幅度,所以我们将它归入成熟性行业。经过适当调

整,得出如下分类。】(这是对前一部分分类的补充解释)

2. 实证分析及结果

在本文的338个样本中,有95个样本的并购公司处于成长性行业,209个处于成熟性行业,34个处于衰退性行业。我们将分别对各类行业中不同类型并购绩效做出比较。(总领全段内容)

(1)(局部使用小标题使结构清晰)成长性行业中三种不同类型并购绩效。【从成长性行业的总体均值检验结果看,并购的绩效还是不错的,F3-F1的值为0.7471,说明并购后三年样本公司的综合得分比并购前要提高许多,同时t检验显示F3-F2在10%的显著性水平下显著,说明并购后三年的绩效比并购后两年有较为显著的改善。再比较三种类型并购的均值检验结果,横向并购当年、后一年、后两年、后三年与并购前一年的得分差值F0-F1、F1-F1、F2-F1、F3-F1分别为−0.2865、0.1528、−0.2657和1.8254,而混合并购样本的相应四个差值分别为0.3049、−0.2451、−2.0382和2.3084,应该说两种类型并购的绩效差异很大:横向并购绩效大体呈上升趋势,混合并购绩效明显地呈下降趋势。】(这一段是在具体描述表中数据,结合笔者在9.1中所介绍的写作技巧,我们可以发现,作者在这部分并不是简单地将数据罗列出来,而是对每个重要的数据所表达的意思都进行了分析阐述)

为了更清楚地比较三类并购绩效差异,我们将各类并购样本各得分差值减去全体成长性行业样本的各对应差值,再用折线图表示出来。(承上启下句)

在我们所选的样本中,处于成长性行业的上市公司只在1999年发生3起纵向并购行为,所以只能考察到并购后一年,不能得出令人信服的结论。比较横向并购和纵向并购的绩效,差异十分大。进行横向并购的成长性行业公司在并购当年的业绩稍低于成长性行业总体水平,却是逐年稳步上升,到并购后三年已经远高于行业总体水平;而进行混合并购的成长性行业上市公司却恰恰相反,并购当年的业绩高出行业总体水平,之后逐年大幅下降,并购后三年其业绩和行业总体水平已经相去甚远。这说明处于成长性行业的公司进行横向并购的绩效要远高于进行混合并购的绩效。

(2)(局部使用小标题使结构清晰)成熟性行业中三种不同类型并购绩效。处于成熟性行业的上市公司样本最多,所以检验的结果应该相对更令人信服。【从检验结果看,成熟性行业公司并购的总体绩效不理想。】(先点出结论)F0-F1、F1-F1、F2-F1、F3-F1分别为−0.2404、−0.6731、−0.7088和−1.919,一直处于下降通道中。而且从均值t检验的结果看,F0-F1、F1-F1、F3-F1三个得分差值的均值经过t检验其相伴概率度都小于5%的显著性水平,(再用具体数据解释)【说明三个差值和0都有显著差异,同时由于均值小于0,这就是说成熟性产业并购当年、并购后一年、并购后三年的绩效都显著地变差。】(最后进行补充)

对照横向、纵向和混合三种类型并购,似乎它们的绩效也是一直下降,不能看出明显的区别。(总领全段,同时先点出结论)我们可以从折线图中寻找相对明显的差异。从图2看出,处于成熟性行业又进行混合并购的上市公司并购后的业绩一直低于全行业总体水平,即在三类并购中绩效最差。横向并购和纵向并购的绩效走势在并购当年、并购后一年、并购后两年十分相像,都是先高于全行业总体水平,而后逐步下降,但到了并购后第三年,就表现出了截然不同的走势:进行横向并购的成熟性行业公司业绩继续下滑,甚至低于行业平均水平;而进行纵向并购的成熟性行业公司业绩在全行业并购公司业绩都走下坡路的形势下仍能保持一种较好的态势,虽然业绩也在继续变差,却比采用其他类型进行并购的公司业绩高出许多。

(3)(局部使用小标题使结构清晰)衰退性行业中三种不同类型并购绩效。处于衰退性产业的样本太少,比如纵向并购并购后三年的样本只有 2 个,而混合并购并购后三年样本缺失,并购后两年也只有 2 个,这给分析带来困难,折线图也十分不可靠,我们只能大致地进行比较。从表 6 和图 3 可以看出,衰退性行业中进行纵向并购的绩效要高于横向并购,横向并购的绩效基本上要低于全行业总体水平,这说明如果公司所处的行业已经进入衰退期,那么再进行横向扩张没有效果甚至会产生负面效果。混合并购的绩效由于样本数太少,受个别样本得分的影响太大,我们有理由对它表示怀疑。并购当年和并购后一年共有 10 个样本,这两年混合并购的绩效还可以,在并购后一年甚至是所有并购类型中绩效最好的。但是到了第二年绩效剧烈下降,我们认为是受个别样本的影响,因为用来分析并购后两年绩效的样本只有两个。为了对此做出考证,我们查阅了这两个样本的并购情况。进行混合并购的这两家上市公司分别是"永安林业"(000663)和"中纺城"(600790),永安林业属于农林牧渔业,在 1998 年收购了永安大酒店,中纺城属于纺织业,也是在 1998 年兼并了绍兴东风酒厂。综观这两次混合并购,其动机好像并不是通过混合并购进入新的成长性的或其他有发展潜力的行业,并且前者还是典型的关联交易,这可能是致使混合并购绩效不佳的部分原因。

点评:

同学们在描述实证部分时,依旧需要保证论文的严谨性以及逻辑性。严谨性是指每一句话都要有根据,要么是来自他人的文献,要么是来自自己文章的论证。故而在描述你的实证证明了什么结论时,最好能点明文章使用了何种模型,然后回归的具体 t 值或者 Z 值是多少,在什么水平下显著等,然后再说明证明了什么观点。

最后,我们来看这篇文章的结论部分。

三、结论及启示

(1)结论及对"行业周期理论与并购类型"关系假说的论证

上面的实证分析得出了这样的结论:处于成长性行业中的公司,选择横向并购的绩效十分明显,通过横向并购规模扩张为公司带来的业绩提升远高于进行多样化经营带来的业绩提升;处于成熟性行业中的公司,大体上进行纵向并购最有效率;而处于衰退性行业中的公司,进行混合并购的绩效尚不能通过实证分析得到证实,但有一点肯定的是,此时进行横向扩张对公司绩效是十分不利的。这个实证结果在一定程度上证实了"行业周期理论与并购类型"关系假说的有效性。这个假说认为,可以行业周期理论对三种并购类型做出解释。行业周期理论认为,任何一个产品或一个行业,都有其生老病死的过程。

这个过程中,大致可以分为四个阶段:开发阶段、成长阶段、成熟阶段和衰退阶段……

(2)对上市公司并购战略的启示

在企业的并购程序中,确定目标公司是第一步,(这里是承接上文的实证内容)目标公司的确定和并购类型的选择紧密相连，比如选择进行横向并购，那么就要在和自己处于同一市场并相互竞争的企业中物色目标公司。而根据我们的分析，公司选择不同类型并购后的绩效受到公司所处行业性质的很大影响，处于成长性行业的公司进行横向并购后的绩效最好，处于成熟性行业的公司进行纵向并购后的绩效最好，而如果公司处于衰退性行业，进行横向并购的绩效则变得很差了。这个结论当然不是要求所有处于成长性产业的上市公司都应该选择进行横向并购，所有处于成熟性行业的上市公司都要进行纵向并购，而所有处于衰退性行业的公司都要进行混合并购，因为每个公司所面临的具体产业环境以及在产业中的地位等都不尽相同。（基于实证内容的进一步阐述）虽然如此，这对我国上市公司的并购战略仍旧有一些启示，（以下部分是全文的一个升华）【那就是首先要对公司所处行业进行详细的分析，明确公司的行业性质，以此制定明确连贯的经营战略，以经营战略为基础选择并购方式并寻找目标公司。分析产业包括分析公司所处产业的性质，产业的环境及政策，公司在该产业所有企业中所处的地位等各方面，而不是简单地判断公司所处行业属于成长性、成熟性或衰退性。如果处于成长性产业，且这个产业又具有明显的规模经济，那么公司可以采取市场渗透或集中的战略，进行横向并购，市场扩张型的混合并购也是可行的一种选择。如果处于成熟性产业，前面产业成长时期争夺市场份额的结果是市场上只剩下几个势均力敌的公司，那么成本导向也许更重要，前向或后向一体化的战略可能更能获得成功。如果公司在这个成熟的产业中并没有相当的市场力量，那么也可以考虑产品扩张型的混合并购，利用原有的销售渠道和市场涉足与原产品相关的一些新行业，以较低的成本实现退出原市场的过渡。如果处于衰退性产业，而该产业又没有受到任何政策优惠和保护，那么多角化是一种较好的战略，公司可以通过并购与原有产业不相关的产业顺利实现退出。然而如果公司虽然处于衰退性产业，但是在市场中的地位举足轻重，那么仍旧可以考虑成为该产业的领袖，或者在某一细分的市场中继续保持其竞争优势，这时的并购战略也可以是获取成本优势的纵向并购。】

点评：

对于结论部分，笔者想强调的一点，同时也是这篇文章中没有提到的一点，那就是希望同学们在对全文进行总结的基础上再谈谈你文章的发展前景以及本文研究的不足，这样会使你文章的结论部分显得比较有层次感。而且也使你的视野提升了一个高度。

9.4　金融学术论文排版技巧：LaTeX 的运用

9.4.1　LaTeX 介绍

LaTeX 是在 Donald E. Knuth 编写的计算机程序——在 TEX 的基础之上开发的文章排版软件。这种软件的优势便是其对使用者并没有过高的编程知识要求。特别是在编写复杂的公式和表格时，LaTeX 的优势越发凸显了出来。

用专业的术语来讲，LaTeX 其实是一个宏集，是一个预先定义好的专业版面。作者们可以使用它快速地排版文章。在 ASCII 环境中该软件为 LaTeX2e。[①]

9.4.2　LaTeX 在学术论文中的使用

正如 9.4.1 中所述,基于 LaTeX 在编辑表格与公式方面的优势,其在数学、物理、化学、经济学等领域的学术论文写作排版中普遍使用,金融领域也不例外。使用 LaTeX 排版编辑金融学术论文,特别是需要投稿给杂志社的论文,会使文章显得更加严谨、规范。

相较于国内,其实 LaTeX 在国外的普遍度更高,对于需要投稿到国外的论文,如果使用 LaTeX 编辑会增加杂志社编辑的好感度,在文章内容质量同水平的情况下,使用 LaTeX 排版的文章会更易通过。

在国内,尤其是中国的大多数高校,LaTeX 更多地被数理专业的学生和老师接受并使用,但在其他专业,特别是文科专业,LaTeX 的使用率并不高。相比之下,中国的学生使用得更多的,是 Micro Office Word。然而,从排版的专业角度出发,使用 LaTeX 无须调整文章格式,比 Word 更方便,并且没有版本的差异(不同版本的 Word 打开格式显示都不一样[②])。

9.4.3　LaTeX 的使用方法

以下以 Windows 系统为例,为大家介绍 LaTeX 的具体使用方法。

1. 下载与安装

要使用 LaTeX,首先要下载 CTeX 中文套装,包括 MiKTeX、WinEdt、GSview 、Ghostscript、中文系统 CJK/CCT/天元 、中文宏包与模板。其中,WinEdt 是 CTeX 自带的付费 LaTeX 编辑器,也是用于排版和代码输入的前端。

WinEdt 是一款可以用来创建和处理 LaTeX、HTML,或者其他类型的文本本件的通用文本编辑器。在同学们对金融论文进行排版的过程中,排版代码文件也可以用记事本打开可视。

2. LaTeX 在金融论文中的运用

作为我们完成金融论文的排版工具,同学们没有必要掌握 LaTeX 的全部内容,更没有必要学会编写代码,所需要的只是读懂代码,并会套用模板,下面笔者就具体例子为大家进行讲解。

\documentclass 代码用于设置文章的字体和间距,具体事例如\documentclass[12pt,doublespacing]{article}(此意为设置文章为 12 号字体,双倍间距)。

\usepackage 代码用于在文本中引入各种宏包,具体事例如\usepackage{setspace}。

\renewcommand 或者\newcommand 用于定义一个系统不存在的命令(或者重新定义一个命令)具体事例如\renewcommand{\thesection}{\Roman{section}}。

以上三种代码是在排版文章内容开头最常使用的命令,一般来说,国际上对金融投稿

---

① Donald E. Knuth. The TEXbook,Volume A of Computers and Typesetting,Addison-Wesley,Reading,Massachusetts,second edition,1984,ISBN 0-201-13448-9.

② 陈德伟.用 Latex 撰写学为文章[J].软件导刊,2009,8(11):100-102.

论文的格式要求大体一致,故而在很多情况下,同学们只需要套用模板。

当定义了一篇文章的整体格式之后,我们就需要往其中添加论文内容,一般来说,不同的代码组合,会产生不同的排版格式,下面我们就其中一种比较常用的格式进行举例说明。

一般来说,一篇文章的开头一定会注明标题、日期、作者,其对应的代码分别是\title{}、\date{}、\author{}。

在此之后,则需要分页注明摘要,对应的代码是\ begin{abstract}以及\ end{abstract}。而关键字的代码是\keywords{}。

需要注意的是,在具体排版文章时,并不是简单地将以上所述的代码按着顺序排列,还需要在文章中加入\begin{document}、\maketitle或者\newpage等代码。

而对于论文的正文部分,在 WinEdt 中编写其实与在 Word 中编写大体一致,只不过在需要加入脚注或者需要写斜体时,在 WinEdt 中编写需要加注代码,如\footnote{}、\emph{}等。

此外,在 WinEdt 中编写与在 Word 中编写最大的不同之处,在于对公式的编写以及对表格的运用。在 WinEdt 中,编写要复杂得多,不过呈现出来的效果也要规范许多,以编写公式为例,在插入公式时,要添加\begin{equation}和\end{equation}。不过因具体的公式不同、表格格式不同,代码差异很大,在这里我就不一一叙述,需要学习的同学们可以去看 Tobias Oetiker 的《112 分钟学会 LaTeX2e》,里面对不同的数学符号以及表格编写有非常详细的介绍。

3. LaTeX 学习资料的介绍

有同学对 LaTeX 有非常强烈的兴趣,想要深入学习该排版系统。在此,除了上文中推荐的《112 分钟学会 LaTeX2e》,本书再为大家推荐一些学习 LaTeX 的书籍和资料。

1)学习书籍

胡伟编写的《LaTeX2e 完全学习手册》(清华大学出版社)

陈志杰等编写的《LaTeX 入门与提高》(高等教育出版社)

2)LaTeX 网站、论坛、博客等

CTEX 论坛:http://bbs. ctex. org/

LaTeX-学习园地:http://blog. sina. com. cn/wangzhaoli11

LaTeX 编辑部:http://zzg34b. w3. c361. com/

ChinaTeX:http://www. chinatex. org/

Comprehensive TeX Archive Network:http://www. ctan. org/

TeX Users Group:ttp://www. tug. org/

第 10 章

如何发表高水平英文学术论文

10.1　为什么要发表论文

发表学术论文是金融学术工作者的一大目标,其不仅是一个科研项目成果的展示,还是科研工作者对学科贡献的集中展示。学术论文的质量和数量也反映了科研工作者的研究能力以及在学界的声誉,体现了学术工作者的工作价值和意义,是每一位纯粹的学者的奋斗目标。

当然,在既有的学术行业背景下,发表学术论文被赋予了一些其他意义。首要便是为了晋升。的确,现如今无论是国内高校还是海外高校,讲师想要晋升为副教授以及教授在指定期刊上发表一定数量的论文是必须的。各高校甚至会在与学术工作者的合同中详细注明所发表论文的数量和所刊登期刊的等级作为学术工作者的考核要求。现如今,国内的青年高校教师普遍面临着较大的论文发表压力,这和其晋升意愿以及维护自尊和声誉是密不可分的。

另外,当今学界已不是"两耳不闻窗外事,一心只读圣贤书"的时代了,积极融入学界社交圈不仅有助于寻求学术交流和合作,也是展示自我提升知名度的有效途径。然而,要想获得访问机会和被著名大学邀请举办讲座和演讲,手握已发表的高水平的论文是必不可少的。有了发表的论文才有了沟通交流的素材,否则在学术会议上只能充当旁听的角色。

其次,发表学术论文对获得科研基金和休假申请也有积极的帮助。总之,发表学术论文是学术工作者的主要工作目标,和诸多自身利益联系紧密。

本章将通过以下五个部分介绍如何在顶级期刊上发表论文,这五个部分是按照论文写作和发表的步骤排列的:①规划主题;②写作;③寻找正确的期刊;④提交;⑤处理拒绝和修订。

10.2　规　划　主　题

在开始写作之前规划研究主题是必须的,这将为后续工作找准方向。需要注意的是学术论文并不需要著作般的鸿篇大论,一篇学术论文的主题不要超过一个关键问题。如果写作者在脑海中同时存在几个相互关联的问题可以将这几个问题凝练成一个主题,如果无法合理地安排这些问题,或是这几个问题间存在无法妥协的矛盾,则只需关注其中最具有价值的问题。

对于所规划的主题是否具有研究价值需要写作者认真评判。写作者不妨先问问自己所考虑的主题是不是一个好主意;这个主题会不会引发后期持续性的讨论;这个问题会不会解决学界或者业界所困扰的一个问题;谁将是这篇论文的受众;他们为什么会关注这篇论文。如果对以上问题的回答都能够充满信心,那这个研究主题就是有价值的。

然而,写作者往往在想出好点子后会立刻发现自己的点子已经被许多学者研究过了,顿时心中激动的心情荡然无存。其实,这是一种十分常见的情况,当金融领域已经被无数先驱研究过后,想要开疆辟土则充满了机缘和挑战。在这种情况下对相关领域的文献进行广泛的回顾是必须的。写作者需要根据早期的文献修改自己的研究主题,争取获得更大的研究价值。这种研究价值也许来源于早期研究方法的缺陷,也许来源于早期研究问题覆盖不够全面,也许来源于早期研究在新时期面临的新背景,也许来自早期研究与其他领域的交汇,等等。写作者可以在广泛阅读文献的基础上罗列若干潜在的研究机会,然后将这些潜在的研究主题与其他学者分享,听取他人的建议后确定研究主题。

最后,写作者在开始研究之前需要确保其有能力、有资源完成研究主题。尤其是在数据的可得性方面需要做充分的考虑。

10.3　写　　作

所有的学术论文都遵循一个较为固定的模式。在论文结构方面推陈出新并不是一个好主意。通常,一篇金融学术论文会依次呈现:标题、摘要、引言、文献回归、研究方法、结果、结论。

10.3.1　标题

论文的标题应该兼顾两个要素:①具有吸引力;②与论文内容保持一致。论文的标题应该能够在第一时间吸引读者的注意力,并希望深度阅读所见的作品。论文的标题最好是一个辩论型的问题,对于其他学者、公司管理者和政策制定者等潜在读者,通过论文的题目就能判断该论文是否涉及重要问题。同时,论文的标题需要和论文的中心内容保持一致,不可具有欺骗性。有的时候我们所见到的论文标题是具有误导性的,而这会严重降低审稿人对该论文的好感度。

10.3.2　摘要

摘要是读者在阅读完标题后立刻阅读的部分,也是论文中最重要的部分之一,它决定了论文留给读者的第一印象。大部分读者在读完摘要后就会评估论文是否值得继续阅读或者下载。因此,一篇摘要不能够引人入胜的论文减少了被人引用的机会,即便论文的其他部分写得很好。顺理成章的,摘要也是编辑评判文章的第一个关键点,给编辑留下好印象十分重要。值得注意的是,摘要需要在完成全部正文后再撰写,否则只会陷入不断无效修改的旋涡。

一个好的摘要应该包含以下几个部分:①论文的目的;②论文的重要性及贡献;③论文使用的研究方法;④论文的主要结论,兼顾对公司、投资者、决策者等的政策影响或经验教训。摘要需要将以上所有要点涵盖在一个段落中,用 150～250 个字呈现。以上每一点只需要拓展成 1～2 个具体的句子,当某一点的句子超过两句时需要慎重考虑是否有必要。除非论文的核心就是对特定参考文献的批判或者拓展,否则在摘要中不应该包含参考文献。

10.3.3　引言

引言部分的主要内容是:从对先前研究的回顾引申到本篇论文的写作目的和动机。笔者推荐在引言部分首先开门见山地用一段话明确论文的写作目的。在此之后,论文写作者需要简要介绍前期有影响力的相关研究。随后,写作者需要把写作的重心放从前期论文引申到本篇论文的写作目的上,并且阐明本篇论文是如何做出贡献的。最后,写作者需要花较短的篇幅介绍论文的写作方法和数据来源,并且列出主要结论和发现。在引言部分阐述写作目的和动机是最主要的,其他内容只需有所交代即可。但无论如何,引言无须长篇大论,篇幅控制在 2～3 页即可。

需要特别说明的是关于写作动机的阐述需要具有说服力。写作者需要回答:该论文是否解决了某个特定问题;是否平息了某个学界或者业界的争论点;是否提供了新的证据或者采用了新的数据;是否为后续的研究提供了新的思路或者基础;是否建立了新的理论模型并进行验证。以上问题都为深入探讨写作动机提供了良好的视角,论文写作者不妨选取其中的若干或全部进行阐述。

10.3.4　文献回顾

首先需要说明的是文献回顾是可以融合进引言部分的,而且顶级期刊的趋势便是将文献回顾结合引言部分而阐述。

不要在文献回顾中纳入所有符合研究主题的论文,不要将所参考的文献进行罗列,也不要简单地摘抄所引用文献的摘要。在做文献回顾时要有选择性,只将与研究主题和研究动机最紧密相连的文章纳入文献回顾中。在挑选时选用最新的文献以及拟投稿期刊的过往文献有助于加深审稿人和编辑的印象和好感。同时,在回顾文献时需要加入作者本人的评述,将参考文献融入论文的叙事线条中,而不是将若干文献分割开来。文献回顾部分的目的在于向论文阅读者和审稿人表明作者熟悉相关文献,使得作者在编辑的眼中可信。最后,在撰写文献回顾的一开始就要每引用一篇论文便在文末进行注释,不要嫌弃这是一项烦琐的工作,因为如果在正文完成后再来补充文末的参考文献有很大概率是无法再搜索到之前所引用的论文的,届时论文写作者将不得不花费更大的精力去补充参考文献。

10.3.5　研究方法

在研究方法这一部分,作者需要就研究所使用的方法进行阐述。无须担心所使用的方法与他人不同,只要所使用的方法有助于完成本文的主要目标并且能够妥善测试所提出的假设,那就是正确的方法。在阐述时需要完整和清晰地定义所有的术语和符号。一个经常面临的问题是是否需要对研究方法的每一步都进行详细的阐述。答案是无须对在其他研究中广为人知或广泛应用的研究方法再花费大量篇幅重复阐述,作者只需要简要总结该方法并继续进行后续写作。当然,如果所运用的方法是该论文的创新点或者具有重要意义,就需要着重笔墨进行阐述。

在阐述完研究方法后,不要忘记列出若干使用类似方法的其他论文,而这些论文最好是具有一定影响力的。另外,如果同样的研究主题还存在其他研究方法,则需要说明排除使用这些方法的理由。

10.3.6 结果

在呈现实证结果之前作者首先需要对所使用的数据进行讨论,并且提供描述性统计。同时,作者需要将本文所使用的数据与其他相似论文进行比较,查看数据是否有较大出入。需要小心的是,如果所使用的数据的描述性统计与同类论文的数据相差较大会引起审稿人和编辑对数据真实性的怀疑。能够保证采用类似描述性统计的数据得到新的发现是最为理想的结果。

在阐述数据时需要说明使用什么类型的数据并列出数据源,还需要说明数据的频率和采样周期。在此基础上作者要诚实地讨论对原始数据的所有修改,以保证文章结果的可复制性。如果数据来源较多、构造复杂、变量容易混淆,则最好创建一个全面的列表对每一项数据的名称、构造方式、数据来源进行说明。这张表也可以放在文末的附录中。

描述性统计部分应使用的数据是最后进行分析的数据,即完成了整理、清洗、剔除异常值等一系列工序之后的数据。描述统计包含的字段应该有变量名、平均值、标准差、中位数、极大值、极小值等。在表格中罗列完以上数字后,需要安排简短的段落对描述性数据的性质进行阐述。

在阐述完描述性统计后就应该呈现实证结果。呈现结果的表格应该是专业且与拟投稿期刊的过往格式保持一致的,切忌从统计程序中不加处理地复制粘贴。呈现结果的表格需要一目了然,尽量保证简洁和可读性。在讨论实证结果时不要简单复述表格中的内容,而是要将实证结果与前文介绍的方法、假设、过往文献联系起来。尤其需要将所得到的结果与过往类似研究进行对比,阐述是否有新的发现,是否与之前的研究有所差异,并且解释产生差异的原因。需要提醒的是,得出的结论与数据结果必须有严密的联系,切不可推断与数据和结果联系不紧密,或者根本不支持的内容,这将极易造成审稿人否决论文。

10.3.7 结论

论文的结论部分尽量做到简洁且避免引用前文未曾出现过的内容。作者首先需要总结研究的目的和动机,之后简短复述研究过程以及发现的内容,最后说明主要结论。

在完成以上内容后,作者最好着重笔墨再次强调论文的贡献和意义。可以从论文是否支持某一理论;论文是否解决了高度争议的问题;论文是否能帮助决策者制订计划等方面进行阐述。如果有可能,甚至可以谈到论文对政府及整个社会的潜在影响。但需要注意的是,以上所有内容都需要实事求是,切不可夸大论文的成果,所谈到的影响必须基于文中给定的证据。

10.4　寻找正确的期刊

在历经辛苦完成论文之后,写作者便开始雄心勃勃地寻找期刊发表论文了。目前,各大主流外文期刊的出版商(Elsevier、Blackwell、Springer、Taylor、Francis 等)都有各自的官方网站并且罗列了旗下的所有期刊。投稿者可以首先浏览这些网站,对潜在的投稿期刊进行了解。

首先,在选择期刊时需要浏览该期刊的过往期刊是否与拟投稿论文的研究方向吻合。投稿者可以首先通过期刊的标题进行筛选,继而查看这些期刊最新发表的论文,查看这些论文是否和自己研究的课题属于同一领域。同时,投稿者还可以根据期刊官网所明确的所接受论文的领域和范围来判断。

其次,寻找正确的期刊的关键之一是浏览网页给出的编辑委员会成员,确认是否与这些编辑认识。如果能够通过会议、学术宣讲等机会结识拟投稿期刊的编辑,会使得投稿者的论文有更多机会被关注,并且提高同等条件下中稿的概率。如果投稿者确定某期刊是投稿的目标期刊,请务必引用该期刊发表的相关研究,而且该期刊的编辑很可能会是该期刊过往相关论文的作者。如果在熟悉编辑委员会成员后能够引用其中一些人的过往研究也会增加编辑对该论文的关注度。但同时也需要慎重考虑如果编辑就此引用发问,投稿者是否能够完全熟知相关领域的要点。换句话说,不要为了套用编辑的过往研究而生搬硬套,这必定使得编辑对投稿者丧失好感。

最后,投稿者还必须考虑一系列其他因素。拟投稿的期刊是否符合晋升考核的要求;投稿及评审的费用是否在预算之内;拟投稿期刊的影响因子是否满足要求;拟投稿期刊是否进入了某核心期刊目录,等等。

当确认完以上要点后,在提交论文之前还请将论文的副本发送给其他合作者,进行最后的确认,保证获得良好的反馈。不得不承认的是,在投稿外文期刊时,如果合作者中有母语是英文的作者,并由其负责论文的编辑写作时,编辑对于论文的接受度会大幅提高。如果论文的语言组织达不到外文期刊的标准,编辑和审稿人将立即拒绝该论文。

10.5　提　　交

目前,大部分期刊的提交方式都是电子提交,而不同期刊则需要不同的提交程序。因此投稿者务必在投稿之前仔细阅读期刊官网的指南并且遵循其说明。

许多期刊对篇幅有限制。具体的,一般摘要在 100~150 个英文单词,正文不超过 30 页。提交稿件时务必保证关键词、段落标号的完整。有的时候期刊会要求投稿者给文章添加封面,封面包括了论文的标题、作者、作者所属机构、联系信息,以及该论文未在其他期刊投稿的保证书等。大部分期刊在投稿时需要交纳投稿费用,有的期刊还会要求评审以及修改的费用。

如果在提交一周后没有得到期刊的确认,请立刻向期刊编辑咨询。如果在初次提交后的 4~5 个月内没有收到编辑部的通知,也请登录官网查看状态或直接联系编辑。鉴于一般的提交过程大约需要 6 个月,所以投稿人务必提前规划,例如当投稿人面临申请晋升的时间限制时。

10.6　处理拒绝和修订

投稿后就要做好被拒稿的心理准备,因为这并不罕见。大多数顶级外文期刊的拒稿率高达 80％～90％。所以在得知被拒稿后不必灰心。好消息是一般在被拒稿时编辑会告知被拒稿的理由,投稿者需要仔细考虑这些理由是否有助于改善论文,如果确实有助于改善论文则应快速做出修改。

在被拒稿后大部分投稿者倾向于将论文发送到较低级别的期刊,这可能是一个错误的策略。特别是当投稿者按照上一次拒稿的反馈认真修改了论文之后,现在的论文完全有可能已经达到了原投稿期刊的要求。所以,投稿者可以继续将论文投稿至高水平的期刊上,而且不要拖延太长的时间,以免其他类似题材的论文抢先发表,此时投稿者的论文价值将大打折扣。当然,如果您的论文不断被拒稿,就务必考虑将论文投至较低级别的期刊,这与投稿者的短期和长期利益是符合的。不仅可以将作品尽快发表产生一定的影响力,也为后续的研究腾出精力。

绝大多数情况下,论文会被要求在修改后重新提交,这对于投稿者来说是个好消息,因为初次提交后被直接接受的论文几乎没有。在这种情况下投稿者要首先仔细思考审稿人的建议(更新数据、重做调查、补充实证、尝试新方法等),并且在不修改或者花时间修改之间进行权衡。不得不承认的是,有的时候审稿人给出的意见太刁钻或者太苛刻,这使得有些修订变得极难处理。如果考虑到当前期刊的接受概率很低,完全可以将论文发送至另外一本期刊。

在下定决心修改并再次提交的情况下,投稿人需要首先确保领会了审稿人的全部意见和建议,并且在修改之前再次阅读所提交的原始内容,因为此时可能距离初次提交已经过去了几个月。在修改之初请拟定修订的进程和范围,因为在某些情况下修订后的论文将成为一篇全新的论文。修改时需要尽可能多地纳入编辑的意见,而且绝不能忽略或错过其中的某条意见。如果您不能遵循其中的某一条建议也需要以诚恳的态度解释您的理由。在解释不采纳某条建议时,最好引用其他类似的、高质量的论文,说明在这一点上您的处理方式是与其一致的。同时,能够使用数据和图表进行说明时请大胆使用。请注意,不要与编辑和审稿人产生争论,但如果您有充足的理由坚信自己是正确的,请诚恳且完整地将自己的理由和证据呈现给审稿人和编辑,或者向另外的期刊投稿。

修改时,按照先"里"后"外",先难后易的顺序。"里"指的是涉及论文核心研究方法和底层数据的内容,这些内容"牵一发而动全身",所以必须率先修改。"外"指的是涉及论文参考文献以及写作方式的内容,这些内容需要根据研究方法和数据结果来写,灵活性很强,所以可以放在后面再修改。另外,要先考虑攻坚克难,完成审稿人提出的最苛刻的最棘手的问题。这些问题一般是无法回避的,审稿人也会着重看这些问题的反馈,在完成这些工作后,投稿人的心里会轻松很多。

修改时,一定要对审稿人提出的每一点问题都认真对待。不可急于回复而采取取巧逃避问题的手段。一些类似于"数据不可获得""这个问题若是修改整篇论文会有巨大变动""本文的参考文献已经涉及该领域的主要文献"等敷衍、回避性的回复是无法让论文通过的。

关于参考文献的修改，审稿人提出的意见大多是参考文献不够充分或者关于参考文献的评述不足。此时一定需要引用相关文献，评价论述文献，并找出本文到底与文献有何不同（说明这种区别是有道理的、重要的），继而再次强调本文研究的意义。

有时审稿人会提出样本不够充分的修改意见，要求追加样本。而若有的数据是需要手工收集的则这样的问题非常棘手。笔者给出一个常用的方法。投稿人可以按照审稿人的要求追加部分样本。例如审稿人要求追加600个样本，而平均追加1个样本都需要花几小时，完全按照审稿人的要求去做就会花费相当的成本。此时可以只追加30个样本，同时一定要说明得到1个样本都需要花费大量时间，让编辑和审稿人看到您所做的努力和诚恳的态度。这样，一般编辑和审稿人都不会再为难投稿人。

以上所有修订之处、修订后的结果、修订的理由、修订时参考的文献都需要总结在一份单独的答辩状上，在提交新版论文时一并附上。投稿者还需要向每一位审稿人附上单独的回复，详细阐述对该审稿人意见的回应。在重新提交论文之前，投稿人还需要阅读该期刊的重新提交指南，并且支付提交费用。通常情况下，重新提交的论文有70%～80%在经历1～2轮修订后会被期刊接受。

10.7　答　辩　状

正如上文所谈到的，答辩状是用以回复编辑及审稿人提问和建议的文稿，需要和修改后的论文一同提交。本节结合笔者的一篇过往论文投稿时的答辩状来具体谈一谈答辩状的写作。

首先，投稿人会收到审稿人的反馈意见，审稿人一般为2～3人。下面为其中一名审稿人的意见：

The paper proposes new models for constructing multifractal volatility. The empirical evidence(from Chinese and the US stock indices)seem to suggest that the new multifractal volatility models perform better than traditional alternatives under certain loss functions. In addition, the new models survive the model confidence set tests in many cases.

In general, the paper has thrown lights into some interesting and important questions on volatility forecasting. Yet I think they could improve the quality of the paper further by addressing the following points：

First, in their horse racing exercises, the more standard ARFIMA-RV model wins out most of the time, which is consistent with the prior studies. Given the overall better performance of ARFIMA-RV model, the current abstract appears a bit misleading, as the authors are mentioning HAR-RV model, not ARFIMA-RV directly.

Second, I suggest the authors revise the literature review part in the introduction section. A number of papers have been discussed but I found little discussion about the differences between them.

Third, the authors proceed directly in Table 1 (page 15) by reporting the estimation results for SSEC index of the multifractal volatility models without providing any descriptive statistics of different volatility series. I suggest the authors add one table on the descriptive statistics to help readers understand some general characteristics of different volatility series.

Fourth, the manuscript is generally well written, but some sentences are too long and hard to follow. I suggest the authors to improve the readability of their manuscript.

在第一段,审稿人对该论文进行了简短的总结和点评,指出了论文的研究内容和结果,还点到了论文的创新点和意义。之后在第二段审稿人首先用积极的态度肯定了本文的意义,接着语气开始有了转折,阐述其对本文的不满意之处。该审稿人一共指出了四点意见,其中既有涉及论文核心方法的,也有涉及论文参考文献的,还有涉及论文写作的(这对于中国投稿者很常见)。

当然,这只是本文两位审稿人之一提出的意见,另外一名审稿人同样提出了四点意见。很多没有经验的投稿人在一下子收到关于论文如此之多的疑问和毛病后会立刻丧失信心,认为自己的论文一无是处。再一想到审稿人指出的问题都涉及论文的核心方法和底层数据,改动起来是一件耗时耗力的工程,难免产生抵触情绪。因此,投稿人需要提前做好收到棘手的审稿意见的心理准备,更要做好好论文都是改出来的心理准备。凭借笔者的投稿经验,大多数时候依照审稿人的意见修改论文确实能使得文章更好。在收到类似于上文的审稿意见后,请不要耽搁,立即着手开始改论文。一是期刊一般对修改回复有时间期限,二是越往后拖延对论文的熟悉程度越差,最后甚至不了了之。

在按照 10.6 节讲述的方法修改论文后就可以撰写答辩状了。要针对每一个审稿人写关于其给出意见的答辩状,例如本文就需要写 2 封答辩状。下面是针对提出以上 4 个问题的审稿人写出的答辩状,以第一和第四个问题为例。非斜体字为答辩内容。

Response to Reviewer #2's Comments

We wish first to thank you for providing us with many insightful comments and suggestions. We have carefully revised the manuscript following your suggestions. Below please find your initial comments in *italics* followed by our responses. We hope our revisions have met your expectations, and we are happy to make additional revisions if you have other comments upon your request.

The paper proposes new models for constructing multifractal volatility. Theempirical evidence (from Chinese and the US stock indices) seem to suggest that the new multifractal volatility models perform better than traditional alternatives under certain loss functions. In addition, the new models survive the model confidence set tests in many cases.

In general, the paper has thrown lights into some interesting and important questions on volatility forecasting. Yet I think they could improve the quality of the paper further by addressing the following points:

First, in their horse racing exercises, the more standard ARFIMA-RV model wins out most of the time, which is consistent with the prior studies. Given the overall better performance of ARFIMA-RV model, the current abstract appears a bit misleading, as the authors are mentioning HAR-RV model, not ARFIMA-RV directly.

Response: Thank you very much for this helpful suggestion. In the revised manuscript, we re-write the abstract as follows:

We construct a new type of multifractal volatility models based on heterogeneous market hypothesis. Similar to the model setting of heterogeneous autoregressive model for realized volatility (HAR-RV), we replace the variables utilized in the HAR-RV model with daily, weekly and monthly multifractal volatility. To evaluate the performance of our new multifractal volatility models, we compare the volatility forecasting accuracy of our models to other traditional benchmarks. The model confidence set (MCS) test shows that, although the AR(FI)MA-RV models are the best forecasting ones, under several loss functions, our new multifractal volatility models outperform other traditional ones. In addition, our new models can also survive the MCS test in many cases.

Third, the authors proceed directly in Table 1 (page 15) by reporting the estimation results for SSEC index of the multifractal volatility models without providing any descriptive statistics of different volatility series. I suggest the authors add one table on the descriptive statistics to help readers understand some general characteristics of different volatility series.

Response: Thank you for this valuable comment. In the revised manuscript, we add two tables on page 17 of the revised manuscript to show the descriptive statistics of various volatility series used in the paper.

Table 1: Descriptive statistics for SSEC volatility measures

	RV	MFV	MV
Number of observations	3 579	3 579	3 579
Mean (%)	2.488	1.537	2.448
Standard deviation (%)	3.554	3.444	2.129
Minimum	0.059	0.037	0.023
Maximum	63.174	36.341	22.464
Skewness	5.059***	3.697***	3.697***
Excess kurtosis	45.766***	19.431***	19.431***
Jarque-Bera	327 614.891***	64 456.706***	64 456.706***
Q(20)	13 231.006***	5 281.709***	5 281.709***
ADF	−5.550***	−6.231***	−6.231***
P-P	−34.223***	−51.495***	−51.495***

Note：The Jarque-Bera statistic tests for the null hypothesis of normality in the sample returns distribution. $Q(20)$ is the Ljung-Box statistic of the return series for up to the 20th order serial correlation. ADF and P-P are the statistics of the augmented Dickey-Fuller and Phillips-Perron unit root tests, respectively, based on the lowest AIC value. *** indicates rejection at the 1‰ significance level.

Table 2：Descriptive statistics for S&P500 volatility measures

	RV	MFV	MV
Number of observations	4 279	4 279	4 279
Mean（%）	1. 674	2. 035	1. 674
Standard deviation（%）	5. 722	3. 398	4. 131
Minimum	0. 026	0. 013	0. 016
Maximum	196. 348	55. 955	68. 025
Skewness	13. 901 ***	8. 027 ***	8. 027 ***
Excess kurtosis	357. 558 ***	90. 419 ***	90. 419 ***
Jarque-Bera	22 931 948. 060 ***	1 503 600. 009 ***	1 503 600. 009 ***
$Q(20)$	14 543. 166 ***	13 194. 599 ***	13 194. 599 ***
ADF	$-4. 743$ ***	$-6. 844$ ***	$-6. 844$ ***
P-P	$-61. 919$ ***	$-47. 086$ ***	$-47. 086$ ***

Note：The Jarque-Bera statistic tests for the null hypothesis of normality in the sample returns distribution. $Q(20)$ is the Ljung-Box statistic of the return series for up to the 20th order serial correlation. ADF and P-P are the statistics of the augmented Dickey-Fuller and Phillips-Perron unit root tests, respectively, based on the lowest AIC value. *** indicates rejection at the 1‰ significance level.

Tables 1 and 2 provide the descriptive statistics of the volatility series for SSEC and S&P 500, respectively. All the three volatility series present similar statistical characteristics. The Jarque-Bera statistics show that the null hypothesis of normality is rejected at the 1‰ level of significance, also as evidenced by a high excess kurtosis and positive skewness. The Ljung-Box statistics for serial correlation show that the null hypotheses of no autocorrelation up to the 20th order are rejected. The augmented Dickey-Fuller and Phillips-Perron unit root tests both support the rejection of the null hypothesis of a unit root at the 1‰ significance level, revealing that all the volatility series are stationary and may be modeled directly without further transforms.

我们可以看到,整篇答辩状以审稿人提的问题为线条,呈现一问一答的形式。在答辩状的一开始先感谢了审稿人的意见和建议,同时告诉审稿人其意见已经被充分地理解和接受,投稿人已经对论文进行了修改并恳请审稿人给予其他的意见。在随后的一问一答中,投稿人在每一处都肯定和感谢了匿名审稿人的意见,还解释了为什么审稿人说得有道理。接下来投稿人写明了投稿人是如何理解审稿人的意见以及如何按其要求进行修改的。在修改后投稿人还告诉了审稿人在新稿的第几页,必要时,投稿人还把补充及调整的内容粘贴进了答辩状,方便审稿人的审阅。

10.8 常见问题

10.8.1 问答一

问:在提交之前直接将我的论文发送给编辑是个好主意吗?并向他询问我的论文是否可能被期刊接收。

答:这并不是个好主意。因为在您没有支付审稿费用之前,编辑没有义务审阅您的论文,并且这不符合期刊的投稿流程。当然,如果您和编辑存在良好的个人关系,可以向其寻求一些参考意见。

10.8.2 问答二

问:如果我对编辑的回复有一些疑问,我应该直接向编辑发送电子邮件,并澄清我对他/她的疑虑吗?

答:当有确定的理由时可以。但一般情况下最好不要,最好按照编辑的要求修改论文。

10.8.3 问答三

问:论文被拒绝的最常见原因是什么?

答:以下几点都是可能被拒绝的原因:①缺乏令人信服的写作动机;②对文献及相应的问题没有足够的贡献;③文章不够流畅,组织语言有问题;④没有使用正确的研究方法;⑤没有足够的引用文献;⑥结果不支持结论;⑦论文的题材缺乏吸引力。

10.8.4 问答四

问:从投稿到出版一般需要经历多长的时间?

答:这个时间跨度从半年到几年不等。长时间的等待并不罕见。一些期刊会获得大量的论文,编辑可能不会及时反馈。所以投稿人需要提前了解所投稿期刊大致的投稿周期,做好前期规划,权衡长期的等待是否符合自身利益。

10.8.5 问答五

问:发表高水平英文学术论文应从哪些方面努力?

答:第一,国内金融论文写作者所使用的数据大多还局限在中国市场,这对于在外文期刊上发表高水平论文有先天的劣势。如果能运用美国市场的数据进行研究能够使论文更容易被编辑接受。第二,国内写作者可以多浏览一些经济类的主流期刊,并从中获得创作的新主意。目前国内学者浏览的期刊主要局限在金融类期刊,但实际上很多经济类期刊上常常有创意十足的论文发表,而且留给后人挖掘的潜力很大。所以写作者可以多留意诸如 *American Economic Review*、*Econometrica*、*Review of Economic Studies* 等期刊的新论文。第三,保证论文具有流畅和富有逻辑的英文写作。国内写作者往往偏好先用中文写然后再翻译的套路,其结果就容易产生中式英语论文,这对于国外编辑来说是不可接受的。因此,国内写作者要么与外文写作者合作,要么自己苦练英文写作能力。

10.9 外文高水平期刊排名

各个期刊排名一直是饱受争议的话题,在学术圈的"江湖"里也流传着各种版本的期刊排名。但无论怎样,期刊排名能够提供各期刊一个大概的排名档次,对于投稿者还是十分有参考意义的。本节末编者所附上的期刊排名来源于 Scimago Journal & Country Rank(http://www.scimagojr.com),一级筛选标准为"Economics, Econometrics, and Finance",二级筛选标准为"Finance"。排名标准参考各期刊 2016 年之前 3 年的引用次数和影响因子,同时还考虑了过往排名,排名结果在编者看来较为客观公正。本节将排名前150 名的期刊名称罗列如下。

排名	期 刊 名 称	2016 年总发表论文量	2013 年至2015 年总发表论文量	2013 年至 2015 年发表论文的总被引用量	出版商所在地
1	*Journal of Finance*	75	220	1 538	United Kingdom
2	*Journal of Financial Economics*	123	393	2 153	Netherlands
3	*Review of Financial Studies*	91	267	1 201	United Kingdom
4	*Journal of Accounting and Economics*	50	110	508	Netherlands
5	*Journal of Monetary Economics*	91	244	624	Netherlands
6	*Journal of Accounting Research*	34	107	433	United Kingdom
7	*Journal of Management*	73	245	1658	United States
8	*Journal of Financial and Quantitative Analysis*	79	164	462	United Kingdom
9	*Journal of International Economics*	106	270	724	Netherlands
10	*Annual Review of Financial Economics*	12	55	86	United States
11	*Review of Finance*	70	172	450	United Kingdom
12	*Accounting Review*	72	249	738	United States
13	*Contemporary Accounting Research*	62	174	494	United States
14	*Journal of Public Economics*	83	375	705	Netherlands
15	*Family Business Review*	16	73	260	United States
16	*Journal of Financial Intermediation*	35	94	233	United States
17	*Journal of Financial Markets*	36	101	227	Netherlands
18	*Longe Range Planning*	81	94	447	United Kingdom

排名	期刊名称	2016年总发表论文量	2013年至2015年总发表论文量	2013年至2015年发表论文的总被引用量	出版商所在地
19	*Management Accounting Research*	34	77	291	United States
20	*Journal of Money，Credit and Banking*	62	260	458	United States
21	*Finance and Stochastics*	33	93	155	Germany
22	*Auditing*	36	119	295	United States
23	*Journal of Financial Econometrics*	27	69	114	United Kingdom
24	*Mathematical Finance*	48	103	194	United Kingdom
25	*European Economic Review*	160	337	504	Netherlands
26	*Journal of World Business*	68	217	810	United Kingdom
27	*Journal of International Management*	32	88	266	Netherlands
28	*Journal of International Money and Finance*	123	401	918	United Kingdom
29	*Journal of Banking and Finance*	169	1 080	2 480	Netherlands
30	*Games and Economic Behavior*	105	391	417	United States
31	*International Journal of Central Banking*	34	152	161	Germany
32	*Financial Management*	43	92	126	United States
33	*Real Estate Economics*	57	94	111	United Kingdom
34	*Journal of the American Taxation Association*	15	50	62	United States
35	*Journal of Financial Stability*	101	208	414	Netherlands
36	*Financial Review*	21	82	114	United States
37	*World Bank Economic Review*	21	88	137	United Kingdom
38	*Journal of Risk and Uncertainty*	20	75	119	Netherlands
39	*Journal of Corporate Finance*	140	327	603	Netherlands
40	*Journal of Risk and Insurance*	70	125	176	United Kingdom
41	*Critical Perspectives on Accounting*	36	216	318	United States
42	*International Business Review*	102	336	838	United Kingdom
43	*International Review of Environmental and Resource Economics*	10	15	29	United States
44	*National Tax Journal*	0	36	32	United States
45	*Journal of Business Finance and Accounting*	44	134	210	United Kingdom

排名	期 刊 名 称	2016 年总发表论文量	2013 年至 2015 年总发表论文量	2013 年至 2015 年发表论文的总被引用量	出版商所在地
46	*Journal of Real Estate Finance and Economics*	72	173	171	Netherlands
47	*Journal of International Financial Markets，Institutions and Money*	83	287	538	Netherlands
48	*Financial Analysts Journal*	25	107	68	United States
49	*Mathematics and Financial Economics*	21	64	51	Germany
50	*SIAM Journal on Financial Mathematics*	33	103	91	United States
51	*American Law and Economics Review*	15	49	47	United Kingdom
52	*Journal of Portfolio Management*	51	217	113	United States
53	*Annals of Finance*	19	79	61	Germany
54	*Journal of Empirical Finance*	101	232	234	Netherlands
55	*International Journal of Health Care Finance and Economics*	0	38	59	Netherlands
56	*China Economic Review*	106	286	424	Netherlands
57	*Fiscal Studies*	34	70	72	United States
58	*International Review of Financial Analysis*	163	390	658	Netherlands
59	*Foundations and Trends in Accounting*	3	5	4	United States
60	*Technological and Economic Development of Economy*	51	175	350	Lithuania
61	*International Review of Economics and Finance*	184	386	582	Netherlands
62	*Economics Letters*	412	1 367	1 060	Netherlands
63	*Venture Capital*	20	55	132	United Kingdom
64	*Research in International Business and Finance*	151	144	279	Netherlands
65	*ASTIN Bulletin*	22	84	65	United Kingdom
66	*Journal of Futures Markets*	63	175	231	United States
67	*International Journal of Accounting Information Systems*	20	62	131	United Kingdom
68	*Accounting Forum*	32	79	110	Australia
69	*Journal of Financial Services Research*	47	83	88	Netherlands
70	*Journal of Pension Economics and Finance*	38	69	42	United States

排名	期 刊 名 称	2016 年总发表论文量	2013 年至2015 年总发表论文量	2013 年至 2015 年发表论文的总被引用量	出版商所在地
71	International Tax and Public Finance	62	134	83	Netherlands
72	Public Finance Review	25	117	73	United States
73	Pacific Basin Finance Journal	95	214	358	Netherlands
74	Journal of Public Economic Theory	50	130	79	United Kingdom
75	Quantitative Finance	137	432	422	United Kingdom
76	Accounting and Finance	89	168	185	United States
77	Review of Derivatives Research	11	37	25	Netherlands
78	Applied Mathematical Finance	19	72	57	United Kingdom
79	Journal of Accounting，Auditing and Finance	22	58	54	United States
80	Review of Quantitative Finance and Accounting	104	203	181	United States
81	International Journal of Theoretical and Applied Finance	55	162	94	Singapore
82	Finanz Archiv	18	72	38	Germany
83	Accounting in Europe	18	36	50	United Kingdom
84	North American Journal of Economics and Finance	67	233	245	Netherlands
85	Journal of Asian Economics	30	134	143	Netherlands
86	International Journal of Accounting	28	72	80	United Kingdom
87	Public Budgeting and Finance	24	71	36	United States
88	World Economy	137	263	240	United Kingdom
89	Review of Financial Economics	41	73	73	Netherlands
90	Emerging Markets Finance and Trade	188	411	325	United States
91	Journal of Corporate Real Estate	19	49	36	United Kingdom
92	Review of Development Finance	11	40	52	South Africa
93	Global Finance Journal	29	56	51	Netherlands
94	Journal of Behavioral and Experimental Finance	41	52	59	Netherlands
95	Quarterly Review of Economics and Finance	107	195	127	Netherlands
96	International Journal of Sport Finance	6	60	44	United States

排名	期 刊 名 称	2016 年总发表论文量	2013 年至 2015 年总发表论文量	2013 年至 2015 年发表论文的总被引用量	出版商所在地
97	*International Review of Finance*	34	62	64	United Kingdom
98	*Japan and the World Economy*	20	78	57	Netherlands
99	*Journal of International Accounting，Auditing and Taxation*	8	30	42	United Kingdom
100	*Journal of Revenue and Pricing Management*	47	132	89	United Kingdom
101	*Journal of Multinational Financial Management*	32	78	85	Netherlands
102	*International Finance*	16	54	26	United Kingdom
103	*Finance Research Letters*	189	174	149	Netherlands
104	*Borsa Istanbul Review*	23	51	51	Turkey
105	*Financial History Review*	14	46	17	United Kingdom
106	*Journal of European Real Estate Research*	18	47	27	United Kingdom
107	*Geneva Papers on Risk and Insurance：Issues and Practice*	34	105	59	Germany
108	*Journal of International Financial Management and Accounting*	18	27	29	United Kingdom
109	*Journal of Banking Regulation*	22	61	31	United States
110	*International Journal of Finance and Economics*	27	75	41	United States
111	*International Journal of Islamic and Middle Eastern Finance and Management*	32	75	64	United Kingdom
112	*Journal of the Japanese and International Economies*	30	102	62	United States
113	*Journal of Financial Research*	15	67	29	United Kingdom
114	*International Journal of Managerial Finance*	31	75	60	United Kingdom
115	*Financial Markets and Portfolio Management*	16	48	25	Germany
116	*GENEVA Risk and Insurance Review*	5	29	11	Germany
117	*Studies in Economics and Finance*	38	68	68	United Kingdom
118	*International Review of Law and Economics*	41	143	69	Netherlands
119	*Journal of Education Finance*	20	91	22	United States

续表

排名	期刊名称	2016年总发表论文量	2013年至2015年总发表论文量	2013年至2015年发表论文的总被引用量	出版商所在地
120	Agricultural Finance Review	31	97	59	United Kingdom
121	Applied Financial Economics	0	259	150	United Kingdom
122	Journal of Property Investment and Finance	38	114	62	United Kingdom
123	Financial Markets，Institutions and Instruments	9	30	12	United Kingdom
124	Journal of Risk Model Validation	17	44	11	United States
125	Review of Pacific Basin Financial Markets and Policies	27	82	39	Singapore
126	Journal of Behavioral Finance	25	82	67	United Kingdom
127	Journal of Fixed Income	28	75	22	United States
128	Finance a Uver	25	75	74	Czech Republic
129	China Journal of Accounting Research	18	56	43	China
130	Prague Economic Papers	47	100	55	Czech Republic
131	Asian Economic Papers	65	132	33	United States
132	Revista Espanola de Financiacion y Contabilidad	21	60	33	United Kingdom
133	Investment Analysts Journal	19	38	20	United Kingdom
134	Journal of Risk	25	65	19	United States
135	Journal of Financial Services Marketing	28	80	60	United Kingdom
136	Journal of Derivatives	24	85	32	United States
137	Annals of Economics and Finance	18	87	38	United States
138	Afro-Asian Journal of Finance and Accounting	23	48	21	United Kingdom
139	Journal of Operational Risk	17	49	26	United States
140	Journal of Alternative Investments	15	87	21	United States
141	Asia-Pacific Journal of Financial Studies	31	87	47	United Kingdom
142	Spanish Review of Financial Economics	9	26	14	Spain
143	Asia-Pacific Financial Markets	14	51	19	Netherlands
144	Journal of Computational Finance	17	49	16	United States
145	Risk Management	8	40	31	United States

排名	期 刊 名 称	2016 年总发表论文量	2013 年至2015 年总发表论文量	2013 年至 2015 年发表论文的总被引用量	出版商所在地
146	*Journal of Tax Research*	31	72	20	Australia
147	*Decisions in Economics and Finance*	16	47	18	Germany
148	*Journal of Credit Risk*	16	46	8	United States
149	*Journal of Economics and Finance*	58	113	40	United States
150	*International Journal of Monetary Economics and Finance*	26	67	24	Switzerland

参 考 文 献

[1] Allen, J. W. Capital markets and corporate structure: the equity carve-outs of Thermo Electron [J]. Journal of Financial Economics, 1998(48): 99-124.

[2] Andrei Shleifer and Robert W. Vishny. A Survey of Corporate Governance[J]. The Journal of Finance, 1997(2): 737-783.

[3] Barber B M, Lyon J D. Firm Size, Book-to-Market Ratio, and Security Returns: A Holdout Sample of Financial Firms[J]. The Journal of Finance, 1997, 52(2): 875-883.

[4] Arnold, Glen C. and Panos D. Hatzopoulos. The Theory-Practice Gap in Capital Budgeting: Evidence from the United Kingdom[J]. Journal of Business Finance and Accounting, 2000: 27(5-6): 603-26.

[5] Babbie, Earl. The Practice of Social Research[M]. California: Wadsworth Cengate, 2010.

[6] Baker, G. P. Beatrice: A Study in the Creation and Destruction of Value[J]. The Journal of Finance, 1992, 47(3): 1081-1119.

[7] Bancel, F. and U. R. Mittoo. Cross-Country Determinants of Capital Structure Choice: A Survey of European Firms[J]. Financial Management, 2004, 33(4): 103-32.

[8] Barker C A. Effective stock splits[J]. 1956, 34(1): 101-106.

[9] Barker C A. Evaluation of Stock Dividends[J]. Harvard Business Review, 1958, 36(4): 72-79.

[10] Barker C A. Stock splits in a bull market[J]. Harvard Business Review, 1957, 35(3): 72-79.

[11] Beattie, Vivien, Alan Goodacre, and Sarah Jane Thomson. Corporate Financing Decisions: UK Survey Evidence[J]. Journal of Business Finance and Accounting, 2006, 33(9-10): 1402-34.

[12] Brown S J, Warner J B. Measuring security price performance ☆ [J]. Journal of Financial Economics, 1980, 8(3): 205-258.

[13] Brown S J, Warner J B. Using daily stock returns: The case of event studies[J]. Journal of Financial Economics, 1985, 14(1): 3-31.

[14] Bruner, R. F. An analysis of value destruction and recovery in the alliance and proposed merger of Volvo and Renault[J]. Journal of Financial Economics, 1990, 51(1): 125-166.

[15] Bruner, R. F. An analysis of value destruction and recovery in the alliance and proposed merger of Volvo and Renault[J]. Journal of Financial Economics, 1990, 51(1): 125-166.

[16] Bruner, Rf, Km Eades, Rs Harris, and Rc Higgins. Best Practices in Estimating the Cost of Capital: Survey and Synthesis[J]. Financial Practice and Education, 1998: 13-28.

[17] Bruner; E., R. F., & II, R. B. Leveraged ESOPs, Wealth Transfers, and "Shareholder Neutrality": The Case of Polaroid[J]. Financial Management, 1990, 19(1): 59-74.

[18] Campbell Donald T, Reforms as experiments[J]. American Psychologist, 1969(24): 409-429.

[19] Campello, Murillo, John Graham, and Campbell Harvey. The Real Effects of Financial Constraints: Evidence from a Financial Crisis[J]. Journal of Financial Economics, 2010, 97(3): 470-87.

[20] Carhart M M. On Persistence in Mutual Fund Performance[J]. Journal of Finance, 1997, 52(1): 57-82.

[21] Claus, Adolf Moser and Kalton Graham. Survey Methods in Social Investigation[M]. Surrey: Ashgate Publishing,1985.

[22] Craig MacKinlay, A. Craig. Event Studies in Economics and Finance[J]. Journal of Economic Literature. 1997,Vol. 35(No. 1): 13-39.

[23] David, Gardner. Plagiarism and How to Avoid It [Z]. 1999.

[24] Dolley J C. Open Market Buying as a Stimulant for the Bond Market[J]. Journal of Political Economy, 1933, 41(4): 513-529.

[25] Donald E. Knuth. The TEXbook, Volume A of Computers and Typesetting, Addison-Wesley, Reading, Massachusetts, second edition, 1984, ISBN 0-201-13448-9.

[26] Eisenhardt, K. M., & Galunic, D. C. Architectural Innovation and Modular Corporate Forms [J]. The Academy of Management Journal,2001,44(6): 1229-1249.

[27] Fama E F. Determining the Number of Priced State Variables in the ICAPM[J]. Journal of Financial & Quantitative Analysis, 1998, 33(2): 217-231.

[28] Gillan, S. L., Kensinger, J. W., & Martin, J. D. Value creation and corporate diversification: The case of Sears, Roebuck & Co[J]. Journal of Financial Economics,2000,55(1): 103-137.

[29] Gitman, L. J. and a. Vincent. Cost of Capital Techniques Used by Major U. S. Firms: Survey and Analysis of Fortune's 1000[J]. Financial Management 1982,11(4): 21.

[30] Gitman, L. J. and J. R. Forrester Jr. Forecasting and Evaluation Practices and Performance: A Survey of Capital Budgeting[J]. Financial Management,1977,6(3): 66-71.

[31] Graebner, M. E., & Eisenhardt, K. M. The Seller's Side of the as Story: Acquisition and Courtship as Governance in Syndicate Firms Entrepreneurial[J] Administrative Science Quarterly, 2013,49(3): 366-403.

[32] Graham, John and Campbell Harvey. How Do Cfos Make Capital Budgeting and Capital Structure [J]. Journal of Applied Corporate Finance,2002,15(1): 8-23.

[33] Graham, John and Campbell Harvey. The Theory and Practice of Corporate Finance: Evidence from the Field[J]. Journal of Financial Economics,2001(60): 187-243.

[34] Graham, John R., Campbell R. Harvey, and Manju Puri. Managerial Attitudes and Corporate Actions[J]. Journal of Financial Economics,2013,109(1): 103-21.

[35] Graham, John, Campbell R. Harvey, and Shiva Rajgopal. The Economic Implications of Corporate Financial Reporting[J]. Journal of Accounting and Economics 2005,40(1-3): 3-73.

[36] Hotelling H. Analysis of a complex of statistical variables into principal components[J]. British Journal of Educational Psychology, 1933, 24(6): 417-520.

[37] Ibbotson R G, Sinquefield R A. Stocks, Bonds, Bills, and Inflation: Year-by-Year Historical Returns(1926-1974)[J]. Journal of Business, 1976, 49(1): 11-47.

[38] Ikenberry D.; Lakonishok J.; Vermaelen T.. Market underreaction to open market share repurchases[J]. Journal of Financial Economics. 1995,Vol. 39(No. 2): 181-208.

[39] Joel Hasbrouck. Stock Returns, Inflation, and Economic Activity: The Survey Evidence[J]. The Journal of Finance, 1984(5): 1293-1310.

[40] John L. The Valuation of Risky Assets and the Selection of Risky Investments in Stock Portfolios and Capital Budgets[J]. The Review of Economic Studies, 1956, 47(1): 13-37

［41］ Jonathan B. Cohn and Malcolm I. Wardlaw. Financing Constraints and Workplace Safety［J］. The Journal of Finance，2016(5)，2017-2057.

［42］ Kothari S P，Warner J B. Measuring Mutual Fund Performance［J］. Social Science Electronic Publishing，1997.

［43］ Lys，T. ，& Vincent，L. An analysis of value destruction in AT&T's acquisition of NCR［J］. Journal of Financial Economics，1995，39(2-3)：353-378.

［44］ Matthew B. Miles，A. Michael Huberman. Qualitative dada analysis：An expanded sourcebook. London：Sage Publication，1994.

［45］ Mitchell M L，Netter J M. The Role of Financial Economics in Securities Fraud Cases：Applications at the Securities and Exchange Commission［J］. Bus. law，1994，49(2)：545-590.

［46］ Ray Ball；Philip Brown. An Empirical Evaluation of Accounting Income Numbers［J］. Journal of Accounting Research. 1968，Vol.6(No.2)：159-178.

［47］ Robert K. Yin，Case Study Research Design and Methods(Fourth Edition)［M］. London：Sage Publication，2009.

［48］ Schwert G W. Using Financial Data to Measure Effects of Regulation［J］. Journal of Law & Economics，1981，24(1)：121-158.

［49］ Stephen J. BrownJerold B. Warner. Measuring security price performance * 1［J］. Journal of Financial Economics. 1980，Vol.8(No.3)：205-258.

［50］ Stijn Claessensa，Simeon Djankovb，Joseph P. H. Fanc Larry H. P. Langd. When does corporate diversification matter to productivity and performance? Evidence from East Asia［J］. Pacific-Basin Finance Journal，2003：365-392.

［51］ Qizhi Tao，Heng Liao and Mingming Zhang. "Research on High Stock Splits：Evidence from High Stock Splits Based on Listed Firms in China" Working paper，Southwestern University of Finance and Economics，2017.

［52］ Wooldridge J M. Introductory econometrics：a modern approach［J］. Second Edition Thomson Learning，2012(Dec).

［53］ ［美］阿列克斯·英克尔斯，［美］戴维·H. 史密斯. 从传统人到现代人——六个发展中国家中的个人变化［M］. 顾昕，译. 北京：中国人民大学出版社，1992.

［54］ ［美］罗伯特·F. 布鲁诺. 金融案例研究［M］.4 版. 潘国英，译. 北京：清华大学出版社，2005.

［55］ ［美］威廉·怀特. 街角社会：一个意大利人贫民区的社会结构［M］. 黄育馥，译. 北京：商务印书馆，1994.

［56］ 边文龙，沈艳，沈明高. 银行业竞争度、政策激励与中小企业贷款——来自 14 省 90 县金融机构的证据［J］. 金融研究，2017(1)：114-129.

［57］ 陈德伟. 用 Latex 撰写学为文章［J］. 软件导刊，2009，8(11)：100-102.

［58］ 陈为坚. 从期末作业的问答题写作谈起——如何避免抄袭或剽窃［Z］. 2008.

［59］ 崔淼，苏敬勤. 如何利用私募成功完成跨国并购交易：一个网络视角的多案例研究［J］.科研管理，2014(9)，131-137.

［60］ 范从来，袁静. 成长性、成熟性和衰退性产业上市公司并购绩效的实证分析［J］. 中国工业经济，2002，8：65-72.

［61］ 风笑天. 社会调查中的问卷设计［M］. 天津：天津人民出版社，2002.

［62］ 郭雯执. 利率市场化改革：国际借鉴与对策研究［J］. 甘肃金融，2016(4)：24-26

［63］ 郭永济，张谊浩. 空气质量会影响股票市场吗？［J］.金融研究，2016(2)：71-85.

[64] 韩立岩,蔡立新,尹力博.中国证券市场的绿色激励:一个四因素模型[J].金融研究,2017(1):145-161.

[65] 何云,李善民,王彩萍.外资并购中的企业出售动因及政府干预的影响:一项多案例研究[J].南方经济.2017(2):102-117.

[66] 贺建刚,孙铮,李增泉.难以抑制的控股股东行为:理论解释与案例分析[J].会计研究,2010(3):20.

[67] 黄金老.利率市场化与商业银行风险控制[J].经济研究,2001,(1):19-28

[68] 黄小琳,朱松,陈关亭.持股金融机构对企业负债融资与债务结构的影响——基于上市公司的实证研究[J].金融研究,2015(12):130-145.

[69] 黎精明,田笑丰,高峻.上市公司恶意再融资行为研究——基于对投资者的问卷调查分析[J].经济管理,2010(6):135-145.

[70] 李梦然.P2P网络借贷投资者的信息识别与行为偏差[D].清华大学,2014.

[71] 李焰,高戈君,李珍妮,等.借款人描述性信息对投资人决策的影响——基于P2P网络借贷平台的分析[J].经济研究,2014(1):143-155.

[72] 李扬,张晓晶."新常态":经济发展的逻辑与前景[J].经济研究,2015(5):4-19.

[73] 李银河.中国人的性爱与婚姻[M].北京:中国友谊出版社,2002.

[74] 李仲林.利率市场化与商业银行风险承担[J].金融论坛,2015(1):36-46

[75] 刘敏.中英文学术搜索引擎的对比研究[J].图书馆学研究,2014(24):29-35.

[76] 陆正飞,高强.中国上市公司融资行为研究[J].会计研究,2003(10):16-24.

[77] 罗伯特·K.殷,案例研究:设计与方法[M].周海涛,译.重庆:重庆大学出版社,2004.

[78] 吕力.管理学案例研究方法[M].北京:经济管理出版社,2013.

[79] 马文超.经济业绩与环境业绩的因果之谜:省域环境竞争对企业环境管理的影响——基于"宝钢"与"鞍钢"的案例分析[J].会计研究.2016(5):71-78,96.

[80] 孟庆斌,荣晨.中国房地产价格泡沫研究——基于马氏域变模型的实证分析[J].金融研究,2017(2):101-116.

[81] 潘慧峰,班乘炜.复杂衍生品定价是否公平——基于深南电案例的分析[J].金融研究,2013(9):97-109.

[82] 秦伟,吴军等.社会科学研究方法[M].成都:四川人民出版社,2000.

[83] 权小锋,吴世农,尹洪英.企业社会责任与股价崩盘风险:"价值利器"或"自利工具"?[J].经济研究,2015(11):49-64.

[84] 邵新建,薛熠,江萍,等.投资者情绪、承销商定价与IPO新股回报率[J].金融研究,2013(4):127-141.

[85] 覃燕梅.百度学术搜索与超星发现系统比较分析及评价[J].现代情报,2016,36(3):48-52.

[86] 汤颖梅,王怀明,白云峰.CEO特征、风险偏好与企业研发支出——以技术密集型产业为例[J].中国科技论坛,2011(10):89-95.

[87] 陶启智,李亮,徐阳.中国保险公司绩效衡量——基于全面风险管理框架[J].金融论坛.2016(9):69-80.

[88] 陶启智,夏显莲,徐阳.交叉持股与公司并购的股价效应——基于交易双方前10大股东的证据[J].金融论坛.2016(6):73-80.

[89] 汪丁丁.产权博弈[J].经济研究,1996(10):70-80.

[90] 王会娟,廖理.中国P2P网络借贷平台信用认证机制研究——来自"人人贷"的经验证据[J].中国工业经济,2014(4):136-147.

[91]   王松奇.中国货币需求问题研究四议[J].中国金融,1992(1):35-38.

[92]   王宇哲.当代国际货币体系可持续性及治理研究[D].清华大学,2014.

[93]   王正位,朱武祥,赵冬青,等.管理层乐观与可转债融资——模型与福记食品案例研究[J].金融研究,2013(11):180-192.

[94]   温青山,何涛,姚淑瑜,等.基于财务分析视角的改进财务报表列报效果研究:来自中石油和中石化的实例检验[J].会计研究.2009(10):10-17,94.

[95]   谢红军,蒋殿春.竞争优势、资产价格与中国海外并购[J].金融研究,2017(1):83-98.

[96]   徐巍,陈冬华.自媒体披露的信息作用——来自新浪微博的实证证据[J].金融研究,2016(3):157-173.

[97]   许琪,邱泽奇,李建新.真的有"七年之痒"吗?——中国夫妻的离婚模式及其变迁趋势研究[J].社会学研究,2015(5):216-241.

[98]   杨靖.定向增发中的控股股东行为研究[D].清华大学,2010.

[99]   于东智.金融集团公司治理:典型模式的案例分析[J].金融论坛,2005(1):3-10.

[100]   于宁,庞海燕.科学搜索引擎与学术搜索工具——Scirus 与 Google Scholar 比较研究[J].现代情报,2009,29(6):159-160.

[101]   俞庆进,张兵.投资者有限关注与股票收益——以百度指数作为关注度的一项实证研究[J].金融研究,2012(8):152-165.

[102]   袁琳,张伟华.集团管理控制与财务公司风险管理:基于 10 家企业集团的多案例分析[J].会计研究.2015(5):35-41,94.

[103]   张德荣,郑晓婷."限购令"是抑制房价上涨的有效政策工具吗?——基于 70 个大中城市的实证研究[J].数量经济技术经济研究,2013(11):56-72.

[104]   张雪春,徐忠,秦朵.民间借贷利率与民间资本的出路:温州案例[J].金融研究,2013(3):1-14.

[105]   张宗新,杨万成.声誉模式抑或信息模式:中国证券分析师如何影响市场?[J].经济研究,2016(9):104-117.

[106]   郑秉文,孙守纪.强制性企业年金制度及其对金融发展的影响——澳大利亚、冰岛和瑞士三国案例分析[J].公共管理学报,2008(2):1-13.

[107]   宗庆庆,刘冲,周亚虹.社会养老保险与我国居民家庭风险金融资产投资——来自中国家庭金融调查(CHFS)的证据[J].金融研究,2015(10):99-114.